Dietro il nome degli autori di questo libro, The Book Fools Bunch, si cela un misterioso gruppo di esperti e maniacali lavoratori dell'editoria italiana, con base a Firenze, che da anni oltre a proporre volumi che i grandi editori trascurano, si attiva organizzando flash mob, rave, performance, reading e altre simili «provocazioni» non istituzionali per sensibilizzare il nostro paese verso il problema della mancanza di attenzione al mondo dei libri.

Beaubourg

Il Centre Pompidou, luogo d'incontro di giovani artisti e performer, musicisti e skater, presta il nome alla collana di Edizioni Clichy che dà voce allo spirito della cultura pop, in tutte le sue espressioni: dalla musica al cinema alla danza, alla narrativa postmoderna che sappia venire incontro ai lettori più diversi. Un percorso aperto, curioso, che si apre a ogni tipo di espressione, compresa la graphic novel, e che esplora senza snobismi quello che si muove intorno a noi.

Seconda edizione - Novembre 2019

Edizioni Clichy
Via Lorenzo di Credi 20
50136 Firenze
www.edizioniclichy.it

Isbn 978-88-6799-624-7

The Book Fools Bunch

Guida tascabile delle librerie italiane viventi

Edizioni Clichy

Sommario

Grazie

Il principale ringraziamento va a tutte le librerie che hanno partecipato a questa folle impresa, anche a quelle che hanno mandato le loro risposte fuori tempo massimo, costringendoci a reimpaginare tutto il libro. E ai lettori che hanno collaborato alla creazione della nostra «libreria ideale».

Un altro grazie ai referenti delle catene librarie laFeltrinelli, Mondadori Bookstore, Librerie.Coop, Giunti al Punto, Libraccio e Ubik, che dopo la nostra Guida tascabile per maniaci dei libri *hanno creduto in noi ancora una volta.*

Un grazie particolare a Filippo Guglielmone, Andrea Labò, Stefano Almanzo e Andrea Vassena di Mondadori Libri, che hanno fin da subito sostenuto l'idea e che ci hanno consigliato un sacco di utilissime cose.

Il grazie più scontato e tuttavia per noi indispensabile a chi ha lavorato alla redazione di questo libro, e cioè - coordinate da Franny Glass e dal Capitano Achab - le instancabili Lizzie Bennet, Fermina Daza, Hachikazuki hime e Marie Nozière.

What's that?

Abbiamo smesso di contarle, via via che arrivavano, perché erano davvero troppe. Le librerie italiane viventi hanno risposto a questo nostro appello con un entusiasmo che ci ha travolti. Quando ci è venuta l'idea, un anno fa, ci pareva un'impresa quasi impossibile. Mai nessuno ci aveva provato, mai nessuno, anche tra i librai più ottimisti, aveva pensato che fosse possibile creare un qulunque tipo di «rete» tra persone e realtà che solo raramente, in spazi e tempi limitati e comunque sempre occasionalmente erano riuscite a condividere davvero e fino in fondo un progetto comune. Ma la nostra precedente *Guida tascabile per maniaci dei libri*, che è piaciuta così tanto a tutti nelle due diverse edizioni che abbiamo realizzato, ci aveva dato una sorta di «accesso privilegiato» nel cuore dei librai, sia indipendenti che di catena, e forse anche grazie a questo la nostra utopia ha potuto diventare una realtà, la realtà che corrisponde al libro che avete in mano. È per questo che prima di tutto vogliamo ringraziare loro, i librai, per aver risposto a questo appello.

Quella che qui proponiamo ai «viaggiatori letterari», ma anche ai curiosi e ai semplici lettori occasionali in cerca di emozioni, è una vera e propria mappatura, probabilmente mai realizzata con una tale estensione e completezza, delle librerie italiane «viventi», dove l'aggettivo non è casuale ma prefigura piuttosto una testimonianza, un'oggettivazione, un tentativo di mettere il punto su ciò che sopravvive e anche su ciò che purtroppo è scomparso, sul come, sul dove, sul perché si fa, si propone, si costruisce, si presidia la cultura in Italia attraverso lo strumento principale per poterlo fare: i libri.

Il percorso si snoda da Alghero ad Aosta, in senso inverso rispetto al consueto modo di pensare il nostro Paese e riconoscendo al nostro Sud, dove certamente fare cultura è più difficile che al Centro o al Nord, quella importanza che solitamente non gli viene attribuita se non di rado e in situazioni particolari.

Per ogni libreria si trovano le informazioni di base (indirizzo, telefono, riferimenti social), lo staff e una risposta personale a otto domande che abbiamo inventato per riassumere anche nell'originalità delle risposte il «carattere» delle diverse librerie, il clima che si può respirare entrandoci, il sapore e l'odore che come in ogni spazio mentale e culturale è possibile percepire.

Non vogliamo sembrare snob, ma ci pare che proporre un percorso di librerie possa corrispondere a proporre un percorso «gastronomico» straordinario almeno quanto quello dei sempre più numerosi itinerari per ristoranti, trattorie, pizzerie o bar. O quanto una qualunque delle innumerevoli guide dei vini. Perché un piatto di pasta, anche se adagiato su un purè di mandorle di Avola e di chicchi di caffè tostato a mano del Costa Rica e insaporito all'acetosella e all'erba cipollina, rimane sempre un piatto di pasta, mentre ci pare che un libro, qualunque libro, sia davvero un «cibo» per la mente - e forse non solo per la mente - che crea nel mondo qualcosa di più di un piatto di pasta.

In questo senso le librerie per un Paese, qualunque Paese, secondo noi sono come gli ospedali, le scuole, le piazze, le strade, i lampioni e i marciapiedi. Sono uno degli elementi del vivere insieme, del condividere, del crescere, del capire. E una comunità, una città anche piccola, un borgo, un quartiere di una grande città, senza una libreria sono un luogo povero, senz'anima, senza cuore, senza testa, senza prospettive vere e possibili. Perché è nelle librerie che si trovano i libri, e che si trovano anche i librai. E chi sono i librai? Sono persone, come tutti noi, che però hanno scelto di dedicare la propria intelligenza, il proprio talento, il proprio tempo, il proprio futuro a proporre e forse perfino a creare cultura. Mettendo insieme, proponendo e vendendo libri a chiunque passi davanti alla loro vetrina. Qualunque libro, perché chi compra e legge anche il più brutto e inutile libro ha la possibilità - che chi non legge nemmeno quello certamente non ha - di leggere anche altro, e quindi di crescere e far crescere la propria mente, il proprio pensiero, il proprio orizzonte, e soprattutto la popria libertà.

Per questo le librerie sono l'ultimo, fondamentale e indispensabile presidio della cultura di un Paese. Anche e anzi soprattutto del nostro, notoriamente agli ultimi posti in Europa per gli indici di lettura.

In questo libro le contiamo, le elenchiamo, le raccontiamo e diamo ai lettori la possibilità di scoprirle. E di scoprire dentro le librerie le persone che le fanno, anche nel caso di librerie di catena, perché anche in quelle ci sono delle persone che vivono per e insieme ai libri.

E allora ci piace anche dire in poche parole chi è un libraio. Perché senza librai, senza il loro impegno quotidiano e difficile, il mondo sarebbe infinitamente più triste e più povero. I librai sono come i medici, i maestri di scuola, gli spazzini, gli autisti degli autobus, i falegnami, gli ortolani.

Fanno una comunità, un quartiere, una città, un vivere insieme ad altri, ne sono una pietra angolare, un pilastro indispensabile. Senza di loro tutto vacilla e infine crolla, alla distanza. Tutto si fa più opaco, meno chiaro, più lontano e confuso. Perché i librai raccontano e distribuiscono tra gli esseri umani uno dei più indispensabili alimenti della vita. Perché i librai sanno che ogni libro è un «mondo possibile», un cielo, una grotta, un universo, un'opportunità, una libertà, un dono, un volo senza rete e senza fine. Sanno che senza i libri gli esseri umani non sarebbero umani, che senza i libri il nostro pianeta sarebbe probabilmente già scomparso, che senza i libri il pensiero si sarebbe fermato a una insignificante e inutile percentuale delle sue possibilità.

E allora ci piace dire che questa nuova guida, frutto di un'utopia, di un piccolo sogno, di una dedizione a quella che noi sentiamo come una necessità, è anche e forse prima di tutto un atto d'amore. Amore per i libri, amore per le storie, amore per la bellezza e per l'orrore, amore per le donne e per gli uomini che hanno vissuto prima e accanto a noi e per quelli che verranno dopo di noi, amore per la memoria, per la vita, per l'intelligenza e per la libertà. Tutte cose che sono dentro i libri e che stanno nei libri come non potrebbero stare in nessun altro luogo al mondo.

Il capitano Achab

Guida tascabile delle librerie italiane viventi

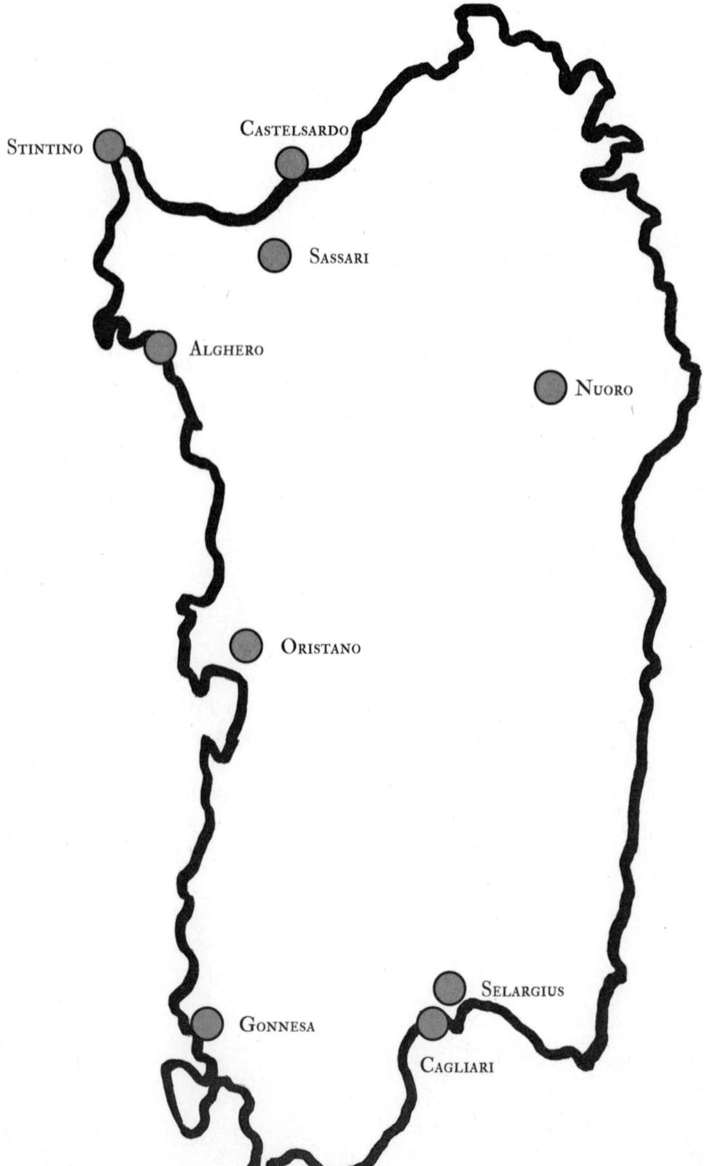
Stintino
Castelsardo
Sassari
Alghero
Nuoro
Oristano
Selargius
Gonnesa
Cagliari

Sardegna

ALGHERO
Libreria Il Labirinto - Mondadori Bookstore

CAGLIARI
Giunti al Punto di Cagliari
Libreria Edumondo
Libreria Il Bastione
Libreria Miele Amaro
Libreria Tiziano
Tuttestorie Libreria per Ragazzi

CASTELSARDO
Il Labirinto - Mondadori Bookstore

GONNESA
Storytelling Libreria - Sala da tè

NUORO
Libreria Mieleamaro

ORISTANO
Libreria Canu

SASSARI
Libreria Azuni
Libreria Messaggerie Sarde
Mondadori Bookstore C'era due volte
Mondadori Bookstore Sassari Cavallotti

SELARGIUS
Mondadori Bookstore Selargius I Mulini

STINTINO
Libreria il Labirinto

ALGHERO

Libreria Il Labirinto - Mondadori Bookstore

Via Carlo Alberto 119, 07041 Alghero SS - 079 980496
www.librerialabirinto.it - labirintoalghero@gmail.com
Lo staff dei librai Vittorio Nonis, Francesca, Raffaella.
La tua storia in 280 caratteri Dal '76 impegnati in iniziative culturali, progetti con le scuole e rassegne all'aperto; ormai punto di riferimento storico per residenti e turisti. Membro de la Xarxa de Llibreries de Catalunya. Da alcuni anni abbiamo aperto anche un punto vendita a Stintino e un punto a Castelsardo.
Che libreria sei, in una sola parola? Generalista.
Qual è il libro che identifica la tua libreria? «Odio gli indifferenti» di Antonio Gramsci.
Qual è il personaggio letterario che rappresenta la tua clientela? Rispondo alla rovescia con un autore. Bianca Pitzorno: colta, discreta, curiosa e, soprattutto, mai indifferente.
A chi vorresti vendere un libro? E quale libro? A certi «politici»... «La Costituzione spiegata ai ragazzi» di Valerio Onida.
Qual è la domanda più strana che ti è stata fatta? «Ma lei li legge tutti i libri che sono qui?».
Qual è la tua libreria preferita nel mondo? E in Italia? Ombres Blanches a Toulouse (Francia). La coraggiosissima Scugnizzeria, prima libreria tra Melito e Scampia.
Usciti dalla tua libreria bisogna andare assolutamente... dove? Al Mu-

seo Archeologico sito sempre in via Carlo Alberto, a pochi metri dalla libreria.
Cosa trovo da te che non trovo altrove? Un vastissimo catalogo, grande attenzione all'editoria indipendente e agli autori emergenti. Luogo di confronto continuo e laboratorio di idee e progetti.

CAGLIARI

Giunti al Punto di Cagliari

Via Garibaldi 121, 09127 Cagliari - 070 670747
cagliari5@giunti.it
Lo staff dei librai Giorgia e Martina.
La tua storia in 280 caratteri Siamo il frutto di una scommessa vincente che ha visto rinascere il centro storico della città dopo l'invasione dei centri commerciali. Abbiamo aperto l'8 dicembre 2015, in una splendida giornata di sole e festa, che ancora ci portiamo dentro.
Che libreria sei, in una sola parola? Organizzata, per tutti.
Qual è il libro che identifica la tua libreria? «Se una notte d'inverno un viaggiatore» di Italo Calvino. Un po' perché il titolo del romanzo evoca un'immagine che ci appartiene, un po' perché se sei alla ricerca di un libro potresti trovarne altri mille, differenti, accorgendoti di come ognuno di essi possa essere allo stesso tempo unico e indispensabile per te.
Qual è il personaggio letterario che rappresenta la tua clientela? Alice. Che tu sia grande o che sia piccino, sin dal primo istante ti sentirai catapultato nel Paese delle Meraviglie.
A chi vorresti vendere un libro? E quale libro? Vorremmo incontrare Frida Kahlo per suggerirle un libro su Maria Lai, un'artista sarda del '900 che coi suoi fili ha unito mondi lontani. Due donne forti, coraggiose, due culture che si intrecciano per molti aspetti. Sarebbe straordinario!
Qual è la domanda più strana che ti è stata fatta? «Signorina, vendete anche divani?». Probabilmente perché la libreria è per chi si sente a casa!

Qual è la tua libreria preferita nel mondo? E in Italia? Nel mondo sono due le librerie che rispecchiano i nostri gusti: la Libreria El Péndulo di Città del Messico e la libreria Book and Bed a Tokyo, la prima perché sembra una foresta, la seconda perché ci si può anche dormire... Un sogno! In Italia amiamo entrambe la Libreria Acqua Alta di Venezia, sui generis e fortemente simbolica.
Usciti dalla tua libreria bisogna andare assolutamente... dove? Uscite e perdetevi nei vicoli colorati del quartiere Villanova, uno dei più belli della nostra città.
Cosa trovo da te che non trovo altrove? La disponibilità all'ascolto, siamo una piccola farmacia per l'anima.

Libreria Edumondo
Viale Trento 9, 09100 Cagliari
FB Libreria Edumondo

Lo staff dei librai La titolare Marina Boetti è socio unico. Collaborano su progetto Patrizia Tadone, Michela Calledda, Giuliana Saba. Tutte donne.
La tua storia in 280 caratteri Dal 2010, libreria indipendente che lavora con editori indipendenti sui temi della letteratura sociale: salvaguardia ambientale, diritti umani, disabilità, salute mentale, parità di genere. Edumondo sta per «Educazione alla Mondialità» e ha come target privilegiato i giovani adulti.
Che libreria sei, in una sola parola? Alternativa.
Qual è il libro che identifica la tua libreria? «Il viaggiatore leggero» di Alexander Langer.
Qual è il personaggio letterario che rappresenta la tua clientela? Il fuggiasco senza nome de «L'invenzione di Morel» di Adolfo Bioy Casares. Sospeso tra realtà e irrealtà, tra certo e incerto, tra l'oggi e l'altrove.
A chi vorresti vendere un libro? E quale libro? Ai giovani adulti. «Liliana Segre. Il mare nero dell'indifferenza» di Giuseppe Civati.
Qual è la domanda più strana che ti è stata fatta? «Vuole comprare sotto costo libri rubati?».

Qual è la tua libreria preferita nel mondo? E in Italia? Shakespeare & Co., Parigi. Libreria Acqua Alta, Venezia.
Usciti dalla tua libreria bisogna andare assolutamente... dove? Al mare a vedere il tramonto.
Cosa trovo da te che non trovo altrove? Trovi l'altrove, appunto.

Libreria Il Bastione

Piazza Costituzione 4, 09100 Cagliari - 070 652972
FB Libreria Il Bastione Libri, cd e vinili
IG @libreriailbastionecagliari
Lo staff dei librai Nicholas Corda, Margherita Dessanay, Laura Fortuna, Marirosa Pili, Luca Sulis.
La tua storia in 280 caratteri La nostra è una libreria indipendente che prosegue una lunga tradizione iniziata nel 1946, quando Raimondo Carta Raspi, uno dei più insigni intellettuali sardi, volle trasferire la sua libreria nel cuore pulsante del centro storico di Cagliari.
Che libreria sei, in una sola parola? Storica.
Qual è il libro che identifica la tua libreria? «Passavamo sulla terra leggeri» di Sergio Atzeni.
Qual è il personaggio letterario che rappresenta la tua clientela? Maigret, perché Georges Simenon, con i suoi romanzi universali, mette generalmente d'accordo tutti.
A chi vorresti vendere un libro? E quale libro? A chi, nella lettura di un libro, cerca una o più risposte sul senso della vita, «Bestiario» di Julio Cortázar.
Qual è la domanda più strana che ti è stata fatta? Se vendevamo unguenti per curarsi dai funghi.
Qual è la tua libreria preferita nel mondo? E in Italia? El Ateneo Grand Splendid a Buenos Aires e Libreria Giufà a Roma.
Usciti dalla tua libreria bisogna andare assolutamente... dove? A visitare il Bastione di Saint Remy e l'antico quartiere di Castello.
Cosa trovo da te che non trovo altrove? La voglia incondizionata di condividere l'amore per la lettura.

Libreria Miele Amaro

Via Manno 88, 09124 Cagliari - 070 666423
mieleamarocagliari@gmail.com - FB Libreria Miele Amaro Cagliari - IG @libreriamieleamaro

Lo staff dei librai Niccolò, Giovanni, Luca, Itria e Diana.

La tua storia in 280 caratteri Nasce dall'idea di due pazzi che nel peggior periodo storico per un'impresa pensarono che Cagliari fosse sguarnita di librerie. Puntando sulla profondità del catalogo e la letteratura sarda, i primi tempi sono stati difficili ma ci siamo tolti tante soddisfazioni.

Che libreria sei, in una sola parola? All'antica.

Qual è il libro che identifica la tua libreria? «Miele amaro» di Salvatore Cambosu (e ci mancherebbe!).

Qual è il personaggio letterario che rappresenta la tua clientela? Alice Liddell. Entrare in libreria è a metà tra un sogno e un viaggio iniziatico.

A chi vorresti vendere un libro? E quale libro? A Banksy, così finalmente scopriamo com'è fatto. Il libro sarebbe «La vita davanti a sé» di Romain Gary, un altro che se ne intendeva di anonimato.

Qual è la domanda più strana che ti è stata fatta? Anni fa ci fu chiesto da un turista dove potesse trovare delle prostitute a Cagliari... ancora oggi ci chiediamo cosa lo spinse a fare una domanda tanto azzardata e perché lo chiese proprio a noi!

Qual è la tua libreria preferita nel mondo? E in Italia? Non abbiamo viaggiato abbastanza nel mondo per indicare una libreria, per quanto riguarda l'Italia invece ci piacciono molto la libreria Il ponte sulla Dora a Torino, Gogol & Co. a Milano e Todo Modo a Firenze, oltre a Mieleamaro a Nuoro ma questo era scontato!

Usciti dalla tua libreria bisogna andare assolutamente... dove? Alla Galleria Nazionale di Cagliari per ammirare i capolavori dei maestri dell'arte del Novecento sardo.

Cosa trovo da te che non trovo altrove? Una sala che ospita la più grande (con oltre 5000 titoli pensiamo lo sia) selezione di titoli tematici sulla Sardegna, il tutto abbellito da un pavimento in vetro che ricorda un alveare.

Libreria Tiziano

Via Tiziano 15, 09128 Cagliari - 070 402264
FB Libreria Tiziano

Lo staff dei librai Nicholas Corda, Margherita Dessanay, Laura Fortuna, Marirosa Pili, Luca Sulis.

La tua storia in 280 caratteri La libreria è nata alla fine degli anni Novanta e in poco tempo si è ritagliata un ruolo importante all'interno del quartiere di San Benedetto. Con un variegato assortimento di narrativa, saggistica e libri per bambini è un'istituzione cittadina.

Che libreria sei, in una sola parola? Di quartiere.

Qual è il libro che identifica la tua libreria? «I viaggi di Gulliver» di Jonathan Swift.

Qual è il personaggio letterario che rappresenta la tua clientela? Sherlock Holmes.

A chi vorresti vendere un libro? E quale libro? A chi pensa di non averne bisogno, esattamente il libro che stava cercando senza saperlo.

Qual è la domanda più strana che ti è stata fatta? Se vendiamo argilla.

Qual è la tua libreria preferita nel mondo? E in Italia? City Lights a San Francisco; Libreria Trastevere a Roma.

Usciti dalla tua libreria bisogna andare assolutamente... dove? A passeggiare con un libro sottobraccio dal bastione di Saint Remy in poi senza meta.

Cosa trovo da te che non trovo altrove? La nostra accoglienza e un vasto assortimento di titoli scelti con cura.

Tuttestorie Libreria per Ragazzi

Via V. E. Orlando 4, 09127 Cagliari - 070 659290
www.tuttestorie.it - FB Libreria Tuttestorie
IG @tuttestoriefestival - TW @FTuttestorie

Lo staff delle libraie Cristina Fiori, Carla De Santis, Claudia Urgu, Manuela Fiori.

La tua storia in 280 caratteri La libreria è nata nel 2000 e ha sempre promosso iniziative culturali legate al libro e alla lettura. Ha ricevuto il premio Andersen come «Protagonisti della Promozio-

ne della Lettura» e il premio Città di Cagliari. Organizza con lo scrittore Bruno Tognolini il festival Tuttestorie.
Che libreria sei, in una sola parola? Per ragazzi.
Qual è il libro che identifica la tua libreria? «Mammalingua. Ventuno filastrocche per neonati e per la voce delle mamme» di Bruno Tognolini e Pia Valentinis.
Qual è il personaggio letterario che rappresenta la tua clientela? Ottoline (Chris Riddell), una bambina indipendente e curiosa. Come Pippi, si destreggia in un mondo in cui gli adulti rivestono ruoli marginali.
A chi vorresti vendere un libro? E quale libro? A quei bambini che vivono in famiglie dove non esistono i libri, «Matilde» di Roald Dahl.
Qual è la domanda più strana che ti è stata fatta? «Vendete anche presine?», indicando un libro di stoffa.
Qual è la tua libreria preferita nel mondo? E in Italia? La libreria Bertrand di Lisbona. In Italia? La nostra!!!
Usciti dalla tua libreria bisogna andare assolutamente... dove? A fare «l'esploratore del mondo». Il riferimento al libro di Keri Smith non è puramente casuale.
Cosa trovo da te che non trovo altrove? Le «Storie cucite» di Vittoria Negro, cuscini e coperte in cui avvolgersi e farsi coccolare, liberamente ispirati agli albi illustrati più belli.

CASTELSARDO

Il Labirinto - Mondadori Bookstore

Via Roma 24, 07031 Castelsardo SS - 079 471521
mondadori.castelsardo@gmail.com - www.librerialabirinto.it
FB Mondadori Bookstore (Castelsardo)
Lo staff dei librai Antonella, Marco e Vittorio.
La tua storia in 280 caratteri È una giovane libreria, nata nel 2018 ai piedi del borgo, quasi una sfida in un territorio privo di librerie. La libreria è impegnata tutto l'anno in tante attività quali presen-

tazioni di autori e libri, partecipazione ai festival culturali e promozione della lettura nelle scuole.
Che libreria sei, in una sola parola? Generalista.
Qual è il libro che identifica la tua libreria? «L'umbra di lu soli» di Giuseppe Tirotto tradotto in italiano col titolo «Agra Terra», Edizioni Condaghes.
Qual è il personaggio letterario che rappresenta la tua clientela? Gesù di «A volte ritorno» di John Niven perché rappresenta un lettore onnisciente.
A chi vorresti vendere un libro? E quale libro? A quel circa 60% di italiani che non legge neanche un libro all'anno consiglierei, intanto, di entrare in libreria a curiosare, e poi provare anche per gioco, almeno con l'iniziativa «Appuntamento al buio con un libro».
Qual è la domanda più strana che ti è stata fatta? «Mi scusi avete "Per chi suona il campanello" di Ken Follett?»... ma era una provocazione.
Qual è la tua libreria preferita nel mondo? E in Italia? Sul piano internazionale ci piace sognare gli spazi della Livraria Lello & Irmão di Porto; tra le librerie italiane ci sentiamo tanto in sintonia con la Libreria Ultima Spiaggia di Ventotene.
Usciti dalla tua libreria bisogna andare assolutamente... dove? A visitare il borgo medievale di Castelsardo, uno dei più belli del Mediterraneo
Cosa trovo da te che non trovo altrove? Tanti libri sulla Sardegna e il piacere di scegliere una buona lettura in un luogo tranquillo dotato di una postazione all'esterno per sosta relax spesso animata con interessanti sorprese.

GONNESA

Storytelling Libreria - Sala da tè

Piazza Asquer 9, 09010 Gonnesa SU - 331 8770386
FB Storytelling Libreria-Sala da tè
IG @storytellinglibreria - TW @LibStorytelling
Lo staff dei librai Eleonora Sirigu (libraia e titolare).

La tua storia in 280 caratteri Storytelling è una piccola libreria indipendente, nata nel 2016. Un punto d'incontro. Un crocevia di vite e di idee che ha visto nascere collaborazioni e nuovi progetti sul territorio. Tanti gli eventi destinati a grandi e piccini. Spazio dato alle case editrici indipendenti. E in più la possibilità di coccolarsi con un buon tè, circondati dai libri.
Che libreria sei, in una sola parola? Militante.
Qual è il libro che identifica la tua libreria? «Il Circolo Pickwick» di Charles Dickens.
Qual è il personaggio letterario che rappresenta la tua clientela? Zia Mame. Mai banale, estrosa, curiosa. Racchiude in sé tante personalità.
A chi vorresti vendere un libro? E quale libro? A Piero Angela, «Passavamo sulla terra leggeri» di Sergio Atzeni.
Qual è la domanda più strana che ti è stata fatta? «Ma se dovessi interrompere la lettura senza finire il libro, come faccio a ricordare in che punto sono arrivata? Non riesco a leggere tutto il libro in una volta».
Qual è la tua libreria preferita nel mondo? E in Italia? La Livraria Lello e Irmão di Porto e la Libreria Acqua Alta a Venezia.
Usciti dalla tua libreria bisogna andare assolutamente... dove? A respirare l'aria di mare. Fermarsi nell'antica tonnara di Porto Paglia e godersi il tramonto, con alle spalle il piccolo villaggio dei pescatori.
Cosa trovo da te che non trovo altrove? Un ambiente magico nel quale sentirsi a casa, «perdendosi» tra le storie e i profumi del tè.

NUORO

Libreria Mieleamaro

Corso Garibaldi 60, 08100 Nuoro - 0784 231232
FB Libreria Mieleamaro Libri&Musica Nuoro / Mieleamaro Mieleamaro - IG @libreriamieleamaronuoro
Lo staff dei librai Claudia Manuela Rossana e Stefania.
La tua storia in 280 caratteri La libreria prende il nome dal capola-

voro di Salvatore Cambosu, «Miele amaro»: come in quest'opera di alta poesia, poderosa per storia e sapere della cultura dei sardi, con la sua offerta di 25000 titoli, vuole essere una fonte da cui poter attingere ogni aspetto del sapere.
Che libreria sei, in una sola parola? Indipendente.
Qual è il libro che identifica la tua libreria? «Miele amaro» di Salvatore Cambosu.
Qual è il personaggio letterario che rappresenta la tua clientela? Il divoratore di libri de «I fantastici libri volanti di Mr. Morris Lessmore» di William Joyce.
A chi vorresti vendere un libro? E quale libro? Vorremmo vendere libri a chi li ama e a chi ancora deve imparare a farlo. Ci piacerebbe consigliare «Il meraviglioso viaggio di Octavio» di Miguel Bonnefoy, la storia di un analfabeta che imparando a leggere scopre un mondo nuovo e straordinario.
Qual è la domanda più strana che ti è stata fatta? «Avete la sagra della Morante?».
Qual è la tua libreria preferita nel mondo? E in Italia? La bellezza di una libreria non deriva da dimensioni o aspetti scenografici, ma dall'atmosfera. Con questa premessa, la libreria più bella per noi è la Libreria Mieleamaro di Cagliari.
Usciti dalla tua libreria bisogna andare assolutamente... dove? Allo Spazio Ilisso in via Brofferio a Nuoro.
Cosa trovo da te che non trovo altrove? Le ceramiche Terrapintada, i pacchetti regalo realizzati con la lana di Nule, gli oggetti Insula, la tessera punti Insula.

ORISTANO

Libreria Canu

Via De Castro 20, 09170 Oristano - 0783 78723 - 345 6949741
lmc.or@tiscali.it - FB Libreria Canu
Lo staff dei librai Mauro e Massimo.

La tua storia in 280 caratteri Mario Canu, padre dell'attuale titolare, apre la libreria nel 1959, in una delle vie più centrali e commerciali di Oristano. Da allora ad oggi l'attività è stata portata avanti sempre secondo i canoni iniziali, in maniera indipendente e senza perdere mai la sua identità.
Che libreria sei, in una sola parola? Storica.
Qual è il libro che identifica la tua libreria? «Marianna Sirca» di Grazia Deledda. Quest'ultima resta sempre, pur nel rispetto degli altri scrittori sardi, la più alta espressione della letteratura regionale e non, oltre che esempio di emancipazione femminile. La scelta di questo specifico personaggio è motivata proprio dal fatto che si tratta di una donna in una società matriarcale come quella sarda. La sezione Sardegna occupa uno spazio importante nella nostra libreria.
Qual è il personaggio letterario che rappresenta la tua clientela? Renzo e Lucia de «I promessi sposi» di Manzoni, il classico della letteratura italiana per eccellenza. I nostri sono clienti «storici».
A chi vorresti vendere un libro? E quale libro? «I nuovi sovrani del nostro tempo, Amazon, Google, Facebook» di Jonathan Taplin al ministro dell'Economia.
Qual è la domanda più strana che ti è stata fatta? «Posso riportarlo se non mi piace?».
Qual è la tua libreria preferita nel mondo? E in Italia? Libreria Acqua Alta a Venezia.
Usciti dalla tua libreria bisogna andare assolutamente... dove? A prendere un caffè in uno dei locali del centro e a pranzo o a cena in uno dei tanti ristoranti. Se si è ospiti forestieri, le possibilità e le attrazioni dei nostri luoghi sono molteplici: sicuramente il mare e le spiagge, a un tiro di schioppo dalla nostra cittadina, come le colline ricche di cultura antica e siti archeologici. Oppure la Sartiglia, manifestazione equestre carnevalesca di origine medievale, che ormai conta quasi seicento anni e che fa sicuramente da padrona tra le nostre tradizioni.
Cosa trovo da te che non trovo altrove? Bisognerebbe chiederlo ai nostri clienti. Noi cerchiamo di offrire cordialità, disponibilità,

consigli, simpatia, esperienza che sicuramente si trovano anche da altri. Ma da noi di più!

SASSARI

Libreria Azuni

Viale Pasquale Mancini 15, 07100 Sassari - 079 233454
www.libreriaazuni.it - FB Libreria Azuni - IG @libreriaazuni
Lo staff dei librai Emiliano Longobardi, Giuliano Longobardi, Nina Longobardi, Simone Satta (grafica).
La tua storia in 280 caratteri Nata nel 1991, è specializzata in editoria indipendente, fumetti, gialli/noir, libri per bambini, testi scolastici/universitari. Organizza presentazioni, eventi, laboratori. Dal 2018 è co-curatrice della direzione artistica del festival Florinas in giallo - L'isola dei misteri.
Che libreria sei, in una sola parola? Alternativa.
Qual è il libro che identifica la tua libreria? «Moby Dick».
Qual è il personaggio letterario che rappresenta la tua clientela? Esiste un personaggio piuttosto giovane, sotto i vent'anni, curioso di tutto, al quale piaccia viaggiare anche e soprattutto con la fantasia?
A chi vorresti vendere un libro? E quale libro? «Atlante dei pregiudizi» di Yanko Tsvetkov, a chiunque in questo periodo non si renda conto di quanto sia necessario abbatterli.
Qual è la domanda più strana che ti è stata fatta? «Vendete ombrelli?».
Qual è la tua libreria preferita nel mondo? E in Italia? Shakespeare & Co. a Parigi, Libreria Acqua Alta a Venezia.
Usciti dalla tua libreria bisogna andare assolutamente... dove? Ai giardini pubblici che stanno proprio davanti a noi: un ottimo luogo in cui immergersi nelle letture più appassionanti.
Cosa trovo da te che non trovo altrove? La quantità dei fumetti e la qualità delle proposte.

Libreria Messaggerie Sarde

Piazza Castello 11, 07100 Sassari - 079 230028
www.messaggeriesarde.it - FB Messaggerie Sarde

Lo staff dei librai Tiziana Marranci, coordina la libreria e segue in particolar modo il settore bambini e crescita personale. Michele Serra, segue sia varia che saggistica, super esperto del settore Sardegna. Vanni Spanu, segue il reparto musica. Niccolò Cossu Marranci, cura soprattutto l'amministrazione e si sposta a necessità nei vari settori. Federica e Davide Cossu Marranci, rinforzano lo staff nel periodo natalizio. Enrica Cossu Marranci, cura gli acquisti del no-book.

La tua storia in 280 caratteri Bottega storica della Sardegna, nata negli anni '40 nell'immediato dopoguerra nella centrale via Roma, trasferita a metà degli anni '60 nell'attuale sede al Grattacielo nuovo, progetto del celebre architetto Antonio Simon Mossa. Dal 1976 di proprietà della famiglia Cossu Marranci.

Che libreria sei, in una sola parola? Storica.

Qual è il libro che identifica la tua libreria? «L'alchimista», Paulo Coelho.

Qual è il personaggio letterario che rappresenta la tua clientela? Mr. Morris Lessmore.

A chi vorresti vendere un libro? E quale libro? A una bambina che deve crescere, «Le vere principesse coraggiose» di Dolores Brown e Sonja Wimmer.

Qual è la domanda più strana che ti è stata fatta? «Avete "L'interpretazione dei sogni" di Freud? Però l'edizione coi numeri».

Qual è la tua libreria preferita nel mondo? E in Italia? In Italia la Libreria del Mondo Offeso a Milano. La Libreria Bertrand a Lisbona.

Usciti dalla tua libreria bisogna andare assolutamente... dove? Il Duomo cui si arriva a piedi attraverso le stradine del centro storico.

Cosa trovo da te che non trovo altrove? Un vasto assortimento di libri sulla Sardegna.

Mondadori Bookstore C'era due volte

Via delle Conce snc (c/o Galleria Commerciale Cortesantamaria), 07100 Sassari - 079 235424 - 351 2445814
FB Mondadori Bookstore C'era due volte
Lo staff dei librai Sara Sotgiu, Carlotta Marrai, Claudia Chelo (supporto e progetti).
La tua storia in 280 caratteri La nostra libreria nasce nel febbraio del 2010 e vive un po' in ombra fino all'ottobre del 2018, quando, dopo un lungo periodo di crisi, decidiamo di prenderla in gestione, dopo anni da dipendenti. Obiettivo: darle un'identità forte anche nel contesto di una galleria commerciale.
Che libreria sei, in una sola parola? Per bimbAdulti.
Qual è il libro che identifica la tua libreria? «C'era due volte il barone Lamberto» di Gianni Rodari.
Qual è il personaggio letterario che rappresenta la tua clientela? Benjamin Malaussène (sono disarmanti nella loro umanità e varietà).
A chi vorresti vendere un libro? E quale libro? A Matteo Salvini, «Ops! Abbiamo un problema» di Jacob Grant.
Qual è la domanda più strana che ti è stata fatta? «Vendete il Kukident?» (in una libreria dentro un centro commerciale cosa fai... non lo chiedi?).
Qual è la tua libreria preferita nel mondo? E in Italia? Shakespeare & Co. a Parigi. Il Soffiasogni ad Albano Laziale e Radice Labirinto a Carpi.
Usciti dalla tua libreria bisogna andare assolutamente... dove? Ai giardini (bellissimi quelli di via Venezia dedicati a Maria Carta) a leggere immersi nel verde.
Cosa trovo da te che non trovo altrove? Una scimmietta appesa a testa in giù che ti saluta dalla vetrina!

Mondadori Bookstore Sassari Cavallotti

Largo Felice Cavallotti 17, 07100 Sassari - 079 2012098
libreriadessi@tiscali.it
Lo staff dei librai Chicca Pulina e Momo Piras.

La tua storia in 280 caratteri Un romanzo di incontri e cambiamenti, prospettive e visioni: dal 1860 con l'editore Dessì, agli anni '60 con il mitico libraio Piero, fino al 2007 quando la figlia Chicca entra in Mondadori continuando a far vivere la libreria come luogo di incontri tra le calde trame di un libro.
Che libreria sei, in una sola parola? Storica, con una grande attenzione per l'editoria dedicata all'infanzia.
Qual è il libro che identifica la tua libreria? «Stoner», John Williams.
Qual è il personaggio letterario che rappresenta la tua clientela? Pepe Carvalho di Montalbán: cosciente della fine del sogno di un mondo migliore, non si rassegna a una disillusa accettazione della realtà.
A chi vorresti vendere un libro? E quale libro? Vorrei consigliare un libro al regista sassarese Antonello Grimaldi, perché di solito avviene il contrario.
Qual è la domanda più strana che ti è stata fatta? Mi capita spesso di dover consigliare libri per persone che non leggono, credo che sia la sfida più divertente.
Qual è la tua libreria preferita nel mondo? E in Italia? Le librerie mi piacciono tutte, piccole grandi moderne o antiche, c'è sempre qualcosa che puoi scovare, scoprire, che può attirare la tua attenzione. Se ci pensiamo, pur avendo tutte lo stesso prodotto, in base all'esposizione puoi capire la loro personalità.
Usciti dalla tua libreria bisogna andare assolutamente... dove? Ci si può sedere al bar degustando un ottimo vinello soddisfatti degli acquisti.
Cosa trovo da te che non trovo altrove? Trovi accoglienza, curiosità, chiacchiere, persone che amano leggere e confrontarsi. Un piccolo spazio eventi dove si organizzano mostre d'arte, concerti musicali, presentazioni di libri e laboratori per bambini. Uno spazio polifunzionale per tutte le età e per tutti i gusti rispettando sempre la qualità delle proposte.

SELARGIUS

Mondadori Bookstore Selargius I Mulini

Centro Commerciale i Mulini
Via Piero della Francesca 3, 09047 Selargius CA - 070 0991624
FB Mondadori Bookstore Selargius C. C. I Mulini

Lo staff dei librai Siamo in due socie, Cristina e Ilaria.
La tua storia in 280 caratteri Ci siamo conosciute a un evento letterario, abbiamo iniziato a parlare di libri e poi siamo diventate socie del Club di Jane Austen. Da lì avevamo un sogno in comune e siamo riuscite a realizzarlo. Siamo in un piccolo centro commerciale vicino al più importante ospedale di Cagliari.
Che libreria sei, in una sola parola? Di quartiere.
Qual è il libro che identifica la tua libreria? «Orgoglio e pregiudizio» di Jane Austen.
Qual è il personaggio letterario che rappresenta la tua clientela? Miss Marple.
A chi vorresti vendere un libro? E quale libro? A Pierfrancesco Favino, «Orgoglio e pregiudizio».
Qual è la domanda più strana che ti è stata fatta? «Se Jane Austen fosse un uomo...».
Qual è la tua libreria preferita nel mondo? E in Italia? A Parigi Shakespeare & Co., a Venezia Libreria Acqua Alta.
Usciti dalla tua libreria bisogna andare assolutamente... dove? A leggere.
Cosa trovo da te che non trovo altrove? Siamo specializzate in gadget di Harry Potter.

STINTINO

Libreria il Labirinto

via Sassari 17, 07040 Stintino - 079 523251
stintinomondadori@gmail.com - www.librerialabirinto.it

FB Libreria il Labirinto Mondadori Stintino
Lo staff dei librai Lucia e Francesca.
La tua storia in 280 caratteri A cinquanta metri dal mare, con un'occhiata guardiamo verso i due porti. Proponiamo incontri con l'autore e aperitivi letterari. Libreria, cartoleria e altro: presidio importante anche per i residenti, in un luogo lontano dalle principali città del nord Sardegna.
Che libreria sei, in una sola parola? Generalista.
Qual è il libro che identifica la tua libreria? «Supercarcere Asinara» di Giampaolo Cassitta.
Qual è il personaggio letterario che rappresenta la tua clientela? Enrico di «L'incredibile bimbo mangia libri» di Oliver Jeffers (per il divertimento e l'entusiasmo... non per l'indigestione di libri!).
A chi vorresti vendere un libro? E quale libro? A tutti, donne e uomini adulti: «L'arte della gioia» di Goliarda Sapienza.
Qual è la domanda più strana che ti è stata fatta? «... Sto cercando un libro di un autore un po' particolare, avete "Ti prendo e ti porto via" di Hamman Iti?».
Qual è la tua libreria preferita nel mondo? E in Italia? Libreria Ultima Spiaggia a Camogli (Genova).
Usciti dalla tua libreria bisogna andare assolutamente... dove? Sul lungomare Colombo verso il porto vecchio (Porto Minori) a leggere in riva al mare vicino alle vecchie barche a vela latina.
Cosa trovo da te che non trovo altrove? Qui non ci capiti per caso o di passaggio, ma perché l'hai desiderato. Unica libreria nell'ultimo lembo di terra del nord Sardegna: a est, a ovest e verso nord, c'è solo l'immenso mare. Il paese e la gente vivono in sintonia con il tempo e la natura. Quello che si respira da noi è vero relax, dentro e fuori la libreria; il sole e il maestrale ci accompagnano per tutta l'estate lasciandoci una sensazione di libertà assoluta. Leggere qui è un'esperienza unica.

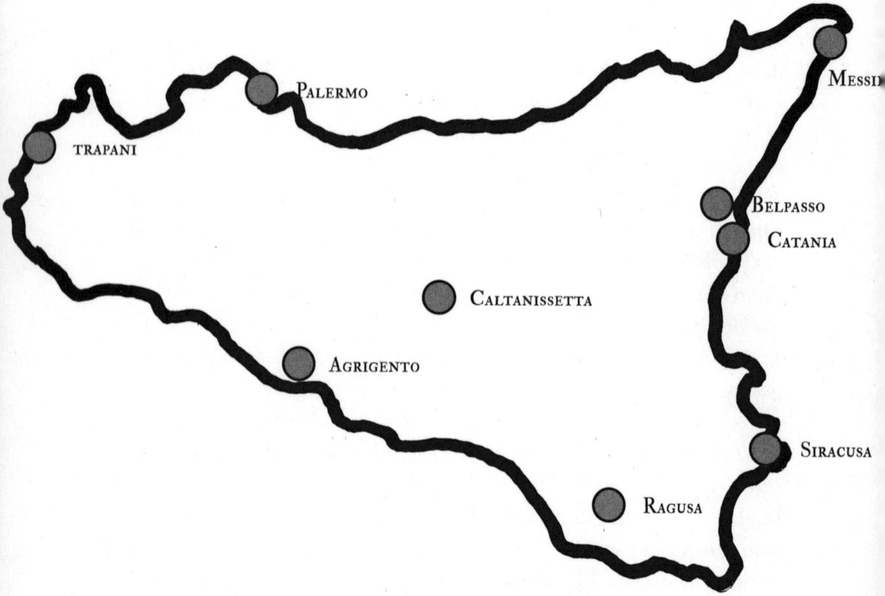

Palermo
Trapani
Messi
Belpasso
Catania
Caltanissetta
Agrigento
Siracusa
Ragusa

Sicilia

AGRIGENTO
Giunti al Punto Agrigento

BELPASSO
Giunti al Punto di Catania 3

CALTANISSETTA
Libreria Lachina Lucio

CATANIA
Cavallotto Librerie
*la*Feltrinelli
Libreria Vicolo Stretto
Mondadori Bookstore Catania Roma

MESSINA
Dedalus di Roberto Cavallaro
*la*Feltrinelli Point
Libreria Bonanzinga

NOTO
Libreria Liber Liber

PALERMO
Broadway Libreria dello spettacolo
Dudi Libreria per bambini e ragazzi
Libreria Del Mare
Libreria Modusvivendi
Prospero enoteca letteraria

RAGUSA
La Libreria di Ibla (Ubik Ibla)

SIRACUSA
Libreria Diana
Libreria Gabò

TRAPANI
Libreria Del Corso

AGRIGENTO

Giunti al Punto Agrigento

Via Fosse Ardeatine - Villaseta, 92100 Agrigento - 0922 597378
agrigento@giunti.it - FB Libreria Giunti Al Punto Agrigento

Lo staff dei librai Alessia, Gianluca, Renzo, Valentina.

La tua storia in 280 caratteri La nostra libreria è nata nel 2012, quindi possiamo dire di essere «nuovi». Siamo subito riusciti a imporci come punto di riferimento nel nostro territorio. I nostri clienti sono per lo più clienti storici e affezionati che si affidano a noi e ai nostri consigli.

Che libreria sei, in una sola parola? Per tutti, grandi e piccini!

Qual è il libro che identifica la tua libreria? «L'ombra del vento» di Zafón, i libri salvano la vita... sempre!

Qual è il personaggio letterario che rappresenta la tua clientela? Il piccolo principe. Tutti i grandi sono stati bambini una volta, ma pochi di essi se ne ricordano.

A chi vorresti vendere un libro? E quale libro? Ci piacciono le sfide più dure... «Fight Club» di Palahniuk a Gandhi!

Qual è la domanda più strana che ti è stata fatta? «Signorina ce l'ha "Se fosse un uomo" di Primo Levi?».

Qual è la tua libreria preferita nel mondo? E in Italia? In Italia la nostra, nel mondo la libreria Shakespeare & Co. di Parigi.

Usciti dalla tua libreria bisogna andare assolutamente... dove? A casa a leggere o alla Valle dei Templi (sempre a leggere!).

Cosa trovo da te che non trovo altrove? La nostra competenza, la nostra disponibilità, il nostro sorriso e il nostro entusiasmo... in una sola parola NOI.

BELPASSO

Giunti al Punto di Catania 3

C.c. Etnapolis c/da Valcorrente 23, 95032 Belpasso CT
095 7867235
catania3@giunti.it

Lo staff dei librai Francesco, Valentina.
La tua storia in 280 caratteri Lo spazio si sviluppa come un grande abbraccio che ogni cliente riceve al suo ingresso. La libreria viene vissuta come luogo del pensare con un autentico scambio ricco di significati umani tra noi e i lettori, e come luogo d'incontro dove i libri del momento la fanno da padrone.
Che libreria sei, in una sola parola? Poliedrica.
Qual è il libro che identifica la tua libreria? «Wonder» di R.J. Palacio.
Qual è il personaggio letterario che rappresenta la tua clientela? Il Principe Fabrizio Salina («Il Gattopardo» di Giuseppe Tomasi di Lampedusa).
A chi vorresti vendere un libro? E quale libro? «Siddharta» di Hesse a Papa Francesco!
Qual è la domanda più strana che ti è stata fatta? «Vendete trapani?».
Qual è la tua libreria preferita nel mondo? E in Italia? Nel mondo la Argosy Book Store di New York e in Italia Bookàbar di Roma.
Usciti dalla tua libreria bisogna andare assolutamente... dove? A mangiare una granita mandorla e pistacchio e nel mentre leggere assolutamente il libro appena acquistato.
Cosa trovo da te che non trovo altrove? Sorriso, professionalità, ironia e soprattutto l'amore per i libri che avverti una volta entrato.

CALTANISSETTA

Libreria Lachina Lucio

Via Frà Giarratana 56, 93100 Caltanissetta - 0934 582900
libreria_lachina_2@virgilio.it - FB Libreria Lachina

Lo staff dei librai Siamo in famiglia: Lucio, Ilaria, Paola e Davide.
La tua storia in 280 caratteri Era il 1974 quando, nello storico palazzo Benintendi, i miei genitori rilevarono la libreria da una nota famiglia di librai. Da allora con passione e tenacia continuiamo a essere un punto di riferimento culturale per la nostra città.
Che libreria sei, in una sola parola? Storica.
Qual è il libro che identifica la tua libreria? «L'amore brucia come zolfo» di Lucia Maria Collerone, perché racconta la storia della nostra città ai tempi dello zolfo e ci ricorda chi siamo.
Qual è il personaggio letterario che rappresenta la tua clientela? Quelli di «Un'eterna meraviglia» della vincitrice del Nobel 1938, Pearl S. Buck, che nei libri trovano le risposte che cercano.
A chi vorresti vendere un libro? E quale libro? Vorrei consigliare il libro «Il gabbiano Jonathan Livingston» a un giovane lettore affinché possa trovare la voglia di vivere con la forza del pensiero, unita a un'infinita idea di libertà. Senza limiti né limitazioni.
Qual è la domanda più strana che ti è stata fatta? «Hanno presentato questo libro di cui non ricordo il titolo, l'autore era alto, magro e con gli occhiali...».
Qual è la tua libreria preferita nel mondo? E in Italia? La Shakespeare & Co. di Parigi, piccola ma ricca di eventi. La Libreria Acqua Alta a Venezia, dove l'atmosfera è unica e le vecchie enciclopedie sono ancora utili.
Usciti dalla tua libreria bisogna andare assolutamente.... dove? In centro storico, in piazza Garibaldi, seduti a un tavolino ad ammirare la fontana del Tritone, degustando il nostro dolce «rollò nisseno».
Cosa trovo da te che non trovo altrove? Quarant'anni di professionalità, unita all'amore per i libri che danno conoscenza e calore.

CATANIA

Cavallotto Librerie

Corso Sicilia 91, 95131 Catania - 095 310414
Viale Jonio 32, 95129 Catania - 095 539067
www.cavallotto.it - FB Cavallotto Librerie
IG @cavallotto_librerie - TW @cavallottolibri

Lo staff dei librai Siamo in tanti, tra cui Adalgisa, Cetti, Anna e Luisa. Più della metà donne; tra di noi c'è grande diversità: chi è appassionato lettore, chi è capace di offrire assistenza nei più vari settori delle competenze professionali.

La tua storia in 280 caratteri Fondata nel 1954 da Vito Cavallotto, serve un variegato pubblico con ampio assortimento di titoli e un reparto remainder al 50%. Organizza incontri con gli scrittori anche nelle scuole. Fa parte delle Librerie Storiche Italiane e nel 2007 si è aggiudicata il Premio per Librai Mauri.

Che libreria sei, in una sola parola? Storica.

Qual è il libro che identifica la tua libreria? «Il figlio maschio» di Giuseppina Torregrossa. Un libro ispirato alla storia delle tre generazioni di una famiglia di librai... la nostra!

Qual è il personaggio letterario che rappresenta la tua clientela? Quelli de «La lettrice scomparsa» di Fabio Stassi che cercano nella biblioterapia la risoluzione o il lenimento dei propri drammi esistenziali.

A chi vorresti vendere un libro? E quale libro? A un ragazzino che viene a comprarlo con la sua paghetta. «L'estate che conobbi il Che» di Luigi Garlando.

Qual è la domanda più strana che ti è stata fatta? La richiesta di un consiglio da parte di una suocera per un libro da regalare alla nuora, che potesse convincerla a restare fedele al marito...

Qual è la tua libreria preferita nel mondo? E in Italia? Le quaranta librerie di Hay-on-Wye, piccolo paesino del Galles di 1400 abitanti! La Libreria Rinascita di Ascoli Piceno che occupa un luminoso edificio storico ed è stata la prima Oasi di Bibliodiversità in Italia.

Usciti dalla tua libreria bisogna andare assolutamente... dove? A gu-

stare una buona granita leggendo il libro appena acquistato, sulla spiaggetta del borgo marinaro di San Giovanni Li Cuti, incastonato nella scogliera di roccia nera.
Cosa trovo da te che non trovo altrove? Oltre alla cura nell'assortimento, persone che amano il proprio lavoro e sanno ascoltare pazientemente.

*la*FELTRINELLI

VIA ETNEA 285, 95125 CATANIA - 02 91947777
Lo staff dei librai John, Carmelo, Antonio, Salvo e Aurelia.
La tua storia in 280 caratteri La libreria ha aperto nove anni fa sulla via Etnea, la strada principale del centro, fiancheggiata da palazzi barocchi di pietra lavica fra i quali spicca la sua insegna rossa. Accolta con entusiasmo da tutti i catanesi, è divenuta presto un punto di riferimento per la città.
Che libreria sei, in una sola parola? Giovane e di tendenza.
Qual è il libro che identifica la tua libreria? «Il Gattopardo» di Giuseppe Tomasi di Lampedusa.
Qual è il personaggio letterario che rappresenta la tua clientela? Montalbano: i suoi libri sono i più venduti anche ai turisti, che lo identificano col siciliano tipico, attribuendogli gli stessi vizi e virtù.
A chi vorresti vendere un libro? E quale libro? Mi sarebbe piaciuto vendere una copia de «L'isola di Arturo» a Magda Szabó che è una delle mie autrici predilette insieme a Elsa Morante, appunto. Sono convinta che se avessero avuto l'opportunità di conoscersi in vita si sarebbero piaciute parecchio. Con questa vendita immaginaria mi sentirei un po' artefice del loro incontro.
Qual è la domanda più strana che ti è stata fatta? «Ma tutti questi libri si possono noleggiare?».
Qual è la tua libreria preferita nel mondo? E in Italia? Hatchards a Londra e la Libreria Amanei a Salina.
Usciti dalla tua libreria bisogna andare assolutamente... dove? Da Tanina, un piccolo caffè appartato, sul lungomare, seduti a un tavolino dove gustarsi una granita alla mandorla e finalmente sfogliare il libro che si è appena acquistato.

Cosa trovo da te che non trovo altrove? Si trova sempre qualcuno di noi librai, pronto a farti innamorare con grande passione ed entusiasmo, di una storia che ancora non conosci.

Libreria Vicolo Stretto

Via Santa Filomena 38, 95100 Catania - 095 2962587
FB Libreria Vicolo Stretto - IG @vicolostretto
TW @vicolostretto

Lo staff dei librai Maria Carmela Sciacca, la #LibraiaGrande. Angelica Sciacca, la #libraiapiccola.
La tua storia in 280 caratteri Apre nel luglio 2011; 23 mq di libri, entusiasmo e iniziative culturali. In ogni libro si cela una storia e noi amiamo raccontarle; ce n'è per tutti i gusti, dai fumetti alle filastrocche per bambini. Nella botte piccola sta il vino buono? Nel nostro caso sembra proprio di sì!
Che libreria sei, in una sola parola? Indipendente.
Qual è il libro che identifica la tua libreria? «L'inconfondibile tristezza della torta al limone», Aimee Bender.
Qual è il personaggio letterario che rappresenta la tua clientela? Mary Poppins e lo spazzacamino.
A chi vorresti vendere un libro? E quale libro? A Pedro Juan Gutiérrez, «L'estate che sciolse ogni cosa» di Tiffany McDaniel. Ad Andrea Camilleri, «La principessa che scriveva» di Nerina Fiumanò e Angelo Ruta.
Qual è la domanda più strana che ti è stata fatta? «Che bella questa libreria! Cosa vendete?».
Qual è la tua libreria preferita nel mondo? E in Italia? Ancora non l'abbiamo trovata la nostra libreria preferita al mondo. In Italia Le notti bianche di Ludovica Giuliani a Vigevano.
Usciti dalla tua libreria bisogna andare assolutamente... dove? Al mercato di Piazza Carlo Alberto e nella pescheria accanto al Duomo.
Cosa trovo da te che non trovo altrove? Le due libraie!

Mondadori Bookstore Catania Roma

Piazza Roma 18, 95125 Catania - 095 7169610
FB Mondadori Bookstore (Catania piazza Roma)
TW @mondadoripiazzaroma

Lo staff dei librai Siamo cinque librai appassionati così diversi da arricchirci vicendevolmente.
La tua storia in 280 caratteri Nasce nel maggio 2002 per offrire alla città un luogo di incontro culturale nel quale ritrovarsi. Con oltre 200 mq di scaffali zeppi di libri, siamo comunque pronti a ordinare gli introvabili! Organizziamo eventi culturali, seminari, presentazioni e laboratori per piccini e adulti.
Che libreria sei, in una sola parola? Aperta.
Qual è il libro che identifica la tua libreria? «I leoni di Sicilia» di Stefania Auci.
Qual è il personaggio letterario che rappresenta la tua clientela? Da Dr. Jekyll a Mr. Hyde.
A chi vorresti vendere un libro? E quale libro? A Bruno Vespa, «Come non scrivere» di Claudio Giunta.
Qual è la domanda più strana che ti è stata fatta? «Vendete applique?».
Qual è la tua libreria preferita nel mondo? E in Italia? Livraria Lello e Irmão (Porto) e Rizzoli Galleria (Milano).
Usciti dalla tua libreria bisogna andare assolutamente... dove? Il posto più bello dove godere di una rilassante lettura immersi nel verde è senza dubbio la villa comunale V. Bellini a pochi passi dalla nostra amata libreria.
Cosa trovo da te che non trovo altrove? Ogni libreria è unica perché sono i librai che la rendono tale. Noi mettiamo molto amore, passione e impegno nel nostro lavoro. Sicuramente ci contraddistinguono la gentilezza, l'accoglienza, il vastissimo catalogo e un consiglio giusto al momento giusto :)

MESSINA

Dedalus di Roberto Cavallaro

Via Camiciotti 16/18, 98123 Messina - 090 9030803
FB Dedalus di Roberto Cavallaro - IG @libreriadealus_r.
cavallaro

Lo staff dei librai La libreria è composta esclusivamente dal titolare Roberto Cavallaro.

La tua storia in 280 caratteri La libreria Dedalus di Roberto Cavallaro è presente a Messina dal 9 dicembre 2016 e prende il nome da Stephen Dedalus, il celebre personaggio letterario di James Joyce che appare nei romanzi «Ritratto dell'artista da giovane» e «Ulisse» e a cui il titolare si sente molto legato.

Che libreria sei, in una sola parola? Indipendente.

Qual è il libro che identifica la tua libreria? Il libro che identifica la libreria è Ulisse di James Joyce e per tale motivo l'evento più importante della Dedalus è il Bloomsday del 16 giugno.

Qual è il personaggio letterario che rappresenta la tua clientela? Andreas Kartak («La leggenda del santo bevitore», Roth): nonostante non abbia una fissa dimora, alla fine rispetta la parola data e torna sempre.

A chi vorresti vendere un libro? E quale libro? Mi piacerebbe vendere un libro a Karl Ove Knausgård, gli vorrei vendere «La casa della fame» di Dambudzo Marechera, perché la novella dello scrittore africano mi ricorda le atmosfere allucinanti di «Ballando al buio».

Qual è la domanda più strana che ti è stata fatta? La domanda più strana che mi è stata fatta è di mettere in contatto un cliente scrittore con la casa editrice più attinente con l'opera che intende pubblicare.

Qual è la tua libreria preferita nel mondo? E in Italia? La mia libreria preferita nel mondo è la Shakespeare & Co. di Parigi, mentre quella italiana è Altroquando di Roma.

Usciti dalla tua libreria bisogna andare direttamente... dove? Bisogna andare a leggere al bar accompagnando la lettura con una granita

di caffè con panna e brioche la mattina, mentre all'ora di pranzo o all'ora di cena in rosticceria per mangiare il pidone tradizionale messinese o la focaccia tradizionale messinese.
Cosa trovo da te che non trovo altrove? Eterogeneità tra case editrici generaliste ed editori piccoli e medi e possibilità di conoscere, oltre alle opere di scrittori imprescindibili del panorama nazionale e internazionale, anche autori contemporanei e classici a mio parere fondamentali: come ad esempio Chinua Achebe, Alain Mabanckou, Joe Clifford, Doug Johnstone, August Strindberg, Knut Hamsun, Marcel Aymé, Annie Ernaux, Rebecca West, Julio Cortázar, Tomás Eloy Martinez, Valeria Luiselli, Philip Ó Ceallaigh, William Godwin e tanti altri.

*la*Feltrinelli Point

Via Ghibellina 32, 98122 Messina - 02 91947777
FB La Feltrinelli Point Messina
Lo staff dei librai Noemi, Giuseppe, Daniela, Stella, Aurelio, Dario e Salvo.
La tua storia in 280 caratteri Nasce per immaginare un'idea diversa di libreria, con spazi di socializzazione ed eventi continui, oltre a un bistrot. Accoglie quotidianamente molti studenti che studiano nel nostro giardino.
Che libreria sei, in una sola parola? Accogliente e con giardino.
Qual è il libro che identifica la tua libreria? «Addio fantasmi» di Nadia Terranova perché Ida, la protagonista del romanzo, torna a Messina per confrontarsi con i suoi fantasmi, le sue paure, superarli e cercare di vivere il presente e costruirsi un futuro. È quello che vedo negli occhi dei ragazzi che ogni giorno affollano la libreria, per studiare nel nostro giardino o per cercare in un libro una storia che li porti «altrove». La protagonista rivive nel libro assieme al lettore alcuni dei luoghi più belli di Messina condividendoli con lui, e in fondo cosa fa un libraio se non custodire la bellezza dei libri e cercare di condividerla con il maggior numero di persone possibili?
Qual è il personaggio letterario che rappresenta la tua clientela? Holden

Caulfield: insofferente alle ipocrisie e al conformismo, con quella rabbia positiva che vorremmo vedere nei giovani che vengono a trovarci.
A chi vorresti vendere un libro? E quale? «Il pane di ieri» di Enzo Bianchi, a chi ha perso il senso dell'accoglienza e del vivere con il necessario e non con il superfluo.
Qual è la domanda più strana che ti è stata fatta? Una mamma che chiede per la sua bambina di nove anni: «Avete dei libri di neurochirurgia per bambini, magari illustrati?».
Qual è la tua libreria preferita nel mondo? E in Italia? El Ateneo Grand Splendid a Buenos Aires, Liberrima a Lecce.
Usciti dalla tua libreria bisogna andare assolutamente... dove? A Capo Peloro, il punto più stretto tra la Sicilia e la Calabria, l'isola e la terraferma, che da certe prospettive sembra si uniscano, tanto sono vicine. È anche un luogo letterario: Omero ne parla nell'«Odissea» e racconta di Ulisse che affronta due ninfe trasformate da Zeus in mostri marini (Scilla, guardiana della sponda calabra, e Cariddi, di quella sicula) e chiunque attraversa lo stretto deve fare attenzione alle correnti che dal Tirreno vanno verso lo Jonio e viceversa, come racconta Stefano D'Arrigo nel suo «Horcynus Orca». Natura, letteratura, mito, ecco perché usciti dalla libreria ogni viaggiatore dovrebbe fermarsi a «viverlo».
Cosa trovo da te che non trovo altrove? Accoglienza, passione, competenza, curiosità, spazi in cui vivere la propria giornata e un pianoforte da suonare.

Libreria Bonanzinga

Via XXVII Luglio 78, 98123 Messina
FB Libreria Bonanzinga - IG @libreria_bonanzinga
Lo staff dei librai Daniela, proprietaria libraia da quarant'anni, e Sara Donato, libraia impiegata da diciott'anni.
La tua storia in 280 caratteri Nasce a Messina nel 1969 da Nino e Rosalba Bonanzinga. La figlia Daniela inizia a lavorarci nel 1981. All'attivo oltre 450.000 occasioni di lettura e oltre 2000 incontri

con 200 scrittori. Ad aprile 2019 si trasferisce in una nuova libreria modulare, multimediale, integrata.
Che libreria sei, in una sola parola? Libreria storica indipendente.
Qual è il libro che identifica la tua libreria? Francamente non mi sento di identificare la libreria in un libro. Posso dire che presto molta attenzione alla narrativa siciliana.
Qual è il personaggio letterario che rappresenta la tua clientela? Vive la libertà delle scelte che mutano, non è stereotipata. La forza sta nel dare a ogni cliente il libro giusto in quel momento della sua vita.
A chi vorresti vendere un libro? E quale libro? Vorrei vendere un libro a colui che non ha mai letto né comprato un libro. Quale libro? Quello che lo può sedurre e trascinare nel mondo della lettura.
Qual è la domanda più strana che ti è stata fatta? Se vendessi articoli di merceria.
Qual è la tua libreria preferita nel mondo? E in Italia? Ho viaggiato molto all'estero in passato. Recentemente dovrei esprimere un giudizio ispirato al virtuale. Non mi sembra il caso. Anche in Italia recentemente non mi dedico da anni a tour per librerie. Giudizi da cartolina non voglio darne.
Usciti dalla tua libreria bisogna andare direttamente... dove? Al bar Irrera a gustare una granita con panna e una brioche.
Cosa trovo da te che non trovo altrove? Trovi me, la mia storia, la mia passione, la mia competenza fatta da una grande sinergia di mente e cuore.

NOTO

Libreria Liber Liber

Corso Vittorio Emanuele 84, 96017 Noto SR
0931 574774
librerialiberliber@gmail.com
libreria.liberliber@virgilio.it
FB Libreria LIBER LIBER

Lo staff dei librai Siamo in due: Antonio e Gerardina.
La tua storia in 280 caratteri Nata nel 2001, negli anni ha modificato l'offerta culturale per soddisfare le richieste dei lettori senza perdere di vista gli obiettivi fondamentali: assortimento, editori e scrittori che contribuiscono all'offerta, settore di letteratura per ragazzi e titoli in lingua straniera.
Che libreria sei, in una sola parola? Alternativa (rispetto a quelle di catena).
Qual è il libro che identifica la tua libreria? Il libro che meglio identifica la nostra libreria è «Perché leggere i classici» di Italo Calvino.
Qual è il personaggio letterario che rappresenta la tua clientela? «Matilde» di Roald Dahl, per la curiosità. Spesso i clienti non chiedono un titolo ben preciso: si lasciano ispirare guardando tra gli scaffali.
A chi vorresti vendere un libro? E quale libro? Ad alcuni genitori. «Crescere con i libri. Rimedi letterari per mantenere i bambini sani, saggi e felici» di Ella Berthoud e Susan Elderkin.
Qual è la domanda più strana che ti è stata fatta? «Vendete libri originali?».
Qual è la tua libreria preferita nel mondo? E in Italia? Livraria Lello e Irmão a Porto in Portogallo, in Italia Libreria Palazzo Roberti a Bassano del Grappa.
Usciti dalla tua libreria bisogna andare direttamente... dove? Tappa fondamentale a Noto, il Caffè Sicilia per gustare il cannolo di ricotta e un tortino al pistacchio del pasticciere Corrado Assenza.
Cosa trovo da te che non trovo altrove? Piccoli editori che non hanno distribuzione a livello nazionale e una selezione di autori siciliani importanti ma poco conosciuti.

PALERMO

Broadway Libreria dello spettacolo

Via Rosolino Pilo 18, 90139 Palermo
0916090305 - 0916091086
www.libreriabroadway.it - FB Libreria Broadway

Lo staff dei librai Simona Onorato e Roberta Onorato.
La tua storia in 280 caratteri Da 19 anni presentazioni, mostre, concerti, teatro, corsi di regia e di sceneggiatura. Con la crisi economica che ha investito in particolare il Sud, abbiamo accolto la sfida ampliando il settore ragazzi e le attività laboratoriali. Siamo libreria amica Nati per Leggere.
Che libreria sei, in una sola parola? Originale.
Qual è il libro che identifica la tua libreria? Il libro che identifica la nostra libreria è «Se una notte d'inverno un viaggiatore» di Calvino
A chi vorresti vendere un libro? E quale libro? A chi non ama leggere e vorremmo vendere «La grande sete» di Antonio Russello.
Qual è la domanda più strana che ti è stata fatta? «Posso fotocopiare il libro?».
Qual è la tua libreria preferita nel mondo? E in Italia? La nostra libreria preferita nel mondo è El Ateneo Grand Splendid di Buenos Aires. In Italia Libreria Palazzo Roberti di Bassano del Grappa.
Usciti dalla tua libreria bisogna andare assolutamente... dove? Al Teatro Massimo.
Cosa trovo da te che non trovo altrove? Da noi trovi passione, sorriso, cortesia, buona musica e simpatia.

Dudi Libreria per bambini e ragazzi

Via Quintino Sella 71, 90139 Palermo - 091 332494
www.libreriadudi.it - FB Dudi libreria per bambini e ragazzi
IG @libreriadudi

Lo staff dei librai Maria Romana, Raffaella, Alessia, Giulia.
La tua storia in 280 caratteri Nata nel 2013 da un'idea di Maria

Romana Tetamo, come riferimento di qualità per famiglie e bambini. Pone al centro il libro: punto di partenza per un'educazione estetica e la ricerca di una relazione intima e stimolante. Dal 2014 è una libreria Nati per Leggere.
Che libreria sei, in una sola parola? Per bambini.
Qual è il libro che identifica la tua libreria? «Nonno albero» di Maria Romana Tetamo e Laura Proietti.
Qual è il personaggio letterario che rappresenta la tua clientela? Dory Fantasmagorica: ci piace pensare sia la bambina che ognuno ha ancora dentro, porta allegria e mescola l'ingenuità col senso di giustizia.
A chi vorresti vendere un libro? E quale libro? «Grammatica della fantasia» di Gianni Rodari a Bruno Munari, e «Fantasia» di Bruno Munari a Gianni Rodari.
Qual è la domanda più strana che ti è stata fatta? «Vendete cartine?!».
Qual è la tua libreria preferita nel mondo? E in Italia? Strand Bookstore nell'East Village a New York e Radice Labirinto a Carpi.
Usciti dalla tua libreria bisogna andare assolutamente... dove? A casa a leggere il libro appena comprato.
Cosa trovo da te che non trovo altrove? Sorrisi, consigli e libri speciali.
Dudi ha una programmazione ricca di attività per bambini di ogni età: 0-3 (laboratori musicali con il metodo Gordon e laboratori creativi e sensoriali), 3-5 (laboratori metodo Munari), dai 5 anni in su (dalla creatività alla cucina passando per i laboratori scientifico-divulgativi a cura di operatori specializzati). I club dei lettori - suddivisi per fasce d'età - accompagnano i bambini dai 6 anni in su alla scelta dei propri generi letterari preferiti e creano momenti di scambio e condivisione con i proprio coetanei. Ai genitori Dudi dedica percorsi sin dalla gravidanza con esperti MIPA, AIMI e Scuola del Portare® perché la libreria sia un luogo di crescita per tutta la comunità, un vero e proprio centro culturale. Oggi Dudi collabora con numerosi eventi culturali e sociali e in particolare cura il programma per bambini, ragazzi e appassionati di illustrazione all'interno del festival di editoria indipendente Una Marina di Libri.

Libreria Del Mare

Via Cala 50, 90133 Palermo - 091 6116829
www.libreriadelmare.com
Lo staff dei librai Maurizio e Rita.
La tua storia in 280 caratteri Dal '96 nel porto antico di Palermo («la Cala») con lo scopo di recuperare le tradizioni marinare e offrire un servizio agli appassionati di mare e ai professionisti del settore marittimo.
Che libreria sei, in una parola? Specializzata in libri di mare.
Qual è il libro che identifica la tua libreria? «Odissea» di Omero.
Qual è il personaggio letterario che rappresenta la tua clientela? Alcuni potrebbero far pensare a Corto Maltese, altri a Santiago («Il vecchio e il mare») altri ancora al Conseil di «Ventimila leghe sotto i mari»...
A chi vorresti vendere un libro? E quale libro? Al presidente degli Stati Uniti Donald Trump, «La grande cecità. Il cambiamento climatico e l'impensabile» di Amitav Ghosh.
Qual è la domanda più strana che ti è stata fatta? «Mi può prestare questo libro? Il tempo di fare delle fotocopie e lo riporto indietro».
Qual è la tua libreria preferita nel mondo? E in Italia? La Libreria del Mare!
Usciti dalla tua libreria bisogna andare assolutamente... dove? A leggere!
Cosa trovo da te che non trovo altrove? Il sogno, l'avventura, la scoperta.

Libreria Modusvivendi

Via Quintino Sella 79, 90139 Palermo - 091 323493
info@modusvivendi.pa.it - www.modusvivendi.pa.it
FB Modusvivendi Libreria - IG @Modusvivendi_libreria
TW @ModusvivendiB
Lo staff dei librai Marcella e Salvo Spiteri (titolari), Fabrizio Piazza, Loredana Mancino e Laura Mascari.
La tua storia in 280 caratteri Indipendente, nata nel giugno 1997, dà spazio a piccola e media editoria di qualità. Organizza lettu-

re, presentazioni, colazioni letterarie, progetti nelle scuole. Spazio-concept con pregiati manufatti culturali e tradizionali provenienti principalmente da India e Giappone.
Che libreria sei, in una sola parola? Di proposta.
Qual è il libro che identifica la tua libreria? «Ho paura torero» di Pedro Lemebel.
Qual è il personaggio letterario che rappresenta la tua clientela? Aureliano Buendia: uno zoccolo duro di lettori e lettrici che sostengono il nostro presidio culturale in città.
A chi vorresti vendere un libro? E quale libro? Vorremmo consigliare «Romanzo civile» di Giuliana Saladino a Leonardo Sciascia.
Qual è la domanda più strana che ti è stata fatta? «Ma i libri normali... dove li tenete?».
Qual è la tua libreria preferita nel mondo? E in Italia? In Italia... la nostra, nel mondo El Ateneo Grand Splendid a Buenos Aires.
Usciti dalla tua libreria bisogna andare assolutamente... dove? All'Hammam, a pochi passi.
Cosa trovo da te che non trovo altrove? Insieme ai libri, tessuti, bijoux e accessori frutto di un'appassionata ricerca in Oriente e del grande amore per i viaggi di Salvo e Marcella. Uno spazio dove si raccontano storie e tradizioni a 360 gradi.

Prospero enoteca letteraria

Via Marche 8, 90144 Palermo - 091 6618235
www.prosperopalermo.it - FB Prospero / Enoteca letteraria
Lo staff dei librai Cinzia Orabona.
La tua storia in 280 caratteri Prima enoteca letteraria a Palermo, ha aperto lo scorso novembre. Un luogo aperto a tutti, tutti i giorni, per consultare e acquistare libri di editori indipendenti per tutte le età, assistere a concerti, performance teatrali, laboratori per bambini, reading e presentazioni.
Che libreria sei, in una sola parola? Hub culturale.
Qual è il libro che identifica la tua libreria? «Creature fantastiche di Sicilia», Rosario Battiato e Chiara Nott.

Qual è il personaggio letterario che rappresenta la tua clientela? Zelda Fitzgerald: femmina, femminista, eclettica e poliedrica.
A chi vorresti vendere un libro? E quale libro? A Lorenzo Fontana, «Stato di famiglia» di Alessandro Zannoni.
Qual è la domanda più strana che ti è stata fatta? «Mi scrive il riassunto del libro? Sto corteggiando una ragazza che è una lettrice forte ma non ho il tempo di leggerlo».
Qual è la tua libreria preferita nel mondo? E in Italia? Nel mondo El Ateneo Grand Splendid di Buenos Aires. In Italia Tuba di Roma.
Usciti dalla tua libreria bisogna andare assolutamente... dove? A fare un giro per la città più bella d'Italia: Palermo.
Cosa trovo da te che non trovo altrove? Libri di case editrici indipendenti che non hanno spazio nelle librerie di catena. Alcuni nomi? Prospero Editore, Spartaco, Ediciclo, Tempesta e tante altre! Agli scaffali pieni di libri si alternano divani, poltrone e altre sedute dove leggere e ascoltare musica in vinile o dal nostro pianoforte, a disposizione di chi sa suonarlo. I calici di vino e le birre artigianali si sorseggiano accompagnando taglieri di salumi e formaggi di qualità. Prospero: un luogo dove enoteca e libreria convivono e si stimolano a vicenda per creare una nuova comunità culturale in città.

RAGUSA

La Libreria di Ibla (Ubik Ibla)

Corso XXV Aprile 17/19, 97100 Ragusa Ibla - 0932 682897
https://iblabookshop.com - FB Libreria Ubik IBLA
IG @iblabookshop
Lo staff dei librai Marco Lo Monaco e Susan Arroyo
La tua storia in 280 caratteri Siamo diventati librai l'8 agosto 2007. In questi 12 anni la libreria si è trasformata con noi quasi di sua volizione: inaugurata come libreria generalista, oggi ha una fortissima impronta legata alla storia locale siciliana e alle lingue straniere. Il futuro è tutto da scrivere.

Che libreria sei, in una sola parola? Senza frontiere!
Qual è il libro che identifica la tua libreria? «Il Gattopardo» di Giuseppe Tomasi di Lampedusa (il nostro bestseller preferito).
Qual è il personaggio letterario che rappresenta la tua clientela? Godot: chiamano, prenotano e non vengono a ritirare.
A chi vorresti vendere un libro? E quale libro? Ad Andrea Camilleri, «È facile smettere di fumare... se sai come farlo» di Allen Carr.
Qual è la domanda più strana che ti è stata fatta? «Avete "L'alpinista" di Coelho?».
Qual è la tua libreria preferita nel mondo? E in Italia? Nel mondo, The Book Shop a Wigtown, Scozia. In Italia, la Scatola Lilla di Cristina Di Canio a Milano.
Usciti dalla tua libreria bisogna andare assolutamente... dove? A casa, a vedere una puntata di Montalbano.
Cosa trovo da te che non trovo altrove? La nostra *amurusa* gattina adottata chiamata Vigata.

SIRACUSA

Libreria Diana

Corso Gelone 57, 96100 Siracusa - 0931 65930
libreriadianasiracusa@gmail.com - FB Libreria Diana
IG @Libreriadiana
Lo staff dei librai Ilaria e Andrea.
La tua storia in 280 caratteri La Libreria Diana nasce più di 40 anni fa, diventando presto un vero e proprio punto di riferimento per Siracusa. Nel 2017 viene rilevata da una coppia di trentenni profondamente innamorati dei libri e disposti a tutto (o quasi) pur di realizzare il sogno di avere una libreria.
Che libreria sei, in una sola parola? Indomita.
Qual è il libro che identifica la tua libreria? «Il barone rampante» di Italo Calvino.

Qual è il personaggio letterario che rappresenta la tua clientela? Alice: entrare in libreria è come cadere giù per un pozzo oltre il quale si scovano mondi inimmaginabili.
A chi vorresti vendere un libro? E quale libro? A chi ha smarrito il sentiero. Proporremmo «L'anima smarrita» di Olga Tokarczuk e Joanna Concejo.
Qual è la domanda più strana che ti è stata fatta? «Ma qui i libri si pagano?».
Qual è la tua libreria preferita nel mondo? E in Italia? Strand Bookstore a New York e la Libreria Palazzo Roberti a Bassano del Grappa.
Usciti dalla tua libreria bisogna andare assolutamente... dove? A visitare il Parco Archeologico di Siracusa.
Cosa trovo da te che non trovo altrove? Tanti editori indipendenti accuratamente selezionati e tanta, tanta felicità.

Libreria Gabò

Corso Matteotti 38, 96100 Siracusa - 0931 66255
FB Libreria Gabò
Lo staff dei librai Livia Gagliano (titolare), collaboratrice «esterna» Luisa Fiandaca. Quest'ultima collabora per l'organizzazione degli incontri con gli autori. In libreria da pochi mesi Francesca Salerno.
La tua storia in 280 caratteri La libreria Gabò nasce nel 1997. Dopo un'esperienza triennale con una libreria di Catania io e il mio ex socio decidiamo di «avventuraci» in prima persona. Nasce così Gabò in onore di García Márquez. Dal 2006 proseguo da sola.
Che libreria sei, in una sola parola? Di varia.
Qual è il libro che identifica la tua libreria? Il romanzo contemporaneo che secondo noi merita di essere scoperto da più persone possibili.
Qual è il personaggio letterario che rappresenta la tua clientela? Spero sia Libero («Atti osceni in luogo privato», Missiroli), per l'amore che nutre verso i libri senza dimenticare di vivere la vita.
A chi vorresti vendere un libro? E quale libro? Forse «I fantasmi

di Portopalo» (Giovanni Maria Bellu) a chi si sente minacciato dall'arrivo nel nostro Paese di persone in cerca di un futuro.
Qual è la domanda più strana che ti è stata fatta? Tantissime! Una: «Avete il gabbiano Jonathan Listerin?».
Qual è la tua libreria preferita nel mondo? E in Italia? Qualsiasi libreria indipendente perché ci vuole tanta passione, intraprendenza, sacrificio, impegno.
Usciti dalla tua libreria bisogna andare direttamente... dove? Davanti al mare o in mezzo alla natura a leggere il libro appena acquistato. Poi tornare in libreria per il prossimo acquisto!
Cosa trovo da te che non trovo altrove? Calma, pace, buona musica e un consiglio se lo desideri, altrimenti ti lasciamo libero di scoprire un libro per te sorprendente o di trovare ciò che preferisci. Cerchiamo di porre l'attenzione su alcune «chicche», evitando di essere solo «commerciali».

TRAPANI

Libreria Del Corso

Corso Vittorio Emanuele 61, 91100 Trapani - 0923 26260
FB Libreria Del Corso - IG @libreriadelcorsotrapani
Lo staff dei librai Teresa e Noemi.
La tua storia in 280 caratteri Si affaccia con il suo elegante portale in stile liberty sulla via centrale della città. Un'intera parete offre opere dedicate alla Sicilia. Propone un ricco catalogo, novità letterarie, saggi, manuali e libri per l'infanzia ai quali è riservato uno speciale spazio espositivo.
Che libreria sei, in una sola parola? Indipendente.
Qual è il libro che identifica la tua libreria? «Lessico famigliare» di Natalia Ginzburg.
Qual è il personaggio letterario che rappresenta la tua clientela? Don Chisciotte, fanatico di libri, la cui vita viene stravolta dalla lettura delle gesta cavalleresche.

A chi vorresti vendere un libro? E quale libro? A Michele Mari vorrei vendere «Romanzo civile» di Giuliana Saladino (in realtà glielo regalerei).
Qual è la domanda più strana che ti è stata fatta? Uno studente universitario mi ha detto: «Vorrei ordinare un libro, però non lo voglio comprare, lo voglio prendere in prestito, fotocopiarlo e riportarlo in libreria».
Qual è la tua libreria preferita nel mondo? E in Italia? La Livraria Lello e Irmão a Porto; La Stanza di Carta a Palermo (bellissima!).
Usciti dalla tua libreria bisogna andare assolutamente... dove? Bisogna fare una piccola passeggiata fino a Torre di Ligny per vedere l'abbraccio dei due mari (il Tirreno e il canale di Sicilia).
Cosa trovo da te che non trovo altrove? Le confezioni regalo più alternative, realizzate con carte riciclate, vecchie riviste, ritagli e nastri colorati di ogni tipo.

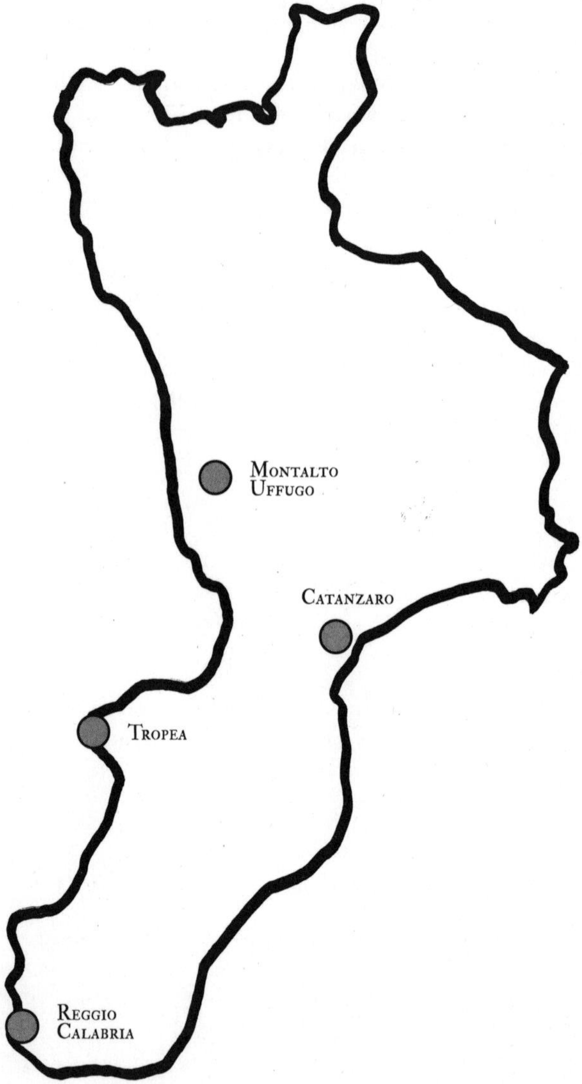

Montalto
Uffugo
Catanzaro
Tropea
Reggio
Calabria

Calabria

CATANZARO
Libreria Nisticò
Libreria Punto e a capo

MONTALTO UFFUGO
Libreria Unicorni di carta

REGGIO CALABRIA
Libreria Amaddeo

TROPEA
Libreria Il pensiero meridiano

CATANZARO

Libreria Nisticò

Via A. Daniele 27, 88100 Catanzaro - 0961 725811
www.librerianistico.com - FB Libreria Nisticò
Lo staff dei librai Paolo Nisticò.
La tua storia in 280 caratteri Nasciamo, 31 anni fa, come libreria universitaria, giuridica, medica, professionale a gestione familiare. Negli anni ci ingrandiamo aggiungendo vari settori professionali e la varia. Sopravviviamo, per il momento, al tracollo dei consumi culturali di questo Paese morente.
Che libreria sei, in una sola parola? Indipendente.
Qual è il libro che identifica la tua libreria? Tutti i libri per i concorsi e «Sulla riva dello Jonio» di George Gissing.
Qual è il personaggio letterario che rappresenta la tua clientela? L'emigrante? Assistiamo alla diaspora dei nostri giovani che, studiando, si ribellano e si sottraggono al sistema. Purtroppo però... se ne vanno!
A chi vorresti vendere un libro? E quale libro? A qualche amministratore locale calabrese: «Le basi morali di una società arretrata» di Edward C. Banfield.
Qual è la domanda più strana che ti è stata fatta? «Mi servirebbe circa un metro di libri dal dorso arancione».
Qual è la tua libreria preferita nel mondo? E in Italia? Shakespeare & Co., Parigi.

Usciti dalla tua libreria bisogna andare assolutamente... dove? Al Parco della Biodiversità Mediterranea e\o da Rizzi's per una birra.
Cosa trovo da te che non trovo altrove? Consigli spassionati di chi non sta lì per venderti necessariamente qualcosa!

Libreria Punto e a capo

Via Melchiorre Jannelli 55, 88100 Catanzaro - 0961 701727
info@libreriapuntoeacapo.it - FB Libreria Punto e a capo
Lo staff dei librai Paola Tigani Sava.
La tua storia in 280 caratteri È la più giovane libreria indipendente della città, il cui obiettivo è la promozione della cultura, attraverso eventi di vario genere. Collabora con le scuole di ogni ordine e grado per promuovere la lettura (Progetto Gutenberg, Libriamoci, Io leggo perché, Il Maggio dei Libri).
Che libreria sei, in una parola? Indipendente.
Qual è il libro che identifica la tua libreria? «Curarsi con i libri. Rimedi letterari per ogni malanno» di Ella Berthoud e Susan Elderkin.
Qual è il personaggio letterario che rappresenta la tua clientela? Marcovaldo (di Italo Calvino), personaggio stravagante ma saggio e capace di insegnare qualcosa e di trasmettere valori.
A chi vorresti vendere un libro? E quale libro? Non ho in mente un libro particolare, ogni giorno vorrei vendere cultura a chi ne fa richiesta e umiltà a chi pensa di non averne bisogno.
Qual è la domanda più strana che ti è stata fatta? «Scusate, ci sono libri?».
Qual è la tua libreria preferita nel mondo? E in Italia? The Winding Stair a Dublino. Libreria Acqua Alta a Venezia.
Usciti dalla tua libreria bisogna andare assolutamente... dove? A casa a leggere assolutamente il libro acquistato.
Cosa trovo da te che non trovo altrove? Vasto assortimento di libri per bambini e ragazzi di piccole case editrici che curano l'aspetto pedagogico educativo e meno quello commerciale.

MONTALTO UFFUGO

Libreria Unicorni di carta

Corso Italia 243, 87046 Montalto Uffugo CS - 329 4916760
unicornidicarta@gmail.com - www.unicornidicarta.it
FB Unicorni di carta - IG @libreria_unicorni_di_carta

Lo staff dei librai Lo staff è composto da me: Emanuela Catania, laureata in filosofia, appassionata di libri giapponesi, visionaria e fervida sostenitrice dei sogni.

La tua storia in 280 caratteri La prima libreria indipendente specializzata per ragazzi in tutta la provincia di Cosenza, da subito accolta con entusiasmo. Come se il bisogno di una libreria fosse radicato nelle persone, che soltanto non sapevano di averlo.

Che libreria sei, in una sola parola? Filosofica.

Qual è il libro che identifica la tua libreria? Il libro che mi identifica è «Matilde» di Roald Dahl. Irriverente, anticonformista e divertentissimo.

Qual è il personaggio letterario che rappresenta la tua clientela? Mi vengono in mente 3 personaggi: Lo spaventapasseri, l'omino di latta e il leone codardo de Il Mago di Oz.

A chi vorresti vendere un libro? E quale libro? Vorrei vendere un libro a ogni insegnante che non si consulta e non si aggiorna prima di assegnare liste di libri agli alunni, per fargli scoprire che oltre ai classici, che sono sicuramente da conoscere, c'è un vasto mondo da esplorare.

Qual è la domanda più strana che ti è stata fatta? La domanda più strana che mi è stata fatta: «Salve Unicorni di carta, ma voi vendete solo carta o anche oggetti?».

Qual è la tua libreria preferita nel mondo? E in Italia? Ho un debole per le piccole librerie francesi, con la boiserie in legno rosso sulle vetrine, così elegante! In Italia non posso che citare la Giannino Stoppani, sempre così stimolante e piena di gente. Davvero un avamposto culturale immerso in una cornice perfetta, quella di Piazza Maggiore.

Usciti dalla tua libreria bisogna andare assolutamente... dove? Usciti dalla mia libreria bisogna assolutamente visitare Corso Mazzini, a Cosenza, che ospita un museo all'aria aperta che parte da Piazza Bilotti e si estende lungo il Corso. Si tratta del MAB (Museo all'Aperto Bilotti) che ospita opere di sette artisti di fama mondiale: Salvador Dalí, Giorgio De Chirico, Pietro Consagra, Mimmo Rotella, Giacomo Manzù, Emilio Greco e Sacha Sosno.
Cosa trovo da te che non trovo altrove? Da Unicorni di carta c'è sempre ad accogliervi un libraio competente, che saprà guidarvi e consigliarvi. E poi c'è un'ampia zona salotto nella quale prepararsi un caffè o una tisana. Insomma, un luogo da vivere a 360°, non soltanto un negozio. Vendiamo libri che insegnino a pensare, non a cosa pensare.

REGGIO CALABRIA

Libreria Amaddeo

Via Giuseppe De Nava 110/116, 89123 Reggio Calabria
0965 24653
IG @librerama
TW @librerama
Lo staff dei librai Daniele Amaddeo.
La tua storia in 280 caratteri Piccola libreria indipendente a conduzione familiare attiva sul territorio dal 1959.
Che libreria sei, in una sola parola? Storica.
Qual è il libro che identifica la tua libreria? «Se una notte di inverno un viaggiatore» di Italo Calvino.
Qual è il personaggio letterario che rappresenta la tua clientela? Elizabeth Bennet («Orgoglioe pregiudizio», Austen): immediatamente riconoscibile, intelligente, piena di energia, ma non senza i suoi difetti.
A chi vorresti vendere un libro? E quale libro? A mio padre (defunto), «Everyman» di Philip Roth.

Qual è la domanda più strana che ti è stata fatta? «Perché i libri non profumano più come una volta?».
Qual è la tua libreria preferita nel mondo? E in Italia? City Lights Bookstore a San Francisco. Libreria L'asino d'oro a Torino.
Usciti dalla tua libreria bisogna andare assolutamente... dove? In un'altra libreria (indipendente, possibilmente).
Cosa trovo da te che non trovo altrove? Da noi trovi più o meno le stesse cose che trovi nelle vecchie librerie di quartiere: amore per i libri e per la lettura e un posto accogliente dove puoi incontrare degli amici.

TROPEA

Libreria Il pensiero meridiano

Via Indipendenza 12, Tropea VV
0963 62096
www.ilpensieromeridiano.it
FB Libreria Il pensiero meridiano
IG @pensieromeridiano
Lo staff dei librai Lavoro da sola. Ma durante la stagione turistica mi avvalgo di Gloria Lorenzo, 24 anni, studentessa universitaria e aiuto libraia.
La tua storia in 280 caratteri Siamo nati il 21 marzo 2015, in una Tropea orfana della sua storica libreria. Sono subito partiti tre gruppi di lettura, un ciclo di attività per i più piccoli e progetti scolastici. In estate lavoriamo fino a tarda notte, consigliando libri a turisti da tutto il mondo.
Che libreria sei, in una sola parola? Poliglotta.
Qual è il libro che identifica la tua libreria? «Il libro dell'estate» di Tove Jansson.
Qual è il personaggio letterario che rappresenta la tua clientela? Da Hermione Granger a Horace Lumacorno: tutti i personaggi letterari dall'universo di Harry Potter. Voldemort compreso.

A chi vorresti vendere un libro? E quale libro? Vorrei vendere una copia de «Il pensiero meridiano» di Franco Cassano a Barack Obama.
Qual è la domanda più strana che ti è stata fatta? Se vendiamo profumi - ma esclusivamente al muschio bianco.
Qual è la tua libreria preferita nel mondo? E in Italia? La Golden Hare Books di Edimburgo. La Libreria MarcoPolo di Venezia.
Usciti dalla tua libreria bisogna andare assolutamente... dove? Svoltando a sinistra e scendendo lungo il corso, propongo almeno un'ora di contemplazione del mare trasparente che si spalanca dall'affaccio.
Cosa trovo da te che non trovo altrove? L'empatia immediata e genuina tra librai, clienti e libri.

Matera

Basilicata

MATERA
365 Storie, libreria per bambini e ragazzi
Libreria dell'Arco

MATERA

365 Storie, libreria per bambini e ragazzi
Via San Biagio 53 75100 Matera - 0835 339057
www.365storie.it - FB 365 Storie. Libreria per bambini e ragazzi
Lo staff dei librai Anna Felicia e Iolanda Nardandrea, donne e sorelle.
La tua storia in 280 caratteri 365 Storie è una libreria per ragazzi nata a Matera nel dicembre 2016. Appassionate lettrici e neo libraie, curiamo la scelta dei libri proposti, ospitiamo autori e illustratori, sosteniamo la piccola e media editoria di qualità, promuoviamo la gioia di leggere, per ogni dove.
Che libreria sei, in una sola parola? Indipendente.
Qual è il libro che identifica la tua libreria? Abbiamo scelto il nome della libreria ripensando a un libro della nostra infanzia, «365 Storie», una storia al giorno scritta da Kathryn Jackson e illustrata da Richard Scarry in una tanto sfogliata e amata edizione del 1976.
Qual è il personaggio letterario che rappresenta la tua clientela? «Danny, il campione del mondo», un classico molto amato di Roald Dahl che ci avvicina al cuore di lettori grandi e piccoli.
A chi vorresti vendere un libro? E quale libro? Vorremmo vendere a tutti un silent book. Tutti dovremmo avere un nostro silent book.
Qual è la domanda più strana che ti è stata fatta? «Siete pazze o ricche di famiglia?». Un interrogativo che esplicita la lettura che molte persone danno a realtà come la nostra.
Qual è la tua libreria preferita nel mondo? E in Italia? Non saprem-

mo indicare, in Italia e nel mondo, una libreria preferita ma preferiamo senz'altro i posti in cui la gentilezza è di casa. Le librerie sono luoghi di incontro. Se la tua libreria si trova in una città meta di tanti viaggiatori, può capitare di incontrare colleghi lontani ma con una passione e sensibilità affini alla tua. È accaduto con la libraia di Los Libros del Vendaval, una bellissima libreria specializzata in libri e albi illustrati a Buenos Aires. Da visitare, un giorno.
Usciti dalla tua libreria bisogna andare assolutamente... dove? La libreria si trova nel Rione San Biagio del Sasso Barisano. Consigliamo sempre a tutti di passeggiare e perdersi nelle strade di questo quartiere.
Cosa trovo da te che non trovo altrove? Una libreria indipendente e specializzata si identifica molto con la figura del libraio che la gestisce e cura. Nel nostro spazio trovate noi e una selezione di libri scelti con ostinazione e coraggio.

Libreria dell'Arco

Via delle Beccherie 55, 75100 Matera - 0835 311111
www.libreriadellarco.it - FB Libreria dell'Arco
Lo staff dei librai Nicola Tamburrino, Giovanni Moliterni.
La tua storia in 280 caratteri Fondata nel 1990, con nuova ragione sociale e gestione rinnovata dal 2014 e in una nuova sede dal 2016, la libreria offre un'attenta selezione delle novità, non tralasciando il catalogo e le innumerevoli interessanti proposte provenienti dalla piccola e media editoria.
Che libreria sei, in una sola parola? Di proposta.
Qual è il libro che identifica la tua libreria? «Il lavoro culturale» di Luciano Bianciardi.
Qual è il personaggio letterario che rappresenta la tua clientela? Palomar, dall'omonimo libro di Calvino (spirito di osservazione e ricerca, curiosità e disponibilità ad avvicinarsi a ciò che non si conosce).
A chi vorresti vendere un libro? E quale libro? A Walter Veltroni, «L'estetizzazione del mondo» di Gilles Lipovetsky e Jean Serroy.
Qual è la domanda più strana che ti è stata fatta? «Avete il libro XYZ

a un prezzo inferiore rispetto a quello che mi propone Amazon? Non voglio mettervi in difficoltà, per me non ci sono problemi, nella mia città ci sono anche una Feltrinelli e una Mondadori».

Qual è la tua libreria preferita nel mondo? E in Italia? Nel mondo: Strand Bookstore (New York). In Italia: ex aequo Libreria Trame (Bologna) e Coop Zanichelli (Bologna).

Usciti dalla tua libreria bisogna andare assolutamente... dove? A visitare il Palombaro Lungo, una cisterna profonda 16 metri e lunga 55 metri, interamente scavata a mano, la più grande riserva idrica della città, definita «una cattedrale dell'acqua».

Cosa trovo da te che non trovo altrove? La non presunzione di pensare di essere speciale e magari qualche titolo introvabile conservato con cura e dedizione.

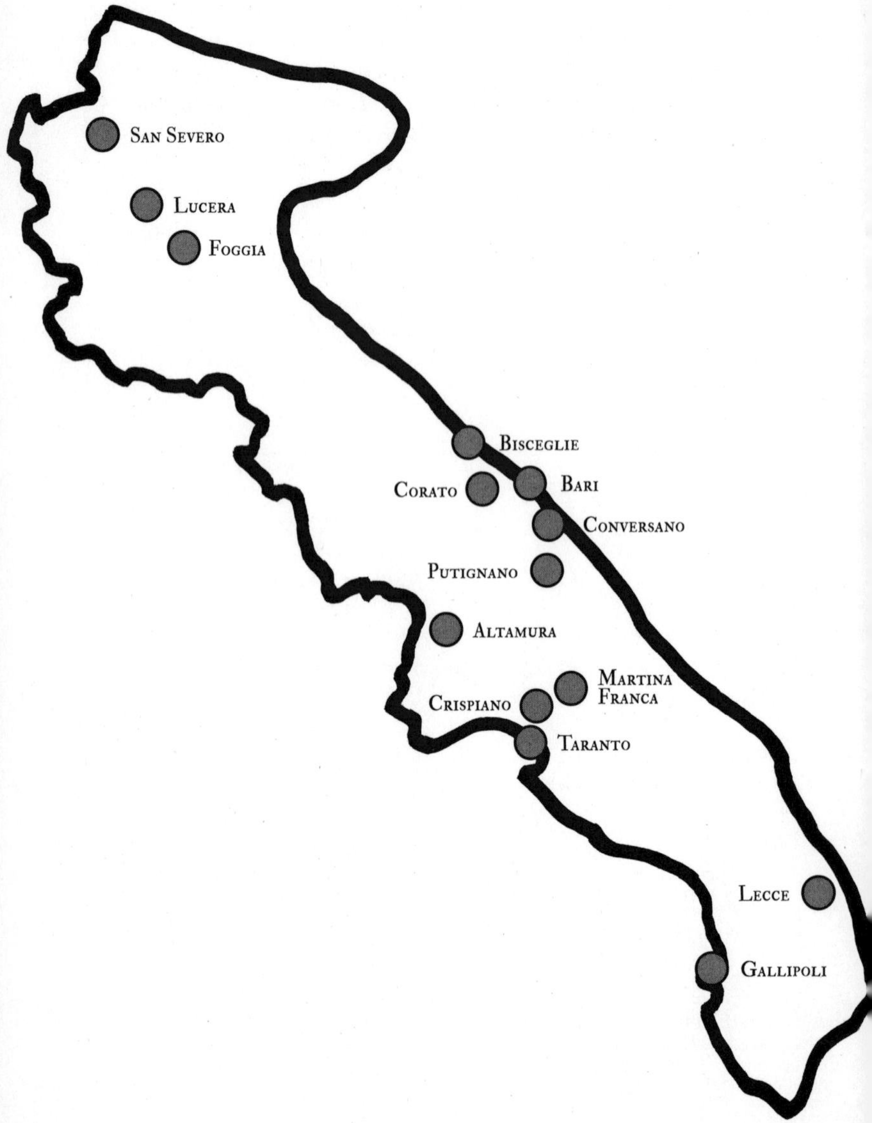
San Severo
Lucera
Foggia
Bisceglie
Corato
Bari
Conversano
Putignano
Altamura
Martina Franca
Crispiano
Taranto
Lecce
Gallipoli

Puglia

ALTAMURA
*la*Feltrinelli

BARI
*la*Feltrinelli Libri & Musica Bari
Libreria Campus
Moby Dick Libri & Giochi
Quintiliano La Libreria

BISCEGLIE
Abbraccio alla vita

CONVERSANO
Libreria Skribi Parole Suoni Cose

CORATO
Libreria Ambarabacicicoco'

CRISPIANO
Libreria Amicolibro

FOGGIA
Libreria RioBo
Mondadori Bookstore di Libreria Dante
Spazio «Libri scelti per voi» da Librerie.coop

GALLIPOLI
Giunti al Punto di Gallipoli

LECCE
Giunti al Punto
Spazio «Libri scelti per voi» da Librerie.coop

LUCERA
Il sasso nello stagno - Libreria per bambini e ragazzi

MARTINA FRANCA
Libreria Storie in Corso

MOLA DI BARI
Libreria Culture Club Cafè

PUTIGNANO
Libreria Lik e Lak
Libreria Simone

SAN SEVERO
Libreria Notarangelo Antonio
Libreria Orsa Minore

TARANTO
Libreria Dickens

ALTAMURA

*la*Feltrinelli

Via Vittorio Veneto 67, 70022 Altamura BA - 02 91947777
FB Feltrinelli Point Altamura

Lo staff dei librai Savino e Giuseppe.
La tua storia in 280 caratteri La libreria apre nel 2012, dalle ceneri della vecchia libreria Culture Club sorta nel 1986. Fino ad allora Altamura non aveva una vera e propria libreria, perciò fu accolta con entusiasmo anche nei dintorni. Le attività culturali e gli incontri con autori ne sono il segno distintivo.
Che libreria sei, in una sola parola? Generazionale.
Qual è il libro che identifica la tua libreria? «Un altro giro di giostra», di Tiziano Terzani. Oltre a tutta la sua bibliografia. Perché perseguiamo attraverso il nostro lavoro quotidiano i valori della coerenza, del senso di libertà e del coraggio.
Qual è il personaggio letterario che rappresenta la tua clientela? Herman Hesse, seguito da Osho, amati dai lettori più giovani che leggono soprattutto i classici, con una propensione per la riflessione filosofica.
A chi vorresti vendere un libro? E quale libro? Soprattutto a chi entra per la prima volta in libreria, proporrei come sempre faccio un autore straordinario come Paul Auster.
Qual è la domanda più strana che ti è stata fatta? «Vendete libri finti per riempire gli scaffali?».

Qual è la tua libreria preferita nel mondo? E in Italia? City Lights Bookstore di San Francisco fondata nel 1953 da Lawrence Ferlinghetti e la Libreria del Viaggiatore a Roma.
Usciti dalla tua libreria bisogna andare assolutamente... dove? La Puglia non è solo mare, nasconde nelle sue aree interne perle come il Parco Nazionale dell'Alta Murgia che meritano di essere scoperte, magari in orari crepuscolari, quando il sole ormai calato passa il testimone alla brezza tipica della collina. Una passeggiata che consiglio a tutti per cogliere la vera essenza dell'ambiente circostante, magari in compagnia di un buon libro.
Cosa trovo da te che non trovo altrove? La voglia di trasmettere idee e visioni culturali ampie, sempre.

BARI

*la*Feltrinelli Libri & Musica Bari

Via Melo da Bari 119, 70121 Bari - 02 91947777
Lo staff dei librai Lo staff è composto da 36 persone.
La tua storia in 280 caratteri Sono trascorsi 16 anni da quando la libreria ha aperto. Tra i suoi scaffali, ha visto nascere amori leciti e illeciti, amicizie, lettori della domenica e intellettuali, libri accarezzati e libri violati. Come nei grandi romanzi, denudiamo l'umanità regalandole un po' di splendore.
Che libreria sei, in una sola parola? Alternative Radical Mainstream.
Qual è il libro che identifica la tua libreria? «Infinite Jest» di David Foster Wallace. Siamo pop, avanguardisti, alternativi, critici, attenti al contemporaneo ma con uno sguardo al passato. In pratica tutto e il contrario di tutto, ma ogni caratteristica forma la nostra unicità, come l'opera di Wallace.
Qual è il personaggio letterario che rappresenta la tua clientela? I protagonisti di «Alta fedeltà» di Hornby: Oblomov, pigro, disordinato e Rob, sicuro di sé, curioso, erudito ma dipendente dalle classifiche.
A chi vorresti vendere un libro? E quale libro? Vorrei venderlo al let-

tore sopito, nascosto sotto la coltre dei social network, in overdose da emoticon. Vorrei accendere quella scintilla, bruciargli l'anima con un mondo di carta ma più reale del reale. Il libro? Quello che ha cambiato me: «Furore» di John Steinbeck.
Qual è la domanda più strana che ti è stata fatta? «Scusi, ma l'abbigliamento è al terzo piano?».
Qual è la tua libreria preferita nel mondo? E in Italia? Nel mondo sicuramente la Shakespeare & Co. di Parigi. In Italia, la Libreria del Viaggiatore a Roma.
Usciti dalla tua libreria bisogna andare assolutamente... dove? Una volta fuori, indirizzarsi lungo le vie del borgo antico, farsi rapire dai profumi estatici provenienti dal panificio Fiore, comprare un po' di focaccia, seguire le geometrie del lungomare, sedersi su una panchina vista mare, cuffiette, «Crêuza de mä» di De Andrè e finalmente perdersi nella vita meridiana.
Cosa trovo da te che non trovo altrove? Un catalogo sterminato, personaggi singolari, proposte, visioni alternative. Ma soprattutto dei librai preparati dotati di passione per quello che fanno!

Libreria Campus

Via Toma 76/78, 70125 Bari - 080 9260560
FB libreria campus bari
Lo staff dei librai Francesca Crisafulli e Olga Lattanzi, con la collaborazione degli amici clienti lettori Emma Cannavale, Antonio Aprile, Giovanna Crisafulli e i piccoli Bianca e Alessandro, guide indispensabili per le letture under 10.
La tua storia in 280 caratteri Fondata da Francesca Crisafulli nel 1997 come libreria scientifica, oggi si offre come approdo per esploratori di geografie narrative fuori dal comune, dove i lettori di ogni età vengono accolti tra editori indipendenti e non, illustrazioni, laboratori, incontri e letture.
Che libreria sei, in una sola parola? Di quartiere.
Qual è il libro che identifica la tua libreria? «Umami» di Laia Jufresa.
Qual è il personaggio letterario che rappresenta la tua clientela? Edmond

Dantès, il conte di Montecristo: la nostra clientela è in fuga dalla routine e in rivolta contro l'appiattimento commerciale del libro.
A chi vorresti vendere un libro? E quale libro? Agli adolescenti incerti alle soglie dell'età adulta. «Quando eravamo in tre» di Aidan Chambers.
Qual è la domanda più strana che ti è stata fatta? «Avete la raccolta di canti che cantava il parroco quando uscivamo con gli scout?» (intonando il canto).
Qual è la tua libreria preferita in Europa? E in Italia? City Lights, San Francisco e Shakespeare & Co., Parigi. Libreria Stoppani, Bologna.
Usciti dalla tua libreria bisogna andare assolutamente...dove? Est Vineria con Cucina, per un buon calice di vino naturale.
Cosa trovo da te che non trovo altrove? Un confessionale.

Moby Dick Libri & Giochi

Via De Rossi 86, 70123 Bari - 080 9644609
mobydickbari@gmail.com - www.mobydicklibriegiochi.it
FB Moby Dick Libri & Giochi Bari - IG @mobydicklibriegiochibari
Lo staff dei librai Teodoro Micunco e Costanza Solazzo.
La tua storia in 280 caratteri Nata nel gennaio 2011, la prima libreria per bambini e ragazzi a Bari. Fondata da Teodoro (libraio di lungo corso, barbuto, gentile e competente) e Costanza (educatrice esperta in letteratura per l'infanzia). Se hai voglia di storie, laboratori e giochi Moby Dick è il posto giusto!
Che libreria sei, in una sola parola? Per bambini e ragazzi.
Qual è il libro che identifica la tua libreria? «Fortunatamente» di Remy Charlip.
Qual è il personaggio letterario che rappresenta la tua clientela? Piccolo bruco Maisazio di Eric Carle. La libreria si fa bozzolo per i piccoli lettori affamati di storie pronti a trasformarsi in splendide farfalle.
A chi vorresti vendere un libro? E quale libro? A Quentin Blake, «Casa del tempo» di Roberto Innocenti con i testi di Piumini.

Qual è la domanda più strana che ti è stata fatta? Pochi giorni dopo l'inaugurazione, in vetrina libri meravigliosi, una distinta signora si affaccia e domanda: «Sono in vendita?». «Certo» rispondiamo, proponendole i libri. «No» ribatte la signora, «intendevo gli scaffali, sarebbero perfetti per la mia farmacia!».
Qual è la tua libreria preferita nel mondo? E in Italia? Per il fascino intramontabile Shakespeare & Co. a Parigi. In Italia la Libreria Luxemburg a Torino.
Usciti dalla tua libreria bisogna andare assolutamente... dove? Sul nostro meraviglioso lungomare in compagnia di un buon libro.
Cosa trovo da te che non trovo altrove? Quello che non ti aspetti, ovvero desiderare un libro che mai avresti cercato.

Quintiliano La Libreria

Via Arcidiacono Giovanni 9, 70124 Bari - 080 5042665
Fb Libreria Quintiliano
Lo staff dei librai Marina Leo, la libraia.
La tua storia in 280 battute Diplomata all'Accademia di Belle Arti di Bari, negli anni ho allestito mostre personali e collaborato con artisti per collettive o singoli progetti. Vent'anni fa ho iniziato a lavorare alla libreria Quintiliano e nel 2017 ho acquistato in società l'azienda. Oggi sono titolare.
Che libreria sei, in una sola parola? Indipendente di quartiere.
Qual è il libro che identifica la tua libreria? Tra i tanti titoli scelgo «Le città invisibili» di Italo Calvino.
Qual è il personaggio letterario che rappresenta la tua clientela? Odisseo, Ulisse: la libreria apre il suo mondo a lettori di tutte le età e a qualsiasi forma d'arte, ospitando scrittori, attori, musicisti.
A chi vorresti vendere un libro? E quale libro? Vorrei vendere «Breviario mediterraneo» di Predrag Matvejević a un lettore di passaggio. Il ricordo di un viaggio, il ricordo di una sosta in una città di mare, il ricordo di una sosta in una libreria che crede profondamente nel significato della parola accoglienza.
Qual è la domanda più strana che ti è stata fatta? In tanti anni sono

state innumerevoli le richieste fantasiose legate ai titoli dei libri o ai nomi degli autori. Ma sono le richieste prive di qualsiasi informazione (titolo, autore, copertina) le più strane. In quei momenti c'è tutta l'abilità del vero libraio nel trovare ugualmente il libro e accontentare il lettore.
Qual è la tua libreria preferita nel mondo? E in Italia? Nel mondo? La Shakespeare & Co. di Parigi. Quest'anno il gruppo di lettura della libreria Quintiliano ha dedicato uno dei suoi incontri al libro di Sylvia Beach sulla sua libreria. Non è stato difficile identificarmi nel suo spirito intraprendente e pieno di entusiasmo. In Italia, tra le tante, vorrei citare Acqua Alta a Venezia.
Usciti dalla tua libreria bisogna andare assolutamente... dove? Bari è una città di mare. Consiglierei un giro nel borgo antico, una passeggiata sul lungomare con visita al ritrovato Teatro Margherita, oggi contenitore culturale. Non sono da meno i teatri Piccinni e Petruzzelli e l'Auditorium Nino Rota. Di recente Lonely Planet ha premiato Bari indicandola tra le migliori destinazioni europee 2019.
Cosa trovo da te che non trovo altrove? In verità non dovrebbe essere il libraio a dire cosa può offrire alla sua clientela. Molti definiscono questa libreria una piccola oasi o un luogo dell'anima. Oggi le librerie indipendenti svolgono una funzione sociale importantissima, un lavoro che richiede impegno costante e una buona dose di coraggio. Di certo quello che troverete sempre entrando qui sarà un sorriso di benvenuto.

BISCEGLIE

Abbraccio alla vita

Via XXIV Maggio 44, 76011 Bisceglie BT
FB Abbraccio alla Vita - IG @abbraccioallavita
Lo staff dei librai Adriana, Marianna e Viviana.
La tua storia in 280 caratteri Aperta da settembre 2016, nasce come centro di fertilità naturale, ma si trasforma in centro di cultura e

benessere per corpo e anima. Specializzata in albi e libri per bambini e ragazzi, si estende alla narrativa per adulti e al benessere del corpo. All'interno, un piccolo bio bar.
Che libreria sei, in una sola parola? Per bambini e ragazzi.
Qual è il libro che identifica la tua libreria? «La gara delle coccinelle», di Amy Nielander.
Qual è il personaggio letterario che rappresenta la tua clientela? Se ne alternano talmente tanti, ognuno con una storia e un'emozione diversa. Sarebbe impossibile scegliere.
A chi vorresti vendere un libro? E quale libro? Vorrei vendere a tutti i bambini: «La luna e il bambino» di Jimmy Liao.
Qual è la domanda più strana che ti è stata fatta? Se vendessimo dei fiori.
Qual è la tua libreria preferita nel mondo? E in Italia? Probabilmente la Shakespeare & Co. di Parigi e SemiMinimi di Lecce.
Usciti dalla tua libreria bisogna andare assolutamente... dove? Nel centro storico a mangiare i sospiri.
Cosa trovo da te che non trovo altrove? Un'attenzione meticolosa ai bisogni dei bambini e dei ragazzi; degli albi illustrati scelti con amore e cura che possano soddisfare i bisogni intellettuali dei piccoli lettori e dei genitori.

CONVERSANO

Libreria Skribi Parole Suoni Cose

Via Europa Unita 14/f, Conversano BA
Lo staff dei librai Elena Manzari (titolare e cioè io).
La tua storia in 280 caratteri Sguazzo piacevolmente tra i libri da vent'anni. Prima in Feltrinelli a Bari nel 2001, poi nella mia piccola libreria Libriema. Dal 2008 sono stata in MelBookstore/Ibs a Roma. Oltre a Skribi mi occupo della promozione di TerraRossa, piccola agguerrita casa editrice indipendente pugliese.
Che libreria sei in una sola parola? Strana (mi dicono).

Qual è il libro che identifica la tua libreria? «Lo zen e l'arte della manutenzione della motocicletta», Robert M. Pirsig.
Qual è il personaggio letterario che rappresenta la tua clientela? Te lo dirò tra qualche anno, ora sono ancora nella fase della scoperta, avendo Skribi appena compiuto un anno di vita.
A chi vorresti vendere un libro? E quale libro? Sono certa che Salvini non abbia mai avuto la possibilità di leggere da piccolo «Elmer, l'elefante variopinto» di David McKee.
Qual è la domanda più strana che ti è stata fatta? «Se non potessi leggere saresti felice ugualmente?» (non ho saputo rispondere).
Qual è la tua libreria preferita nel mondo? E in Italia? Europa (Porto): Livraria Lello e Irmão; Italia (Torino): Libreria Luxemburg.
Usciti dalla tua libreria bisogna andare assolutamente... dove? A mangiare un bel panzerotto (magari facendo attenzione a non sporcare il libro che ti ho appena consigliato).
Cosa trovo da te che non trovo altrove? Passione, disponibilità, simpatia, empatia, professionalità, leggerezza, ascolto e confronto.

CORATO

Libreria Ambarabacicicoco'

Via Monte Di Pietà 55, 70033 Corato BA - 080 8987728
www.trecivette.com - FB Libreria Ambarabacicicoco'
IG @libreria_ambarabacicicoco
Lo staff dei librai Giada Filannino.
La tua storia in 280 caratteri Una storia semplice che è cominciata più di quindici anni fa quando, dopo una laurea in Lettere, decisi che fosse giunta l'ora di abbracciare il desio che mi faceva tremare il core sin da bambina.
Che libreria sei, in una sola parola? Libreriaperragazzimanonsolo.
Qual è il libro che identifica la tua libreria? «Quando siete felici, fateci caso» di Kurt Vonnegut.
Qual è il personaggio letterario che rappresenta la tua clientela? Il mon-

do di «Alice» di Carroll: è il posto giusto per coltivare lo stupore e tirar fuori parti nascoste in bilico su mensole traballanti.
A chi vorresti vendere un libro? E quale libro? Il desiderio è sempre costante: vendere un romanzo o un libro di poesie a chi esclama con orgoglio: «Io solo saggi». Comincerei da un libro di Ingeborg Bachmann (sbam!) o da un romanzo di Raduan Nassar.
Qual è la domanda più strana che ti è stata fatta? Correva l'anno 2004. Un insegnante mi chiese se si potesse organizzare un incontro con l'autore. Si trattava di Gianni Rodari (peccato fosse morto nel 1980!).
Qual è la tua libreria preferita nel mondo? E in Italia? La libreria Actes Sud a Aix-en-Provence. E la Todo Modo a Firenze.
Usciti dalla tua libreria bisogna andare assolutamente... dove? Usciti dalla mia libreria bisogna correre assolutamente dal Panificio «Il toscano» e accaparrarsi, tra le altre meraviglie, il pane con fichi secchi, mandorle e nocciole.
Cosa trovo da te che non trovo altrove? Una libraia. Ebbene sì, una vera libraia (parola di libraia che alla voce «professione» sulla carta d'identità, si è fatta scrivere «Libraia» - anche se la categoria non esisteva).

CRISPIANO

Libreria Amicolibro

Via Regina Elena 86, 74012 Crispiano TA - 099 613019 - 328 0286526
FB Libreria AmicoLibro - IG @amicolibrokr
Lo staff dei librai Russo Katiuscia e Liuzzi Mina, mia cognata (la nostra giuridicamente è una impresa famigliare).
La tua storia in 280 caratteri Nel mio paese non c'erano librerie: l'ho aperta nel 2006 per realizzare un sogno. Avevo appena perso una persona cara e ho pensato di farlo anche per lei. Libreria per bambini e ragazzi con laboratori creativi e di lettura, ma anche per adulti perché è rimasta l'unica nel paese.

Che libreria sei, in una sola parola? Coraggiosa.
Qual è il libro che identifica la tua libreria? Tutti i libri che scegliamo per le letture condivise del gruppo lettura per adulti Amici del libro: le condivise segnano sempre momenti molto belli. Tra le più belle e interessanti fatte nel tempo mi vengono in mente quelle su «L'amore ai tempi del colera» di Gabriel García Márquez, «Fahrenheit 451» di Ray Bradbury, «Il deserto dei Tartari» di Dino Buzzati, «Piccoli omicidi tra amici» di Arto Paasilinna.
Qual è il personaggio letterario che rappresenta la tua clientela? Greg di «Diario di una schiappa»: Amicolibro è frequentata da tanti bambini/ragazzi simpaticissimi. Grazie a loro resistiamo da 13 anni.
A chi vorresti vendere un libro? E quale libro? Mi piacerebbe in generale vendere più libri agli/alle insegnanti, che credo abbiano un potere enorme di diffusione del piacere di leggere ma poca consapevolezza di questo potere (a parte le eccezioni, ovviamente).
Qual è la domanda più strana che ti è stata fatta? Capitano domande strane, ma credo la più bizzarra sia stata la richiesta di una spazzola per capelli.
Qual è la tua libreria preferita nel mondo? E in Italia? La libreria che preferisco all'estero e che visito ogni volta che torno a Parigi è la Shakespeare & Co., la trovo magica. In Italia mi piacerebbe visitare la Libreria Acqua Alta di Venezia, dalle foto sembra bellissima.
Usciti dalla tua libreria bisogna andare assolutamente... dove? La mia libreria è vicinissima alla piazza principale del mio paese, che merita una visita per un buon caffè, un gelato, un pasticcino artigianale. Volendo poi addentrarsi nel territorio ci si può organizzare per una visita alle Masserie circostanti. Crispiano è conosciuto come il paese delle cento masserie.
Cosa trovo da te che non trovo altrove? A noi piace cercare sempre idee regalo varie oltre ai libri, e siamo sempre pronte ad accogliere i clienti con un sorriso... anche nei giorni in cui ci sarebbe poco da sorridere, perché tenere aperta una libreria non è impresa facile. :)

FOGGIA

Libreria RioBo

Via Giacomo Matteotti 74, 71121 Foggia - 0881 022509
www.riobolibreria.it - FB Riobo Libreria

Lo staff dei librai Stefano e Francesca.
La tua storia in 280 caratteri Decidiamo di aprire una libreria per promuovere l'amore per i libri, compagni indispensabili della vita, e quindi dal 2016 consigliamo letture, organizziamo laboratori, dialoghiamo con gli autori e cerchiamo nuovi percorsi. Con noi, piccoli lettori crescono.
Che libreria sei, in una sola parola? Per bambini.
Qual è il libro che identifica la tua libreria? «Nino e Nina» di Bruno Tognolini.
Qual è il personaggio letterario che rappresenta la tua clientela? Rosicchio (dall'omonimo albo di Emma Yarlett), un mostriciattolo che divora libri.
A chi vorresti vendere un libro? E quale libro? A un genitore tradizionalista, convinto che i bimbi siano troppo piccoli per concetti altri, vorrei vendere «C'è nessuno?», di Jostein Gaarder, che rappresenta un primo approccio alla filosofia.
Qual è la domanda più strana che ti è stata fatta? Una signora, guardando la vetrina mi ha chiesto se vendessimo «giochini». Alla mia domanda: «Per che età?», lei rispose: «Un cagnolino di undici mesi...».
Qual è la tua libreria preferita nel mondo? E in Italia? In Italia la libreria Miranfù di Trani; nel mondo, una piccola libreria di libri usati ad Amsterdam.
Usciti dalla tua libreria bisogna andare assolutamente... dove? Al mercato di via Rosati, vero caleidoscopio di profumi, colori e grida.
Cosa trovo da te che non trovo altrove? La passione autentica dei librai.

Mondadori Bookstore di Libreria Dante

Via Oberdan 1-9-11, 71121 Foggia

La tua storia in 280 caratteri Dal 1881 al servizio della cultura. Dal 2012 siamo in parte Mondadori Bookstore.
Che libreria sei, in una sola parola? Storica, ma attuale.
Qual è il personaggio letterario che rappresenta la tua clientela? Dante Alighieri. Imponente, pieno d'amore per la sua Beatrice ma anche oscuramente dettagliato nell'elaborazione dei suoi scritti poetici.
Usciti dalla tua libreria bisogna andare assolutamente... dove? Appena usciti dalla nostra libreria, non si può fare a meno di notare il teatro Umberto Giordano.
Cosa trovo da te che non trovo altrove? La nostra libreria viene menzionata per la cortesia, l'esperienza, la disponibilità e l'umiltà che deve essere la base del nostro lavoro.

Spazio «Libri scelti per voi» da Librerie.coop

Ipercoop Mongolfiera
Viale degli Aviatori 126, 71122 Foggia
libreria.foggia@librerie.coop.it

Lo staff dei librai Marco.
La tua storia in 280 caratteri Aperto da poche settimane, il corner si sta caratterizzando rapidamente grazie all'andirivieni di clienti. Sono le persone che entrano ad arricchirci con le loro richieste, quasi fossero premure cartacee.
Che libreria sei, in una sola parola? Entusiasta.
Qual è il libro che identifica la tua libreria? «Federico II. Ragione e fortuna» di Mariateresa Fumagalli Beonio Brocchieri.
Qual è il personaggio letterario che rappresenta la tua clientela? Benjamin Malaussène, trentenne precario spesso coinvolto in qualche guaio. Capro espiatorio per vocazione, dalla famiglia enorme e disastrata.
A chi vorresti vendere un libro? E quale libro? A chi trova difficili riconoscere il valore dei libri venderei «Lettori selvaggi» di Giuseppe Montesano.

Qual è la domanda più strana che ti è stata fatta? «Tenete "Sequestro un uomo", di Primo Levis?».
Qual è la tua libreria preferita nel mondo? E in Italia? Mr B's Emporium of Reading Delights, a Bath, in Gran Bretagna. Libreria Acqua Alta, a Venezia.
Usciti dalla tua libreria bisogna andare assolutamente... dove? A scoprire la nobiltà del Palazzo imperiale di Foggia. Non ha eguali.
Cosa trovo da te che non trovo altrove? La disponibilità al confronto su qualsiasi argomento e la tranquillità di un'ansa stimolante, dove dimenticarsi della spesa per qualche minuto e tirare il fiato sui libri.

GALLIPOLI

Giunti al Punto di Gallipoli

Corso Roma 53, 73014 Gallipoli LE - 0833 264379
FB Giunti al Punto - Gallipoli - gallipoli@giunti.it
Lo staff dei librai Luigi e Francesca.
La tua storia in 280 caratteri Giunti al Punto apre a Gallipoli il 20 febbraio 2019. La nostra libreria è un punto di riferimento per gli abitanti di Gallipoli e dei paesi limitrofi. Tanti sono i lettori che già si sono affezionati a noi e tanti altri saranno i lettori felici di scoprire questa perla sul mare.
Che libreria sei, in una sola parola? Moderna.
Qual è il libro che identifica la tua libreria? Potremmo dare tantissime risposte a questa domanda senza mai ritenerci totalmente soddisfatti da nessuna di queste. Ci piace immaginare la nostra libreria come un luogo di rifugio e serenità, in cui i libri parlano alle persone, sembrano conoscerle da sempre e in ogni testo c'è sempre un pezzo di ciascuno di noi. «La libreria dove tutto è possibile» (Stephanie Butland) è il libro che più ci identifica perché in questi piccoli e ormai sempre più rari luoghi che custodiscono il sapere, nascono storie di amicizia e di fiducia, incontri casuali e inattesi tra i libri e le persone, oppure

tra persone che cercano la stessa grande cosa: un luogo in cui sentirsi come a casa, un luogo in cui ci si intende con una sola semplice frase.
Qual è il personaggio letterario che rappresenta la tua clientela? Padron 'Ntoni de «I Malavoglia». La clientela gallipolina rispecchia molto «l'ideale dell'ostrica» del romanzo di Verga.
A chi vorresti vendere un libro? E quale libro? A tutti coloro che viaggiano in cerca di luoghi unici e indimenticabili, a chi viaggia alla ricerca di se stesso, a chi è innamorato dei sogni e delle idee, a chi vuole trovare rifugio in un libro, a chi è innamorato della conoscenza e mosso dalla voglia di voler sapere e imparare sempre cose nuove. Vorremmo vendere un libro a tutti coloro che hanno voglia di viaggiare, nel tempo e nelle idee, anche senza muovere mai un passo da dove sono.
Qual è la domanda più strana che ti è stata fatta? «In questa libreria vendete anche libri?». Sembra assurdo ma è tutto vero. Parola di libraio.
Qual è la tua libreria preferita nel mondo? E in Italia? Nel mondo, a Parigi, la Shakespeare & Co.. In Italia, in Puglia, la Libreria Idrusa di Alessano e, sempre in Puglia, la Libreria Giunti al Punto di Gallipoli perché il primo amore non si scorda mai.
Usciti dalla tua libreria bisogna andare assolutamente... dove? Gallipoli regala atmosfere meravigliose, di giorno e di sera. Mangiare del buon pesce in uno dei tanti ristoranti che danno sul mare, lasciarsi confondere nei paesaggi unici e indimenticabili di questa terra, perdersi nel suo centro storico, visitare un luogo che ancora, dopo tanti anni, non ha smarrito la sua autenticità e semplicità.
Cosa trovo da te che non trovo altrove? L'entusiasmo nel fare il nostro lavoro, il piacere di intendersi semplicemente passandosi un libro ma soprattutto il mare. Una delle nostre fortune più grandi, e anche dei nostri lettori, è la vicinanza al mare: passate da noi, scegliete (o vi consigliamo) un buon libro da leggere di fronte al mare, con il mormorio delle onde e l'orizzonte che sembra infinito. What else?

LECCE

Giunti al Punto

Corso Vittorio Emanuele II 59, 73100 Lecce - 0832 288374
lecce@giunti.it - ww.giuntialpunto.it

Lo staff dei librai Mara, Monica, Alfieri.
La tua storia in 280 caratteri In concomitanza di questa bella pubblicazione, la libreria di Lecce compie 10 anni. Era il 2009 quando siamo approdati nel cuore pulsante di questa città. Restituendo competenza e passione, siamo riusciti a conquistare la fiducia dei grandi e la meraviglia dei più piccoli.
Che libreria sei in una parola? Divulgativa.
Qual è il libro che identifica la tua libreria? «La storia di una gabbianella e del gatto che le insegnò a volare» di Sepùlveda.
Qual è il personaggio letterario che rappresenta la tua clientela? Zia Mame, dall'omonimo libro di Patrick Dennis: eccentrica, letterata, ironica e dissacrante. Adorabile.
A chi vorresti vendere un libro? E quale libro? La riproduzione del «Voynich» a Leonardo da Vinci.
Qual è la domanda più strana che ti è stata fatta? «Ma lei li ha letti tutti i libri che sono qui?».
Qual è la tua libreria preferita nel mondo? E in Italia? Nel mondo, El Ateneo Grand Splendid di Buenos Aires. In Italia, Spazio B**K nel quartiere Isola, Milano.
Usciti dalla tua libreria bisogna andare assolutamente... dove? A vedere l'anfiteatro romano (57 passi e siete arrivati)!
Cosa trovo da te che non trovo altrove? La bellezza nelle forme: parquet, volte in pietra leccese... e sempre il consiglio giusto!

Spazio «Libri scelti per voi» da Librerie.coop

Ipercoop Mongolfiera
Strada Statale 613, 73010 Lecce
libreria.lecce@Librerie.coop.it

Lo staff dei librai Gabriella.
La tua storia in 280 caratteri Il 25 maggio del 2019, giorno della nostra inaugurazione, abbiamo cominciato a scrivere la nostra storia.
Che libreria sei, in una sola parola? Attenta.
Qual è il libro che identifica la tua libreria? «La versione di Fenoglio» di Gianrico Carofiglio.
Qual è il personaggio letterario che rappresenta la tua clientela? L'avvocato Vincenzo Malinconico di Diego De Silva: riflessivo, a volte stralunato, ironico e in lotta vorticosa con i fili della vita.
A chi vorresti vendere un libro? E quale libro? «Federico» di Leo Lionni. È perfetto per i genitori che hanno bisogno di fare scorta di entusiasmo, di bellezza e del grande potere immaginifico di una storia.
Qual è la domanda più strana che ti è stata fatta? La più classica e strampalata domanda che si può fare in una libreria: «Ma i libri si possono anche comprare?».
Qual è la tua libreria preferita nel mondo? E in Italia? Shakespeare & Co., a Parigi. Libreria Acqua Alta, a Venezia.
Usciti dalla tua libreria bisogna andare assolutamente... dove? Nel centro storico di Lecce, abbagliati dalla lucentezza della pietra leccese, in compagnia di un caffè in ghiaccio con latte di mandorla e un buon libro.
Cosa trovo da te che non trovo altrove? Lo scambio, il confronto, l'attenzione e la cura nella scelta e nei consigli di lettura.

LUCERA

Il sasso nello stagno - Libreria per bambini e ragazzi
Via de' Nicastri 36, Lucera FG - 0881 1960121 - 333 2884346
www.libreriailsassonellostagno.it- FB Il sasso nello stagno - Libreria per bambini e ragazzi - IG @il_sasso_nello_stagno
Lo staff dei librai Mariangela Maggiore, unica libraia.
La tua storia in 280 caratteri Architetta incantata dal mondo dei

bambini e cresciuta nella libreria dei miei genitori, ho deciso di diventare «archilibraia», ideando e realizzando questo luogo-scrigno in cui potersi fermare, sfogliare, annusare, dimenticare il caos esterno. Raccomandata agli adulti.
Che libreria sei, in una sola parola? Per bambini e ragazzi.
Qual è il libro che identifica la tua libreria? «Federico» di Leo Lionni, il topino sognatore e poeta.
Qual è il personaggio letterario che rappresenta la tua clientela? Tutti i personaggi di Lionni. I bambini sono sognatori, idealisti, curiosi, ma anche molto pratici. Con loro si può parlare di tutto.
A chi vorresti vendere un libro? E quale libro? Vorrei vendere un libro a un adulto scettico, che non creda di poter trovare qualcosa per lui nella mia libreria. E vorrei potergli vendere «Lo straordinario viaggio di Edward Tulane» di Kate DiCamillo come narrativa per non smettere di amare e «Che cos'è un bambino» di Beatrice Alemagna come albo illustrato per imparare a mettersi ad altezza di bambino.
Qual è la domanda più strana che ti è stata fatta? Con la meraviglia negli occhi: «Ma qui è possibile acquistare?» (la mia libreria è all'interno della corte di un palazzo storico e non sembra un negozio, avendo una conformazione particolare, con volte a botte, nicchie lungo le pareti, pavimenti antichi in cotto con inserti di mosaici).
Qual è la tua libreria preferita nel mondo? E in Italia? Adoro le librerie francesi a cui mi sono ispirata e ammiro molto la libraia di Mio nonno è Michelangelo a Pomigliano d'Arco NA.
Usciti dalla tua libreria bisogna andare assolutamente... dove? A visitare il Museo di Archeologia Urbana proprio qui di fronte e poi tutta la bellissima e importante città di Lucera.
Cosa trovo da te che non trovo altrove? Qualcuno sempre disponibile a consigliare, confrontarsi, a recuperare velocemente anche libri desueti, poco conosciuti, a trovare volumi dimenticati, fornire bibliografie, approfondimenti... Da noi il libraio cerca di diventare un sarto che consiglia letture su misura, cucite addosso ai clienti.

MARTINA FRANCA

Libreria Storie in Corso

Corso Italia 36, 74015 Martina Franca TA - 080 4839139 - 339 6939463
FB Storie in Corso

Lo staff dei librai Solo io: Antonella Colucci.

La tua storia in 280 caratteri Al liceo ci chiesero il nostro sogno nel cassetto: avrei voluto aprire una libreria. Poi chiusi il foglio nel cassetto. Ho aperto Storie in Corso a 45 anni: che meravigliosa follia... Non sei mai solo con i libri e, in un mondo dove spesso l'anima soffre di solitudine, vi sembra poco?

Che libreria sei, in una sola parola? In evoluzione!

Qual è il libro che identifica la tua libreria? «La libreria stregata» di Christopher Morley.

Qual è il personaggio letterario che rappresenta la tua clientela? Vitangelo Moscarda, detto Gengè, da Pirandello. Grandi viaggiatori immaginari, pieni di interrogativi, alla ricerca di se stessi.

A chi vorresti vendere un libro? E quale libro? A ogni adolescente: «Narciso e Boccadoro» di Hermann Hesse.

Qual è la domanda più strana che ti è stata fatta? «Che libro posso regalare a un mio amico a cui non piace leggere?».

Qual è la tua libreria preferita nel mondo? E in Italia? Shakespeare & Co., Parigi. Libreria del Mondo Offeso, Milano.

Usciti dalla tua libreria bisogna andare assolutamente... dove? A cercare un'altra libreria indipendente... ma più bella della mia!

Cosa trovo da te che non trovo altrove? Una risposta e un sorriso! Chi entra nella mia libreria magari può non uscire con in mano un libro, ma di certo avrà ottenuto una risposta a una sua richiesta e un sorriso sul quale costruire una nuova domanda.

MOLA DI BARI

Libreria Culture Club Cafè

Via N. Van Westrhout 71, 70042 Mola di Bari BA - 080 4737228
www.cultureclubcafe.it - FB Libreria Culture Club Cafè
Lo staff dei librai Domenico Sparno e Raffaella Laghezza.
La tua storia in 280 caratteri Domenico, già noto portiere di calcio, difende con travolgente entusiasmo il valore della parola scritta. Il suo regno è questa incantevole libreria situata in un palazzo storico a volte a botte in tufo marino dove sulle quali spiccano frasi emozionanti.
Che libreria sei, in una sola parola? Storica.
Qual è il libro che identifica la tua libreria? «L'ombra del vento» di Carlos Ruiz Zafón.
Qual è il personaggio letterario che rappresenta la tua clientela? L'intellettuale corsaro Pier Paolo Pasolini.
A chi vorresti vendere un libro? E quale libro? A Obama, «L'ombra del vento» di Zafón.
Qual è la domanda più strana che ti è stata fatta? Se vendevamo pizze.
Qual è la tua libreria preferita nel mondo? E in Italia? El Ateneo Grand Splendid, Buenos Aires (Argentina).
Usciti dalla tua libreria bisogna andare assolutamente... dove? Andare a mangiare i panzerotti fritti.
Cosa trovo da te che non trovo altrove? Libri rari, artigianato artistico da tutto il mondo.

PUTIGNANO

Libreria Lik e Lak

Via Nino Bixio 20, 70017 Putignano BA - 377 2607238
librerialikelak@gmail.com - FB Lik e Lak - IG @lik_e_lak
Lo staff dei librai Annachiara e Andrea.

La tua storia in 280 caratteri Lik e Lak è una libreria nata nel 2014 e specializzata in letteratura illustrata per tutte le età, un luogo dove scoprire che «lèggere» non vuol dire semplicemente decifrare parole e frasi ma anche esplorare immagini e illustrazioni.
Che libreria sei, in una sola parola? Indipendente.
Qual è il libro che identifica la tua libreria? «Tutto da me» di William Wondriska. Per l'indipendenza, la forza dell'autodeterminazione e lo sviluppo di un pensiero critico.
Qual è il personaggio letterario che rappresenta la tua clientela? Ci piace pensare ai nostri clienti come ai rospi volanti di «Martedì» di David Wiesner, pronti a lasciarsi trasportare dall'immaginazione.
A chi vorresti vendere un libro? E quale libro? Al Papa, «Anubi» di Taddei e Angelini.
Qual è la domanda più strana che ti è stata fatta? «Sono in vendita gli scaffali?».
Qual è la tua libreria preferita nel mondo? E in Italia? La nostra preferita in assoluto (non in Italia, né nel mondo, bensì nell'Universo) è quella di cui ci racconta in continuazione il nostro amico Umberto, famoso uraniano e star intergalattica (cfr. «Umberto» di Holdenaccio).
Usciti dalla tua libreria bisogna andare assolutamente... dove? A leggere il libro acquistato in libreria sulle scale della Chiesa di San Pietro in Piazza Plebiscito, godendosi la quiete del centro storico.
Cosa trovo da te che non trovo altrove? Niente! «Non c'è niente di meglio al mondo di niente [...] niente funziona davvero», citando Remy Charlip e Eric Dekker (cfr. «Niente»).

Libreria Simone

Corso Umberto I 90, 70017 Putignano BA - 080 4059078
libreria.simone@libero.it
Lo staff dei librai Patrizia e Massimo Simone.
La tua storia in 280 caratteri Siamo cresciuti nella nostra libreria, aperta da papà negli anni '50. Tra un gioco e un libro da subito abbiamo interagito coi clienti e poi è stato naturale decidere di

prenderne le redini. In più di trent'anni la libreria si è ampliata, ha acquisito carattere ed è diventata storia.
Che libreria sei, in una sola parola? Storica.
Qual è il libro che identifica la tua libreria? Andrea Camilleri, «La forma dell'acqua».
Qual è il personaggio letterario che rappresenta la tua clientela? Madame Bovary. In tanti cercano di colmare la propria insoddisfazione spirituale con i libri.
A chi vorresti vendere un libro? E quale libro? A Bruno Vespa, un libro scritto da lui stesso.
Qual è la domanda più strana che ti è stata fatta? «Esistono libri scritti con l'inchiostro invisibile?».
Qual è la tua libreria preferita nel mondo? E in Italia? Shakespeare a synové, a Praga. Altroquando, a Roma.
Usciti dalla tua libreria bisogna andare assolutamente... dove? A sedere ai tavolini del baretto di fronte per poter cominciare a gustarsi il libro davanti a un buon caffè.
Cosa trovo da te che non trovo altrove? La possibilità di dirmi: «Ho voglia di...» e io ti trovo il libro.

SAN SEVERO

Libreria Notarangelo Antonio

Piazza della Repubblica 22, 71016 San Severo FG
0882 331166 - librerianotarangelo@libero.it
Lo staff dei librai Titolare, librario da tenera età. Dal 1997 ho un mio collaboratore.
La tua storia in 280 caratteri Iniziai nel 1945 con giornali e libri. Un periodo di ripresa economica detto «l'Italia che cambia». Nel 1962 il famoso giornalista Zatterin della Rai mi intervistò sullo sviluppo editoriale di quegli anni. Negli anni seguenti invitai scrittori rilevanti: Bevilacqua, Battaglia, Cassieri...
Che libreria sei, in una sola parola? Storica.

Qual è il libro che identifica la tua libreria? Il libro che identifica la mia libreria è «U carusèllë nòwë. Detti e proverbi dialettali di San Severo» di Ciro Pistillo, da me edito nel 1982.
Qual è il personaggio letterario che rappresenta la tua clientela? Il prof. Nino Casiglio, che con la sua famosa opera «Acqua e sale» ha vinto il premio Napoli.
A chi vorresti vendere un libro? E quale libro? Desidererei vendere un libro a un bambino perché per la prima volta entra nel mondo della lettura. Un bel libro di fiabe per sognare e fantasticare in un mondo irreale.
Qual è la domanda più strana che ti è stata fatta? La richiesta di sconto del 50% sul prezzo di copertina di una novità libraria.
Qual è la tua libreria preferita nel mondo? E in Italia? La Libreria preferita del mondo è la Peckham Library di Londra, Regno Unito, e quella in Italia è la Libreria Laterza di Bari.
Usciti dalla tua libreria bisogna andare assolutamente... dove? Usciti dalla mia libreria bisogna andare assolutamente in biblioteca.
Cosa trovo da te che non trovo altrove? Da me trovi libri storici locali.

Libreria Orsa Minore

Via Soccorso 123, San Severo FG - 0882 226829 - 344 2174187
www.libreriaorsaminore.it - FB Libreria Orsa Minore
Lo staff dei librai Michele Piscitelli, titolare, già medico del lavoro, poi libraio per scelta; Daniele Piscitelli, collaborazioni e web design; di tanto in tanto, Gabriella de Fazio, gruppo di lettura e lettrice-cavia.
La tua storia in 280 caratteri Siamo nati nel 2006, al piano terra di un bellissimo palazzo settecentesco, con a fianco un cortile pieno di luce e di grazia. Ci siamo subito dati da fare, organizzando presentazioni e iniziative, cercando di accontentare ogni possibile richiesta dei lettori. E continuiamo così.
Che libreria sei, in una sola parola? Un rifugio.
Qual è il libro che identifica la tua libreria? M. Yourcenar, «Memorie di Adriano» («Un piede nell'erudizione, l'altro nella magia; o

più esattamente, e senza metafora, in quella magia simpatica che consiste nel trasferirsi con il pensiero nell'interiorità di un altro».)
Qual è il personaggio letterario che rappresenta la tua clientela? Woody Allen: «Leggo per legittima difesa».
A chi vorresti vendere un libro? E quale libro? Alla signora eternamente indecisa che vorrebbe un libro con così precise caratteristiche che farebbe bene a scriverlo lei. Le venderei il più bel diario a pagine bianche della Paperblanks.
Qual è la domanda più strana che ti è stata fatta? Una ragazza viene in libreria e chiede «Cinque personaggi in cerca di autore» da regalare a un amico. «Sei, sei personaggi in cerca di autore» le dico. Lei allora telefona, chiama il fidanzato al cellulare: «Ti sto prendendo il libro: sei personaggi in cerca di autore». Il ragazzo probabilmente le risponde correggendola: «Cinque personaggi». E lei: «Vedi che te ne sei scordato uno: so' sei!».
Qual è la tua libreria preferita nel mondo? E in Italia? A Londra, quella del film «84 Charing Cross Road» (1987, diretto da David Hugh Jones, tratto dal libro di Helene Hanff, con Ann Bancroft e Anthony Hopkins). In Italia, *la*Feltrinelli di via Melo a Bari.
Usciti dalla tua libreria bisogna andare assolutamente... dove? A due passi dalla libreria, per vedere il rosone romanico della chiesa di San Severino.
Cosa trovo da te che non trovo altrove? Un aiuto libraio bianco, riccio e peloso che si chiama Pilù.

TARANTO

Libreria Dickens

Via Medaglie d'Oro 129 , 74121 Taranto - 099 7362186
FB Libreria Dickens
Lo staff dei librai Tonino De Giorgi, Umberto Stolfi.
La tua storia in 280 caratteri Dal 1990 omaggio al piacere di raccontare. Presidio del libro dal 2005. Libera foresta di libri, accoglie

piccoli e grandi editori. Incontri fortuiti con scrittori, tra lettori. Nomi e gusti vengono ricordati, le conversazioni riprendono, si può sempre scoprire qualcosa di nuovo.
Che libreria sei, in una sola parola? Di comunità.
Qual è il libro che identifica la tua libreria? «Le metamorfosi» di Ovidio («E queste storie non avvennero mai, ma sono sempre», Salustio).
Qual è il personaggio letterario che rappresenta la tua clientela? Gargantua e Pantagruele, felici e liberi tra novità e cataloghi; Alice e Pinocchio che leggono «Gli Sporcelli».
A chi vorresti vendere un libro? E quale libro? Vendere il libro giusto alla persona giusta nel momento giusto: al Presidente dell'Accademia della Crusca, «Pulcinella ovvero Divertimento per li regazzi: in quattro scene» di Giorgio Agamben.
Qual è la domanda più strana che ti è stata fatta? «Ma lei li ha letti tutti?». Intendeva tutti i libri presenti sugli scaffali (circa 14000).
Qual è la tua libreria preferita nel mondo? E in Italia? Shakespeare & Co., Parigi; Libreria Luxemburg, Torino.
Usciti dalla tua libreria bisogna andare assolutamente... dove? Passeggiare sul Lungomare Vittorio Emanuele III, visitare il Museo Archeologico Nazionale di Taranto MArTA e il Castello Aragonese, esplorare la Città Vecchia.
Cosa trovo da te che non trovo altrove? Convivialità, o silenzio, e tutto il tempo che vuoi. Disponibilità a ordini speciali da piccoli o sconosciuti editori e aiuto nella ricerca bibliografica.

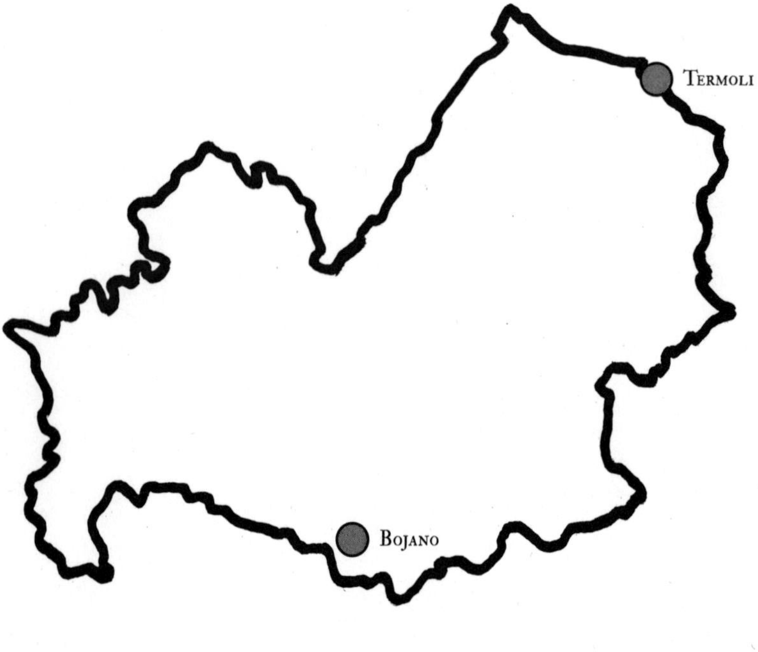
Termoli
Bojano

Molise

BOJANO
Incontreria Il Ponte

TERMOLI
Libreria Fahrenheit
Libreria Il Ponte

BOJANO

Incontreria Il Ponte

Corso Amatuzio 32, 86021 Bojano CB - 328 8276860
FB Incontreria il ponte - IG @incontreriailponte

Lo staff dei librai Alessia e Zia Vero.

La tua storia in 280 caratteri È un invito, una porta sempre aperta, il sorriso di Alessia e la dolcezza di Zia Vero, l'accoglienza delle proposte stimolanti dei clienti, voglia di collaborare e crescere, di mettere tutti a proprio agio. Non vendiamo solo libri o giochi, riempiamo il nostro tempo del vostro.

Che libreria sei, in una sola parola? Per bambini.

Qual è il libro che identifica la tua libreria? Il libro che ci identifica è «La libreria del tempo andato» di Amy Meyerson.

Qual è il personaggio letterario che rappresenta la tua clientela? Ulisse, astuto e audace, affronta libri seduttori, eserciti di idee e ne esce vincitore, combinando intelligenza e opportunità, qualità e prezzo.

A chi vorresti vendere un libro? E quale libro? Vorrei vendere «Fragole e sangue. Diario di uno studente rivoluzionario» di James Simon Kunen a un diciassettenne (nel nostro paesino di ottomila abitanti la fascia d'età 15-17 non entra in libreria) per potergli dire che si può ancora fare qualcosa e questo qualcosa devono farlo loro.

Qual è la domanda più strana che ti è stata fatta? «Buongiorno, vorrei dell'argilla».

Qual è la tua libreria preferita nel mondo? E in Italia? El Pendulo, Città del Messico. Bookàbar di Roma.
Usciti dalla tua libreria bisogna andare assolutamente... dove? Usciti dalla nostra libreria bisogna andare per forza a visitare l'antico sito di Altilia, Sepino.
Cosa trovo da te che non trovo altrove? In Molise c'è un fiume. C'è un ponte. Sul ponte c'è un corso. Sul corso c'è un posto. Una grande luce illumina una piccola entrata, due vetrine alte e strette esplodono di colori. I bambini la indicano guardando in aria, chissà quanto sembra lontana. Poi si guardano intorno, timidamente curiosi, si avvicinano ai libri e al rimprovero della mamma segue veloce un gentile: «Puoi aprire tutti i libri che vuoi». Gustarsi l'odore di un libro nuovo, sentire le pagine scivolarti tra le dita: non devi comprarlo, puoi leggerlo! Ci scappa un sorriso quando un ragazzone che ha appena finito di giocare col pallone fra i palazzi entra chiedendo se può leggere qualcosa di Calvino o quando entra un bambino per leggere poche pagine di un libro che tiene ben nascosto in un posto segreto, in modo da non farlo comprare a nessuno. Un luogo come tanti, penserà chiunque è abituato a grandi realtà, una perla rara invece per chi, qui, non ha nessuna possibilità di confrontare idee. Questa è l'Incontreria Il Ponte. Un caos calmo, che dà sicurezza. Un po' come i girasoli, sappiamo sempre dove guardare e dove farti guardare!

TERMOLI

Libreria Fahrenheit

Via Cina 34, 86039 Termoli CB - 0875 85062
www.termoli.it - FB Libreria Fahrenheit Termoli
Lo staff dei librai Debora D'Onofrio, Danilo Rana.
La tua storia in 280 caratteri Inaugurata nel 2008 da due giovani. Cuore della libreria sono gli Incontri d'autore e i gruppi di lettura. Poetry slam, reading, un concorso per scrittori, incontri con le

scuole sono appuntamenti molto attesi dai lettori che rappresentano la comunità della libreria.
Che libreria sei, in una sola parola? Indipendente.
Qual è il libro che identifica la tua libreria? «Fahrenheit 451» di Ray Bradbury.
Qual è il personaggio letterario che rappresenta la tua clientela? Lila e Lenù dal romanzo «L'amica geniale» di Elena Ferrante: forti, fedeli, amanti delle storie, indipendenti come la nostra libreria.
A chi vorresti vendere un libro? E quale libro? Avremmo voluto vendere «Fontamara» di Ignazio Silone a Kent Haruf.
Qual è la domanda più strana che ti è stata fatta? «Vedo che l'unica copia del libro che vorrei è stata messa da parte per un altro cliente che l'ha prenotata prima di me. Ma se ti pago 5 euro in più, la vendi a me?».
Qual è la tua libreria preferita nel mondo? E in Italia? Nel mondo, City Lights Bookstore di San Francisco. In Italia, Fahrenheit 451 di Campo de' Fiori a Roma.
Usciti dalla tua libreria bisogna andare assolutamente... dove? Alla rassegna cinematografica Tempi Moderni, un progetto ideato da diverse associazioni culturali della città.
Cosa trovo da te che non trovo altrove? La relazione che si crea fra gli scrittori che ospitiamo e i nostri lettori.

Libreria Il Ponte

Corso Nazionale 178, 86039 Termoli CB - 0875 705368
luiginovitulli@gmail.com - www.libreria.termoli.cb.it
Lo staff dei librai Libreria gestita dai coniugi Castadiva Cuculo e Luigino Vitulli.
La tua storia in 280 caratteri Libreria indipendente, nasce nel luglio 1983. 36 anni di passione, sentimenti contrastanti verso questo prezioso e difficile lavoro, speranze di potercela fare e restare vivi, anno dopo anno. I libri hanno salvato le nostre vite e forse quella di qualcun altro, ora sparso nel mondo.
Che libreria sei, in una sola parola? Storica.

Qual è il libro che identifica la tua libreria? «Città distrutte» di Davide Orecchio.
Qual è il personaggio letterario che rappresenta la tua clientela? Isabel Archer da «Ritratto di signora» di Henry James, impersona una donna determinata a governare il proprio destino.
A chi vorresti vendere un libro? E quale libro? A uno dei sindaci che si sono succeduti in questi trentasei anni alla guida della nostra splendida città. Il libro: «Triste, solitario y final» di Osvaldo Soriano.
Qual è la domanda più strana che ti è stata fatta? Una richiesta usuale e attuale nel corso degli anni: «Un pacchetto di sigarette». Prima dell'83 il locale ospitava una tabaccheria.
Qual è la tua libreria preferita nel mondo? E in Italia? Nel mondo: il mercatino dei libri antichi e usati a Plaza de Armas a L'Avana, aperto tutti i giorni tranne la domenica. In Italia: Libreria Iocisto, Napoli (Vomero).
Usciti dalla tua libreria bisogna andare assolutamente... dove? Andate assolutamente al monastero benedettino di Tremiti, fermatevi nel chiostro, in una giornata di maggio, colazione al sacco e un buon libro.
Cosa trovo da te che non trovo altrove? Un buonissimo assortimento di libri sulla nostra regione, il Molise. Alcuni rari.

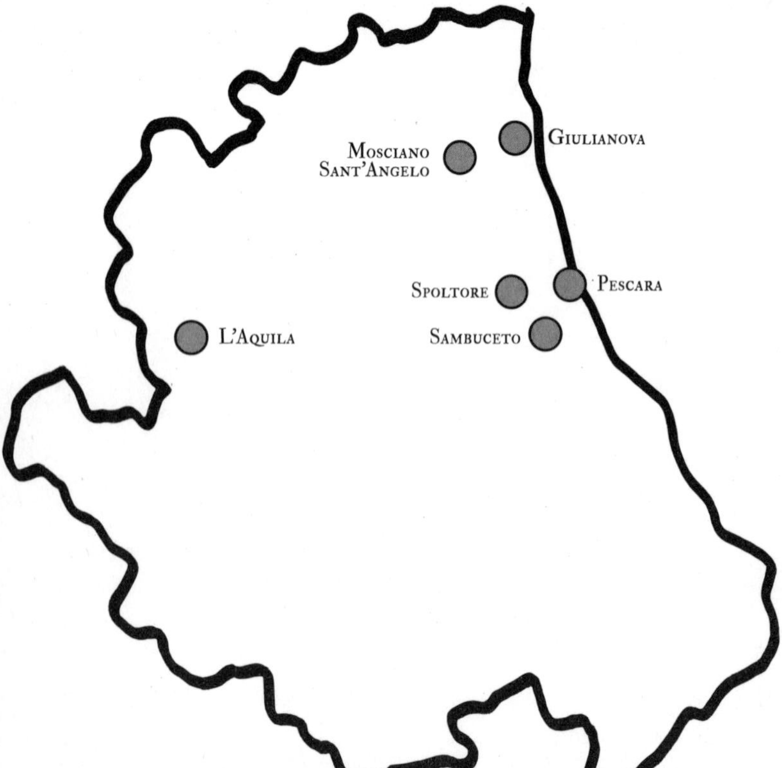
Giulianova
Mosciano
Sant'Angelo
Spoltore
Pescara
L'Aquila
Sambuceto

Abruzzo

GIULIANOVA
Mondadori Bookstore Giulianova Sauro

L'AQUILA
Giunti al Punto L'Aquila
Libreria Polarville

MOSCIANO SANT'ANGELO
Scripta Manent

PESCARA
*la*Feltrinelli

SAMBUCETO
Librerie.coop

SPOLTORE
Giunti al Punto libreria di Spoltore

GIULIANOVA

Mondadori Bookstore Giulianova Sauro

Via Nazario Sauro 35, 64021 Giulianova TE - 085 8000256
FB Libreria Ianni

Lo staff dei librai Maurizio Dattoli Florà, Emilia Quarta Stefania.
La tua storia in 280 caratteri La nostra è una libreria che nasce dalla passione per la cultura e la lettura.
Che libreria sei, in una sola parola? Storica e per bambini.
Qual è il libro che identifica la tua libreria? «Shantaram» di Gregory David Roberts.
Qual è il personaggio letterario che rappresenta la tua clientela? Peter Pan: la nostra ricetta prevede l'elisir della giovinezza condita con la fantasia ed è la caratteristica del nostro punto vendita.
A chi vorresti vendere un libro? E quale libro? Al Papa, «Il mio Ararat. Un fantastico trekking tra Laga e Gran Sasso alla ricerca di se stessi» di Sergio Scacchia.
Qual è la domanda più strana che ti è stata fatta? «Scusi, vorrei un libro... ma non ricordo né il titolo, né l'autore».
Qual è la tua libreria preferita nel mondo? E in Italia? Nel mondo: Livraria Lello e Irmão a Porto. In Italia: Libreria Acqua Alta a Venezia.
Usciti dalla tua libreria bisogna andare assolutamente... dove? Al molo, con un libro per godersi la brezza marina, e al centro storico Giulianova Paese.

Cosa trovo da te che non trovo altrove? Un vasto assortimento e tanta professionalità!

L'AQUILA

Giunti al Punto L'Aquila

Centro commerciale L'aquilone
Loc. Campo di Pile, 67100 L'Aquila - 0862 312572
laquila@giunti.it

Lo staff dei librai Simona, Paola e Sara.
La tua storia in 280 caratteri Apriamo ad agosto 2014, per la prima volta Giunti sbarca all'Aquila. Abbiamo portato colore e allegria nel nostro centro commerciale, professionalità e tanto amore per i libri! Cosa c'è di più bello che sentirsi chiedere: «Oggi che libro mi consigli?».
Che libreria sei, in una sola parola? Frizzante.
Qual è il libro che identifica la tua libreria? «La verità sul caso Harry Quebert» di Joël Dicker.
Qual è il personaggio letterario che rappresenta la tua clientela? Il cappellaio matto: colorato, simpatico, stravagante e folle al punto giusto, con una saggezza da scoprire.
A chi vorresti vendere un libro? E quale libro? «Il Vangelo secondo Biff» di Christopher Moore al suo protagonista principale!
Qual è la domanda più strana che ti è stata fatta? «Pirandello ha scritto un nuovo libro?».
Qual è la tua libreria preferita nel mondo? E in Italia? Nel mondo Waterstones a Piccadilly Circus a Londra e in Italia le Giunti al Punto ovviamente!
Usciti dalla tua libreria bisogna andare assolutamente... dove? A leggere il libro appena preso su una panchina del parco del Castello dell'Aquila.
Cosa trovo da te che non trovo altrove? Cordialità, simpatia e tre librarie pronte a fare anche da psicologhe se serve!

Libreria Polarville

Via Castello 49, 67100 L'Aquila - 0862 65657
FB Polarville L'Aquila

Lo staff dei librai Giuliano Cervelli e Luna Stefani.
La tua storia in 280 caratteri Nata nel 2004 come «Caffè Polar»: libri, musica, film, un'attenzione particolare per la letteratura e il cinema francese. Dopo il sisma del 2009 è uno dei primi esercizi commerciali a riaprire in centro storico, ribattezzata Polarville, con mostre, concerti, incontri e presentazioni.
Che libreria sei, in una sola parola? Indipendente.
Qual è il libro che identifica la tua libreria? «Viaggio al termine della notte», Louis Ferdinand Céline.
Qual è il personaggio letterario che rappresenta la tua clientela? Il Maigret di Georges Simenon, per il carattere del famoso ispettore... «accomodatore di destini».
A chi vorresti vendere un libro? E quale libro? Ai poeti della domenica. «Lettere a un giovane poeta», Rilke.
Qual è la domanda più strana che ti è stata fatta? «Ma i libri si possono anche acquistare?»
Qual è la tua libreria preferita nel mondo? E in Italia? Shakespeare & Co. (Parigi). Libreria Fahrenheit 451 (Roma).
Usciti dalla tua libreria bisogna andare assolutamente... dove? Alla panchina del parco di fronte con il libro appena acquistato.
Cosa trovo da te che non trovo altrove? Tanto «giallo» francese: il polar.

MOSCIANO SANT'ANGELO

Scripta Manent. Bookshop dello Studio Ifix

Piazza A. Saliceti 42, 64023 Mosciano Sant'Angelo TE
085 4298923
www.ifixweb.it/scripta-manent - FB Scripta Manent

Lo staff dei librai Lina Monaco, Maurizio Ceccato.
La tua storia in 280 caratteri Dal 2012, luogo ibrido dove condivi-

dere idee attraverso i libri. Piccoli marchi editoriali, «notti stregate», festival delle autoproduzioni, letture in pigiama sul letto con scrittori e performance, interventi di chef e astronomi. Una vitalità che esce fuori dalle pagine di carta.
Che libreria sei, in una sola parola? Autarchica.
Qual è il libro che identifica la tua libreria? «Lupo & Lupetto» di Nadine Brun-Cosme e Olivier Tallec.
Qual è il personaggio letterario che rappresenta la tua clientela? Peter Pan nel reparto surgelati di un calzaturificio per persone sole.
A chi vorresti vendere un libro? E quale libro? «La svastica sul sole» di Philip K. Dick, a Adolf Hitler.
Qual è la domanda più strana che ti è stata fatta? «Vendete anche libri?!?».
Qual è la tua libreria preferita nel mondo? E in Italia? Todo Modo in Italia, a Firenze e, nel mondo, Modo Infoshop a Bologna.
Usciti dalla tua libreria bisogna andare assolutamente... dove? Al mare.
Cosa trovo da te che non trovo altrove? Abbracci di carta.

PESCARA

*la*Feltrinelli

via Milano angolo via Trento, 65122 Pescara - 02 91947777
FB LaFeltrinelli Libreria Pescara - IG lafeltrinelli_pescara
Lo staff dei librai Renato, Francesca, Serena, Stefania, Angela, Paolo, Filomena, Francesca, Sara, Stefania e Vittorio.
La storia della libreria in 280 caratteri Nel 1993 apriamo a Pescara una libreria dove finalmente i ragazzi possono andare a flirtare parlando di Patrizia Cavalli o Jonathan Franzen. Nel 2011 ci spostiamo in via Milano e quei ragazzi ormai cresciuti continuano a frequentarci e sì, anche a corteggiarsi tra i nostri scaffali.
Che libreria sei, in una sola parola? Siamo una libreria alternativamente storica.

Qual è il libro che identifica la tua libreria? Jonathan Coe, «La famiglia Winshaw».
Qual è il personaggio letterario che rappresenta la tua clientela? Delia Grinstead di «Per puro caso» (Anne Tyler): vivono miliardi di vite nei libri, poi tornano a casa e rivestono serenamente i propri panni.
A chi vorresti vendere un libro? E quale libro? Vorrei vendere «La straniera» di Claudia Durastanti a Barack Obama per ricambiare i consigli di lettura «americana» che ci ha dato negli ultimi anni.
Qual è la domanda più strana che ti è stata fatta? «Giuvinò, che ttì nu libr' su la difficoltà de la vit'?». Si parlava di viticultura e non di manuali di autoaiuto.
Qual è la tua libreria preferita nel mondo? E in Italia? Libreria preferita nel mondo: Strand Bookstore a New York. Libreria preferita in Italia: Minimum Fax a Roma.
Usciti dalla tua libreria bisogna andare assolutamente... dove? Una volta usciti dalla nostra libreria, bisogna andare in spiaggia a leggere in compagnia di una frittura di pesce e di un bicchiere di vino bianco.
Cosa trovo da te che non trovo altrove? La possibilità di affrontare, senza un minimo di ironia o imbarazzo, l'annoso quesito: «Ma, seduti al bancone di un bar, ti faresti offrire un drink da Paul Auster o da Philip Roth?» (conversazione realmente svoltasi nella nostra libreria).

SAMBUCETO

Librerie.coop

c/o C.C. Centro d'Abruzzo via Po 1, 66020 Sambuceto San Giovanni Teatino CH - 085 4406135
libreria.pescara@Librerie.coop.it - FB Librerie.coop
Lo staff dei librai Erika, David, Emanuela, Cristian, Viola.
La tua storia in 280 caratteri La libreria è nata nel luglio 2017, nel progetto di coop adriatica di promuovere la cultura e la lettura.

La sfida è stata aprire librerie di catalogo in centri commerciali. Oggi siamo un punto di riferimento unico all'interno dei vari centri commerciali della nostra regione.
Che libreria sei, in una sola parola? Di varia.
Qual è il libro che identifica la tua libreria? «L'arminuta», Premio Campiello di Donatella Di Pietrantonio, nostra compaesana.
Qual è il personaggio letterario che rappresenta la tua clientela? «Margherita Dolcevita» di Stefano Benni. Per l'anticonformismo, la passione per la letteratura, l'essere fuori dagli schemi, un'amica tosta ma vera!
A chi vorresti vendere un libro? E quale libro? Ai capi di Stato di tutti i Paesi, «La nostra casa è in fiamme» di Greta Thunberg.
Qual è la domanda più strana che ti è stata fatta? Una signora aveva appuntamento dal parrucchiere del centro commerciale, voleva che le prestassimo un libro per ingannare l'attesa, poi lo avrebbe portato indietro!
Qual è la tua libreria preferita nel mondo? E in Italia? Bart's Books in California. Liberrima a Lecce.
Usciti dalla tua libreria bisogna andare assolutamente... dove? Promontorio d'Annunziano a pochi chilometri di distanza da San Vito Chietino. La famosa Costa dei Trabocchi per mangiare sulle tipiche strutture sul mare e magari leggere un buon libro al tramonto.
Cosa trovo da te che non trovo altrove? Tanti eventi letterari, cosa atipica per una libreria di centro commerciale, un vasto assortimento, librai competenti, un posto caldo e accogliente dove scegliere e farsi consigliare un buon libro.

SPOLTORE

Giunti al Punto libreria di Spoltore

via Montani 1, 65010 Villa Raspa di Spoltore PE - 085 4159813
spoltore@giunti.it - FB Giunti al Punto Libreria Spoltore
Lo staff dei librai Il mio staff è composto da tre librai: Francesca,

Nicola e Giulia, che lavorano per questa azienda da ormai tanti anni. Cosa dire di loro? Sono tre persone molto diverse per stili di vita e passioni e, grazie a questa diversità, riescono a compensarsi e affrontare con entusiasmo il lavoro di tutti i giorni. Mi vogliono bene, lo so!
La tua storia in 280 caratteri Sono qui da 13 anni, di fronte al mio amico Cinema! Le mie grandi vetrate espongono tante novità per i clienti, molti dei quali ormai mi considerano una seconda casa. Profumo di carta, di colori a cera, di pastelli, di divertimento di bambini e di attimi di pausa per adulti.
Che libreria sei, in una sola parola? Libreria di catena, ma anche libera e pensante.
Qual è il libro che identifica la tua libreria? Il libro che mi identifica è la «Grande fabbrica delle parole» di Agnès de Lestrade.
Qual è il personaggio letterario che rappresenta la tua clientela? Cyrano de Bergerac: avventuroso, combattente, appassionato amante, abile con i giochi di parole, scrittore, poeta e filosofo.
A chi vorresti vendere un libro? E quale libro? Vorrei consigliare il libro giusto a ogni cliente, sarei felice di trovare il *primo libro* di ogni lettore, quello che ti fa entrare nel vortice della lettura, quello che si ricorda per sempre parlando dell'amore per i libri. Il mio preferito è «La storia infinita».
Qual è la domanda più strana che ti è stata fatta? Ci è stato chiesto se in libreria vendessi bigodini per capelli. :)
Qual è la tua libreria preferita nel mondo? E in Italia? La mia libreria preferita nel mondo è la Livraria Lello e Irmão di Porto per il suo fascino retrò, quella italiana la libreria Acqua Alta a Venezia, per la sua stravaganza e forza di resilienza.
Usciti dalla tua libreria bisogna andare assolutamente... dove? Se è una bella giornata, consiglierei una passeggiata sul lungomare di Pescara in compagnia di un nuovo libro e un buon gelato.
Cosa trovo da te che non trovo altrove? Intanto sono una libreria magica, dove il tempo smette di scorrere. Sì, succede! Qui ognuno di voi può regalarsi un momento per sé, trovarsi, senza accorgersene, in un luogo di condivisione dove regnano disponibilità, creativi-

tà, nuove proposte, cordialità e uno scambio di idee. Nell'epoca di tecnologia, velocità, perdita di calore umano, non sarebbe ora di gioire e accogliere i gesti e le emozioni più semplici? Qui la libreria è un mondo vivo, non un insieme di libri legati a semplici vendite e impersonalità. I miei amici librai hanno una missione ben precisa: trasmettere l'amore per la lettura e per la cultura, una missione che portano avanti da anni ormai, sempre con il sorriso.

Benevento
Santa Maria
Capua Vetere
Caserta
Pomigliano
d'Arco
Napoli
Vico Equense
Ischia
Piano di
Sorrento
Sorrento
Pontecagnano
Faiano
Pisciotta

Campania

BENEVENTO
Libreria Masone Alisei
Librerietta Pulcetta

CASERTA
Giunti al Punto di Caserta

ISCHIA
Imagaenaria

NAPOLI
IoCiSto, la libreria di tutti
*la*Feltrinelli Libri e Musica
Libreria Langella
Mondadori Bookstore Napoli Campi Flegrei
Mondadori Point Napoli Onorio Fragnito
Mondadori Point Napoli Port'Alba

PIANO DI SORRENTO
Mondadori Bookstore Piano di Sorrento Cota

PISCIOTTA
Libreria del Mare

POMIGLIANO D'ARCO
Mio nonno è Michelangelo

PONTECAGNANO FAIANO
*la*Feltrinelli Village

SANTA MARIA CAPUA VETERE
Libreria Spartaco

SORRENTO
Libreria Tasso

VICO EQUENSE
Libreria Ubik Vico Equense

BENEVENTO

Libreria Masone Alisei

Viale dei Rettori 73F (Terminal Autobus Extraurbani), 82100 Benevento - 0824 317109

www.libreriamasone.wordpress.com - FB Libreria Masone Alisei

Lo staff dei librai Alessio Masone, Roberto La Peccerella, Nina Iadanza (docente, nostra consulente), Maria Grazia Campanelli (architetto e attivista di NPL, nostra consulente).

La tua storia in 280 caratteri Fondata nel '51 dal capostipite Nicola Masone, è specializzata in varia, ragazzi, universitaria e concorsi. Ospita il Commercio Fairtrade.; dal 2006, il GAS Arcobaleno, dal 2018, Fautrix EcoVineria, spazio esperienza per presentazioni, laboratori, concerti, e BIS Riuseria.

Che libreria sei, in una sola parola? Storica.

Qual è il libro che identifica la tua libreria? «Il pensiero meridiano» di Franco Cassano.

Qual è il personaggio letterario che rappresenta la tua clientela? Sam Weller, maggiordomo del Circolo Pickwick (Dickens), che dava autorevolezza alle proprie opinioni attribuendole a personaggi famosi o immaginari.

A chi vorresti vendere un libro? E quale libro? A un arrivista. Il «Candido» di Voltaire.

Qual è la domanda più strana che ti è stata fatta? «Ma questi libri si possono prendere in prestito?».

Qual è la tua libreria preferita nel mondo? E in Italia? Nel mondo: City Lights Bookstore, San Francisco. In Italia: Libreria Dante & Descartes.
Usciti dalla tua libreria bisogna andare assolutamente... dove? Al Fautrix EcoVineria.
Cosa trovo da te che non trovo altrove? L'approccio alle arti non seriale, non delegato ma esperienziale e p'artigianale: tramite eventi che promuovono la fruizione creativa delle arti (Art'Empori, CeneBaratto e P'Artigianate). I prodotti del Commercio Equo e Solidale e la visione inclusiva dell'economia solidale. L'aggregazione dello spazio Fautrix EcoVineria e l'economia circolare di BIS Riuseria, la seconda vita delle cose.

Librerietta Pulcetta

Viale dei Rettori 73H, 82100 Benevento - 388 1861127
FB Librerietta Pulcetta
Lo staff dei librai Maria Grazia Campanelli, architetto e attivista di NPL, e Alessio Masone.
La tua storia in 280 caratteri Gemmato dalla Libreria Masone Alisei, dal 2017 è uno spazio per libri ed esperienze junior. Ospita settimanalmente letture condivise e laboratori per bimbi. Promuove in particolare la diffusione degli albi illustrati e un'educazione esperienziale e a contatto con la natura.
Che libreria sei, in una sola parola? Per bambini.
Qual è il libro che identifica la tua libreria? «Nel paese delle Pulcette» di Beatrice Alemagna.
Qual è il personaggio letterario che rappresenta la tua clientela? Tanti piccoli «Federico» (di Leo Lionni), bambini che arricchiscono il mondo con le loro opere poetiche indispensabili per la sopravvivenza.
A chi vorresti vendere un libro? E quale libro? A tutti. Vorrei vendere «Le streghe di Benevento» di John B. Marciano perché le ricchezze del nostro territorio sono tante e inaspettate.
Qual è la domanda più strana che ti è stata fatta? «Posso vivere in questa libreria?».

Qual è la tua libreria preferita nel mondo? E in Italia? Blue Manatee Children's Bookstore & Decafé di Cincinnati. Mio nonno è Michelangelo di Pomigliano.
Usciti dalla tua libreria bisogna andare assolutamente... dove? Da Fautrix EcoVineria e poi a fare una passeggiata nel centro storico di Benevento.
Cosa trovo da te che non trovo altrove? Un ambiente accogliente per le bambine, i bambini e le loro famiglie. Non solo una libreria ma anche giochi e possibilità di esperienze artistiche, senza farsi mancare relax e divertimento.

CASERTA

Giunti al Punto di Caserta

Piazza Matteotti, 81100 Caserta - 0823 210407
caserta2@giunti.it - FB Giunti al Punto Caserta
Lo staff dei librai Gennaro, Chiara, Fabio.
La tua storia in 280 caratteri Libreria del centro, dagli ampi spazi per bambini, narrativa, tempo libero. Il confronto con i lettori ci permette di distinguere le loro esigenze, sempre diverse. Offriamo attività gratuite per bambini e adulti, dando spazio a rassegne culturali e partecipando a eventi cittadini.
Che libreria sei, in una sola parola? Cittadina.
Qual è il libro che identifica la tua libreria? «Wonder» di R.J. Palacio.
Qual è il personaggio letterario che rappresenta la tua clientela? Harry Potter: è amato da bambini e adulti e la saga è tra i nostri libri più venduti!
A chi vorresti vendere un libro? E quale libro? Vorremmo vendere a Louisa May Alcott «L'amica geniale» di Elena Ferrante.
Qual è la domanda più strana che ti è stata fatta? «Li avete i libri osé, però illustrati a colori?».
Qual è la tua libreria preferita nel mondo? E in Italia? In Italia la Libreria Giannino Stoppani di Bologna, mentre nel mondo la libreria Books of Wonder di New York.

Usciti dalla tua libreria bisogna andare assolutamente... dove? Alla Reggia di Caserta!
Cosa trovo da te che non trovo altrove? Da noi è possibile trovare una vasta area dedicata ai libri per bambini.

ISCHIA

Imagaenaria

Via Luigi Mazzella 46-50, 80077 Ischia NA - 081 985632
www.imagaenaria.com - FB Imagaenaria. Edizioni, libreria, stampe antiche - TW @imagaenaria
Lo staff dei librai Barbara, Antonietta, Fabio e gatta Cenerella.
La tua storia in 280 caratteri «Libreria alla vecchia maniera», che accanto a novità, manualistica e libri per l'infanzia presenta 15000 volumi, selezionati come se fossero destinati a una biblioteca ideale. Puntiamo esclusivamente sulla qualità. All'attività libraria uniamo quella editoriale e di stampe antiche.
Che libreria sei, in una sola parola? Ideale (e sempre aperta - letteralmente).
Qual è il libro che identifica la tua libreria? «Racconto sul come scrivere i racconti» di Borís Pil'njak.
Qual è il personaggio letterario che rappresenta la tua clientela? Quanti sono i clienti tanti sono i personaggi e viceversa. Un mondo variegato, imprevedibile, sempre pronto a stupirci.
A chi vorresti vendere un libro? E quale libro? Al cliente che si affida completamente al mio giudizio nella scelta del libro. La più bella richiesta che a volte capita: «Mi faccia leggere un libro che le è piaciuto».
Qual è la domanda più strana che ti è stata fatta? «Voglio un libro per una persona che non legge». «L'anno scorso ho visto qui un libro con la copertina blu, non ricordo altro. Ce l'ha?».
Qual è la tua libreria preferita nel mondo? E in Italia? Ovviamente la nostra (è il mio mondo, è la mia vita, è tutto per me).

Usciti dalla tua libreria bisogna andare assolutamente... dove? Dove ti pare.
Cosa trovo da te che non trovo altrove? La gatta libraia Cenerella.

NAPOLI

IoCiSto, la libreria di tutti

Via Cimarosa 20, 80127 Napoli - 081 5780421
www.iocistolibreria.it - FB iocisto - IG @iocistolibreria
Lo staff dei librai Alberto Della Sala direttore e libraio e circa quaranta soci volontari.
La tua storia in 280 caratteri Nati da un post su Facebook quando tutte le librerie del quartiere avevano chiuso; il post diceva: «Perché non ce la apriamo noi una libreria?». Invece dei like cominciò a collezionare «Io ci sto». Sono passati cinque anni, e IoCiSto è la libreria indipendente più... PIÙ.
Che libreria sei, in una sola parola? Di tutti.
Qual è il libro che identifica la tua libreria? «Cent'anni di solitudine» di Gabriel García Márquez, l'unico libro presente quando inaugurammo una libreria completamente vuota.
Qual è il personaggio letterario che rappresenta la tua clientela? Moby Dick, nel senso di Balena Bianca, che comprende tutti e tutto.
A chi vorresti vendere un libro? E quale libro? Vorrei poter vendere «Ho sete ancora» a Pino. È il libro che abbiamo edito con 16 racconti di altrettanti autori dedicati al titolo di una sua canzone. E visto che ci sono, una copia anche a Massimo...
Qual è la domanda più strana che ti è stata fatta? Dopo quarant'anni di libreria, vi assicuro, non mi meraviglio più di niente. Ma ricordo con tenerezza una signora che chiedeva «Se questo è un uovo» di Primo Levi. Ma è capitato al 90% dei librai...
Qual è la tua libreria preferita nel mondo? E in Italia? Quella che deve ancora aprire, che aprirà, e resisterà.
Usciti dalla tua libreria bisogna andare assolutamente... dove? Da

Acunzo a mangiare un cuoppo di paste cresciute e crocchè. Il libro sarà pure cibo per l'anima, ma la frittura è un ottimo aperitivo...
Cosa trovo da te che non trovo altrove? Me. E il mio staff.

*la*Feltrinelli Libri e Musica

via Santa Caterina a Chiaia 23, 80121 Napoli - 02 91947777
FB La Feltrinelli Napoli - IG @lafeltrinellinapoli
Lo staff dei librai Chiara, Emilia, Grazia, Mara, Paola, Stefania, Enzo.
La storia della libreria in 280 caratteri Siamo una libreria di catena, ma non «alla catena». Orgogliosi del nome Feltrinelli che campeggia sulla nostra insegna, lavoriamo ogni giorno mettendoci l'anima affinché la nostra libreria non sia identica a nessun'altra e somigli, nella diversità, a ognuno di noi.
Che libreria sei, in una sola parola? Siamo «il salotto» della città.
Qual è il libro che identifica la tua libreria? «Il senso del dolore», il primo libro di Maurizio De Giovanni della fortunata serie dedicata al commissario Ricciardi nella sua prima edizione: quando abbiamo aperto la nostra libreria nel 2001, l'autore, all'epoca esordiente e nostro assiduo cliente, ha conquistato prima noi librai, poi tutti i lettori a cui lo abbiamo consigliato.
Qual è il personaggio letterario che rappresenta la tua clientela? Troppo variegata per un singolo personaggio, potrebbe somigliare alla tribù Malaussène, la strampalata galleria di personaggi di Daniel Pennac.
A chi vorresti vendere un libro? E quale libro? A Matteo Salvini, «La frontiera» di Alessandro Leogrande. C'è solo una cosa peggiore della violenza: l'indifferenza. La conoscenza della Storia, delle storie, ci rende tutti più consapevoli e perciò più umani.
Qual è la domanda più strana che ti è stata fatta? Ci hanno chiesto un metro e mezzo di libri rossi.
Qual è la tua libreria preferita nel mondo? E in Italia? A Mundal (Norvegia), il paese dei libri: librerie ovunque, e per strada tanti banchetti con a fianco la cassetta in cui infilare i soldi; in Italia a Ventotene la Libreria Ultima Spiaggia.

Usciti dalla tua libreria bisogna andare assolutamente... dove? A leggere sugli scogli del lungomare, non prima di aver provveduto a fare scorta di un piccolo classico partenopeo: taralli caldi 'nzogna e pepe e una bella birra gelata.
Cosa trovo da te che non trovo altrove? NOI! Un gruppo variegato di librai, uno di noi per ogni tipo di cliente: c'è chi propone solo libri che hanno per protagonisti i gatti, chi è ossessionato dalle storie criminali, chi è esperto di letteratura giapponese, chi conquista i bambini con la magia degli albi illustrati... E poi, nello spazio al piano interrato, puoi visitare la mostra temporanea e partecipare a un evento, uno al giorno: incontri con scrittori, musica dal vivo, rassegne, letture animate e corsi di scrittura.

Libreria Langella

Via Port'Alba 10, 80134 Napoli - 081 5498231
www.librerialangella.it - librerialangella@gmail.com
FB Libreria Langella
Lo staff dei librai Pasquale Langella.
La tua storia in 280 caratteri Ho iniziato questo nobile mestiere all'età di diciassette anni, quasi per caso. Un poco alla volta, con dedizione, impegno e spirito di osservazione, sono riuscito ad avere una mia piccola libreria. Era il 24 settembre 2014. Mi trovo nel centro di Napoli, nella storica via dei librai.
Che libreria sei, in una sola parola? Di libri antichi e moderni.
Qual è il libro che identifica la tua libreria? «Stupidario librario. Dialoghi surreali con un libraio napoletano» di Pasquale Langella.
Qual è il personaggio letterario che rappresenta la tua clientela? Nessuno.
A chi vorresti vendere un libro? E quale libro? Adoro vendere libri a tutti quelli che amano ancora il profumo della carta e che scelgono le piccole librerie.
Qual è la domanda più strana che ti è stata fatta? Sono molte le domande strane: da questo è nato il mio libretto «Stupidario librario». Una delle tante è: «Avete una cartina geografica tipo quella di Cristoforo Colombo?».

Qual è la tua libreria preferita nel mondo? E in Italia? Shakespeare & Co. a Parigi. In Italia Drogheria 28 di Trieste.
Usciti dalla tua libreria bisogna andare assolutamente... dove? Essendo al centro storico in qualunque direzione si vada è cosa buona e giusta, comunque a pochi metri c'è la Cappella Sansevero.
Cosa trovo da te che non trovo altrove? Da noi potrete trovare una scelta di libri buoni a poco prezzo, a partire dai banchetti che caratterizzano la strada di Port'Alba fino alla Seicentina rara e introvabile. Oltre alla vendita al pubblico e online compilo un catalogo trimestrale di libri antichi e rari che invio a chi ne fa richiesta e che ama ancora il profumo della carta stampata.

Mondadori Bookstore Napoli Campi Flegrei

Piazzale Tecchio 10 (interno Stazione Campi Flegrei), 80124 Napoli - 081 628573
mondadoricampi@gmail.com
Lo staff dei librai Gabriella Paparone.
La tua storia in 280 caratteri Libreria di quartiere, nasce dall'idea di aggregazione e confronto: il libraio torna a essere aiuto, supporto, sfogo del quartiere. Particolare attenzione ad autori campani ed edizioni meno note. C'è un piccolo spazio dove poter leggere anteprime di libri... in attesa del treno.
Che libreria sei, in una sola parola? Di quartiere.
Qual è il libro che identifica la tua libreria? Giorgio Amendola, «Una scelta di vita».
Qual è il personaggio letterario che rappresenta la tua clientela? Sherlock Holmes.
A chi vorresti vendere un libro? E quale libro? A Donald Trump e Matteo Salvini, «La fattoria degli animali» di George Orwell.
Qual è la domanda più strana che ti è stata fatta? «Avete dei biglietti metro?».
Qual è la tua libreria preferita nel mondo? E in Italia? Treves a Napoli.
Usciti dalla tua libreria bisogna andare assolutamente... dove? La sol-

fatara di Pozzuoli è uno dei quaranta vulcani che costituiscono i Campi Flegrei.
Cosa trovo da te che non trovo altrove? «I clienti non ti dicono sempre quello che vogliono, e a volte non lo sanno neppure loro. Per questo vengono qui, per scoprirlo».

Mondadori Point Napoli Onorio Fragnito

Via Onofrio Fragnito 64, 80131 Napoli - 081 5452957
mondadoririonealto@gmail.com

Lo staff dei librai Fabio, Francesca, Federico, Lina, Giuseppe, Enzo e Genny.
La tua storia in 280 caratteri Il contributo culturale che offriamo, con eventi di qualità organizzati di frequente, ha colmato un vuoto che nel quartiere (Rione Alto) si avvertiva La nostra libreria è un grazioso salotto letterario, centro propulsore di cultura e scambi di idee interessanti.
Che libreria sei, in una sola parola? Di quartiere.
Qual è il libro che identifica la tua libreria? Cathleen Schine, «La lettera d'amore».
Qual è il personaggio letterario che rappresenta la tua clientela? Il famoso detective Sherlock Holmes, che ha oltrepassato l'epoca e la letteratura per trasformarsi in un'icona moderna dove le sue storie non sono più meri gialli polizieschi ma entrano nella realtà di tutti i giorni sollevando domande sul potere politico, investigativo.
A chi vorresti vendere un libro? E quale libro? Al Principe Antonio De Curtis, in arte Totò, e vendergli: «Totò, signori si nasce» della collana Sorbonne di Edizioni Clichy.
Qual è la domanda più strana che ti è stata fatta? «Qual è il prezzo di copertina?» «X euro» «E senza copertina?».
Qual è la tua libreria preferita nel mondo? E in Italia? Livraria do Simao a Lisbona: la libreria più piccola al mondo. In Italia: la nostra.
Usciti dalla tua libreria bisogna andare assolutamente... dove? In una meravigliosa pasticceria, situata accanto alla Libreria perchè dopo aver nutrito la mente,è importante gratificare il corpo.

Cosa trovo da te che non trovo altrove? Abbiamo sempre un sorriso e una parola accogliente per tutti.

Mondadori Point Napoli Port'Alba

Via Port'Alba 24/25/26, 80134 Napoli - 081 19344310
mondadorinapolicentro@gmail.com
La tua storia in 280 caratteri Piccola libreria nel cuore di Napoli, all'interno dei locali della storica cartoleria Fratelli Amodio. È un ottimo posto dove scegliere un buon libro ma anche per fare un regalo. È un boccone di cultura in più che completa appieno la visita dei monumenti e dei palazzi della città.
Qual è la tua libreria preferita nel mondo? E in Italia? Ex Guida a Napoli.

PIANO DI SORRENTO

Mondadori Bookstore Piano di Sorrento Cota

Piazza Cota 17/18, 80063 Piano di Sorrento NA - 081 8088619
libreriainmondadori-piano@live.com
La tua storia in 280 caratteri Bellissima e fornita libreria al centro di Piano di Sorrento, è possibile prendere un caffè e sfogliare (o leggere) libri. Luogo di discussione e di cultura, organizza presentazioni di libri e incontri con autori con cadenza settimanale. Insomma, non una semplice libreria.
Che libreria sei, in una sola parola? Cittàdina.
Qual è il libro che identifica la tua libreria? «Crescere con i libri. Rimedi letterari per mantenere i bambini sani, saggi e felici» di Ella Berthoud e Susan Elderkin.
Usciti dalla tua libreria bisogna andare assolutamente... dove? Penisola sorrentina.
Cosa trovo da te che non trovo altrove? Atmosfera gioiosa come dovrebbe essere la conoscenza.

PISCIOTTA

Libreria del Mare

Località Gabella di Caprioli, 84066 Pisciotta SA
0974 976365 - 348 2556298

Lo staff dei librai Pierpaolo D'Angelo, con supporti familiari (Carmen, Antonio). Carmen e Antonio più stanziali, mentre Pierpaolo alterna periodi di presenza ad altri di residenza all'estero (con quartier generale a Barcellona, al momento), viaggiando, conoscendo e scrivendo reportages delle sue esperienze.

La tua storia in 280 caratteri Tredici anni fa abbiamo aperto questa libreria, allora stagionale (da giugno a settembre). Nove anni fa la svolta: lasciamo Torino per trasferirci qui, abbinando l'attività della libreria (aperta tutto l'anno) a quella di gestione di case vacanza (Brezza di mare).

Che libreria sei, in una sola parola? Piccola, di fronte al mare.

Qual è il libro che identifica la tua libreria? Il libro che ci identifica è «La vera storia del pirata Long John Silver» di Björn Larsson, che è stato uno dei primi autori venuti in terrazza «nella più piccola libreria in cui abbia mai presentato un libro»...

Qual è il personaggio letterario che rappresenta la tua clientela? Marcel, dal «Porto dei sogni incrociati»: «venditore ambulante di sogni». Il mare è un collante: ci si incontra qui proprio come nei porti.

A chi vorresti vendere un libro? E quale libro? Carmen vorrebbe vendere a un compaesano cilentano «Cent'anni di solitudine» di García Márquez: Macondo è ovunque qui intorno. Pierpaolo, invece, «Papalagi» di Erich Scheurmann, a qualsiasi persona del mondo occidentale, per sorridere e riflettere.

Qual è la domanda più strana che ti è stata fatta? Su questo abbiamo ampio dossier dal nome «Tenete?». Ad esempio: «Tenete carta per oricam?». Io: «Per origami?». «No... quella carta marrone, per seccare l'orican» (ORIGANO)! ... ma su questo capitolo ci starebbe davvero un altro libro!

Qual è la tua libreria preferita nel mondo? E in Italia? La libreria

preferita al mondo (tra quelle realmente viste) è la libreria Mollat a Bordeaux, in Italia L'Angolo Manzoni a Torino.
Usciti dalla tua libreria bisogna andare assolutamente... dove? Usciti da qui... bisogna stazionare almeno mezzora al Porto di Pisciotta, tra i pescatori di tutte le età.
Cosa trovo da te che non trovo altrove? Da noi trovi... libri letti da noi. Ci dividiamo i compiti: Antonio è biologo marino, massima competenza su manualistica, gialli e saggistica. Carmen, onnivora, legge novità, classici, poesia, alternandoli in ogni momento libero. Pierpaolo predilige narrativa di viaggi, letteratura sud e nordamericana e romanzi d'avventura.

POMIGLIANO D'ARCO

Mio nonno è Michelangelo

Via Gandhi 18, 80038 Pomigliano D'Arco NA - 339 5848555
FB Mio nonno è Michelangelo
Lo staff dei librai Maria Carmela Polisi.
La tua storia in 280 caratteri Nasco da padre lettore vivo e appassionato, ma una grossa spinta alla lettura è venuta da un caro zio non vedente. A 8 anni ho ricevuto il mio primo abbonamento, «Internazionale» e «Micromega», che gli leggevo senza capirci molto. Nessun luogo per me è casa più di una libreria.
Che libreria sei, in una sola parola? Per bambini militanti.
Qual è il libro che identifica la tua libreria? «Bisognerà», di Thierry Lenain e Olivier Tallec.
Qual è il personaggio letterario che rappresenta la tua clientela? Pippi Calzelunghe. Bambina autonoma e indipendente. Sempre a sostegno dei deboli, sorridente e felice come tutti i bambini devono essere.
A chi vorresti vendere un libro? E quale libro? Vorrei vendere un libro ai genitori dei bambini delle aree più disagiate di periferia. Ai genitori dapprima. Il cambiamento, sono certa, nasce dai libri.

Qual è la domanda più strana che ti è stata fatta? «Possiamo dormire qui stanotte?» (un gruppo di bambini della periferia napoletana in visita con la scuola. La loro prima volta in una libreria).
Qual è la tua libreria preferita nel mondo? E in Italia? Honesty Bookshop, Hay-on-Wye in Galles. Libreria Dante & Descartes di Napoli.
Usciti dalla tua libreria bisogna andare assolutamente... dove? A leggere e sognare.
Cosa trovo da te che non trovo altrove? La comunità. Il non sentirsi solo. Entri e sei a casa.

PONTECAGNANO FAIANO

*la*Feltrinelli Village

Centro Commerciale MaxiMall - Via Antonio Pacinotti, 84098 Pontecagnano Faiano SA - 02 91947777
FB La Feltrinelli Village Salerno
Lo staff dei librai Valerio, Marina, Monica, Paola, Francesco e Roberto.
La tua storia in 280 caratteri Abbiamo inaugurato nel lontano 2006 nel centro commerciale più grande della zona, tra calce e cartongesso. C'era solo un supermercato a farci compagnia. Dopo tredici anni siamo circondati da una moltitudine di negozi tranne... il supermercato!
Che libreria sei, in una sola parola? Propositiva.
Qual è il libro che identifica la tua libreria? «Stoner» di John Williams è uno di quei libri che consigliamo a tutti i nostri clienti e che più ci identifica e rappresenta perché ha appassionato tutto lo staff dei librai. Parte da una narrazione pacata, quasi distaccata per poi catturare il lettore senza che se ne accorga, esattamente come avviene con i nostri clienti che spesso entrano timidi e ignari del libro che stanno cercando per poi uscire letteralmente catturati dalla miriade di storie che proponiamo.

Qual è il personaggio letterario che rappresenta la tua clientela? «Bartleby lo scrivano» di Melville, perché il concetto di diversità può spingerci a riflettere e ampliare i nostri radicati punti di vista.
A chi vorresti vendere un libro? E quale libro? A Matteo Salvini il libro «Exit West» di Mohsin Hamid perché in modo originale e necessario affronta tematiche «calde» dell'epoca contemporanea dove la divisione fondamentale sembra quella tra chi persegue il diritto al passaggio e chi lo vuole negare, provocando reazioni che vanno dall'amore all'odio; dall'accoglienza al rifiuto come l'emigrazione, l'esclusione e la frontiera.
Qual è la tua libreria preferita nel mondo? E in Italia? La Libreria Shakespeare & Co. di Parigi. La Libreria Acqua Alta di Venezia.
Usciti dalla tua libreria bisogna andare assolutamente... dove? A godersi un tramonto mozzafiato dalla piana di Paestum, degustando un superlativo bocconcino di bufala accompagnato da un calice di Kratos con lo sfondo dei templi dell'area archeologica e naturalmente sfogliando il libro appena comprato da noi.
Cosa trovo da te che non trovo altrove? Comprensione, professionalità, accoglienza e... tanta pazienza!

SANTA MARIA CAPUA VETERE

Libreria Spartaco

Via Martucci 18, 81055 Santa Maria Capua Vetere CE
0823 797063
www.edizionispartaco.it - FB Libreria Spartaco
Lo staff dei librai Ugo Di Monaco, la vera «risorsa» della Spartaco. Paziente, gentile, ostinato nel cercare un libro che possa soddisfare una persona: poco importa che sia quello che il lettore inizialmente voleva; l'amico uscirà dalla libreria con una storia che non vedrà l'ora di poter iniziare. Tiziana Di Monaco: eventi, incontri, reading sono affar suo. Ugo e Tiziana sono fratelli. Pizzichina, la gattina che abita sopra e sotto il divano della libreria. I volontari dei

gruppi di lettura «Matti per i classici», «404 Page Not Found», «Gli amici di Spartaco», spacciatori finissimi di letture.
La tua storia in 280 caratteri Spartaco è una Bottega delle parole. Porto per gli innamorati dei libri. Approdo per chi non ama leggere ma è abbastanza coraggioso da provare. Ha aperto il 29 dicembre 2006 e ogni anno, quel giorno, si organizza una festa. Naturale espansione di Edizioni Spartaco, fondata nel 1995.
Che libreria sei, in una sola parola? Centro di consulenza per il recupero dell'identità libraria.
Qual è il libro che identifica la tua libreria? «Autobiografia mai scritta: ricordi (1853-1932)» di Errico Malatesta, a cura di Piero Brunello e Pietro Di Paola, Edizioni Spartaco.
Qual è il personaggio letterario che rappresenta la tua clientela? Da Collodi: i Pinocchio dicono che il nostro lavoro è bellissimo, ma non comprano mai nulla; i Giannettino sono curiosi e prosciugano il portafogli.
A chi vorresti vendere un libro? E quale libro? Al tipografo Johannes Gutenberg, il padre della stampa a caratteri mobili: tentarono di «scippargli» l'idea e l'impresa. Morì povero. Se entrasse in libreria gli diremmo: «Caro Johannes, guardati intorno, osserva quante copertine colorate, quanti formati diversi, libri economici e tascabili, ma anche piccoli gioielli curati nei minimi dettagli. Pure oggi è dura, ma resistiamo, ne vale la pena. Scegli il libro che vuoi».
Qual è la domanda più strana che ti è stata fatta? «Buongiorno, premetto che non ricordo il titolo, l'autore e la casa editrice, ma vorrei il libro di cui hanno parlato ieri in televisione...». «Ricorda almeno la trasmissione?». «No! Ma era un libro bellissimo, parlava d'amore, mi aiutate a cercarlo?».
Qual è la tua libreria preferita nel mondo? E in Italia? La City Lights Bookstore di Lawrence Ferlinghetti a San Francisco. In Italia tutte le librerie indipendenti, nessuna esclusa.
Usciti dalla tua libreria bisogna andare assolutamente... dove? «Me ne andavo solo tra le rovine dell'Anfiteatro campano, dove rimanevo molte ore, pensando all'antica grandezza di Capua, ad Annibale, a

tutta la storia di Livio...». Come Luigi Settembrini nel 1830, così il lettore che ha fatto acquisti alla Spartaco può passeggiare fino all'Anfiteatro campano, dove tra antiche vestigia, calpestando la terra che fu bagnata dal sangue dei gladiatori, può incominciare a leggere - ispirato - le prime pagine del suo nuovo libro..

Cosa trovo da te che non trovo altrove? Nonna Bartolina, la nonna adorata dai bambini: legge fiabe, dispensa caramelle, ascolta condiscendente le vicissitudini, non solo letterarie, dei lettori. È la testimonial eccezionale di tutti i libri di Edizioni Spartaco, che divora e consiglia.

SORRENTO

Libreria Tasso

Piazza Lauro 18/19, 80067 Sorrento NA - 081 8784703
www.libreriatasso.it - libreriatasso@gmail.com

Libreria Tasso International

Via San Cesareo 96, 80067 Sorrento NA - 081 8071639
viasancesareo@gmail.com

Lo staff dei librai Angela Cacace, Mariateresa Marciano, Giuseppe Fiorile, Chiara Cascone, Alfredo Crispo e Stefano Di Mauro.

La tua storia in 280 caratteri La libreria Tasso è nata negli anni Ottanta nel centro storico della città di Sorrento. La stessa diventa International dopo l'apertura nel 2013 di un nuovo punto vendita in Piazza Lauro con 150mq di spazi dove è possibile partecipare a presentazioni showcase e a diversi workshop.

Che libreria sei, in una sola parola? Dopo trentadue anni possiamo definirla «storica»?

Qual è il libro che identifica la tua libreria? Ce ne sarebbero tanti ma abbiamo scelto uno su tutti: «Balzac e la piccola sarta cinese» di Dai Sijie.

Qual è il personaggio letterario che rappresenta la tua clientela? La piccola sarta cinese, per la sua brama di sapere.

A chi vorresti vendere un libro? E quale libro? A Matteo Salvini, «La ferrovia sotterranea» di Colson Whitehead.
Qual è la domanda più strana che ti è stata fatta? «Scusate avete Rinnovo?» «Aspetti non ricordo provo al computer» «Va bene, aspetto» «Chiedo scusa, non riesco a trovarlo. Conosce il nome dell'autore?» «Ma quale autore, Signorì! Rinnovo è la tintura per capelli!».
Qual è la tua libreria preferita nel mondo? E in Italia? Nel mondo, la Livraria Lello e Irmão di Porto. In Italia, la Libreria Dante & Descartes, Napoli.
Usciti dalla tua libreria bisogna andare assolutamente... dove? A gustarsi una buonissima Delizia al limone.
Cosa trovo da te che non trovo altrove? Allegria, disponibilità ma soprattutto semplicità (non tralasciando ovviamente il vasto catalogo disponibile).

VICO EQUENSE

Libreria Ubik Vico Equense

Via Santa Sofia 3, 80069 Vico Equense NA - 081 8798578 - 346 3036613
www.vicoequense.ubiklibri.it - FB Ubik Vico Equense
IG @ubikvico
Lo staff dei librai Giovanna Starace, Raffaele Musella, Daniele Di Maio.
La tua storia in 280 caratteri La nostra storia è un gesto d'amore. Per noi. Per i nostri figli. Per la nostra città: Vico Equense, ventiduemila abitanti e nessuna libreria, almeno fino al 2015. In questi anni siamo diventati uno spazio libero dove l'amore per la carta e per le parole prende vita.
Che libreria sei, in una sola parola? Eroica.
Qual è il libro che identifica la tua libreria? «La casa dei libri» di Richard Brautigan.

Qual è il personaggio letterario che rappresenta la tua clientela? Dal «Mago di Oz»: alla ricerca di un luogo intimo (Dorothy), di un cuore che torni a battere (Uomo di latta), di rischio e cambiamento (Leone).
A chi vorresti vendere un libro? E quale libro? Vorrei vendere «Nata per te» di Luca Trapanese e Luca Mercadante a una cara amica ma non trovo il coraggio. Questo libro racconta la vita di Alba, una bambina con la sindrome di Down, rifiutata da oltre venti famiglie prima di essere data in adozione a Luca. Vorrei venderlo a lei per farle capire quanto sia speciale la sua vita adesso che ha con sé suo figlio. Vorrei vendere questo libro a tutti perché, come scrive Luca, «Se avessi una bacchetta magica regalerei una disabilità a ogni famiglia».
Qual è la domanda più strana che ti è stata fatta? Scena tipo. Cliente: «Signora buongiorno, vorrei fare un regalo a un/a bambino/a di due anni, mi suggerisce lei?». Libraia: «Certo, signora. Guardi questo libro delle prime parole o questo con i buchi, c'è anche quello scorri e gioca». Cliente: «Sì, è un libro. Ma cosa fa?». Libraia: silenzio tombale.
Qual è la tua libreria preferita nel mondo? E in Italia? La più bella libreria in Italia è senza dubbio Acqua Alta di Venezia: il tempo non esiste più. Passato e presente si mescolano e tu sei completamente lì ma anche altrove! La più bella libreria al mondo si trova a Nairobi, in Africa. Non ha un nome. L'ho vista dentro un mercato. Un tavolo con libri sparsi appoggiati sopra. Una luce nel buio. La luce dei bambini che erano dietro al tavolo. Una speranza.
Usciti dalla tua libreria bisogna andare assolutamente... dove? Alla Villa Comunale dove su una comoda panchina puoi gustare il gelato comprato da Gabriele, guardare il Vesuvio e la Penisola Sorrentina che si perdono nell'orizzonte e leggere il libro appena comprato.
Cosa trovo da te che non trovo altrove? Una casa. Chi viene da noi trova silenzio, se cerca silenzio. Trova ascolto, se ha voglia di parlare.

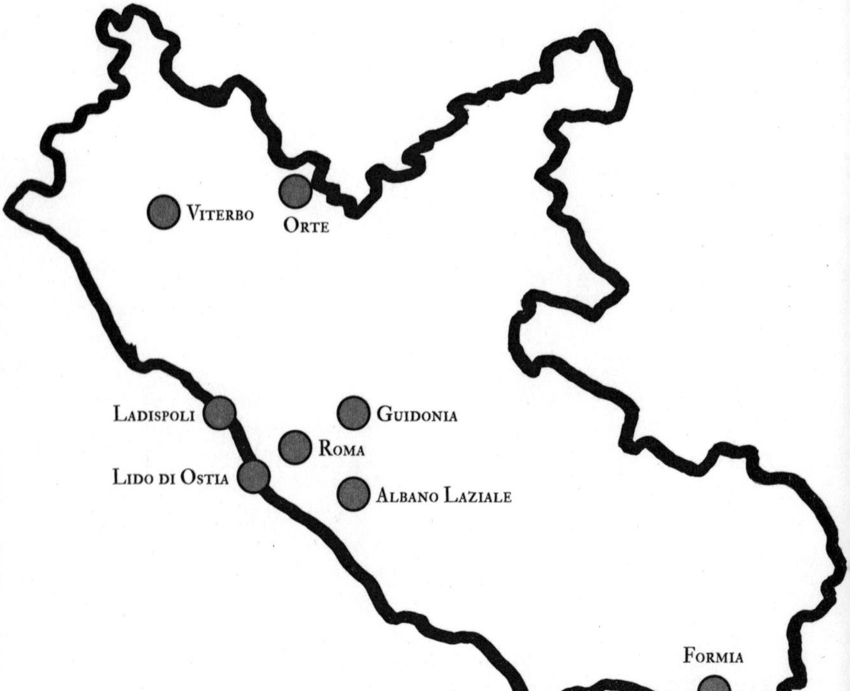

Viterbo
Orte
Ladispoli
Guidonia
Roma
Lido di Ostia
Albano Laziale
Formia

Lazio

ALBANO LAZIALE
TUedIO design libreria per bambini e ragazzi

FORMIA
Giunti al Punto di Formia

GUIDONIA
Librerie.coop Guidonia

LADISPOLI
Libreria Scritti e Manoscritti

LIDO DI OSTIA
Sognalibri - Libri e giochi per bambini

ORTE
Libreria il Gorilla e l'Alligatore

ROMA
Altroquando
A tutto libro
Centostorie
Giunti al Punto Roma Tiburtina
Il giardino incartato
L'amico Fritz
*la*Feltrinelli Libri e Musica Appia
*la*Feltrinelli Libri e Musica Argentina
*la*Feltrinelli Roma MM Colonna
*la*Feltrinelli Roma Orlando
Leporello photobooks et al.
Librerie.coop Roma
Libreria del Viaggiatore
Libreria Fahrenheit 451
Libreria L'Altracittà. Libri, corsi, curiosità
Libreria Novarcadia - Ubik Casalpalocco
Libreria Pagina 348
Libreria Testaccio
Libreria Tra le Righe
Libreria Trastevere
Odradek la libreria
Otherwise Bookshop
Pellicanolibri

VITERBO
Libreria Straffi

ALBANO LAZIALE

TUEDIO DESIGN LIBRERIA PER BAMBINI E RAGAZZI

Via della Vignetta 21/23, 00041 Albano Laziale RM
06 83529603 - 333 3875090
www.tuediodesign.it - FB TUEdIO Design - IG @tuedio_design
Lo staff dei librai Per il momento solo Marina Checchi, titolare-libraia architetta.
La tua storia in 280 caratteri Marina Checchi ha sognato e creato la sua libreria per promuovere gli albi coraggiosi, come la sua storia, e ha come punto fermo il colloquio con la comunità per cui vuole essere punto di incontro e di supporto. Offriamo chiacchiere e consigli e raccogliamo spunti e scintille.
Che libreria sei, in una sola parola? Per bambini e ragazzi.
Qual è il libro che identifica la tua libreria? «C'è qualcosa di più noioso che essere una principessa rosa?» di Raquel Díaz Reguera.
Qual è il personaggio letterario che rappresenta la tua clientela? Hermione Granger: eroina delle mie piccole immense lettrici. Intraprendenti, intelligenti, altruiste, coraggiose, leali, distanti dai canoni.
A chi vorresti vendere un libro? E quale libro? Ai malpensanti, agli scettici, a quelli che vivono ingabbiati in frasi fatte e scarsi pensieri. Mi piacerebbe vendergli «Dovremmo essere tutti femministi» di Chimamanda Ngozi Adichie.
Qual è la domanda più strana che ti è stata fatta? Un giorno è entrata una signora e mi ha detto: «Ho visto la pubblicità della Feltrinelli

che diceva che all'acquisto di due libri regalavano un telo mare, se compro qui due libri me lo regala il telo mare?».
Qual è la tua libreria preferita nel mondo? E in Italia? Ho girato molto la Spagna e a Barcellona mi sono innamorata della libreria +Bernat. In Italia fra le mie preferite c'è Giufà Libreria Caffè a Roma.
Usciti dalla tua libreria bisogna andare assolutamente... dove? A passeggiare nei vicoli storici di Albano, a conoscere i suoi preziosi elementi storici come i Cisternoni o l'anfiteatro oppure a sedersi nel parco a leggere.
Cosa trovo da te che non trovo altrove? Il coraggio di resistere facendo scelte a volte difficili o poco commerciali, ma che sono perfettamente in linea con il fine della mia libreria, del mio lavoro, della filosofia che c'è dietro a tutto.

FORMIA

Giunti al Punto di Formia

Via Mamurrano loc. S. Croce, 04023 Formia LT - 0771 736094
formia@giunti.it
Lo staff dei librai Elena, Rosalia, Sabrina, Tiziana e Anna Elise.
La tua storia in 280 caratteri Ubicata nel centro commerciale Itaca da ben 24 anni, la libreria è un punto di riferimento per tanti lettori. Abbraccia un vasto territorio che include le province di Caserta, Napoli e Frosinone. Da oltre vent'anni il nostro staff accoglie la clientela sempre con un sorriso!
Che libreria sei, in una sola parola? Commerciale.
Qual è il libro che identifica la tua libreria? «Le sette sorelle» di Lucinda Riley.
Qual è il personaggio letterario che rappresenta la tua clientela? Il piccolo principe: l'eterno sognatore di uno dei nostri libri più venduti e amati.
A chi vorresti vendere un libro? E quale libro? A Matteo Salvini consiglierei «In mare non esistono taxi» di Roberto Saviano.

Qual è la domanda più strana che ti è stata fatta? «Vendete le cartine?» intendendo, però, quelle per «confezionare» le sigarette.
Qual è la tua libreria preferita nel mondo? E in Italia? Libreria *la*Feltrinelli, Napoli Stazione.
Usciti dalla tua libreria bisogna andare assolutamente... dove? A fare una rilassante passeggiata sulla spiaggia di Gaeta.
Cosa trovo da te che non trovo altrove? Disponibilità, cortesia, un'ampia scelta di libri per bambini e ragazzi e ovviamente la possibilità di ordinare libri non disponibili in libreria.

GUIDONIA

Librerie.coop Guidonia

Tiburtino Shopping Center
Via Tiburtina km 20.5, 00012 Guidonia Montecelio RM
0774 375348 - libreria.guidonia@Librerie.coop.it
www.Librerie.coop.it - FB Librerie.coop (Guidonia)
Lo staff dei librai Flavia, Michele, Elisa, Stefania, Cecilia, Rossella.
La tua storia in 280 caratteri La nostra libreria è stata inaugurata nel 2015. Si trova all'interno di un centro commerciale alla periferia di Roma. Abbiamo una clientela molto giovane, che cerchiamo di incuriosire e coinvolgere proponendo e selezionando libri nuovi, insoliti e intramontabili ma anche classici.
Che libreria sei, in una sola parola? Stracult.
Qual è il libro che identifica la tua libreria? «Il giardino segreto» di F. H. Burnett, dove i protagonisti scoprono uno spazio intimo e privilegiato che si rivela essere un terapeutico strumento di crescita.
Qual è il personaggio letterario che rappresenta la tua clientela? Holden Caulfield (Salinger): cerchiamo sempre di offrire un consiglio e uno scambio confidenziale, che guidi alla scoperta di nuovi orizzonti.
A chi vorresti vendere un libro? E quale libro? «Matilde» di Roald Dahl: a tutti i ragazzi a cui i genitori impediscono di entrare «perché i libri non servono...».

Qual è la domanda più strana che ti è stata fatta? «Avete "Il cane che gioca a basket"? Mi pare che è un giallo...» («Il mastino dei Baskerville»).
Qual è la tua libreria preferita nel mondo? E in Italia? Nel mondo: Ler Devagar a Lisbona. In Italia: Libreria Palazzo Roberti, a Bassano del Grappa (VI).
Usciti dalla tua libreria bisogna andare assolutamente... dove? A Villa Adriana o a Villa d'Este, a immergersi nel libro appena acquistato.
Cosa trovo da te che non trovo altrove? Tanti suggerimenti su libri di catalogo che forse vi sono sfuggiti. Un'attenzione competente con sorriso.

LADISPOLI

Libreria Scritti e Manoscritti

Via Ancona 180, 00055 Ladispoli RM - 06 99222257
www.scrittiemanoscritti.com - scrittiemanoscritti@gmail.com
FB Libreria Scrittiemanoscritti
Lo staff dei librai Irene Donini, Marco Maria Molea, Silvia Bandini.
La tua storia in 280 caratteri La libreria, aperta dal 1994, è la prima libreria della città. Punto di riferimento per i lettori, organizziamo da diversi anni incontri, laboratori e progetti con le scuole. E poi che dire della simpatia e della varietà di noi librai? Modesti soprattutto, ma sinceri e appassionati!
Che libreria sei, in una sola parola? La nostra libreria è LA LIBRERIA.
Qual è il libro che identifica la tua libreria? «Ti prendo e ti porto via» di Niccolò Ammaniti.
Qual è il personaggio letterario che rappresenta la tua clientela? Non uno ma più personaggi, quelli raccontati nell'«Antologia di Spoon River».
A chi vorresti vendere un libro? E quale libro? A un non-lettore.
Qual è la domanda più strana che ti è stata fatta? Un giorno di qual-

che anno fa, una cliente arriva alla cassa con in mano l'«Interpretazione dei sogni» di Freud e fa: «... Bravo 'sto Freud... deve essere un tipo in gamba! Ho letto qualche pagina e me pare un genio... te (riferendosi a me) l'hai conosciuto?».
Qual è la tua libreria preferita nel mondo? E in Italia? Per ora direi Strand Bookstore di New York; in Italia ce ne sono tante, per una sola non riesco a dare la preferenza.
Usciti dalla tua libreria bisogna andare assolutamente... dove? Assolutamente alla libreria La Vita Nova. Si trova a Tarquinia, a 40 km da qui, è un piccolo gioiello di libreria e poi c'è Elena (la libraia) che è adorabile.
Cosa trovo da te che non trovo altrove? Prima di tutto, da noi troverai persone che amano profondamente il lavoro che fanno, poi la simpatia, la passione e soprattutto la professionalità.

LIDO DI OSTIA

Sognalibri - Libri e giochi per bambini

Via Isole del Capo Verde 63, 00121 Lido di Ostia RM
06 94844379
www.sognalibri.it - FB Sognalibri
Lo staff dei librai Siamo Barbara, Cristina e Silvia, tre amiche-socie che si dividono i diversi compiti che comporta la gestione di una libreria, dall'amministrazione agli ordini, fino all'organizzazione di eventi e progetti scolastici.
La tua storia in 280 caratteri Nel 2015 qui non esistevano librerie per bambini, nonostante Ostia fosse uno dei quartieri più giovani di Roma: la prima vera sfida. Possiamo dire di averla vinta: abbiamo aperto la strada ad altre librerie specializzate, contribuendo ad arricchire l'offerta culturale del territorio.
Che libreria sei, in una sola parola? Per bambini.
Qual è il libro che identifica la tua libreria? Sicuramente uno qualsiasi dei libri di Hervé Tullet: colore, creatività, originalità, fermento.

Qual è il personaggio letterario che rappresenta la tua clientela? Persone di tutte le età con occhi sognanti e spirito bambino sfogliano albi illustrati persi nella fantasia. Senza dubbio, Peter Pan.
A chi vorresti vendere un libro? E quale libro? Riuscire a vendere un libro a Lucignolo, il compagno di sventura di Pinocchio, sarebbe certamente una vittoria. Un bimbo interessato solo ai balocchi, che magari con un libro in mano non si sarebbe perso. «I cinque malfatti» di Beatrice Alemagna lo farebbe sorridere della bellezza delle proprie e altrui imperfezioni.
Qual è la domanda più strana che ti è stata fatta? «Ma i libri che sono qui sono in vendita?», con tanto di insegna «Libreria per bambini» affissa in vetrina.
Qual è la tua libreria preferita nel mondo? E in Italia? La Libreria Giannino Stoppani di Bologna è il punto di riferimento per ogni libraio, o almeno lo è per noi. Di certo è la nostra libreria preferita in assoluto. Ogni anno quando ci rechiamo a Bologna per la Bologna Children's Book Fair puntualmente la andiamo a visitare. Irrinunciabile.
Usciti dalla tua libreria bisogna andare assolutamente… dove? Trovandoci al mare, non possiamo che rispondere: «In spiaggia con un buon libro sotto braccio».
Cosa trovo da te che non trovo altrove? Ogni libreria ha qualcosa di unico che la contraddistingue, ma la vera peculiarità sono le persone che la fanno vivere e respirare, quindi la risposta è: noi!

ORTE

Libreria il Gorilla e l'Alligatore

Via dei Calafati 13C-22 loc. Petignano, 01028 Orte VT
0761 403477 - www.gorillaealligatore.com
FB LibreriaGorillaeAlligatore
Lo staff dei librai «La libraia» Stefania Cima e il suo «aiutante nei week-end» Giuseppe Gamberini (intervistatore e «raccontastorie»).
La tua storia in 280 caratteri Sono una milanese trapiantata nel

Centro Italia. Dieci anni fa, con l'aiuto di mio marito, ho deciso di aprire una libreria in un piccolo Comune, portando l'atmosfera e le iniziative culturali della grande città là dove una libreria non c'era mai stata. E il sogno oggi continua.
Che libreria sei, in una sola parola? Familiare.
Qual è il libro che identifica la tua libreria? Tiffany McDaniel, «Il caos da cui veniamo» (perché amo i cuori «di vetro»).
Qual è il personaggio letterario che rappresenta la tua clientela? Lo Stregatto, perché spesso, quando parli con loro cercando il libro perfetto, ti sembra di dover interpretare le frasi del gatto del Cheshire.
A chi vorresti vendere un libro? E quale libro? A chi ha perso l'umanità, «La via del pepe» di Massimo Carlotto.
Qual è la domanda più strana che ti è stata fatta? «Vende pesciolini?» (nda. il Tevere ci passa accanto).
Qual è la tua libreria preferita nel mondo? E in Italia? La Livraria Ler Devagar a Lisbona. In Italia la Libreria Acqua Alta a Venezia.
Usciti dalla tua libreria bisogna andare assolutamente... dove? Salire al borgo e visitare Orte sotterranea.
Cosa trovo da te che non trovo altrove? Le borse fatte a mano dalla mia amica Angela, da riempire di libri.

ROMA

Altroquando

Via del Governo Vecchio 82, 00186 Roma - 06 68892200
www.altroquando.com - FB Altroquando - IG @altrolibpub
Lo staff dei librai Alessandro Alessandroni, Michele Iacono, Flavio Paioletti, Roberto Persia e Simona Simone.
La tua storia in 280 caratteri Altroquando nasce nel 2002 come libreria specializzata in cinema, ma da subito si propone come Luogo e non soltanto come libreria. Nel 2009 raddoppia lo spazio libri, consolidando la proposta editoriale indipendente, e aggiungendo un pub, dove accadono cose altre, Anderquando.

Che libreria sei, in una sola parola? Fuoriluogo.
Qual è il libro che identifica la tua libreria? «Codex Seraphinianus» di Luigi Serafini.
Qual è il personaggio letterario che rappresenta la tua clientela? Arthur Dent («Guida galattica per gli autostoppisti» di Douglas Adams).
A chi vorresti vendere un libro? E quale libro? A Mark Zuckerberg, il «Codice Leicester» di Leonardo da Vinci (ultima vendita effettuata a oltre 30 milioni di dollari).
Qual è la domanda più strana che ti è stata fatta? «Domani siete aperti?».
Qual è la tua libreria preferita nel mondo? E in Italia? Livraria Lello e Irmão a Porto, Libreria MarcoPolo a Venezia.
Usciti dalla tua libreria bisogna andare assolutamente... dove? A perdersi per i vicoli di Roma.
Cosa trovo da te che non trovo altrove? La nostra personalissima selezione del meglio dell'editoria italiana e TUTTO sul cinema.

A tutto libro

Via Acquedotto del Peschiera 118, 00135 Roma
www.librerieDiRoma.it - FB A tutto libro
Lo staff dei librai Siamo tre donne a lavorare in libreria in maniera affiatata da circa 10 anni.
La tua storia in 280 caratteri A tutto libro nasce nel 2004, grazie a un bando del Comune per librerie in periferia. Nel tempo siamo diventati un punto di riferimento nel quartiere di Monte Mario. Nonostante lo spazio esiguo, grazie al quartiere popoloso e giovane che ci circonda non abbiamo di che annoiarci.
Che libreria sei, in una sola parola? Di quartiere.
Qual è il libro che identifica la tua libreria? «La simmetria dei desideri» di Eshkol Nevo.
Qual è il personaggio letterario che rappresenta la tua clientela? Dr. Jekyll... e Mr. Hyde! E non servono molte spiegazioni.
A chi vorresti vendere un libro? E quale libro? A Massimo Recalcati, «Cinquanta sfumature di grigio»!
Qual è la domanda più strana che ti è stata fatta? Oltre ai calzini ci

hanno chiesto se avevamo dei libri pin-up, poi finalmente abbiamo capito che volevano libri pop-up per bambini.
Qual è la tua libreria preferita nel mondo? E in Italia? In Inghilterra si trova la mia libreria preferita ed è Daunt Books. Ovviamente la libreria più bella in Italia è la mia!
Usciti dalla tua libreria bisogna andare assolutamente... dove? A fare un giro nel parco di Santa Maria della Pietà (ex manicomio) per visitare il museo Laboratorio della Mente o per fare una pedalata sulla pista ciclabile che porta fino a San Pietro.
Cosa trovo da te che non trovo altrove? La simpatia, la pazienza, l'ironia e la follia che ci contraddistingue.

Centostorie

Via delle Rose 24-26, 00171 Roma - 06 2187201
www.centostorie.it - FB Centostorie - Libreria per bambini
IG @centostorielibreria - TW @centostorie
Lo staff dei librai Antonella De Simone, Aurora Festa, Stella Festa, Marina Ricciardi.
La tua storia in 280 caratteri La libreria è nata nel 2007 nel quartiere di Centocelle a Roma. È specializzata in letteratura per l'infanzia e giochi educativi, ha una caffetteria e organizza corsi e laboratori per bambini, genitori e insegnanti.
Che libreria sei, in una sola parola? Per bambini.
Qual è il libro che identifica la tua libreria? «Il mostro peloso», Henriette Bichonnier. Ci fa tanto tanto ridere, lo abbiamo letto il giorno dell'inaugurazione e lo rileggiamo ogni compleanno.
Qual è il personaggio letterario che rappresenta la tua clientela? Il lupo di Mario Ramos: i bambini a volte vengono raccontati con tanti inutili stereotipi, come il povero lupo. Bisogna lasciarsi sorprendere!
A chi vorresti vendere un libro? E quale libro? Vorrei vendere «Ninna nanna per una pecorella» di Eleonora Bellini ai nostri politici. La lupa accoglie la pecorella smarrita invece di sbranarla. Chiaro no?
Qual è la domanda più strana che ti è stata fatta? «C'è un libro per insegnare a mio figlio a non attaccare ciò che esce dal naso sul muro

di casa?». Oppure: «Mi può dare un'altra busta, che ho un altro libro a casa che vorrei regalare?». O anche: «Posso avere un pacchetto regalo dentro il pacchetto regalo?». Di fatto in dodici anni di vita ne abbiamo collezionate moltissime.
Qual è la tua libreria preferita nel mondo? E in Italia? Livraria Bertrand di Lisbona. In Italia tutte le librerie del circuito Cleio!
Usciti dalla tua libreria bisogna andare assolutamente... dove? Durante la primavera non troppo distante dalla libreria viene allestito il Tulipark: un campo pieno di tulipani colorati in cui si può passeggiare e ci si può fermare, chiaramente leggendo un bel libro acquistato in libreria. Anche la periferia può essere bellissima.
Cosa trovo da te che non trovo altrove? Una selezione attenta di libri e giocattoli educativi, fatta accuratamente da noi, scegliendo soprattutto piccola e media editoria. Poi incontri anche con autori internazionali di letteratura per l'infanzia, un'opportunità per tutti i bambini che in questo quartiere ci hanno accolto.

Giunti al Punto Roma Tiburtina

c/o Stazione Tiburtina area commerciale, 00162 Roma
06 44235713 - romatiburtina@giunti.it
Lo staff dei librai Paola, Ilaria, Francesca e Silvia.
La tua storia in 280 caratteri Aperti dal 2015, offriamo ai clienti un'ampia scelta di volumi tra cui narrativa, saggistica, arte, guide turistiche, cucina, libri per bambini e tanti gadget; sempre felici di confrontarci con i nostri clienti e offrire la nostra esperienza consigliando il libro più adatto.
Che libreria sei, in una sola parola? Poliedrica.
Qual è il libro che identifica la tua libreria? «L'utilità dell'inutile» di Nuccio Ordine.
Qual è il personaggio letterario che rappresenta la tua clientela? Alberto Angela: affezionato cliente sempre in viaggio e alla ricerca di nuove sfide.
A chi vorresti vendere un libro? E quale libro? A tutti! Perché porsi limiti?

Qual è la domanda più strana che ti è stata fatta? Il libro push-up (intendendo in realtà un libro pop-up!).
Qual è la tua libreria preferita nel mondo? E in Italia? El Ateneo Grand Splendid di Buenos Aires e in Italia ovviamente la nostra!
Usciti dalla tua libreria bisogna andare assolutamente... dove? Siamo nel cuore dell'Italia, in una delle stazioni più grandi di Roma, quindi puoi andare «Dove ti porta il cuore».
Cosa trovo da te che non trovo altrove? Il più bel consiglio di lettura.

Il giardino incartato

Via del Pigneto 303, 00176 Roma - 06 96045437
ilgiardinoincartato@gmail.com
www.ilgiardinoincartato.com - FB Il giardino incartato
Lo staff dei librai A gestire la libreria siamo in due, Barbara Ferraro e Cecilia Mancini, collabora con noi anche Alessandra Franciosini.
La tua storia in 280 caratteri Nasce nel 2011, realizzando un sogno coltivato a lungo; da allora, aprendo la nostra porta rosso ciliegio, si entra in una libreria sempre in fermento, proprio come il quartiere in cui cresce, a mezza strada tra il Pigneto e Tor Pignattara, contesto ideale per sogni e avventure.
Che libreria sei, in una sola parola? Per bambini.
Qual è il libro che identifica la tua libreria? «Il raffreddore di Amos Perbacco», di Philip C. Stead, Erin E. Stead.
Qual è il personaggio letterario che rappresenta la tua clientela? Pippi Calzelunghe. Non amano seguire mode effimere, rifuggono gli stereotipi, amano i vestiti a righe e sono anche piuttosto divertenti.
A chi vorresti vendere un libro? E quale libro? A un bambino che ancora non abbia scoperto il piacere di leggere. Gli consiglierei «Extraterrestre alla pari» di Bianca Pitzorno.
Qual è la domanda più strana che ti è stata fatta? «Avete del lucido da scarpe? No? Come mai?».
Qual è la tua libreria preferita nel mondo? E in Italia? La Shakespeare & Co., Parigi (Francia) e in Italia la Libreria Acqua Alta, a Venezia.
Usciti dalla tua libreria bisogna andare assolutamente... dove? A leg-

gere nella tranquillità del laghetto liberato della Ex Snia, luogo magico, inatteso, sorprendente. Esattamente come sono i bei libri.
Cosa trovo da te che non trovo altrove? Un'atmosfera familiare, accogliente, in cui ci si siede, si sfoglia e legge assieme, si chiacchiera, si ride, si riflette, ci si confronta, senza che l'occhio cada mai sull'orologio. E chicche, libri introvabili, scelti con cura, amatissimi.

L'amico Fritz

Via Carlo Pascal 7, 00167 Roma - 06 97603942
www.officinefritz.it - FB Officine Libreria Amico Fritz
IG @lamicofritzofficine

Lo staff dei librai Io: Luana Ranaldi, gestisco da sola la libreria, ogni tanto mio padre arriva in soccorso e copre qualche turno.
La tua storia in 280 caratteri Raccontano i miei che io sia nata con un libro tra le mani, una passione forte. Le librerie sono state sempre i miei luoghi sacri e «da grande» il mio sogno era aprirne una e scrivere libri da poter vendere. O fondare un giornale di sole notizie belle. Uno l'ho realizzato.
Che libreria sei, in una sola parola? Per famiglie.
Qual è il libro che identifica la tua libreria? Il libretto «L'amico Fritz» di Mascagni, nasce tutto da lì: l'amico Fritz è una persona buona e gentile, sempre presente e pronta ad aiutarti. Che non ti abbandona mai. Un libro, per l'appunto.
Qual è il personaggio letterario che rappresenta la tua clientela? Alcuni somigliano ai personaggi di Roald Dahl, altri mi fanno pensare al «Catalogo dei genitori per bambini che vogliono cambiarli» :)
A chi vorresti vendere un libro? E quale libro? A quel bambino che dice di non amare la lettura, che preferisce i videogiochi, o YouTube, che non è mai salito su un albero o non ha mai viaggiato sulla nave dei pirati. Vorrei vendergli un libro speciale, il suo libro, quello che si porterà dietro per tutta la vita.
Qual è la domanda più strana che ti è stata fatta? Posso scriverne solo una?! Potrei elencarne perlomeno cento, comunque la più strana è stata quella di una mamma che cercava per la figlia di quattro anni

«Il nome della rosa» di Eco... in edizione illustrata... la pediatra le aveva assicurato che esisteva. Mano sul cuore.
Qual è la tua libreria preferita nel mondo? E in Italia? Resto nel mio ambito (librerie per bambini): a Parigi Libellule et Coccinelle. In Italia, per l'assortimento e qualità dei testi, la Giannino Stoppani.
Usciti dalla tua libreria bisogna andare assolutamente... dove? All'Osteria Pascal, per un pranzo veloce o una coccola a cena, è un posto del cuore dove l'attenzione per il cliente è la stessa che abbiamo qui da Fritz.
Cosa trovo da te che non trovo altrove? L'attenzione e la cura, l'accoglienza calorosa. E poi so ascoltare. Il nostro motto è «L'Amico Fritz, qui si creano legami», preso da «"Cerco degli amici. Cosa vuol dire addomesticare?". "È una cosa da molto dimenticata. Vuol dire creare dei legami"».

*la*Feltrinelli Libri e Musica Argentina

Largo di Torre Argentina 5/A, 00186 Roma - 02 91947777
Lo staff dei librai Roberto, Cristina, Francesco, Cecilia, Aldo, Pierfrancesco, Claudio, Sabina, Fabio, Annarita, Fabiola, Pietro, Gilberto, Valentina, Serena, Maria, Stefania, Pierfrancesco, Aldo, Valentina e Armando.
La tua storia in 280 caratteri La Feltrinelli di largo Argentina risponde al semplice nome di Argentina. Chi la frequenta conosce il potere magnetico di questo luogo. Inaugurata nel 1989, è diventata il primo megastore romano della catena. È un porto di mare, caotica ma viva grazie alle mille anime che la attraversano.
Che libreria sei, in una sola parola? Uno stargate.
Qual è il libro che identifica la tua libreria? «L'Aleph» di Jorge Luis Borges, perché qui si concepisce l'inconcepibile.
Qual è il personaggio letterario che rappresenta la tua clientela? Scout de «Il buio oltre la siepe». Come lei, la nostra clientela stupisce per un incantevole connubio tra innocenza e senso critico.
A chi vorresti vendere un libro? E quale libro? Mi piacerebbe molto riuscire a vendere «Il magico potere del riordino» di Marie Kondo

a Slavoj Žižek e a caldo ascoltare le sue conclusioni sull'Occidente che si fa Oriente.
Qual è la domanda più strana che ti è stata fatta? Due belle signore sulla sessantina cercavano romanzi che introducessero la nipote alla prima notte di nozze.
Qual è la tua libreria preferita nel mondo? E in Italia? Atlantis Books a Oia sull'isola di Santorini. A Roma invece Sinestetica in viale Tirreno, libreria con spazio per incontri e mostre d'arte e fotografia.
Usciti dalla tua libreria bisogna andare assolutamente... dove? A piazza Venezia, salite la scalinata dell'Altare della Patria e raggiungete il tetto del monumento con l'ascensore panoramico. Affacciatevi alla terrazza e una volta abbandonata ogni resistenza quasi in estasi contemplativa vi troverete a esclamare... «Roma, non basta una vita».
Cosa trovo da te che non trovo altrove? «Il catalogo di oggetti introvabili» di Jacques Carelman.

*la*Feltrinelli Libri e Musica Appia

Via Appia Nuova 427, 00100 Roma - 02 91947777
Lo staff dei librai Lo staff è composto da 28 persone.
La storia della libreria in 280 caratteri Libreria Feltrinelli nel 2007 rileva la storica libreria Tutti libri di Roma, nei locali che ospitavano un cinema. Diventa ben presto riferimento della zona sud-est della città per l'ampio assortimento e gli spettacolari eventi che si tengono sul palco della struttura.
Che libreria sei, in una sola parola? Entusiasta.
Qual è il libro che identifica la tua libreria? «Don Chisciotte della Mancia» di Miguel de Cervantes.
Qual è il personaggio letterario che rappresenta la tua clientela? Alice di Carroll.
A chi vorresti vendere un libro? E quale libro? Al prossimo bimbo, «L'abbraccio» di Grossman.
Qual è la domanda più strana che ti è stata fatta? «Scusi, mia moglie?».
Qual è la tua libreria preferita nel mondo? E in Italia? Quella che aprirà domani, con un libro da sfogliare.

Usciti dalla tua libreria bisogna andare assolutamente... dove? A percorrere la storia lungo il parco archeologico dell'Appia Antica.
Cosa trovo da te che non trovo altrove? La differenza tra ciò che tutti hanno e ciò che chi ci frequenta trova.

*la*Feltrinelli Roma MM Colonna

Galleria Alberto Sordi 31-35, 00187 Roma - 02 91947777
Lo staff dei librai Corrado, Germano, Marco, Michela, Miriam, Roberto, Federica, Elisabetta, Robbel, e Raffaella.
La tua storia in 280 caratteri La libreria aprì nel 2003 e lo fece in grande stile, con l'esibizione degli acrobati del Cirque du Soleil. Fu un momento di condivisione e da quel giorno diventò un punto di riferimento per il centro città, essendo anche la prima libreria di Roma con un caffè/ristorante.
Che libreria sei, in una sola parola? «Diversamente» storica.
Qual è il libro che identifica la tua libreria? «Roma, non basta una vita» di Silvio Negro: perché Roma è culla e crocevia, punto nodale in cui si intersecano vite e storie, e dà la possibilità a tutti di esserne parte, come nel caso dell'autore, un veneto che racconta le bellezze di Roma, architettoniche e non solo, ai turisti e le ricorda agli stessi romani.
Qual è il personaggio letterario che rappresenta la tua clientela? Potrebbero essere molti, ma mi piace pensare che il grande scrittore/viaggiatore Bruce Chatwin sarebbe potuto essere il cliente tipo della mia libreria.
A chi vorresti vendere un libro? E quale libro? Mi piacerebbe vendere un libro a Noam Chomsky, il grande pensatore e linguista americano. Gli proporrei qualche titolo sulla situazione geopolitica per confrontarmi con lui sugli aspetti futuri dei sistemi politici occidentali.
Qual è la domanda più strana che ti è stata fatta? Negli anni mi hanno chiesto tante cose strane, ma devo dire che la richiesta del «Fu Mattia Bazar» le batte tutte.
Qual è la tua libreria preferita nel mondo? E in Italia? La mia libreria

preferita nel mondo è la Barnes & Noble di Union Square a New York.
Usciti dalla tua libreria bisogna andare assolutamente... dove? A visitare il Pantheon, enigmatico e sublime.
Cosa trovo da te che non trovo altrove? Nella mia libreria si può trovare una scelta di titoli sterminata, capace di soddisfare la clientela più esigente.

*la*Feltrinelli Roma Orlando

Via V. E. Orlando, 78/81, 00185 Roma - 02 91947777
Lo staff dei librai Siamo uno staff di 19 librai.
La storia della libreria in 280 caratteri Seconda libreria a Roma in ordine di apertura dopo quella di via del Babuino, fu una scommessa dello storico direttore Carlo Conticelli, che nel 1976 la aprì in locali di proprietà della famiglia Feltrinelli. Nel 1995 fu spostata nei locali attigui, ex sede della ferramenta Morabito.
Che libreria sei, in una sola parola? Storica.
Qual è il libro che identifica la tua libreria? «Senior service» di Carlo Feltrinelli. Perché è il libro sulla storia di Giangiacomo Feltrinelli, fondatore delle nostre librerie, autentico visionario e anticonformista.
Qual è il personaggio letterario che rappresenta la tua clientela? Oblomov di Gončarov: a volte i nostri clienti sono pigri, molto attenti alle indicazioni dei media e non si lasciano trasportare dalla curiosità.
A chi vorresti vendere un libro? E quale libro? A chi non ha mai letto tanto consiglierei «Il buio oltre la siepe». Perché è un romanzo con una trama complessa scritto però in modo semplice e lineare.
Qual è la domanda più strana che ti è stata fatta? «Scusi mi dà la pantera di Tommaso?» (si riferiva a «Il Gattopardo» di Tomasi di Lampedusa).
Qual è la tua libreria preferita nel mondo? E in Italia? Nel mondo: Hugendubel a Francoforte, grande libreria di riferimento di fine anni Novanta; in Italia la nostra libreria ovviamente.

Usciti dalla tua libreria bisogna andare assolutamente... dove? Al Palazzo delle Esposizioni di via Nazionale.
Cosa trovo da te che non trovo altrove? Oltre a un vasto catalogo, gentilezza e professionalità.

Leporello photobooks et al.

Via del Pigneto 162/e, 00176 Roma - 06 83976283
www.leporello-books.com - FB Leporello - IG @leporello.books
Lo staff dei librai Io, Chiara, e una serie di magnifici assistenti di libreria, che si sono passati il testimone per dedicarsi a tempo pieno alla fotografia, da Melissa Carnemolla, a Nunzia Pallante, Alessandro Vitali e Martina Zanin, e ora che siamo un po' cresciuti, Greta Bordolini.
La tua storia in 280 caratteri La mia ossessione per i libri fotografici mi ha portato a rielaborare il trauma aprendo una libreria dedicata a loro. L'effetto collaterale è stato che da quel momento mi sono appassionata anche di libri più legati al graphic design, alla serigrafia e libri d'artista.
Che libreria sei, in una sola parola? Specializzata, soprattutto in fotografia.
Qual è il libro che identifica la tua libreria? In questo momento «Rue Engelab, la révolution par le livres, Iran 1979-1983», curato da Hannah Darabi.
Qual è il personaggio letterario che rappresenta la tua clientela? Penso sempre a loro come i Walter Benjamin dei «"Passages" de Paris», curiosi, colti, flâneurs, appassionati alla lettura e alle immagini.
A chi vorresti vendere un libro? E quale libro? Vorrei vendere un libro fotografico come «The Pillar» di Stephen Gill a uno studente che ha appena terminato le scuole superiori e non sa ancora cosa si può creare con delle immagini.
Qual è la domanda più strana che ti è stata fatta? «Siete un Caf?».
Qual è la tua libreria preferita nel mondo? E in Italia? La mia libreria preferita nel mondo è stata per lungo tempo Motto, a Berlino, in Italia Tombolini, a Roma.

Usciti dalla tua libreria bisogna andare assolutamente... dove? A casa a godersi i libri in santa pace.
Cosa trovo da te che non trovo altrove? Una selezione aggiornata e trasversale di pubblicazioni che cerchiamo sempre di mettere in dialogo fra di loro, e provando a far scoprire ai nostri avventori mondi diversi da quelli che si aspettavano.

Librerie.coop Roma

Eataly - Piazzale 12 Ottobre 1492, 00154 Roma - 06 0279227
libreria.roma@librerie.coop.it - FB Librerie.coop (Eataly Roma)
Lo staff dei librai Francesca e Valeria.
La tua storia in 280 caratteri Fin dal 2012 ci caratterizziamo per un ampio catalogo dedicato all'enogastronomia. Con il tempo è stata organizzata una proposta più ricca e differenziata, con narrativa e libri per ragazzi, così da poter andare incontro alle esigenze di una clientela sempre più varia.
Che libreria sei, in una sola parola? Enogastronomica.
Qual è il libro che identifica la tua libreria? «La Grammatica dei sapori» di Niki Segnit, perché non si finisce mai di scoprire nuovi gusti e abbinamenti, per mantenere sempre viva la curiosità e non solo in cucina.
Qual è il personaggio letterario che rappresenta la tua clientela? È un incrocio tra Nero Wolfe (Stout), un gourmet molto esigente e terribilmente snob in fatto di cibo, e l'Alberto Sordi di «Un americano a Roma».
A chi vorresti vendere un libro? E quale libro? Vorrei vendere il ricettario di Pellegrino Artusi all'ispettore Maigret.
Qual è la domanda più strana che ti è stata fatta? Un ricettario sulle griglie elettriche e uno sulle Buddha bowls.
Qual è la tua libreria preferita nel mondo? E in Italia? La Livraria Lello e Irmão di Porto, Libreria Luxemburg a Torino.
Usciti dalla tua libreria bisogna andare assolutamente... dove? Al ristorante!
Cosa trovo da te che non trovo altrove? Gentilezza e tanti consigli stuzzicanti.

Libreria del Viaggiatore

Via del Pellegrino 165, 00186 Roma - 06 83503490
libreriainviaggio@gmail.com - FB Libreria del Viaggiatore
Lo staff dei librai Eleonora e Luigi, proprietari.
La tua storia in 280 caratteri Nasce nel settembre del 1991, grazie al romanticismo e alla passione di Bruno Boschin, storico proprietario che purtroppo ci lascia prematuramente nel 2014. Nello stesso anno decidiamo di mantenerla attiva e originale, pur dandole una nuova casa e un'impostazione tutta personale.
Che libreria sei, in una sola parola? Odeporica.
Qual è il libro che identifica la tua libreria? «Un vagabondo dei mari del Sud», Bernard Moitessier.
Qual è il personaggio letterario che rappresenta la tua clientela? Sconfinata e coraggiosa come Isabelle Eberardht, appassionata e riflessiva come Bernard Olliver, romantica e magica come Nicolas Bouvier.
A chi vorresti vendere un libro? E quale libro? Vorrei vendere un atlante a chi per paura di conoscere la noia, affrontare le difficoltà e soprattutto incontrare se stesso, non ha mai viaggiato da solo.
Qual è la domanda più strana che ti è stata fatta? «Is this a repair-bike shop?».
Qual è la tua libreria preferita nel mondo? E in Italia? Powell's Books a Portland, Oregon. Libreria Simon Tanner a Roma.
Usciti dalla tua libreria bisogna andare assolutamente... dove? Fare una passeggiata in via della Lungara e raggiungere l'Orto Botanico.
Cosa trovo da te che non trovo altrove? La voglia di partire.

Libreria Fahrenheit 451

Campo de' Fiori 44, 00186 Roma - 06 6875930
libreriafahrenheit451@yahoo.com - FB Libreria Fahrenheit
Lo staff dei librai Catia Gabrielli, Gabriele Scardino e Angelo Salvatori.
La tua storia in 280 caratteri Dal 1989 svolge attività culturale con

mostre, incontri e presentazioni. Nasce come libreria specializzata in arte e spettacolo e attenta ai piccoli editori indipendenti. Oggi continua, con «eroico furore», la sua battaglia e dopo 30 anni può dirsi sempre una libreria di catalogo.
Che libreria sei, in una sola parola? Militante.
Qual è il libro che identifica la tua libreria? Naturalmente Ray Bradbury, «Fahrenheit 451», che si presenta all'entrata della libreria con una vetrinetta di edizioni in varie lingue della nostra collezione e una copia con dedica dell'autore alla libraia, «Catia love. Ray Bradbury». Il 5 luglio 2012, primo mese dalla sua scomparsa, la libreria ha organizzato per tutta la giornata una lettura collettiva dell'intero libro, dove ciascun lettore poteva leggerne una parte e poi passarlo ad altri, continuando fino alla fine. Non poteva esserci libro più adatto per suggerire un nome alla libreria e un logico rimando al pensiero libero del filosofo Giordano Bruno che ci accompagna e protegge nella piazza.
Qual è il personaggio letterario che rappresenta la tua clientela? Senza dubbio Montag, il pompiere che in «Fahrenheit 451» aveva il compito di incendiare libri e biblioteche, ma si ribella a questo sistema.
A chi vorresti vendere un libro? E quale libro? Il primo pensiero va a chi non si vede quasi mai, cioè i giovani lettori. I clienti di librerie come la nostra sembrano essere solo persone adulte e anziane. Forse i giovani preferiscono acquistare su internet e leggere in digitale? Abbiamo dei dubbi. E ci sembrano confermati, parlando naturalmente in maniera generica, dalla tendenza a una mancanza di sogni, pragmatismo, adesione al più forte e mancanza di empatia verso la parte più svantaggiata dell'umanità e della natura, siano essi poveri, deboli, vecchi. Questa empatia si acquisisce anche, e soprattutto, con le palpitazioni, il dolore e pianto provati nella lettura dei classici. Forse dovrebbero leggere più London, Dickens, Twain, e man mano crescere con Hugo, Zola, Balzac, Dostoevskij, Tolstoj... i classici, perché capaci di parlare sempre, anche alle generazioni a venire. Ci piacerebbe che un giovane prendesse l'Iliade, ad esempio, gli diremmo che ci troverebbe tutto della vita sperando che, nel corso della sua lettura, partecipasse prendendo

le parti di chi sappiamo perderà. Una lettura importante, capace di segnare un giovane lettore, può contribuire alla formazione di un carattere.

Qual è la domanda più strana che ti è stata fatta? Tante che non sapremmo mettere a fuoco. Suscitano in noi librai a volte momenti di ilarità, a volte di sgomento... comunque anche noi siamo responsabili di stranezze che andrebbero segnalate.

Qual è la tua libreria preferita nel mondo? E in Italia? Difficile, la tendenza a entrare in ogni libreria che si incontra in ogni parte del mondo è tipica del libraio, ma girando, girando, si torna al proprio nido insostituibile, perché fatto a propria immagine e somiglianza. Possiamo dire genericamente ogni libreria capace di stupire, dove si sente l'anima del libraio e le sedimentazioni del tempo, dove si spera di imbattersi in qualche particolare libro di cui non si sapeva l'esistenza, o che giace lì da anni, che ancora nessuno ha visto ed è lì che ci aspetta da chissà quanto tempo...

Usciti dalla tua libreria bisogna andare assolutamente... dove? A rendere omaggio, al centro della piazza, al filosofo nolano Giordano Bruno, ivi bruciato il giorno 17 febbraio 1600. E farlo leggendo ad alta voce qualche passo dalle sue opere: «De gli eroici furori», «De l'infinito universo et mundi», «De umbris idearum»... perché la mordacchia ha forse impedito al filosofo di urlare il suo pensiero quel giorno, ma questo emana ancora oggi fortissimo ed eterno dalla cupa scultura di Ettore Ferrari: «Pugnavi, multum est; me vincere posse putavi [...]. Est aliquid prodisse tenus [...]. Non timuisse mori, [...] praelatam mortem animosam imbelli vitae» («Ho lottato, è molto; ho creduto nella mia vittoria [...]. È già qualcosa essere arrivati fin qui [...]. Non aver temuto di morire, [...] aver preferito coraggiosa morte a vita imbelle»).

Cosa trovo da te che non trovo altrove? Noi! La nostra libreria è stata ideatrice della manifestazione estiva «Libri in campo» che per anni, nel mese di luglio, proponeva in Campo de' Fiori, gratuitamente, una vetrina mercato di case editrici indipendenti e ogni sera due presentazioni, insieme a uno spettacolo musicale o teatrale. La passione ci ha portati a fondare anche la casa editrice Fahrenheit 451 che ha esordito con «Paesaggi umani» del poeta Nazim Hikmet e ha ideato, in collaborazione con il poetronico-videopoeta Gianni Toti, la collana di libri da taschino «I Taschinabili». La casa editrice poi è diventata autonoma dalla libreria e Fahrenheit 451 si è trovata, negli anni a seguire, in prima fila sulle barricate di resistenza alla trasformazione della filiera editoriale, che ha determinato lo strapotere dei monopoli editoriali nazionali a scapito delle realtà indipendenti, determinando la morte della maggior parte di piccole case editrici e librerie. Quando si entra nella libreria, molto discreta in una piazza soffocata da tavolini di bar e ristoranti, si ha l'immediata impressione di essere in un luogo di altri tempi, tra cumuli di libri, riviste d'epoca e libri in mostra sui banconi: non solo novità, ma suggerimenti dei librai.

Libreria L'Altracittà. Libri, corsi, curiosità

via Pavia 106, 00161 Roma - 06 64465725
www.lacittadeilibri.jimdo.com - FB L'Altracittà Roma / L'Altracittà Young - IG @librerialaltracitta

Lo staff dei librai Silvia Dionisi e Andrea Petrini, consulenza di Lucilla Lucchese.

La tua storia in 280 caratteri L'Altracittà è una libreria che si interroga sulle grandi questioni contemporanee invitando autori, raccogliendo le opinioni delle persone, creando occasioni di incontro e dialogo. Alla base ci sono ottimi libri e le storie di chi scrive, di chi ha idee, di chi è capace di creare.

Che libreria sei, in una sola parola? Indipendente.

Qual è il libro che identifica la tua libreria? «Le città invisibili» di Calvino.

Qual è il personaggio letterario che rappresenta la tua clientela? Ulisse. Sono cercatori curiosi di storie, esploratori, interessati alle cose del mondo e della vita.

A chi vorresti vendere un libro? E quale libro? A un extraterrestre, «Le favole al telefono» di Rodari.

Qual è la domanda più strana che ti è stata fatta? «Ma i libri li vendete?».
Qual è la tua libreria preferita nel mondo? E in Italia? The School of Life di Londra. Libreria Dante & Descartes di Napoli.
Usciti dalla tua libreria bisogna andare assolutamente... dove? A camminare, meglio nel verde.
Cosa trovo da te che non trovo altrove? Un pianoforte che suona, sempre.

Libreria Novarcadia - Ubik Casalpalocco

Via Senofane 143, 00125 Roma - 06 5053354
www.librerianovarcadia.it - FB Ubik Casalpalocco
IG @librerianovarcadia - TW @LibreriaPalocco
Lo staff dei librai Ersilia e Giuseppe.
La tua storia in 280 caratteri Siamo una libreria di quartiere fortemente radicata sul territorio. Nata nel 1993, è riuscita a trasformarsi e adeguarsi ai tempi e ai lettori, proponendo sempre letture di qualità (ci proviamo), ed editori che vanno oltre i grandi marchi.
Che libreria sei, in una sola parola? Di quartiere.
Qual è il libro che identifica la tua libreria? «Umami» di Laia Jufresa.
Qual è il personaggio letterario che rappresenta la tua clientela? Francesco Monteiro Rossi da «Sostiene Pereira» di Antonio Tabucchi.
A chi vorresti vendere un libro? E quale libro? A Batman. «L'estate che sciolse ogni cosa» di Tiffany McDaniel.
Qual è la domanda più strana che ti è stata fatta? Se al piano di sotto ci fossero lo stesso libri.
Qual è la tua libreria preferita nel mondo? E in Italia? Shakespeare & Co., Parigi (Francia). In Italia La Libreria dei Ragazzi, Torino.
Usciti dalla tua libreria bisogna andare assolutamente... dove? A leggere al Dolce Risveglio.
Cosa trovo da te che non trovo altrove? Buona musica, cortesia, chiacchiere, disponibilità, buoni libri, tanti super consigli e soprattutto me e il libro del mese. Siamo convinti che... «Una libreria, per modificare la famosa metafora di Socrate, dovrebbe essere la sala

parto per la nascita di idee, un posto dove la storia viene alla luce» (Norman Cousins). Per questo il nostro motto è: «I libri sono la forma delle idee»!

Libreria Pagina 348

Viale Cesare Pavese 348, 00144 Roma - 06 5013604
www.pagina348.it - FB Pagina 348 - YT pagina348 - TW @pagina348
Lo staff dei librai I due fratelli Alessio e Marco Guerra, nostra madre Rosalba Monte, la nostra amica Cristina Navarra.
La tua storia in 280 caratteri Libreria indipendente a gestione familiare che dal 1992 resiste nella periferia sud di Roma ai centri commerciali, alle catene, ai supermercati, alle vendite online.
Che libreria sei, in una sola parola? Di quartiere.
Qual è il libro che identifica la tua libreria? Vendiamo tutti i libri senza nessuno snobismo. Però ci caratterizzano i libri che amiamo proporre: ci piace scommettere sugli esordienti bravi quando non li conosce nessuno e ci piace vederli in classifica qualche tempo dopo.
Qual è il personaggio letterario che rappresenta la tua clientela? L'umanità è ancora troppo varia per racchiuderla in un solo personaggio.
A chi vorresti vendere un libro? E quale libro? Vorrei riuscire a vendere un libro, non importa quale, a chi non ne compra mai uno. Sei italiani su dieci non leggono.
Qual è la domanda più strana che ti è stata fatta? Mi colpisce l'idea che molte persone hanno di questo mestiere: incoraggiati dall'immagine di molti librai di questi ultimi tempi sembra che questo sia un passatempo più che un lavoro.
Qual è la tua libreria preferita nel mondo? E in Italia? Le librerie mi piacciono tutte, in un Paese come il nostro dovrebbe esserci spazio per tutti.
Usciti dalla tua libreria bisogna andare assolutamente... dove? Dove si sta bene e ci si diverte: ai concerti, in pizzeria, al cinema, a ballare, alla partita, a teatro, all'ippodromo.
Cosa trovo da te che non trovo altrove? L'umanissimo tentativo di trovare delle risposte. Le domande sanno farle tutti.

Libreria Testaccio

Piazza di Santa Maria Liberatrice 23-26, 00153 Roma
www.libreriatestaccio.it - FB Libreria Testaccio

Lo staff dei librai Roberto Loreti, titolare; Lavinia Iacovoni, commessa; Sergio Ricci, commesso; Riccardo Loreti, commesso.

La tua storia in 280 caratteri Nasce nel 1996, come Libreria del Testaccio. Fino al 2003 occupa solo la metà dello spazio attuale; dal 2007 diventa Vivalibri, viene ristrutturata e si espande. Nel 2009 prende il nome di Liberalibro. Dal febbraio del 2014 ritorna a essere semplicemente Libreria Testaccio.

Che libreria sei, in una sola parola? Di quartiere.

Qual è il libro che identifica la tua libreria? Il «Don Chisciotte» di Miguel de Cervantes.

Qual è il personaggio letterario che rappresenta la tua clientela? Addie Moore e Louis Waters, protagonosti del romanzo di Kent Haruf «Le nostre anime di notte».

A chi vorresti vendere un libro? E quale libro? All'attuale classe politica italiana, «Storia dell'Italia unita» di De Bernardi e Ganapini.

Qual è la domanda più strana che ti è stata fatta? «Vendete padelle?».

Qual è la tua libreria preferita nel mondo? E in Italia? Nel Mondo La Central di Barcellona e Shakespeare & Co. a Parigi. In Italia Libreria Acqua Alta a Venezia.

Usciti dalla tua libreria bisogna andare assolutamente... dove? A visitare il Cimitero Acattolico.

Cosa trovo da te che non trovo altrove? La nostra infinita simpatia.

Libreria Tra le Righe

Viale Gorizia 29, 00198 Roma - 06 87602445
www.libreriatralerighe.it - FB Libreria Tra le Righe
IG @libreria.tralerighe

Lo staff dei librai Paola Mastrobuoni, Claudia Fanelli.

La tua storia in 280 caratteri Nata quasi 14 anni fa, libreria e bi-

strot. Molti i progetti: presentazioni, musica, incontri di lettura, laboratori artistici anche per bambini. Tanti si sono legati alla libreria nutrendola con idee e proposte. I ragazzi passano il tempo qui a studiare, quasi sentendosi a casa propria.
Che libreria sei, in una sola parola? Di resistenza nel quartiere.
Qual è il libro che identifica la tua libreria? «La vita davanti a sé» di Romain Gary.
Qual è il personaggio letterario che rappresenta la tua clientela? Matilde di Roald Dahl. Divoratrice di libri, vince con intelligenza ogni forma di sopruso: una figura ideale che incarna i nostri clienti.
A chi vorresti vendere un libro? E quale libro? Ai ragazzi delle scuole superiori, «Il giovane Holden» di Salinger.
Qual è la domanda più strana che ti è stata fatta? «Vendete accendini?».
Qual è la tua libreria preferita nel mondo? E in Italia? Paludan Bog & Café a Copenhagen; ma anche Shakespeare & Co. a Parigi; Libreria Giannino Stoppani a Bologna.
Usciti dalla tua libreria bisogna andare assolutamente... dove? A Villa Torlonia a visitare la Casina delle Civette e a sdraiarsi nell'erba a leggere il libro appena comprato da noi.
Cosa trovo da te che non trovo altrove? Da noi si possono trovare in un solo luogo libri di case editrici indipendenti, accanto a una scelta selezionata dei più richiesti, tanta letteratura per ragazzi e uno spazio bistrot dall'atmosfera rarefatta, dove poter pensare, leggere, scrivere, parlare e lavorare. Una libreria dove fermarsi e soffermarsi concentrandosi per un momento su se stessi, mentre al di là delle vetrine continua rumorosa la vita caotica romana.

Libreria Trastevere

via della Lungaretta 90/e, 00153 Roma - 06 5894710
libreria@libreriatrastevere.com - FB Libreria Trastevere
IG libreriatrast - TW @libreriatrast
Lo staff dei librai Andrea, Davide, Sara, Lucia, Maria Claudia.
La tua storia in 280 caratteri Dopo essere stati a lungo libreria Minimum Fax siamo tornati alle origini, e abbiamo ripreso il nome

che la libreria aveva negli anni '70. Continuiamo a essere una libreria indipendente di novità e di catalogo con una particolare attenzione alla piccola e media editoria.
Che libreria sei, in una sola parola? Imponderabile.
Qual è il libro che identifica la tua libreria? «Jakob von Gunten» di Robert Walser.
Qual è il personaggio letterario che rappresenta la tua clientela? «Bartleby e compagnia», dal libro di Enrique Vila-Matas.
A chi vorresti vendere un libro? E quale libro? Il libro giusto a chi non se lo aspetta.
Qual è la domanda più strana che ti è stata fatta? «Vendete tagliaunghie per piedi?».
Qual è la tua libreria preferita nel mondo? E in Italia? Shakespeare & Co. a Parigi, la Libreria Simon Tanner a Roma.
Usciti dalla tua libreria bisogna andare assolutamente... dove? Sedersi a un tavolino del Calisto dove si può leggere tutta la «Recherche» senza essere cacciati.
Cosa trovo da te che non trovo altrove? Un rifugio nel cuore della movida trasteverina aperto fino a mezzanotte. E spesso ottima musica, talvolta inascoltabile.

Odradek la libreria

Via Dei Banchi Vecchi 57, 00186 Roma - 06 6833451
FB Libreria Odradek Roma - TW @OdradekRoma
Lo staff dei librai Responsabili Davide Vender e Katia Sardo.
La tua storia in 280 caratteri Odradek nasce nel 1998. Una delle poche librerie storiche della capitale rimaste aperte. Ospitiamo presentazioni di libri e iniziative culturali. Siamo una libreria per lettori forti. Da 15 anni abbiamo un angolo con packaging compostabile. La libreria è a impatto sostenibile.
Che libreria sei, in una sola parola? Alternativa.
Qual è il libro che identifica la tua libreria? «Il cruccio del padre di famiglia» di Franz Kafka.
Qual è il personaggio letterario che rappresenta la tua clientela? Odra-

dek: a prima vista sembra un rocchetto, ma si tratta solo di pezzetti di filo strappati, vecchi e ingarbugliati, di tipi e colori disparati.
A chi vorresti vendere un libro? E quale libro? A un giovane, «La storia» di Elsa Morante.
Qual è la domanda più strana che ti è stata fatta? «Perché dovrei comprare libri da voi quando Amazon mi regala sconti tutti i giorni?».
Qual è la tua libreria preferita nel mondo? E in Italia? La nostra libreria preferita è la Ex Libris di Polla in provincia di Salerno gestita dal grande libraio Michele Gentile.
Usciti dalla tua libreria bisogna andare assolutamente... dove? Trattoria da Loreto, corso Vittorio Emanuele II 296.
Cosa trovo da te che non trovo altrove? Da Odradek si trova l'impossibile.

Otherwise Bookshop

Via del Governo Vecchio 80, 00186 Roma - 06 68892200
www.otherwisebookshop.com - FB Otherwise Bookshop
IG @otherwisebookshop
Lo staff dei librai Marcella, Paola e Donato.
La tua storia in 280 caratteri Libreria angloamericana nel cuore di Roma. Nata dalla collaborazione tra la libreria Altroquando e la casa editrice E/O, si propone come punto di riferimento per le comunità anglofone, partner affidabile per le scuole e porto sicuro per gli appassionati.
Che libreria sei, in una sola parola? Anglofona.
Qual è il libro che identifica la tua libreria? «In other words», Jhumpa Lahiri.
Qual è il personaggio letterario che rappresenta la tua clientela? Lettore e Lettrice, protagonisti di «Se una notte d'inverno un viaggiatore», Italo Calvino.
A chi vorresti vendere un libro? E quale libro? «Bookshops», Jorge Carrion a Jeff Bezos.
Qual è la domanda più strana che ti è stata fatta? «Do you sell English books?».

Qual è la tua libreria preferita nel mondo? E in Italia? Word on the Water, Londra e Libreria MarcoPolo, Venezia.
Usciti dalla tua libreria bisogna andare assolutamente... dove? A passeggio per il rione.
Cosa trovo da te che non trovo altrove? I migliori editori indipendenti americani e britannici.

Pellicanolibri

Via Gattico, 1/3/5 00166 Roma
www.pellicanolibri.com - FB Pellicanolibri Libreria in Roma
Lo staff dei librai Dante Costa.
La tua storia in 280 caratteri Nasce come casa editrice e nel 1992 diviene libreria. Dal 2000 è gestita dal figlio Dante che amplia gli incontri con gli autori anche alle scuole. Incontrare i piccoli lettori dà sostegno alla voglia di diffondere cultura. Siamo fra le poche librerie presenti su Wikipedia.
Che libreria sei, in una sola parola? Di quartiere.
Qual è il libro che identifica la tua libreria? «Fahrenheit 451» di Ray Bradbury.
Qual è il personaggio letterario che rappresenta la tua clientela? Desdemona da Shakespeare: leale e combattiva, al contempo restia a vedere un'altra realtà, come quella della vendita attraverso altri canali.
A chi vorresti vendere un libro? E quale libro? A tutti lettori e non, «Brama di vivere» di Irving Stone.
Qual è la domanda più strana che ti è stata fatta? «Mi dai il libro più brutto che hai?».
Qual è la tua libreria preferita nel mondo? E in Italia? Shakespeare & Co. nel mondo per la sua storia. In Italia non posso che affermare la mia.
Usciti dalla tua libreria bisogna andare assolutamente... dove? Scherzando, uscendo dalla nostra libreria bisognerebbe andare al bar. Tanti di noi stanno diventando punti ristoro. Cibo per la mente, cibo per il corpo.

Cosa trovo da te che non trovo altrove? Le nostre vecchie pubblicazioni.

VITERBO

Libreria Straffi

via Saffi 133-137, 01100 Viterbo - 0761 327787
FB Libreria Straffi - IG @libreria_straffi

Lo staff dei librai Allen, Francesca e a Natale Anna.
La tua storia in 280 caratteri Sono 30 anni che vendo libri, a 14 anni aiutavo mio padre nei mercatini al mare e ho proseguito in libreria fino a 10 anni fa quando, con il supporto di mia moglie, ne ho avuta finalmente una mia con molta narrativa, musica, fumetti e tantissimi albi illustrati e giochi educativi.
Che libreria sei, in una sola parola? Libera.
Qual è il libro che identifica la tua libreria? «Q» di Luther Blissett per gli adulti, «Harry Potter» di J.K. Rowling per i ragazzi.
Qual è il personaggio letterario che rappresenta la tua clientela? Saleem Sinai de «I figli della mezzanotte» di Salman Rushdie perché anche lui è signore e vittima dei propri tempi.
A chi vorresti vendere un libro? E quale libro? A David Bowie, «Se una notte d'inverno un viaggiatore» di Italo Calvino.
Qual è la domanda più strana che ti è stata fatta? «Ha per caso un libro di cui non ricordo né il titolo né l'autore, ma sono sicuro fosse rettangolare?».
Qual è la tua libreria preferita nel mondo? E in Italia? Daunt Books a Londra e Libreria Palazzo Roberti a Bassano del Grappa (VI).
Usciti dalla tua libreria bisogna andare assolutamente... dove? Al quartiere medievale per sedersi su uno scalino di pietra a leggere.
Cosa trovo da te che non trovo altrove? Tutta la mia biblioteca personale, sommata a tutto quello che vorrei leggere avendo sette o otto vite a disposizione...

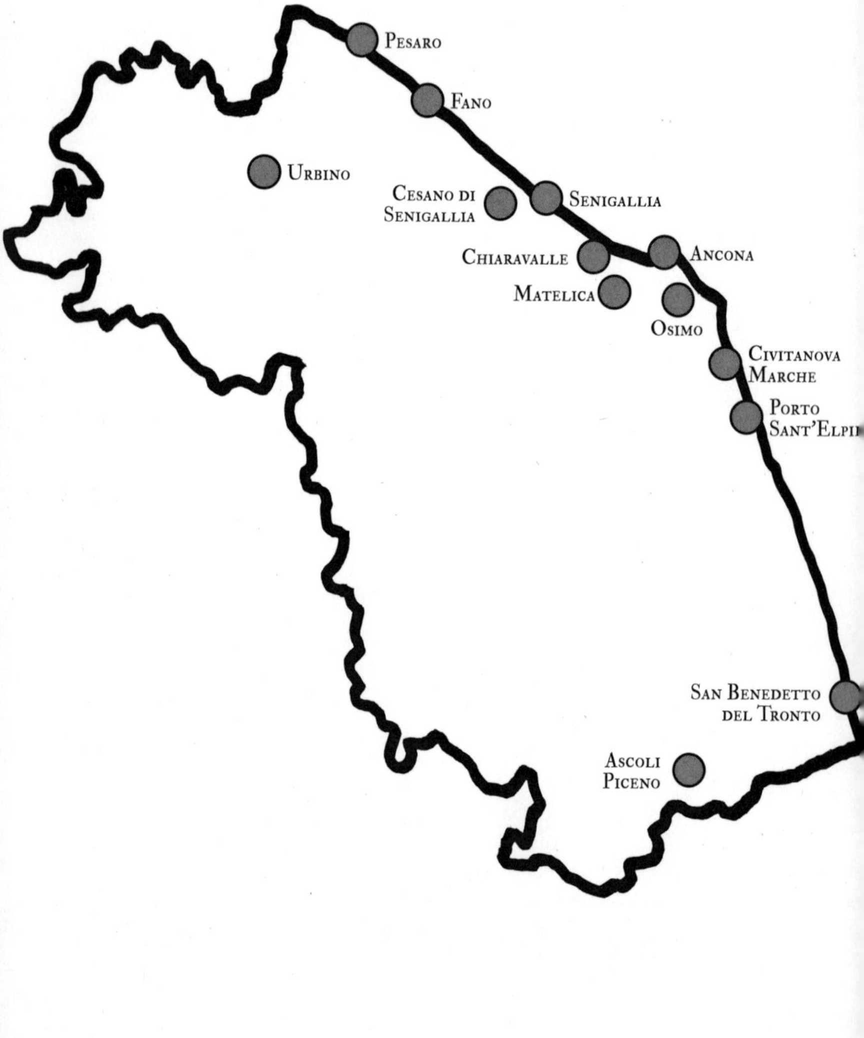
Pesaro
Fano
Urbino
Cesano di Senigallia
Senigallia
Chiaravalle
Ancona
Matelica
Osimo
Civitanova Marche
Porto Sant'Elpi
San Benedetto del Tronto
Ascoli Piceno

Marche

ANCONA
Giunti al Punto Ancona
Libreria Fogola

ASCOLI PICENO
Libreria Rinascita

CASTELFIDARDO
Libreria Aleph

CESANO DI SENIGALLIA
Spazio «Libri scelti per voi» da Librerie.coop

CHIARAVALLE
Il grillo parlante Mondadori Point

CIVITANOVA MARCHE
Giunti al Punto di Civitanova Marche

FANO
Mondadori Bookstore Fano

MATELICA
Kindustria

OSIMO
Libreria Oh che Bel Castello

PESARO
Librerie.coop Pesaro
Libreria per bambini e ragazzi Le foglie d'oro

PORTO SANT'ELPIDIO
Mondadori Point Porto Sant'Elpidio

SAN BENEDETTO DEL TRONTO
Mondadori Bookstore San Benedetto del Tronto

SENIGALLIA
Libreria Sapere Ubik
Mondadori Bookstore Senigallia

URBINO
Libraccio di Miki
Libraccio di Miki STORE

ANCONA

Giunti al Punto Ancona

Via Scataglini 6, 60131 Ancona - 071 2868450
ancona@giunti.it

Lo staff dei librai Stefania, Alice, Fania, Chiara, Federica.
La tua storia in 280 caratteri Aperta nel 2005, negli anni è diventata punto di riferimento grazie al vasto assortimento e al legame di fiducia con la clientela. È un luogo di incontro «colorato» per i bambini che imparano ad amare i libri grazie a letture ad alta voce e laboratori creativi settimanali.
Che libreria sei, in una sola parola? Di proposta, per tutti!
Qual è il libro che identifica la tua libreria? «Curarsi con i libri. Rimedi letterari per ogni malanno» di E. Berthoud e S. Elderkin.
Qual è il personaggio letterario che rappresenta la tua clientela? Vitangelo Moscarda da «Uno, nessuno e centomila» di Pirandello: la nostra clientela è eterogenea e aperta a consigli letterari di ogni genere.
A chi vorresti vendere un libro? E quale libro? Ai nostri figli perché sono il futuro della società. E quale libro? «Wonder», di R.J. Palacio perché è IL libro della gentilezza, e la gentilezza è alla base di qualsiasi tipo di relazione sociale.
Qual è la domanda più strana che ti è stata fatta? «Sto cercando un libro, ma non ricordo il titolo, né l'autore, né l'argomento... però è nuovo e ha la copertina blu». N.d.R. Glielo abbiamo trovato!
Qual è la tua libreria preferita nel mondo? E in Italia? Nel mondo

Atlantis Books, Santorini. In Italia la Libreria Liberrima di Lecce.
Usciti dalla tua libreria bisogna andare assolutamente... dove? Accompagnata dal mio libro, mi siederei sugli scalini del Monumento ai Caduti di Ancona per immergermi silenziosamente nella lettura di fronte alla bellezza e alla vastità del mare.
Cosa trovo da te che non trovo altrove? Uno spazio luminoso e aperto in cui perdersi tra gli scaffali, un «prendersi cura» del cliente rispetto a ogni sua necessità, un luogo vivace e dinamico.

Libreria Fogola

Corso Mazzini 170, 60121 Ancona - 071 56624
FB Libreria Fogola
Lo staff dei librai Simona, 42 anni, Andrea, 54 anni, Simona, 52 anni.
La tua storia in 280 caratteri Dal 1989 nel centro della città sonnacchiosa di Ancona una libreria indipendente fondata da un libraio di Pontremoli. Varia e saggistica, libri professionali e scolastici: un vero caleidoscopio di storie di carta, cortesia e amore per la propria città.
Che libreria sei, in una sola parola? Storica.
Qual è il libro che identifica la tua libreria? «Uomini e topi», John Steinbeck.
Qual è il personaggio letterario che rappresenta la tua clientela? Allan Karlsson (il centenario che saltò la finestra): placido all'apparenza, dal vissuto imprevedibile, pieno di storie da raccontare.
A chi vorresti vendere un libro? E quale libro? Anders Behring Breivik (l'attentatore norvegese) vorrei acquistasse da me «Lettere dalla Kirghisia» di Silvano Agosti: perché le parole gli facciano capire che un mondo migliore anche con lui è possibile.
Qual è la domanda più strana che ti è stata fatta? «Signorina, buonasera, sono BIIIP... Ho letto tutto il libro preso ieri! Molto interessante, però un appunto all'autore vorrei che lei lo facesse: ho capito che si intitola "Intestino felice", però perché non mi parla affatto di urina?!».

Qual è la tua libreria preferita nel mondo? E in Italia? Libreria Himalaya ad Amsterdam. Libreria Rinascita ad Ascoli Piceno.
Usciti dalla tua libreria bisogna andare assolutamente... dove? D'estate fuori, d'inverno dentro al Duomo di San Ciriaco per iniziare a leggere in santa pace con la città ai tuoi piedi.
Cosa trovo da te che non trovo altrove? La curiosità che porta i librai a credere che la tua lettura sia una necessità primaria da soddisfare trovando il libro più giusto per te.

ASCOLI PICENO

Libreria Rinascita

Piazza Roma 7, 63100 Ascoli Piceno - 0736 259653
www.rinascita.it - FB Libreria Rinascita - IG @librerìarinascita
Lo staff dei librai Giorgio, il fondatore e titolare della libreria, Elia, il direttore, Franca, Mimma, Lisa, Carla e Eleonora.
La tua storia in 280 caratteri La libreria Rinascita nasce in un sottoscala il 26 marzo del '76 per amore dei libri e dell'impegno politico. Nel 2001 si sposta in un ex-bachificio, bel palazzo nel cuore della città, e da bruco diventa farfalla. Da allora siamo qui, a filare progetti per diffondere la lettura.
Che libreria sei, in una sola parola? Terapeutica (noi risolviamo ogni problema, anche turbe emotive e psicologiche dei lettori).
Qual è il libro che identifica la tua libreria? «Allegro ma non troppo» di Carlo M. Cipolla.
Qual è il personaggio letterario che rappresenta la tua clientela? Il Prof. Bellavista (De Crescenzo): curiosi e intelligenti, ricchi di humor, non rinunciano mai a una chiacchierata e a un caffè nel nostro bar.
A chi vorresti vendere un libro? E quale libro? A Fabrizio de André, «Nati sotto Saturno. La figura dell'artista dall'antichità alla Rivoluzione francese» di Rudolf e Margot Wittkower.
Qual è la domanda più strana che ti è stata fatta? «Cerco un libro

noioso, devo curare l'insonnia e il medico mi ha consigliato di rivolgermi a voi» (giuriamo, è successo davvero!).
Qual è la tua libreria preferita nel mondo? E in Italia? Nel mondo ci siamo innamorati di tutte le librerie itineranti che sono spesso attive in luoghi difficili. Dal dorso di mulo al camioncino, dalla carriola a chi stende i libri in terra. Perché è lo spirito del libraio che fa la libreria. In Italia citiamo una libreria bellissima e accogliente: la Libreria All'Arco di Reggio Emilia.
Usciti dalla tua libreria bisogna andare assolutamente... dove? Un cliché... o meglio un «clichy»! : a fare una passeggiata sotto le logge della famosa Piazza del Popolo (come Dustin Hoffman in «Alfredo, Alfredo»).
Cosa trovo da te che non trovo altrove? Franca, l'unica libraia che ti guarda e sa il libro che aspettavi da sempre, provare per credere...

CASTELFIDARDO

Libreria Aleph

Via 18 Settembre 33, 60022 Castelfidardo AN - 071 7825248
www.libreriAleph.wordpress.com
Lo staff dei librai Moreno e Francesca.
La tua storia in 280 caratteri Dal 1999 due sognatori decidono di intraprendere un viaggio senza precisa destinazione... se non l'amore per la lettura. Rannicchiata in un centro storico sempre più spopolato, ha cura particolare per i libri per bambini e per i piccoli editori non presenti nella grande distribuzione.
Che libreria sei, in una sola parola? Piccola e indipendente.
Qual è il libro che identifica la tua libreria? Non c'è un libro particolare che identifica la libreria; forse quello a cui siamo più affezionati è «Giulia» in quanto scritto da uno dei titolari della libreria, Moreno Giannattasio!
Qual è il personaggio letterario che rappresenta la tua clientela? Forse il Don Chisciotte... i nostri clienti sono persone che sognano e che hanno voglia di combattere anche contro i mulini a vento!

A chi vorresti vendere un libro? E quale libro? Vorrei vendere un libro a chi non ha mai letto, a chi non si è mai avvicinato alla lettura. Il libro? Forse «La montagna incantata» di Thomas Mann, ma ce ne sarebbero molti altri.
Qual è la domanda più strana che ti è stata fatta? Tante, ma forse la più simpatica, più che strana, è: «Ma voi vendete "solo" libri?».
Qual è la tua libreria preferita nel mondo? E in Italia? Mi piacciono le librerie antiquarie nascoste nei vicoli delle grandi città, possibilmente in grado di dare da vivere a chi ci lavora.
Usciti dalla tua libreria bisogna andare assolutamente... dove? Nel belvedere del nostro paese, seduti su una panchina con la vista sul Monte Conero e sul mare, a leggere il libro appena comprato!
Cosa trovo da te che non trovo altrove? Umanità, competenza e passione.

CESANO DI SENIGALLIA

Spazio «Libri scelti per voi» da Librerie.coop

Ipercoop Il Maestrale - Via Raffaello Sanzio 447, 60019
Cesano di Senigallia AN - 0716 607114
libreria.maestrale@Librerie.coop.it
Lo staff dei librai Alice.
La tua storia in 280 caratteri Il corner dentro Il Maestrale è nato due anni fa, appositamente vicino al mare, in modo da consentire a chi vive la costa marchigiana di orientarsi tra letture disparate e proposte pensate sia per esigenze stanziali sia per gusti passeggeri.
Che libreria sei, in una sola parola? Estiva.
Qual è il libro che identifica la tua libreria? «Le città invisibili» di Italo Calvino.
Qual è il personaggio letterario che rappresenta la tua clientela? Jem Finch, ideato da Harper Lee nonché protagonista de «Il buio oltre la siepe», perché è un ragazzo energico e profondamente curioso.

A chi vorresti vendere un libro? E quale libro? A chi si aggira tra gli scaffali indeciso e desideroso di una storia che possa smuovere il suo pensiero. «Venuto al mondo» di Margaret Mazzantini è un romanzo che apre gli occhi.
Qual è la domanda più strana che ti è stata fatta? «Cercavo un libro, ma non ricordo né il titolo, né l'autore. Può aiutarmi?».
Qual è la tua libreria preferita nel mondo? E in Italia? Shakespeare & Co., Parigi. Libreria Acqua Alta, Venezia.
Usciti dalla tua libreria bisogna andare assolutamente... dove? Sulla spiaggia, a pochi passi da qui, per leggere l'ultimo acquisto con una leggera brezza sul viso.
Cosa trovo da te che non trovo altrove? Un luogo che mescola cultura e leggerezza, dove il cliente può trovare passione, gentilezza e il libro che si adatta sempre alle sue richieste.

CHIARAVALLE

Il grillo parlante Mondadori Point

Via Leopardi 34, 60033 Chiaravalle AN - 071 742353
FB Il grillo parlante Mondadori Point
Lo staff dei librai Enrico e Stefania.
La tua storia in 280 caratteri Una vita tra i libri: bibliotecario, esperto di informatica editoriale, editor in una casa editrice, e poi libraio. Leggo anche molto ad alta voce. Ho scritto un manuale tecnico sui metadati e uno su come riordinare la biblioteca di casa e pubblicato un CD di letture leopardiane.
Che libreria sei, in una sola parola? Storica.
Qual è il libro che identifica la tua libreria? «Cromorama: come il colore ha cambiato il nostro sguardo» di Riccardo Falcinelli.
Qual è il personaggio letterario che rappresenta la tua clientela? Olive Kitteridge, da Elizabeth Strout. Tante donne forti e ricche di umanità.
A chi vorresti vendere un libro? E quale libro? Mi sono sempre chiesto se Orwell abbia letto Leopardi. Gli venderei le «Operette morali».

Qual è la domanda più strana che ti è stata fatta? Se in negozio c'era una canna da pesca.
Qual è la tua libreria preferita nel mondo? E in Italia? Libreria Acqua Alta, Venezia, in Italia, mondo, universo.
Usciti dalla tua libreria bisogna andare assolutamente... dove? Alla casa natale di Maria Montessori.
Cosa trovo da te che non trovo altrove? La possibilità di chiacchierare di libri fino a notte.

CIVITANOVA MARCHE

Giunti al Punto di Civitanova Marche

Via Costantino 98, 62012 Civitanova M. MC - 0733 829031
civitanovamarche@giunti.it
Lo staff dei librai Veronica, Enrica e Sonia.
La tua storia in 280 caratteri Nel 2014 ero appena nata, entrando lo capivi subito perché ero timida e un po' impacciata, tutto sapeva di nuovo. Da allora tanti passi mi hanno attraversata e cambiata. Oggi quando entri capisci subito che quello che vuoi e quello che non sapevi di volere io lo so meglio di te.
Che libreria sei, in una sola parola? Frizzante.
Qual è il libro che identifica la tua libreria? «Il milionario» di Mark Fisher perché: «Chi fa ciò che ama è come un re».
Qual è il personaggio letterario che rappresenta la tua clientela? La famiglia Durrell: un turbinio di persone di età diverse, appassionate, sognatrici, stravaganti e talvolta sopra le righe.
A chi vorresti vendere un libro? E quale libro? A chi viene da lontano e a chi il terremoto l'ha vissuto, «Una yurta sull'Appennino» di Marco Scolastici. Perché dopo le scosse si può sempre rinascere.
Qual è la domanda più strana che ti è stata fatta? «Vendete libri finti? Dovrei arredare il mio ufficio ma non leggo».
Qual è la tua libreria preferita nel mondo? E in Italia? Atlantis Books di Santorini; Libreria Altroquando di Roma.

Usciti dalla tua libreria bisogna andare assolutamente... dove? A far shopping all'outlet della Tod's. Poi avrete bisogno di un po' di relax, quindi un cocktail da Calamaretto (per i più mondani) oppure a San Savino seduti di fronte alla chiesa ad ammirare il panorama, con un libro in mano ovviamente.
Cosa trovo da te che non trovo altrove? L'atmosfera familiare del bar sotto casa, il clima vacanziero di una località di mare, il fermento del sabato pomeriggio in un salone di bellezza e i consigli delle nostre libraie selvagge.

FANO

Mondadori Bookstore Fano

Corso Giacomo Matteotti 184, 61032 Fano PU - 0721 846997
mondadoriBookstorefano@gmail.com
Lo staff dei librai Francesca, Gianluca.
La tua storia in 280 caratteri Nel 2018 in novembre ho realizzato un sogno. Sono cresciuta in un archivio di stato, i libri sono stati da sempre una mia costante, il mio compagno è in Mondadori dal 1992 e ora viviamo la piazza e il centro storico a 360 gradi, la storia della libreria la stiamo facendo ora.
Che libreria sei, in una sola parola? Di piazza.
Qual è il libro che identifica la tua libreria? «Al di là del bene e del male», di Friedrich Nietzsche.
Qual è il personaggio letterario che rappresenta la tua clientela? Vitangelo Moscarda («Uno, nessuno e centomila»). Di ciò che posso essere io per me, non solo non potete saper nulla voi, ma nulla neppure io stesso.
A chi vorresti vendere un libro? E quale libro? A chi pensa che i libri siano un extra. Un libro scelto da quella persona.
Qual è la domanda più strana che ti è stata fatta? Attendo sempre la prossima.
Qual è la tua libreria preferita nel mondo? E in Italia? Livraria Lello

e Irmão in Portogallo. In Italia ce ne sono tantissime, vorrei avere il tempo per poterle visitare tutte...
Usciti dalla tua libreria bisogna andare assolutamente... dove? Se è estate a fare un tuffo al mare, per poi leggersi il libro in spiaggia. In inverno a fare un giretto in centro godendosi la Dea Fortuna e la bellezza degli antichi resti romani.
Cosa trovo da te che non trovo altrove? Credo che il desiderio di ogni libraio sia il piacere di condividere le parole, i sogni che nascono dalla lettura il piacere del confronto, altrove non ci siamo noi con il nostro vissuto.

MATELICA

Kindustria

Viale Martiri della Libertà 65b, 62024 Matelica MC
0737 783733
www.kindustria.it - FB Kindustria - TW @kindustria
Lo staff dei librai Silvia Sorana e Francesca Chiappa.
La tua storia in 280 caratteri Nasce nel 2013 nella redazione di Hacca, per dare visibilità a progetti editoriali indipendenti e promuovere incontri: il Circolo di lettura «Viola legge», una libreria itinerante, un festival e la sorprendente consapevolezza che tutti hanno diritto di leggere libri belli.
Che libreria sei, in una sola parola? Di presidio.
Qual è il libro che identifica la tua libreria? «Atto di Dio» di Giacomo Nanni.
Qual è il personaggio letterario che rappresenta la tua clientela? Ismaele, da «Moby Dick». Leggete l'incipit, e scoprirete perché.
A chi vorresti vendere un libro? E quale libro? A chi non legge, perché non crede nel potere salvifico della lettura, o pensa sia un'attività noiosa, oppure ancora è convinto di non esserne capace. Consiglieremmo «Furore» di John Steinbeck, affinché almeno un libro possa cambiargli la vita.

Qual è la domanda più strana che ti è stata fatta? Se vendessimo trappole per topi (riferendosi a delle casette in cartone che fungono da contenitori) oppure se vendessimo anche dei libri...
Qual è la tua libreria preferita nel mondo? E in Italia? In Italia la Giometti & Antonello, a Macerata. Che come noi, oltre a essere una libreria, è anche una casa editrice. Entrate, e non abbiate timore di fare domande: Gino Giometti, editore e libraio raffinatissimo, è lì pronto a rispondere e raccontare mondi. Ricordiamo con molto affetto la libreria Momie a Chambéry, dove abbiamo conosciuto, per puro caso, «Martha & Alan», il fumetto firmato da Emmanuel Guibert.
Usciti dalla tua libreria bisogna andare assolutamente... dove? Per strada, sorridenti e accoglienti.
Cosa trovo da te che non trovo altrove? Noi, con la nostra selezione. Ogni libreria è diversa dall'altra grazie allo sguardo del libraio, alla sua curiosità e alle sue ossessioni. Ecco che girare per librerie assomiglia a un viaggio infinito.

OSIMO

Libreria Oh che Bel Castello

Via della Sbrozzola 17/K, 60027 Osimo AN - 071 9710272
www.ohchebelcastello.it - FB Oh che Bel Castello
IG @ohchebelcastellolibreria

Lo staff dei librai Lo staff è composto dalle due amiche e libraie, Manuela e Veruska, che con armonia e passione portano avanti il sogno di avere una libreria indipendente per bambini. Siamo due libraie con le scintille negli occhi.
La tua storia in 280 caratteri Nasciamo nel 2015, convinte che l'immaginazione sia l'aquilone più alto sul quale si possa volare. La fantasia dei bambini e il loro approccio alla lettura sono il nostro pane quotidiano. Vorremmo che tutti tornassero a vedere il mondo con gli occhi dei bambini.

Che libreria sei, in una sola parola? Libreria specializzata per bambini.
Qual è il libro che identifica la tua libreria? Il libro che identifica il nostro negozio è «La grande fabbrica delle parole» di Agnès de Lestrade e Valeria Docampo, perché da noi ci si capisce senza bisogno di parlare, ma solo osservando il libro che si sceglie.
Qual è il personaggio letterario che rappresenta la tua clientela? Jack Bennet di Fiore Manni. Sogniamo che da noi i bambini possano viaggiare come lui in mondi fantastici.
A chi vorresti vendere un libro? E quale libro? Ci piacerebbe vendere «Appunti di Geofantastica» di Gianluca Caporaso e Sergio Olivotti a Piero Angela, per poter passare con lui una serata a parlare di scienza e fantasia.
Qual è la domanda più strana che ti è stata fatta? «Scusi, avete una Bibbia per ragazzi? Chi è l'autore?»... Le libraie mute.
Qual è la tua libreria preferita nel mondo? E in Italia? La Libreria Viale dei Ciliegi a Rimini e la Libreria Farfilò di Verona sono le nostre preferite in Italia. All'estero sicuramente la Libreria Lutyens & Rubinstein a Londra.
Usciti dalla tua libreria bisogna andare assolutamente... dove? Correre a leggere tutto d'un fiato il libro appena scelto, andando a scovare il proprio rifugio segreto nel nostro meraviglioso Parco del Conero.
Cosa trovo da te che non trovo altrove? Da noi si possono trovare sorrisi a qualsiasi ora, umiltà, pazienza e un pizzico di follia (soprattutto nel periodo natalizio, la follia non manca mai!).

PESARO

Librerie.coop Pesaro

Corso XI settembre 45/47, 61121 Pesaro PU - 0721 67789
libreria.pesaro@Librerie.coop.it - FB Librerie.coop (Pesaro)
Lo staff dei librai Camilla, Arianna, Federica, Marco, Paola.
La tua storia in 280 caratteri Il 2009 stava finendo. Una telefonata,

un colloquio e - diciamolo - una gioia infinita. Ed eccoci lì, una manciata di ragazzi a cui viene concessa la possibilità di trasformare la passione in mestiere. La libreria aprì nel febbraio 2010 e ancora oggi l'entusiasmo è quello d'allora.
Che libreria sei, in una sola parola? Storica.
Qual è il libro che identifica la tua libreria? «Il barile magico» di Bernard Malamud.
Qual è il personaggio letterario che rappresenta la tua clientela? Novelli Jim Hawkins, gli avventori perlustrano l'isola, lo scaffale preferito, in cerca di una nuova avventura di carta in cui tuffarsi.
A chi vorresti vendere un libro? E quale libro? A chi crede che leggere sia solo un buon modo di passare il tempo e non un qualcosa di necessario: «Furore» di John Steinbeck.
Qual è la domanda più strana che ti è stata fatta? «Avete la "Commedia" di Divini o qualcosa del genere? Sa, sono quei libri che obbligano a leggere a scuola».
Qual è la tua libreria preferita nel mondo? E in Italia? Shakespeare & Co. a Parigi. Libreria Luxemburg a Torino.
Usciti dalla tua libreria bisogna andare assolutamente... dove? Esiste, non lontano dalla libreria, un piccolo parco poco conosciuto che i pesaresi chiamano «Barchetto». Lì, seduti su una panchina all'ombra di grandi piante, sarà certo bello sfogliare l'ultimo acquisto. E di sicuro l'ispirazione non diminuirà con il sapere che si tratta di un luogo che fu molto caro a Torquato Tasso.
Cosa trovo da te che non trovo altrove? Un catalogo vasto, un'attenzione particolare alla piccola editoria di qualità e il sorriso di noi librai.

Libreria per bambini e ragazzi Le foglie d'oro

Via Gavelli 2, 61121 Pesaro
FB Libreria associazione Le foglie d'oro
Lo staff dei librai Stefania Lanari e Ilaria Paolucci.
La tua storia in 280 caratteri Dal 1999, libri per bambini e ragazzi 0-16, narrativa, poesia, divulgazione, una piccola sezione di fumetti. Dal 2005 coordina il progetto Adotta l'autore per le scuole

della Regione. Nel 2006 vince il Premio Andersen per la capacità di fare rete sul territorio promuovendo la lettura.
Che libreria sei, in una sola parola? Per bambini e ragazzi.
Qual è il libro che identifica la tua libreria? Il libro che ci identifica... «Le foglie d'oro» di Giuseppe Fanciulli e, direi, «Il giardino segreto» di Frances Hodgson Burnett.
Qual è il personaggio letterario che rappresenta la tua clientela? Da Pippi Calzelunghe, a Jo March.
A chi vorresti vendere un libro? E quale libro? Vorrei vendere il primo libro a un bambino che ha appena imparato a leggere e vuole leggere da solo. Gli vorrei vendere «Tonino l'invisibile» di Gianni Rodari.
Qual è la domanda più strana che ti è stata fatta? In libreria ci hanno chiesto di tutto in questi anni, ma i primi anni diverse persone entravano chiedendo che cosa fosse questo luogo.
Qual è la tua libreria preferita nel mondo? Daunt Book a Londra.
Usciti dalla tua libreria bisogna andare assolutamente... dove? Uscendo dalla mia libreria si può prendere un aperitivo sedendosi ai tavolini del bar di fronte, poi passare al Conservatorio Rossini con la sua biblioteca e proseguire visitando la Biblioteca Oliveriana con i suoi documenti preziosissimi.
Cosa trovo da te che non trovo altrove? Un'idea di libreria indipendente che solo chi viene a trovarci può capire.

PORTO SANT'ELPIDIO

Mondadori Point Porto Sant'Elpidio

Via C. Battisti 50, 63821 Porto Sant'Elpidio FM - 0734996306
www.gattoconglistivali.com - FB Mondadori Point (Porto Sant'Elpidio)
Lo staff dei librai Giovanna Taffetani.
La tua storia in 280 caratteri Le nostre caratteristiche: passione per la lettura, scoprire nuovi autori e la cura per il cliente. Un libro su misura! Particolare attenzione alla narrativa per i giovani lettori e

agli albi illustrati. Far conoscere gli autori di persona è impegno della libreria.
Che libreria sei, in una sola parola? Accogliente e, per la città storica, la prima.
Qual è il libro che identifica la tua libreria? «Firmino» di Sam Savage.
Qual è il personaggio letterario che rappresenta la tua clientela? In rappresentanza dei vari clienti ecco un'ipotetica famigliola: Rossella O'Hara, Alex Cross, Alice e Greg, zia Petunia.
A chi vorresti vendere un libro? E quale libro? A chi non ne ha mai letto uno, rispettando le sue curiosità.
Qual è la domanda più strana che ti è stata fatta? «Avete "La villa in campagna" di Pavese?».
Qual è la tua libreria preferita nel mondo? E in Italia? Come scegliere fra tanti gioielli? Tutte!
Usciti dalla tua libreria bisogna andare assolutamente... dove? In spiaggia a leggere!
Cosa trovo da te che non trovo altrove? L'ascolto dei propri desideri e gusti.

SAN BENEDETTO DEL TRONTO

Mondadori Bookstore San Benedetto del Tronto

Via Gramsci 2, 63074 San Benedetto del Tronto AP
0735 592494
FB Mondadori Bookstore (San Benedetto del Tronto)
Lo staff dei librai Antonio Piro, Roberta Marchionni, Giuliana Ravenna, Marco Guescini, Marco Ceccarelli, Fernanda Cartone, Lidia Pignati e Silvia Polidori.
La tua storia in 280 caratteri Aperti sette anni fa, ci piace pensare di essere diventati un punto di ritrovo per ogni esigenza libraria. Ma la storia più importante è quella in fieri, da scrivere con la passione e la ricerca che cerchiamo di mantenere con un impegno quotidiano.
Che libreria sei, in una sola parola? Quantistica.

Qual è il libro che identifica la tua libreria? «Stretching» di Bob Anderson.
Qual è il personaggio letterario che rappresenta la tua clientela? Luke Rhinehart.
A chi vorresti vendere un libro? E quale libro? Una monografia dei suoi quadri a Van Gogh stesso.
Qual è la domanda più strana che ti è stata fatta? «Lo avete "Il Fu" di Mattia Pascal?».
Qual è la tua libreria preferita nel mondo? E in Italia? Nel mondo la Strand Bookstore, in Italia la Galleria Rizzoli.
Usciti dalla tua libreria bisogna andare assolutamente... dove? All'Ikea, probabilmente servono nuove scaffalature nella propria libreria di casa.
Cosa trovo da te che non trovo altrove? Trovi quello che non cerchi.

SENIGALLIA

Libreria Sapere Ubik

Corso 2 giugno 52, 60019 Senigallia AN - 071 60902
senigallia@ubiklibri.it
Lo staff dei librai Fabrizio Marcantoni, Davide Morpurgo, Barbara Massi, Matteo Mazzoli.
La tua storia in 280 caratteri Fondata nel 1943 da un ex bibliotecario convinto che la cultura fosse strumento per sollevare la città dagli orrori della guerra, diviene subito anche Biblioteca di Cultura Popolare, punto di incontro e di dialogo per avvicinare alla lettura le giovani generazioni in particolare.
Che libreria sei, in una sola parola? Storica.
Qual è il libro che identifica la tua libreria? «L'altra madre» di Andrej Longo.
Qual è il personaggio letterario che rappresenta la tua clientela? Georges Simenon, per l'incontro felice tra qualità della scrittura e il romanzo popolare.

A chi vorresti vendere un libro? E quale libro? A Giacomo Leopardi, le poesie di Eugenio Montale.
Qual è la domanda più strana che ti è stata fatta? «Avete quei tappetini da mettere sotto il lavandino?».
Qual è la tua libreria preferita nel mondo? E in Italia? Livraria Ler Devagar, Lisbona. Libreria Rinascita, Ascoli Piceno.
Usciti dalla tua libreria bisogna andare assolutamente... dove? Andare a mangiare «pane e sgombro» da Cuga (trattoria Vino e Cibo, dietro l'angolo).
Cosa trovo da te che non trovo altrove? Informazioni su itinerari per scoprire l'arte e la natura delle Marche, soprattutto i luoghi meno noti.

Mondadori Bookstore Senigallia

Corso II giugno 61, 60019 Senigallia
071 60758 - FB Libreria Mondadori Senigallia
IG @mondadoribookstoresenigallia
Lo staff dei librai Giulia Morini, Emanuele Stacco, Marica Fanelli, Ilenia Tozzi.
La tua storia in 280 caratteri La nostra giovane libreria è nata da una sfida: reinterpretare la libreria e togliere quell'alone di omogeneità a cui spesso si associa la libreria di catena.
Che libreria sei, in una sola parola? Di carattere.
Qual è il libro che identifica la tua libreria? «La storia» di Elsa Morante. Ma sappiamo già di aver fatto torto a molti altri grandi...
Qual è il personaggio letterario che rappresenta la tua clientela? Elena Ferrante, perché ha avvicinato alla lettura anche i non lettori e ha messo d'accordo uomini e donne con i suoi personaggi femminili.
A chi vorresti vendere un libro? E quale libro? Beh, ovviamente a un libraio! Il libro che vorremmo vendergli è «L'arte della guerra» di Sun Tzu, perché ogni volta ci dobbiamo reinventare in un mondo che si trasforma continuamente.
Qual è la domanda più strana che ti è stata fatta? «L'ho letto tutto e mi è piaciuto! Te lo posso riportare, così me ne consigli un altro?».
Qual è la tua libreria preferita nel mondo? E in Italia? Nel mondo,

abbiamo ancora parecchio da viaggiare... In Italia, il pensiero va, nell'immediato, alla libreria Kindustria che resiste ed è attiva nelle zone terremotate.
Usciti dalla tua libreria bisogna andare assolutamente... dove? A piedi o in bici, perdersi tra le vie del centro fino a raggiungere il mare.
Cosa trovo da te che non trovo altrove? Un intero piano di libri a metà prezzo per dare la possibilità a tutti di acquistare e leggere tanti libri a un prezzo facilitato.

URBINO

Libraccio di Miki

Via Saffi 74, 61029 Urbino PU - 0722 329064
libracciourbino@gmail.com - www.libracciourbino.it
FB Libraccio di Miki Libreria

Lo staff dei librai Michele Chiuselli e Sara Maria Dorsi (titolari), Sabrina Duchi e Fabrizio Serafini (dipendenti).
La tua storia in 280 caratteri Nasce circa 30 anni fa, come libreria indipendente. Da sempre si occupa principalmente di testi universitari, scolastici, giuridici e professionali, nuovi e usati. Dal 2017 abbiamo aperto un nuovo punto vendita, dove trova ampio spazio il settore per bambini e ragazzi.
Che libreria sei, in una sola parola? Universitaria.
Qual è il libro che identifica la tua libreria? «Allevamento redditizio di lombrichi», il libro che non avrei mai pensato di vendere.
Qual è il personaggio letterario che rappresenta la tua clientela? Guglielmo da Baskerville da «Il nome della rosa» di Umberto Eco.
A chi vorresti vendere un libro? E quale libro? Allo studente che non ha mai aperto un libro, «Sei cappelli per pensare» di Edward De Bono.
Qual è la domanda più strana che ti è stata fatta? «Buongiorno, mi servirebbe quel libro con le pagine scritte e con la copertina verde».
Qual è la tua libreria preferita nel mondo? E in Italia? Livraria Lello e Irmão di Porto. In Italia Libreria Acqua Alta di Venezia.

Usciti dalla tua libreria bisogna andare assolutamente... dove? Proseguire lungo le mura storiche di Urbino dove ammirare le colline che si presume siano lo sfondo della Gioconda di Leonardo e, magari, fermarsi lungo la Passeggiata Carlo Bo, a leggere un libro.
Cosa trovo da te che non trovo altrove? Tanto usato, professionalità e cortesia.

Libraccio di Miki STORE

Via Matteotti 4, 61029 Urbino - 0722 2801
libracciourbino@gmail.com - www.libracciourbino.it
FB Libraccio di Miki Libreria
Lo staff dei librai Sara Maria Dorsi e Michele Chiuselli (titolari), Sabrina Duchi e Fabrizio Serafini (dipendenti).
La tua storia in 280 caratteri La libreria nasce nel 2017, dall'esigenza di dare spazio al settore giuridico e professionale, ma anche ai libri di varia usati, antichi e di stock. Cuore e anima del negozio, però, è il settore dedicato a bambini e ragazzi, un luogo stimolante, dove incontrarsi, divertirsi e crescere.
Che libreria sei, in una sola parola? Accogliente.
Qual è il libro che identifica la tua libreria? «Tante storie per giocare» di Gianni Rodari.
Qual è il personaggio letterario che rappresenta la tua clientela? Il Drago Carlo (Cousseau e Turin): grandi occhi e grandi sogni, ma con dubbi e indecisione; sta a noi suggerire il libro che aiuti il cliente a volare.
A chi vorresti vendere un libro? E quale libro? Vorrei vendere «Il meraviglioso Cicciapelliccia» alla mia professoressa di italiano, che non c'è più. Mi ha insegnato a credere nei miei talenti e a non arrendermi, (più che vendere andrebbe regalato, come il Cicciapelliccia).
Qual è la domanda più strana che ti è stata fatta? «Avete anche alimentari?».
Qual è la tua libreria preferita nel mondo? E in Italia? Nel mondo, più che una libreria, una biblioteca, quella del Trinity College di

Dublino; i libri di quel luogo sono una presenza, viva, accogliente e impazienti di essere letti. In Italia, la Libreria Radice-Labirinto di Carpi.

Usciti dalla tua libreria bisogna andare assolutamente... dove? A due passi dal negozio c'è il torrione più bello di tutte le mura di Urbino, dove l'orizzonte si perde tra le nostre colline e i nostri monti. Oppure ci sono i Torricini, non c'è posto migliore dove poter leggere il libro appena comprato.

Cosa trovo da te che non trovo altrove? Da noi si trova il sorriso, un consiglio, tempo e dedizione, una lettura ad alta voce o silenzio, per chi vuole stare un po' in pace.

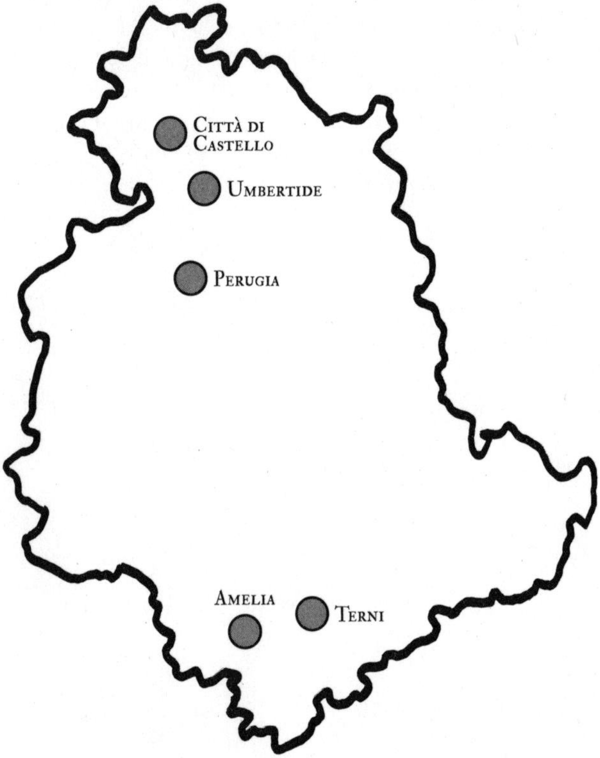
Città di
Castello
Umbertide
Perugia
Amelia
Terni

Umbria

AMELIA
Birò libreria per bambini e ragazzi, giocattoli, cartoleria

CITTÀ DI CASTELLO
Libreria Paci La Tifernate

PERUGIA
*la*Feltrinelli

UMBERTIDE
Libreria Alibù

TERNI
Giunti al Punto di Terni
Storie a colori

AMELIA

Birò libreria per bambini e ragazzi, giocattoli, cartoleria
Via Europa 64H, 05022 Amelia TR - 392 0731729
FB Birò

Lo staff dei librai Siamo due sorelle, Benedetta e Rosamaria Mognini.
La tua storia in 280 caratteri Giovanissima, nasce a marzo 2018 dall'amore per la lettura, albi illustrati in particolare, per i bambini e la loro voglia di scoperta. Per creare un posto magico, un piccolo rifugio pieno di cose belle, pensieri leggeri, parole gentili, che ancora mancava nella nostra città.
Che libreria sei, in una sola parola? Per bambini.
Qual è il libro che identifica la tua libreria? «Il meraviglioso Cicciapelliccia» di Beatrice Alemagna.
Qual è il personaggio letterario che rappresenta la tua clientela? Peter Pan: la libreria è rivolta a bambini e ragazzi ma anche a quegli adulti che amano entrare da Birò per tornare indietro nel tempo.
A chi vorresti vendere un libro? E quale libro? Tornerei indietro nel tempo, da Antoine de Saint-Exupéry, e gli mostrerei la versione del «piccolo principe» raccontata da Agnès de Lestrade e illustrata da Valeria Docampo. Rimarrebbe sicuramente affascinato anche lui dalle stupende illustrazioni.
Qual è la domanda più strana che ti è stata fatta? «Ma "Alice nel Paese delle meraviglie" non è indicato per bambine? Io ho un maschietto!».

Qual è la tua libreria preferita nel mondo? E in Italia? Kid's Republic a Pechino, Cina. In Italia Birò, ovviamente.
Usciti dalla tua libreria bisogna andare assolutamente... dove? Nel posto che preferisci usare per leggere a goderti gli acquisti fatti da Birò!
Cosa trovo da te che non trovo altrove? Cura e ricercatezza dei titoli e delle case editrici presenti in negozio.

CITTÀ DI CASTELLO

Libreria Paci La Tifernate

Piazza Matteotti 2, 06012 Città di Castello PG
www.cartolibreriapaci.com - FB Libreria Paci La Tifernate
IG @libreriapaci
Lo staff dei librai Marco Paci, Daniela Pazzaglia, Isabella Paci.
La tua storia in 280 caratteri Nata nel 1926, da più di novant'anni la libreria appartiene alla nostra famiglia. Durante la Seconda guerra mondiale è stata punto di riferimento per i rifugiati ebrei che erano in città. Oggi siamo una libreria indipendente che vende libri per tutte le età, da 0 a 99 anni.
Che libreria sei, in una sola parola? Storica.
Qual è il libro che identifica la tua libreria? «Pinocchio» di Collodi.
Qual è il personaggio letterario che rappresenta la tua clientela? Il giovane Holden.
A chi vorresti vendere un libro? E quale libro? Vorremmo vendere un libro al nostro amico e vorremmo vendergli «Walden» di Thoreau.
Qual è la domanda più strana che ti è stata fatta? «Vorrei un libro di cui conosco solo il colore della copertina».
Qual è la tua libreria preferita nel mondo? E in Italia? Libreria MarcoPolo di Venezia.
Usciti dalla tua libreria bisogna andare assolutamente... dove? Noi consigliamo sempre di visitare i musei di Alberto Burri.
Cosa trovo da te che non trovo altrove? Nella nostra libreria abbiamo libri legati al territorio e alla storia della nostra città difficilmente

reperibili. Oltre a questo, un'ampia scelta di cancelleria e materiale artistico.

PERUGIA

*la*FELTRINELLI

CORSO VANNUCCI 78/82, 06123 PERUGIA - 02 91947777

Lo staff dei librai Daniela, Cristiano, Gloria, Simone, Paola, Cristina, Laura, Antonello, Elena, Debora, Ugo.

La tua storia in 280 caratteri Fieri di poter dare continuità alla storica presenza di una libreria nel cuore della città, apriamo i battenti nel 2007. Oggi con lo stesso entusiasmo e maggiore esperienza vogliamo rimanere un riferimento per i lettori perugini.

Che libreria sei, in una sola parola? Orgogliosa.

Qual è il libro che identifica la tua libreria? «Moby Dick» di Herman Melville. Come Achab anche noi siamo esploratori dell'Assoluto, di tutte quelle verità contenute nei tanti libri che popolano i nostri scaffali. Un desiderio di conoscenza che ci spinge a navigare e addentrarci in mari e correnti sconosciute.

Qual è il personaggio letterario che rappresenta la tua clientela? «Pinocchio» di Collodi. Noi librai siamo il grillo parlante - la voce della coscienza - che cerca di orientare i potenziali lettori verso le scelte più giuste e indicate per loro.

A chi vorresti vendere un libro? E quale libro? A Cervantes vorrei vendere «Infinite Jest» di Foster Wallace.

Qual è la domanda più strana che ti è stata fatta? «Buongiorno, scusi, qui vendete libri?».

Qual è la tua libreria preferita nel mondo? E in Italia? La libreria Kinokuniya a Kuala Lumpur e Libreria Acqua Alta a Venezia.

Usciti dalla tua libreria bisogna andare assolutamente... dove? Ai Giardini Carducci a leggere su una panchina.

Cosa trovo da te che non trovo altrove? L'ascensore trasparente.

UMBERTIDE

Libreria Alibù

Via Pomarancio 14, 06019 Umbertide PG - 075 9417775
www.libreriaalibu.it - FB Libreria Alibù
Lo staff dei librai Anna Beatini, Laura Beatini, Anna Migliorati, Elisa Merli.
La tua storia in 280 caratteri Nasciamo dal sogno di Maria Antonietta di lasciare in eredità un posto dove sognare tra le parole. Giorno per giorno cerchiamo di portarlo avanti con coraggio e determinazione.
Che libreria sei, in una sola parola? Di quartiere.
Qual è il libro che identifica la tua libreria? «Una zuppa di sasso» di Anaïs Vaugelade (vogliamo essere un luogo di condivisione e integrazione).
Qual è il personaggio letterario che rappresenta la tua clientela? Il Don Chisciotte, un sognatore che insieme a noi lotta contro i mulini a vento.
A chi vorresti vendere un libro? E quale libro? Ad Albus Silente, «Le fiabe di Beda il Bardo».
Qual è la domanda più strana che ti è stata fatta? «Vendete libri al metro che devo coprire una traccia?».
Qual è la tua libreria preferita nel mondo? E in Italia? Denizler Kitabevi, Istanbul. Libreria MarcoPolo, Venezia.
Usciti dalla tua libreria bisogna andare assolutamente... dove? Usciti dalla nostra libreria bisogna assolutamente immergersi nel verde nel nostro grazioso spazio esterno e cominciare a leggere.
Cosa trovo da te che non trovo altrove? Le pareti, le vetrine e gli spazi della nostra libreria sono a disposizione di chiunque abbia qualcosa da mostrare o comunicare.

TERNI

Giunti al Punto di Terni

Corso Vecchio 40, 05100 Terni - 0744 421997
terni@giunti.it

Lo staff dei librai Alessandra, Mina, Valeria.
La tua storia in 280 caratteri Apriamo nel 2010 in una delle vie principali della città. Offriamo servizio ogni giorno dell'anno, curando in particolare i lettori in erba. Da 9 anni siamo un punto di riferimento per la città, un luogo d'incontro per piccoli e grandi lettori e talenti da valorizzare.
Che libreria sei, in una sola parola? Di catena.
Qual è il libro che identifica la tua libreria? «Wonder» di R.J. Palacio.
Qual è il personaggio letterario che rappresenta la tua clientela? Il piccolo principe.
A chi vorresti vendere un libro? E quale libro? A Papa Francesco, il libro di Ascanio Celestini «Barzellette», per farlo sorridere in questi tempi difficili.
Qual è la domanda più strana che ti è stata fatta? «Signorina, mi può aiutare? Ho visto un libro in vetrina circa un mese fa ma purtroppo non ricordo né il titolo né l'autore, solo il colore della copertina!».
Qual è la tua libreria preferita nel mondo? E in Italia? A Tokyo un Book & Bed dove puoi anche dormire, in Italia la nostra ovviamente!
Usciti dalla tua libreria bisogna andare assolutamente... dove? Alla cascata delle Marmore, con il tuo libro preferito sedendoti nel punto in cui Byron contemplò la meraviglia della cascata!
Cosa trovo da te che non trovo altrove? Disponibilità, competenza e simpatia.

Storie a colori

Via Tre Venezie 18, 05100 Terni - 0744 427666 - 392 1311915
info@storieacolori.it - www.storieacolori.it
FB Storie a colori - Libreria per bambini e ragazzi - Terni
IG @storie_a_colori

Lo staff dei librai Agata Amica, titolare e libraia.
La tua storia in 280 caratteri Nasce come luogo dedicato ai bambini e agli adolescenti. È un presidio che accoglie genitori, educatori, nonni e tutti coloro che sono appassionati di letteratura per l'infanzia. Luogo di crescita, di scambio, di percorso, di formazione, di storie da narrare, consigliare e leggere.
Che libreria sei, in una sola parola? Specializzata per bambini e ragazzi.
Qual è il libro che identifica la tua libreria? «Il Bimboleone e altri bambini» di Gabriele Clima, illustrazioni di Giacomo Agnello Modica.
Qual è il personaggio letterario che rappresenta la tua clientela? La mia clientela è così variegata che, per rappresentarla, bisognerebbe estrapolare tutti i principali personaggi dai romanzi di Roald Dahl.
A chi vorresti vendere un libro? E quale libro? «Casa Lampedusa» di Antonio Ferrara. Vorrei venderlo non solo ai ragazzi, ma anche e soprattutto a quegli adulti che hanno dimenticato il senso e la bellezza della parola «accoglienza» e che hanno paura della diversità.
Qual è la domanda più strana che ti è stata fatta? Domande strane ce ne sono state tante, ma mai relative ai libri. Chi entra in una libreria specializzata per bambini sa perfettamente cosa vuole, cosa sta cercando e cosa può trovare da me.
Qual è la tua libreria preferita nel mondo? E in Italia? La Libreria Acqua Alta di Venezia per quanto riguarda l'Italia. Ho visto troppo poco delle librerie del mondo per potermi esprimere.
Usciti dalla tua libreria bisogna andare assolutamente... dove? In un qualsiasi luogo dove ci si possa comodamente sedere acconto al proprio figlio per iniziare a leggergli il libro appena acquistato, e godersi appieno il momento intimo e profondo che si sta vivendo.

Cosa trovo da te che non trovo altrove? I miei clienti dicono che da me trovano gentilezza, cortesia, competenza, calore, un'ampia scelta, una selezione accurata di titoli, e una persona sempre pronta ad ascoltare le loro richieste e confidenze... e io non mi sento di contraddirli.

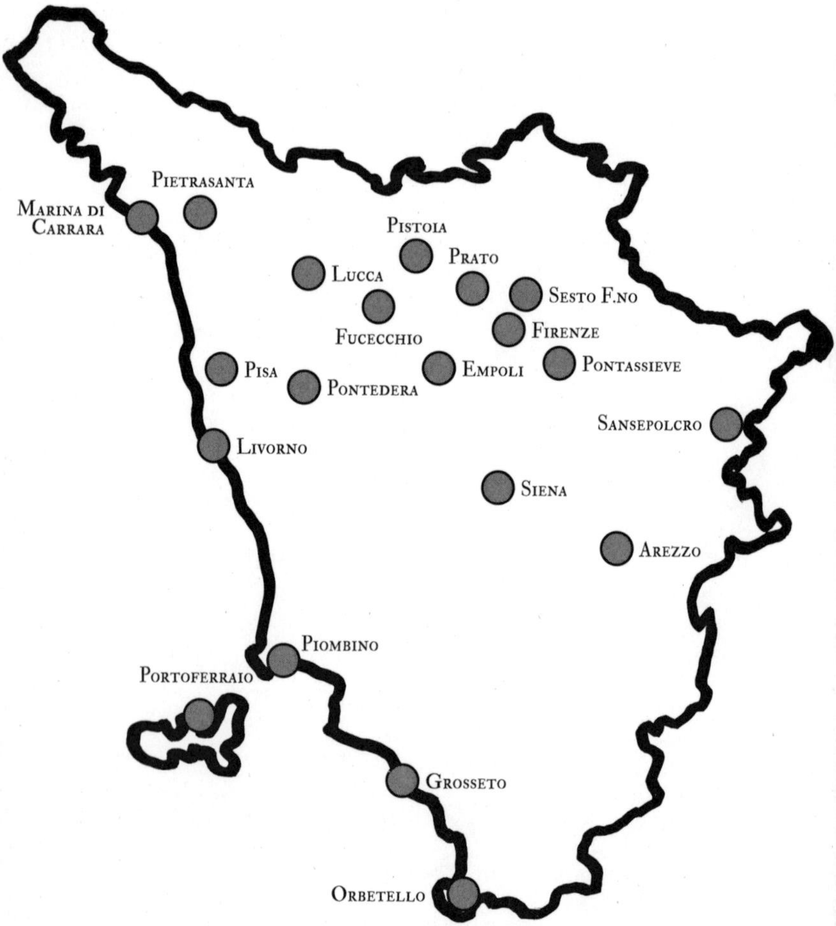
Pietrasanta
Marina di Carrara
Pistoia
Prato
Lucca
Sesto F.no
Fucecchio
Firenze
Pisa
Empoli
Pontassieve
Pontedera
Sansepolcro
Livorno
Siena
Arezzo
Piombino
Portoferraio
Grosseto
Orbetello

Toscana

AREZZO
Edison Book Store Arezzo
Il viaggiatore immaginario
*la*Feltrinelli Point Arezzo

EMPOLI
Libreria Rinascita

FIRENZE
Farollo e Falpalà
*la*Feltrinelli
Libraccio
Libreria Alfani
Libreria Cuccumeo
Libreria del Teatro Niccolini
Libreria Florida
Libreria Gioberti
Giunti al Punto Firenze Centro
Libreria Il Menabò
Libreria L'Ora Blu
Libreria Leggermente
Libreria On the road
Libreria Puntifermi
Libreria Salvemini
Nani Pittori
Piccola Farmacia Letteraria
Tatatà
Todo Modo

FUCECCHIO
Libreria Blume

GROSSETO
Giunti al Punto di Grosseto
Librerie.coop Grosseto

LIVORNO
Giunti al Punto Livorno
Librerie.coop Livorno

LUCCA
Libreria Fuori Porta
Libreria Lucca Sapiens
Libreria Pensieri Belli Lucca

MARINA DI CARRARA
Libreria Nuova Avventura

ORBETELLO
Cartolibreria Bastogi

PIETRASANTA
Libreria NINA

PIOMBINO
Librerie.coop Piombino

PISA
Libreria dei Ragazzi
Libreria Fogola
Libreria Ghibellina
Libreria Pellegrini

PISTOIA
*la*Feltrinelli
Les Bouquinistes
Libreria del Globo

PONTASSIEVE
Libreria Fortuna

PONTEDERA
Libreria Roma - Ubik Pontedera

PORTOFERRAIO
La Libreria Stregata

PRATO
Giunti al Punto di Prato
Libreria Cartoleria Gori

SANSEPOLCRO
Libreria del Frattempo

SESTO FIORENTINO
Libreria Rinascita

SIENA
Libreria Senese

AREZZO

Edison Book Store Arezzo

Piazza Risorgimento 31, 52100 Arezzo - 0575 299352
edison@biblionlibrerie.it - www.edisonarezzo.com
FB Edison Book Store Arezzo - TW @edisonarezzo

Lo staff dei librai Marzia Giustini (48 anni), Fiorella Giustini (55 anni), Irene Interlandi (32 anni), Linda De Benedictis (48 anni), Giacomo Farsetti (43 anni), Jonny Baldini (43 anni).

La tua storia in 280 caratteri Nata nel 2006 come punto vendita di catena del gruppo Edison, nel 2012 la libreria è stata acquisita dai sei librai, di fatto trasformandosi in libreria indipendente. L'orario lungo (fino a mezzanotte) e un ampio catalogo hanno reso la Edison un riferimento e un punto di ritrovo.

Che libreria sei, in una sola parola? Spazio libero (ma sono due parole!).

Qual è il libro che identifica la tua libreria? «Se una notte d'inverno un viaggiatore» di Italo Calvino.

Qual è il personaggio letterario che rappresenta la tua clientela? I personaggi protagonisti della «Fattoria degli animali» di Orwell.

A chi vorresti vendere un libro? E quale libro? A un ragazzo di dodici anni che non ha mai aperto un libro in vita sua vorremmo vendere «Il signore delle mosche» di Golding.

Qual è la domanda più strana che ti è stata fatta? 1. Dialogo: «È questo l'ultimo della Vargas?». «No, l'ultimo è "Un po' più in là

sulla destra"...». «... Ho cercato un po' più in là sulla destra, ma non c'era niente!». 2. Dialogo: «Vorrei l'ultimo della Kinsella». «Eccolo...». (Osservandolo dubbioso) «Ma la Kinsella ne ha fatto anche un penultimo?». 3. Monologo: «Un mese fa mi hanno parlato di un libro su un investigatore. Ce l'avete?». 4. Monologo: (mercoledì, ore 22:35) «Ma siete aperti solo la sera?».
Qual è la tua libreria preferita nel mondo? E in Italia? In Italia ci piacciono la Libreria Acqua Alta a Venezia e la Libreria Palazzo Roberti a Bassano del Grappa. Nel mondo probabilmente Shakespeare & Co. a Parigi o City Lights a San Francisco.
Usciti dalla tua libreria bisogna andare assolutamente... dove? In gelateria (proprio davanti a noi), e poi subito a leggere!
Cosa trovo da te che non trovo altrove? Oltre a una buona selezione di opere di autori locali, cerchiamo di stare attenti alle piccole realtà editoriali più interessanti (ad esempio l'editore Cliquot, specializzato in classici del gotico e della fantascienza). Inoltre, la più ampia scelta di testi giuridici e per concorsi della provincia.

Il viaggiatore immaginario

Piazza Risorgimento 18, 52100 Arezzo - 0575 370476
0575 357890 - viaggiatoreimmaginario@gmail.com
Lo staff dei librai Marina Tait e Giampiero Bracciali.
La tua storia in 280 caratteri La libreria nasce 26 anni fa in un distributore di benzina gestito da due appassionati lettori. Dall'incontro con l'architetto Pasquale Pinna nasce l'attuale luogo per viaggiatori immaginari trasformando la coppia di benzinai in librai.
Che libreria sei, in una sola parola? Bibliodiversa.
Qual è il libro che identifica la tua libreria? La libreria si identifica naturalmente con «Il Parnaso ambulante» di Christopher Morley e i suoi protagonisti: il signor Mifflin e la signorina Mc Gill, proprietari della onoratissima libreria ambulante che dà il titolo al romanzo. Una storia di riscatto e di presa di possesso del proprio destino attraverso la vendita dei libri... naturalmente.
Qual è il personaggio letterario che rappresenta la tua clientela? Tutti i

lettori che compaiono nel romanzo di Fabio Stassi «Ogni coincidenza ha un'anima».
A chi vorresti vendere un libro? E quale libro? Vorrei vendere un libro a tutti quelli che sentono il bisogno di leggere una storia capace di contenere «Amore e amicizia e umorismo e navi in mare di notte; ... (e)... tutto il cielo e la terra». Tra i tanti libri che però più di ogni altro vorrei vendere forse direi «Martin Eden» di Jack London.
Qual è la domanda più strana che ti è stata fatta? Tra le molteplici stranissime richieste di tutti questi anni ne scegliamo una a caso. Il cliente: «Mi consiglia un libro per un uomo sentimentalmente indeciso?». Il libraio: «Le consiglio questa storia con il marito, la moglie e l'amante». Il cliente: «Ma alla fine il protagonista sceglie la moglie o l'amante?». Il libraio: «L'amante». Il cliente: «Non va bene, mi serve uno che scelga la moglie».
Qual è la tua libreria preferita nel mondo? E in Italia? La libreria che preferisco nel mondo è la Livraria Lello e Irmão sita in R. das Carmelitas 144 a Porto. In Italia, per il sapore capace di sprigionare, la Libreria Acqua Alta di Venezia.
Usciti dalla tua libreria bisogna andare assolutamente... dove? Uscendo dalla nostra libreria la speranza è che il lettore raggiunga la prima panchina possibile per cominciare la lettura del libro che ha acquistato.
Cosa trovo da te che non trovo altrove? Nella nostra libreria di esclusivo forse possiamo vantare la disposizione e la proposta dei libri, le innumerevoli vetrine oltre ad una particolare atmosfera.

*la*Feltrinelli Point Arezzo

Via Garibaldi 107, 52100 Arezzo - 02 91947777
FB Feltrinelli Point Arezzo
Lo staff dei librai Gabriele, Francesco e Paolo.
La tua storia in 280 caratteri «Si può resistere alla forza di un esercito, non si può resistere alla forza di un'idea». La libreria è stata la nostra idea, come resisterle?
Che libreria sei, in una sola parola? Dinamica.

Qual è il libro che identifica la tua libreria? «Astenersi astemi» di Héléna Marienské. Abbiamo scelto questo testo per due motivi: in primo luogo perché è un testo caustico, irriverente e dissacrante, aspetti che in parte rispecchiano lo spirito della nostra libreria e il *genius loci* cittadino. In secondo luogo perché rappresenta l'attenzione che cerchiamo di dare alla profondità del catalogo anche fuori dal mainstream.
Qual è il personaggio letterario che rappresenta la tua clientela? Robert Dubois, il protagonista del libro «La novità» di Paul Fournel, perché anche noi siamo tentati ogni tanto di murarci dietro i libri.
A chi vorresti vendere un libro? E quale libro? Vorremmo vendere «Lo statuto del Comune di Arezzo 1327» ad Alberto Manguel. Abbiamo scelto un testo locale ma che mostra la tensione del sapere che si promana nei secoli. E abbiamo scelto Manguel perché avere l'occasione di un confronto culturale e di uno scambio con uno dei più grandi lettori di sempre sarebbe una vera gioia.
Qual è la domanda più strana che ti è stata fatta? «Buongiorno, scusate, vendete anche libri qui?».
Qual è la tua libreria preferita nel mondo? E in Italia? Le Bleuet a Banon in Provenza.
Usciti dalla tua libreria bisogna andare assolutamente... dove? A circa duecento metri dalla nostra libreria si entra nella basilica di San Francesco dove è custodita «La leggenda della Vera Croce» di Piero della Francesca, per lasciarsi ispirare da uno dei grandi geni del Rinascimento.
Cosa trovo da te che non trovo altrove? Il piacere del consiglio e del confronto, abbiamo molto da imparare dai nostri clienti e, speriamo, loro da noi.

EMPOLI

Libreria Rinascita

Via Ridolfi 53, 50053 Empoli FI - 0571 72746
Via Raffaello Sanzio (centro commerciale Coop), 50053 Empoli FI - 0571 946754
www.libreriarinascita.it - FB Libreria Rinascita Empoli Viruslibro

Lo staff dei librai Siamo undici donne che operano sui due punti vendita: Tamara, Alessia, Edi, Daniela, Rebecca, Lucia, Roberta, Chiara, Elisabetta, Irene e Chiara.

La tua storia in 280 caratteri Fondata nel '77 su iniziativa del Pci, nel 1985 diventa una cooperativa culturale indipendente, gestita da 9 soci fondatori che crescono esponenzialmente fino a diventare oltre 900. Nel '94 si trasferisce nella sede attuale e nel 2007 viene aperto un secondo punto vendita nel Centro commerciale Coop.

Che libreria sei, in una sola parola? Resistente.

Qual è il libro che identifica la tua libreria? «Noi siamo tempesta» di Michela Murgia.

Qual è il personaggio letterario che rappresenta la tua clientela? Matilde di Roald Dahl.

A chi vorresti vendere un libro? E quale libro? Vorremmo vendere a Zeno Cosini «È facile smettere di fumare... se sai come farlo» di Allen Carr.

Qual è la domanda più strana che ti è stata fatta? Qui in realtà c'è l'imbarazzo della scelta! In tanti anni le domande strane sono state molte e variegate quindi non è stato facile decidersi: una volta un cliente, che non era interessato per niente ai titoli che comprava, ci ha chiesto «due metri di libri in scala cromatica per riempire una libreria nel suo soggiorno»!

Qual è la tua libreria preferita nel mondo? E in Italia? Nel mondo scegliamo The Italian Bookshop di Londra, una libreria indipendente dove una donna forte e amante dei libri promuove e diffonde

la cultura, la lingua e la letteratura italiana all'estero. E in Italia votiamo... la nostra libreria, ovviamente!
Usciti dalla tua libreria bisogna andare assolutamente... dove? Visto che una delle nostre librerie si trova proprio nel centro storico di Empoli, proponiamo un breve giro «cultural-godereccio»: appena usciti è d'obbligo una sosta alla Birroteca per sorseggiare un'ottima birra artigianale insieme a un piatto di pasta fresca appena fatta dal Laboratorio Doppio Zero. Prima di una pausa dalla storica pasticceria Gaggioli e Vezzosi per un delizioso bombolone ripieno di crema, consigliamo una visita al Museo del Vetro, che ripercorre la storia dei maestri vetrai empolesi, e alla piazza Farinata degli Uberti, con la Collegiata di Sant'Andrea e la fontana dei leoni, per concludere con un giro dentro il chiostro di Santo Stefano degli Agostiniani, che è anche la bellissima sede della Biblioteca Comunale della città. Prima di andare via, però, bisogna affacciarsi all'erboristeria La Ninfea: la proprietaria saprà soddisfare ogni richiesta, anche la più strana!
Cosa trovo da te che non trovo altrove? Il piacere di trovare il libro che non sapevi di volere.

FIRENZE

Farollo e Falpalà

Via A. del Pollaiolo 166, 50142 Firenze - 055 7398900
www.farolloefalpala.it - FB Libreria Farollo e Falpalà
IG @farolloefalpala

Lo staff dei librai Farollo e Falpalà sono i nomi d'arte di Francesco e Chiara, coppia che ha deciso di investire il proprio futuro in questa libreria. Chiara, in arte Falpalà, è laureata in Antropologia alla Sapienza di Roma, è stata Clown Dottore professionista per oltre quindici anni. Falpalà è il cuore emotivo della libreria, i suoi modi dolci e la sua essenza fiabesca incantano e coccolano adulti e bambini con attenzione e ironica simpatia. Francesco, in arte Fa-

rollo, è specializzato in Media Education presso l'Università di Roma La Sapienza ed è esperto di tecnologie per la formazione ed e-learning. Farollo è il motore attivo e confusionario della libreria; la sua curiosità e la voglia di fare lo portano a inventare, creare, disfare e ideare ancora.
La tua storia in 280 caratteri Alla soglia dei trent'anni sentivamo il bisogno di dar vita al nostro sogno. Così nel 2013 abbiamo cambiato vita e aperto la libreria che è diventata casa nostra. Qui traduciamo non solo il nostro essere librai ma anche clown dottori, antropologa, educatore e genitori.
Che libreria sei, in una sola parola? Specializzata per bambini e ragazzi.
Qual è il libro che identifica la tua libreria? «Un libro fantastico!» di Dallas Clayton.
Qual è il personaggio letterario che rappresenta la tua clientela? Matilde di Roald Dahl. Bambini curiosi, vivaci, con un pizzico di magia e che non hanno paura di dire la loro (e gli adulti rimasti così).
A chi vorresti vendere un libro? E quale libro? A ogni nuovo genitore «Zagazoo» di Quentin Blake, per scoprire cosa li attende. :)
Qual è la domanda più strana che ti è stata fatta? «Avete anche lampadine a led?».
Qual è la tua libreria preferita nel mondo? E in Italia? Una delle nostre librerie del cuore è la libreria specializzata per bambini e ragazzi Centostorie di Roma perché ci ha aiutati a diventare consapevoli nel nostro percorso. Altra libreria del cuore è la Libreria Volante di Lecco.
Usciti dalla tua libreria bisogna andare assolutamente... dove? Con i bambini è possibile godere del parco di Villa Vogel, lo spicchio verde del nostro quartiere (ben curato con giochi, giostre e laghetto con papere). Poi, beh... siete a Firenze e dalla libreria in dieci minuti di tramvia siete in centro con tutte le sue meraviglie.
Cosa trovo da te che non trovo altrove? Quella bella sensazione di essere a casa di amici.

*la*Feltrinelli

Via dei Cerretani 40, 50123 Firenze - 02 91947777
firenze@lafeltrinelli.it

Lo staff dei librai Lo staff è composto da 17 librai.
La storia della libreria in 280 caratteri Ha aperto nel 1993, prendendo il posto della storica sede dell'Enel. Coi suoi tre piani e il grande salone divenne in breve il centro della vita libraria della città, in una posizione strategica tra il Duomo e la stazione. Un ambiente accogliente dove scegliere tra oltre 40.000 titoli.
Che libreria sei, in una sola parola? Storica.
Qual è il libro che identifica la tua libreria? «Flatlandia» di Edwin A. Abbott.
Qual è il personaggio letterario che rappresenta la tua clientela Alice nel Paese delle meraviglie: chi entra in libreria come Alice insegue la voglia di visitare nuovi mondi, di qua e di là dello specchio.
A chi vorresti vendere un libro? E quale libro? A chi è già cresciuto ma ha nostalgia di sé bambino, un meraviglioso albo illustrato. O indovinare il primo libro che lo ha fatto sentire un lettore grande e farglielo rileggere ancora.
Qual è la domanda più strana che ti è stata fatta? «Avete un altro libro scritto da Anna Karenina?».
Qual è la tua libreria preferita nel mondo? E in Italia? Livraria Lello e Irmão a Porto. Libreria Acqua Alta a Venezia.
Usciti dalla tua libreria bisogna andare assolutamente... dove? Al mare, in spiaggia, per leggerlo subito.
Cosa trovo da te che non trovo altrove? Assortimento e un gruppo di librai preparati con la passione per i libri, da sempre e sempre di più.

Libraccio

Via Cerretani 16r, 50123 Firenze - 055 287339

Lo staff dei librai Ivo, Elias, Andrea, Roberta, Erika, Cinzia, Giulia, Sara, Chiara F., Francesca, Maria, Morgan, Federica, Chiara M., Giuliana, Alessio, Martina, Rachele, Giorgio, Francesco, Lorenzo, Guido, Nicole.

La tua storia in 280 caratteri Nata nel 2004 come MelBookstore, dalle ceneri della storica libreria Seeber, fa parte del gruppo Messaggerie. Nel 2017 diventa di proprietà Libraccio da cui eredita la passione per il libro usato e introvabile.
Che libreria sei, in una sola parola? Aperta.
Qual è il libro che identifica la tua libreria? Vedi sotto.
Qual è il personaggio letterario che rappresenta la tua clientela? I personaggi de «La corriera stravagante» di John Steinbeck.
A chi vorresti vendere un libro? E quale libro? Avremmo voluto venderlo ad Andrea Camilleri... Quale libro? Uno qualsiasi pur di averlo in libreria.
Qual è la domanda più strana che ti è stata fatta? «Ma questi libri sono in vendita?».
Qual è la tua libreria preferita nel mondo? E in Italia? Books for Cooks a Melbourne. In Italia: Libreria All'Arco di Reggio Emilia.
Usciti dalla tua libreria bisogna andare assolutamente... dove? Su una panchina del parco a leggere.
Cosa trovo da te che non trovo altrove? Libri per ogni età e libri di ogni età.

Libreria Alfani

Via Alfani 84/86r, 50121 Firenze - 0552398800
www.librerialfani.it - info@librerialfani.it
Lo staff dei librai Umberto Panerai, l'inossidabile fondatore. Serena, la figlia ottimista che vede ancora un futuro per l'attività di famiglia. Marina, moglie e mamma insostituibile anche per la bravura nei pacchetti regalo. Grazia, valida collaboratrice che incanta con la sua dolcezza.
La tua storia in 280 caratteri La libreria si trova dietro piazza San Marco. Nel 2018 ha festeggiato 50 anni di attività (ha aperto all'indomani dell'alluvione). È dura resistere ma la nostra forza sta nella qualità dei libri e nella competenza del personale, sempre pronto a esaudire le richieste.
Che libreria sei, in una sola parola? Storica.

Qual è il libro che identifica la tua libreria? «La rivolta di Atlante» di Ayn Rand, perché ci sentiamo come un luogo segreto in cui si rifugiano le menti migliori per sfuggire all'appiattimento culturale e all'aggressività del mondo.
Qual è il personaggio letterario che rappresenta la tua clientela? Jo March, appassionata lettrice e scrittrice squattrinata, curiosa e aperta. Diventata insegnante, aiuterà tanti allievi ad aprirsi al mondo.
A chi vorresti vendere un libro? E quale libro? Vorrei vendere all'illustre Niccolò Machiavelli il libro «L'invenzione del diritto» di Paolo Grossi, e mi piacerebbe che messer Niccolò potesse discuterne nella nostra bottega con l'autore, uno dei più importanti giuristi dei nostri tempi.
Qual è la domanda più strana che ti è stata fatta? «Avete un libro per l'acidità di stomaco?».
Qual è la tua libreria preferita nel mondo? E in Italia? La Shakespeare & Co. di Parigi e la Modusvivendi di Palermo.
Usciti dalla tua libreria bisogna andare assolutamente... dove? Ad ammirare il David di Michelangelo alla Galleria dell'Accademia (che è proprio dietro l'angolo) oppure a bere qualcosa al caffè del Verone, sopra il museo degli Innocenti, che offre un'inedita vista su Firenze e sulle colline che la circondano.
Cosa trovo da te che non trovo altrove? La nostra è una proposta culturale: non si trovano all'Alfani le pile di bestseller come nei supermercati, ma pubblicazioni di editori specializzati, di case editrici locali e di nicchia che ci distinguono da una libreria generalista. Ci presentiamo come una libreria «vecchio stampo», con quattro banconi centrali sui quali sono esposte le novità di saggistica, musica, narrativa, diritto e architettura, e con le pareti ricoperte da alte scaffalature in ciliegio ricolme di libri divisi un po' per settore, come vuole la moda moderna, un po' per collana. La libreria è stata set del film «Matrimoni e altri disastri».

Libreria Cuccumeo

Via Enrico Mayer 11-13r, 50134 Firenze - 055 483003
www.cuccumeo.it - FB Libreria Cuccumeo
TW @Cuccumeo - IG @libreriacuccumeo

Lo staff dei librai Bianca Belardinelli e Teresa Porcella.
La tua storia in 280 caratteri Nata il 5 marzo del 2011, la libreria si caratterizza per essere un centro culturale vitale che unisce ricerca editoriale, promozione della lettura, laboratori, spettacoli e insegnamento. Cura nel consigliare e tempo dedicato all'utente sono altri capisaldi della nostra storia.
Che libreria sei, in una sola parola? Perbambinidiquartieremilitante (è una parola, no?).
Qual è il libro che identifica la tua libreria? La libreria ha molte anime, come detto sopra. Ci viene da rispondere con almeno due titoli: «Lettere dal bosco» di Toon Tellegen, per la capacità di creare relazioni e contesti continuativi e pieni di stupore. «Il sogno di Rossociliegia», di Shirin Yim Bridges, illustrazioni Sophie Blackall, per capacità di mostrare che la realtà è sempre sorgente di narrazioni potenti.
Qual è il personaggio letterario che rappresenta la tua clientela? Bambini, piccolo blu e piccolo giallo: attraversano l'infanzia e scoprono l'altro. Adulti, Peter Pan: non lasciano l'infanzia e volano nei libri per ragazzi.
A chi vorresti vendere un libro? E quale libro? Qui ogni libraia ha il suo cliente ideale (non chiedete chi ha risposto cosa...). A Salvini: «Il nido» di Kenneth Oppel (magari si scopre la bellezza dell'imperfezione). A un extraterrestre: «Extraterrestre alla pari», di Bianca Pitzorno.
Qual è la domanda più strana che ti è stata fatta? «Posso comprare quell'asciugamano?» (decorazione estiva di una vetrina: non c'è stato verso di far capire che eravamo una libreria...).
Qual è la tua libreria preferita nel mondo? E in Italia? Difficile dirne una. Due che ci piacciono molto sono: El Ateneo Grand Splendid di Buenos Aires (è una libreria dentro un teatro lasciato intatto): metafora perfetta di come le parole ci abitano e la cinese Kid's Republic Bookstore a Pechino. In Italia sono bellissime le piccole

librerie dell'usato. Poi, una interessantissima è la Libreria Vecchie Segherie di Bisceglie: anche qui c'è un bel connubio tra contenitore e contenuto e il senso chiaro della lettura come costruzione del sé. Siamo tutti burattini con un babbo falegname paziente...
Usciti dalla tua libreria bisogna andare assolutamente... dove? In piazza Tanucci, di fronte, a salutare la piccola scimmietta di bronzo, poi al bar di fronte e, infine tornare, portando qualcosa da bere per ridere insieme...
Cosa trovo da te che non trovo altrove? La competenza, come allegria, non solo come passione, e lo stupore.

Libreria del Teatro Niccolini

Via Ricasoli 3-5, 50122 Firenze - 055 0946404
www.teatroniccolini.com - FB Caffè Letterario Niccolini
Lo staff dei librai Antonio, Alessandro, Laura, Elisa.
La tua storia in 280 caratteri Nasce nel 2016 con la ristrutturazione dello storico teatro. A un passo dal Duomo, dotata di un ampio caffè, si rivolge ai turisti e ai fiorentini che amano la cultura. Vi hanno luogo settimanalmente le «Niccolitudini», incontri informali con gli autori, pensati per non annoiare.
Che libreria sei, in una sola parola? Internazionale.
Qual è il libro che identifica la tua libreria? «La Divina Commedia».
Qual è il personaggio letterario che rappresenta la tua clientela? Lucy Honeychurch, protagonista di «Camera con vista». Uno dei nostri bestseller, simbolo del fascino esercitato da Firenze su tanti viaggiatori.
A chi vorresti vendere un libro? E quale libro? A un bambino, un libro formativo e che gli apra tante prospettive.
Qual è la domanda più strana che ti è stata fatta? Una volta ci hanno chiesto se avevamo un libro sulle abitudini sessuali della famiglia Medici (e in effetti avevamo qualcosa del genere!).
Qual è la tua libreria preferita nel mondo? E in Italia? La Marzocco e la Libreria del Porcellino di Firenze sono state le migliori librerie al mondo.

Usciti dalla tua libreria bisogna andare assolutamente... dove? Al teatro (ma non importa uscire).
Cosa trovo da te che non trovo altrove? Tutti i libri Pagliai, Sarnus e Polistampa (gli editori proprietari).

Libreria Florida

Via F. Corridoni 32 rosso, 50134 Firenze - 055 4221316
info@libreriaflorida.it - www.libreriaflorida.it
FB Libreria Florida - IG @libreriaflorida.firenze
Lo staff dei librai Elisa Lippi e Alessandro Sapuppo.
La tua storia in 280 caratteri Lei, qui da sempre: la nonna aprì il negozio nel 1948 con l'augurio che fosse un'attività «Florida» e nel tempo gli scaffali si sono riempiti di libri. Lui, con un passato da cuoco, è alla continua ricerca del libro giusto per ogni palato: tranquilli, lo troverà anche per voi.
Che libreria sei, in una sola parola? In una sola parola non ce la facciamo.
Qual è il libro che identifica la tua libreria? Il libro di cui non conoscevi l'esistenza.
Qual è il personaggio letterario che rappresenta la tua clientela? Qfwfq e la signora Ph(i)Nk° di «Tutto in un punto» da «Le Cosmicomiche» di Italo Calvino, vista la dimensione della nostra libreria!
A chi vorresti vendere un libro? E quale libro? Ci piace riaccendere la passione in chi, per un motivo o per un altro, non ha più voglia di leggere. Ci piace recuperare al libro tutte e tutti coloro che pensano che un libro non sia cosa per loro.
Qual è la domanda più strana che ti è stata fatta? Non saprei se raccontare di quella volta che ci hanno chiesto un dizionario di arabo per capire cosa avessero detto durante un sogno in cui parlavano arabo o quando un signore ha comprato una quantità non indifferente di libri a seconda del colore delle costole per riempire la libreria appena acquistata.
Qual è la tua libreria preferita nel mondo? E in Italia? Ovviamente

non ce la facciamo a rispondere precisi alle domande: amiamo «La libreria stregata» (Christopher Morley) e quella in «84, Charing Cross Road» (Helene Hanff). In Italia viaggiamo poco ma non c'è posto in cui andiamo senza che si entri in una libreria: appena la troviamo ve lo diciamo!
Usciti dalla tua libreria bisogna andare assolutamente... dove? Se rimani nel quartiere non puoi mancare di assistere a uno spettacolo al Teatro di Rifredi: anche loro scelgono i loro spettacoli con un'attenzione particolare, originale, mai scontata. Se vuoi spostarti da Rifredi invece, puoi usare la tramvia e in due minuti sei ovunque.
Cosa trovo da te che non trovo altrove? Il libro giusto per quel preciso momento, di cui non sapevi di aver voglia, e del quale non potrai più fare a meno. Una libreria storica, indipendente, di quartiere, per bambini, coerente, impegnata, allegra, per lettori esigenti e per gli allergici ai libri.

Libreria Gioberti

Via Vincenzo Gioberti 37, 50121 Firenze - 055 6694002
gioberti@giorgilibrisrl.it - FB Libreria Gioberti
Lo staff dei librai Angelo e Maurizio, librai da oltre tre decenni, gestiscono il reparto adulti, mentre Cristina e Gaia si occupano con passione dei nostri tantissimi piccoli lettori. Da circa un anno la giovane Vanessa ci aiuta con la sua preziosa voglia di imparare quello che consideriamo il mestiere più bello del mondo.
La tua storia in 280 caratteri Nata come libreria Salesiana al tempo di Firenze capitale per volere di Don Bosco. Rilevata e rinnovata nel 2014 dalla famiglia Giorgi. Un grande spazio dedicato ai bambini, un angolo edicola e lo storico reparto religioso. Organizza incontri letterari, mostre d'arte e laboratori.
Che libreria sei in una sola parola? Storica!
Qual è il libro che identifica la tua libreria? Sicuramente «Ekaterina» di Marialuisa Bianchi. È il libro più venduto nella libreria negli ultimi anni e racconta la storia di una schiava russa nella Firenze dei Medici... imperdibile!

Qual è il personaggio letterario che rappresenta la tua clientela? Helene Hanff, autrice e protagonista del memorabile «84 Charing Crossing Road»: una storia che esprime tutto l'amore per i libri e la lettura.
A chi vorresti vendere un libro? E quale libro? A una persona che ha un rimpianto (e chi non ne ha?) vorremmo vendere «Una scrittura femminile azzurro pallido» di Franz Werfel: un bellissimo monologo interiore che ognuno di noi può far suo...
Qual è la domanda più strana che ti è stata fatta? Una volta un cliente ci chiese «Mastro Don "Galestro"» di un certo Giovanni Verga...
Qual è la tua libreria preferita nel mondo? E in Italia? Nel mondo la Shakespeare & Co. di Parigi per la sua atmosfera unica; in Italia la Libreria Palazzo Roberti di Bassano del Grappa per la sua storia di coraggio e di successo.
Usciti dalla tua libreria bisogna andare assolutamente... dove? Al padiglione-tepidario del Roster, nel vicino Giardino dell'Orticultura. Ci ricorda molto la casa della fata turchina nel «Pinocchio» di Luigi Comencini. Un omaggio al personaggio letterario italiano, anzi fiorentino, più conosciuto al mondo.
Cosa trovo da te che non trovo altrove? I nostri librai, impareggiabili per disponibilità ed empatia!

Giunti al Punto Firenze Centro

Via Guicciardini 51/r, Firenze - 055 2302384
firenze6@giunti.it - FB Giunti al Punto Firenze
Lo staff dei librai Sara, Matteo, Elisa.
La tua storia in 280 caratteri Abbiamo aperto nel lontano 2007, al posto di uno storico negozio di giocattoli, in una delle strade di maggior passaggio del centro di Firenze, fra Ponte Vecchio e Palazzo Pitti. Siamo felici di essere diventati negli anni la libreria punto di riferimento dell'Oltrarno fiorentino.
Che libreria sei, in una sola parola? Di centro storico.
Qual è il libro che identifica la tua libreria? «Guida galattica per autostoppisti» di Douglas Adams, perché basterebbe passare una sola

giornata con noi per incontrare persone provenienti dalle più disparate parti del mondo (e qualcuno anche da altri universi).
Qual è il personaggio letterario che rappresenta la tua clientela? Elisabetta II, ironica protagonista del libro «La sovrana lettrice» (Bennett), caratterizzata da un'irrefrenabile passione per la lettura.
A chi vorresti vendere un libro? E quale libro? Ad Andrea Camilleri avremmo voluto consigliare «In solitario» di Roald Dahl, la sua entusiasmante e avventurosissima autobiografia, in cui si dimostra uomo coraggioso e fuori dagli schemi, per ringraziarlo dell'esempio di vita e pensiero che ha rappresentato.
Qual è la domanda più strana che ti è stata fatta? Vista la vicinanza del celebre Giardino di Boboli, capita che qualcuno entri in libreria e con estrema convinzione ci domandi se l'entrata del giardino sia in fondo, indicando la stanza dei bimbi.
Qual è la tua libreria preferita nel mondo? E in Italia? Atlantis Books a Santorini e in Italia scegliamo Modusvivendi di Palermo.
Usciti dalla tua libreria bisogna andare assolutamente... dove? In piazza della Passera a bere un caffè, gustare un gelato artigianale, fare un aperitivo o semplicemente restare qualche minuto a godersi il sole seduti su una panchina.
Cosa trovo da te che non trovo altrove? Noi librai: appassionati, entusiasti e sempre pronti a dare (e, perché no, ricevere) consigli. Crediamo nel potere salvifico delle storie e ci piace condividere quelle che abbiamo amato con chi potrebbe amarle nello stesso modo.

Libreria Il Menabò

Via Cento Stelle 5/B, 50137 Firenze - 055 608041
info@libreriamenabo.it - www.libreriamenabo.it
FB Libreria Il Menabò
Lo staff dei librai Manuela Cipriani e Riccardo Brunini.
La tua storia in 280 caratteri È dal 1979 che ci dedichiamo al lavoro librario dopo un periodo in una casa editrice. Nel 2003 nasce Il Menabò, libreria di quartiere. Novità, classici e un ampio spazio di

libri e giochi in legno per bambini. Con un'esperienza consolidata nel settore dei testi scolastici.
Che libreria sei, in una sola parola? Di quartiere.
Qual è il libro che identifica la tua libreria? «Scritti corsari» di Pier Paolo Pasolini, per l'impegno civile.
Qual è il personaggio letterario che rappresenta la tua clientela? Gerda Taro, «La ragazza con la Leica» dal libro di Helena Janeczek, ribelle, per la sua sete di libertà e avventura.
A chi vorresti vendere un libro? E quale libro? Ai benpensanti che minimizzano e sottovalutano i segni della barbarie: Hannah Arendt, «La banalità del male».
Qual è la domanda più strana che ti è stata fatta? «Vorrei "Il giardino dei Conti Finzini"».
Qual è la tua libreria preferita nel mondo? E in Italia? Shakespeare & Co., a Parigi, e La Pecora Elettrica, a Roma.
Usciti dalla tua libreria bisogna andare assolutamente... dove? A mangiarsi un bombolone caldo nella pasticceria qui accanto.
Cosa trovo da te che non trovo altrove? «Un incantevole aprile», della von Arnim; «Viaggio al termine della notte», di Céline; «Le nostre anime di notte», di Haruf; e «Stoner», di Williams, tra i nostri libri preferiti sempre a scaffale.

Libreria L'Ora Blu

Viale dei Mille 27r, 50131 Firenze - 055 0455166
FB L'Ora Blu
Lo staff dei librai Andrea.
La tua storia in 280 caratteri Tre anni e mezzo fa scopro un fondo vuoto, con finestre altissime, in un viale alberato di Firenze. Vengo da una storia decennale di lavoro presso altre librerie. Fin da giovanissimo avevo iniziato a frequentarle perché sono uno dei pochi luoghi che ne contengono altri.
Che libreria sei, in una sola parola? Indipendente.
Qual è il libro che identifica la tua libreria? «La rovina di Kasch», Roberto Calasso.

Qual è il personaggio letterario che rappresenta la tua clientela? Corto Maltese, per la libertà di accettare coincidenze e possibilità.
A chi vorresti vendere un libro? E quale libro? A Paolo Conte, «Stelle velate» di Tahar Ben Jelloun.
Qual è la domanda più strana che ti è stata fatta? Strana e giusta: «Perché non si stampano più libri che sono fondamentali?».
Qual è la tua libreria preferita nel mondo? E in Italia? Henry Pordes Books (Londra); Libreria Europa (Maglie, Lecce).
Usciti dalla tua libreria bisogna andare assolutamente... dove? Per le strade coi libri sottobraccio.
Cosa trovo da te che non trovo altrove? Libri che si richiamano l'un l'altro anche a distanze molto lunghe.

Libreria Leggermente

Via Francesco Talenti, 97, 50142 Firenze FI - 055 7130132
www.librerialeggermente.it - FB Libreria Leggermente
IG @libreria_leggermente
Lo staff dei librai Alessandra e David.
La tua storia in 280 caratteri Nel 2014, consultando gli annunci di lavoro ho visto che il proprietario di una libreria nel quartiere dell'Isolotto cedeva l'attività. Ci siamo intesi subito e abbiamo unito le forze. È iniziata con incoscienza, ma sono soddisfatta dei risultati. È dura, ma non si deve mollare mai.
Che libreria sei, in una sola parola? Di quartiere.
Qual è il libro che identifica la tua libreria? «La storia infinita», un libro che parla di libri, un'avventura dalle molteplici letture, in cui rispecchiarsi e trovare se stessi: esattamente quello che si cerca in un buon libro e una buona libreria.
Qual è il personaggio letterario che rappresenta la tua clientela? Don Chisciotte, per la caparbietà con cui insegue i propri sogni.
A chi vorresti vendere un libro? E quale libro? Al mitico Michael Ende, vorrebbe dire che è ancora vivo e che potrebbe ancora scrivere le sue magnifiche storie.
Qual è la domanda più strana che ti è stata fatta? «Se questo li-

bro è posseduto posso cambiarlo?». Ovviamente sì, con un buon esorcista.

Qual è la tua libreria preferita nel mondo? E in Italia? La nostra libreria preferita nel mondo è, parafrasando Hikmet, quella che deve ancora aprire, perché «i più belli dei nostri giorni non li abbiamo ancora vissuti». La libreria preferita in Italia, posso essere autoreferenziale? La mia, ovviamente: è esattamente come la vorrei.

Usciti dalla tua libreria bisogna andare assolutamente... dove? Pizza e cinema, come Dylan Dog. Una giornata perfetta! Cinema e letteratura per noi sono due arti complementari e a pancia piena si godono meglio!

Cosa trovo da te che non trovo altrove? Sessanta metri quadrati di buoni consigli, fantasia e tipico caos libresco!

Libreria On the road

Via V. Emanuele II 32A r, 50134 Firenze - 055 471461

www.ontheroadlibreria.it - FB On the Road - Libreria

Lo staff dei librai Solo io, Martina Castagnoli, titolare e factotum della libreria.

La tua storia in 280 caratteri Aperta nel dicembre 2013. La concepisco e arredo come un luogo dove iniziare a viaggiare appena si varca la porta e la «nutro» di oggetti, valigie, carte, globi, guide e narrativa accuratamente selezionata. «Movimentata» da eventi e serate di viaggio con scrittori.

Che libreria sei, in una sola parola? Di libri di viaggio.

Qual è il libro che identifica la tua libreria? «Lo Stralisco» di Roberto Piumini, perché il viaggio parte da dentro, dalla curiosità, da una stanza... da questa libreria.

Qual è il personaggio letterario che rappresenta la tua clientela? Ulisse: la sete di scoprire, di conoscere, di vedere il mondo e spingersi più in là, fuori dai propri confini e dalla propria «comfort zone».

A chi vorresti vendere un libro? E quale libro? Vorrei vendere un libro a chi vuole mettere confini e chiudercisi dentro, a chi non capisce che «gli altri» siamo noi qualche decennio fa. E vorrei vendergli «Chie-

di alla polvere» di John Fante perché parla di sogni, di un ragazzo povero italiano che emigra e lascia il proprio Paese anche se lo ama, di riscatto, di miseria e di come la strada ti insegni a stare al mondo.
Qual è la domanda più strana che ti è stata fatta? Una molto brutta oltre che strana; una persona voleva la guida di tutto il Medio Oriente ma voleva che non ci fosse lo Stato che ne è al centro.
Qual è la tua libreria preferita nel mondo? E in Italia? La mia preferita ancora la devo trovare, ma ne ho amata moltissimo una dietro Il Metropol Parasol di Siviglia dove ci ho schiacciato due ore. In Italia la Gulliver di Verona.
Usciti dalla tua libreria bisogna andare assolutamente... dove? In stazione... per prendere il primo treno o incantarsi davanti al tabellone e immaginare dove poter andare.
Cosa trovo da te che non trovo altrove? Una selezione scrupolosa da appassionata che ci dedica la vita... e un pizzico di magia che è la componente principale del viaggio.

Libreria Puntifermi

Via Giovanni Boccaccio 49r, 50133 Firenze
www.libreriapuntifermi.it
FB Libreria Puntifermi Firenze
Lo staff dei librai Ilaria, Maria, Natascia e Cristiana.
La tua storia in 280 caratteri La libreria nasce nel 2009 nei locali di una ex merceria. Nel giro di pochi anni siamo diventati un piccolo punto di riferimento per il quartiere, con i nostri libri per bambini e giochi, anche se la narrativa per adulti rimane il principale settore di vendita.
Che libreria sei, in una sola parola? Di quartiere.
Qual è il libro che identifica la tua libreria? «La vita davanti a sé» di Romain Gary, perché ha un protagonista bambino ma è rivolto agli adulti.
Qual è il personaggio letterario che rappresenta la tua clientela? Matilde di Roald Dahl: abbiamo particolare attenzione ai bambini, e gli adulti sono stati probabilmente piccole Matilde voraci e curiose.

A chi vorresti vendere un libro? E quale libro? A Salvini vorrei vendere «Stelle di Lampedusa» di Pietro Bartolo.
Qual è la domanda più strana che ti è stata fatta? «Ha mica un libro sulle lavatrici?».
Qual è la tua libreria preferita nel mondo? E in Italia? Word On The Water a Londra. La Libreria sull'Isola di Stromboli.
Usciti dalla tua libreria bisogna andare assolutamente... dove? A leggere!
Cosa trovo da te che non trovo altrove? Quattro libraie, quattro caratteri, quattro diversi gusti letterari. Un'ampia scelta di giochi didattici e da tavolo.

Libreria Salvemini

Piazza Gaetano Salvemini 18, 50122 Firenze - 055 2466302
www.libreriasalvemini.it - FB Libreria Salvemini: Centro Culturale, Attività Olistiche, Esoterismo
Lo staff dei librai Gianna Crescioli, Mauro Marrani.
La tua storia in 280 caratteri La nostra libreria ha una storia ventennale: chiunque può sentirsi come nel salotto di casa, sfogliare i libri per un acquisto consapevole, conoscere persone, scambiare idee, condividere interessi e passioni.
Che libreria sei, in una sola parola? Storica.
Qual è il libro che identifica la tua libreria? «La splendida storia di Firenze» di Piero Bargellini.
Qual è il personaggio letterario che rappresenta la tua clientela? Dante Alighieri, in quanto, oltretutto, stiamo pubblicando una piccola collana dantesca curata da Massimo Seriacopi, giunta al suo terzo volume.
A chi vorresti vendere un libro? E quale libro? L'auspicio è vendere sempre più libri ai giovani perché si possa avere un distacco dagli eccessi della tecnologia. «Pinocchio».
Qual è la domanda più strana che ti è stata fatta? «Possiamo avere libri in prestito?».
Qual è la tua libreria preferita nel mondo? E in Italia? El Ateneo

Grand Splendid (Buenos Aires). Libreria del Mondo Offeso (Milano).
Usciti dalla tua libreria bisogna andare assolutamente... dove? Bisogna andare in una biblioteca, perché i clienti possano rendersi conto della vicinanza d'intenti: orgogliosamente non siamo un supermercato del libro.
Cosa trovo da te che non trovo altrove? Libri esauriti e fuori catalogo sono il nostro pezzo forte.

Nani Pittori

Piazza Dresda 11, 50126 Firenze - 055 2699120
www.nanipittori.it - FB Nani Pittori-libreria per bambini
IG @nani_pittori
Lo staff dei librai Jennifer Francalanci, antropologa, mamma di due bimbi e del progetto. Elena Trebalate, psicologa e anima creativa della libreria. Lisanna Gessi, psicologa e forza motrice del gruppo.
La tua storia in 280 caratteri Jennifer, Elena e Lisanna decidono di unire idee, punti di forza e competenze per creare un luogo in cui mamme, bimbi (e non solo!) possano trovarsi a proprio agio, condividere, sperimentare. È anche spazio di relazione, in cui il libro è il veicolo per conoscersi e conoscere.
Che libreria sei, in una sola parola? Per bambini.
Qual è il libro che identifica la tua libreria? La trilogia «Viaggio» di Aaron Becker.
Qual è il personaggio letterario che rappresenta la tua clientela? Giovannino Perdigiorno (Rodari), un bambino viaggiatore: curioso, un po' buffo e un po' saggio, sempre pronto a imparare e a vivere nuove avventure.
A chi vorresti vendere un libro? E quale libro? Agli adulti che separano invece di unire, «Uccelli migratori» di Michael Roher.
Qual è la domanda più strana che ti è stata fatta? «Ma i libri li vendete?».
Qual è la tua libreria preferita nel mondo? E in Italia? Word On The Water, libreria su un'imbarcazione lungo i canali londinesi. Hap-

piness on the road, libreria itinerante di Marco Sacchelli.
Usciti dalla tua libreria bisogna andare assolutamente... dove? Al parco dell'Anconella, per una passeggiata nel verde, fino al centro storico.
Cosa trovo da te che non trovo altrove? Oggetti artigianali scovati in giro per il mondo a tema fiabe e fantasia; spazio «Wonder Mamas», attrezzato per le neo mamme, con baby pit-stop e tanti corsi e laboratori per bambini; tre libraie sempre felici di accompagnare chi arriva alla scelta del libro giusto!

Piccola Farmacia Letteraria

Via di Ripoli 7/R, 50126 Firenze - 055 6277605
www.piccolafarmacialetteraria.it - FB Piccola Farmacia Letteraria Firenze - IG @piccolafarmacialetteraria
YT Piccola Farmacia Letteraria di Elena Molini
Lo staff dei librai Elena Molini, titolare e mastro libraio; Ester Molini, psicologa professionista e aiuto libraia; Eleonora Ciardi Duprè, aiutante libraia; Chiara Pauletto, libraia.
La tua storia in 280 caratteri Unendo le competenze da psicologhe e libraie, ogni libro ha un bugiardino dove vengono riportate indicazioni, posologie ed effetti collaterali che aiutano il lettore a orientarsi su un testo che sia in linea con lo stato d'animo del momento che sta vivendo.
Che libreria sei, in una sola parola? Emotiva.
Qual è il libro che identifica la tua libreria? La mia libreria si identifica con «Curarsi coi libri. Rimedi letterari per ogni malanno» di Ella Berthoud e Susan Elderkin.
Qual è il personaggio letterario che rappresenta la tua clientela? La mia clientela la vedo rappresentata bene con il personaggio di Benjamin Malaussène: bizzarri, eccentrici e sempre sopra le righe.
A chi vorresti vendere un libro? E quale libro? Vorrei vendere la «Trilogia della città di K.» di Ágota Kristóf a una persona che riuscisse a spiegarmi il finale per scoprire finalmente se lo avevo capito oppure no.

Qual è la domanda più strana che ti è stata fatta? Essendo io una «farmacista letteraria», le persone si confidano molto con me e mi parlano delle cose più strane e bizzarre. Una volta un cliente mi ha scritto una lettera chiedendomi se al mattino bevo il latte.
Qual è la tua libreria preferita nel mondo? E in Italia? La mia libreria preferita in Italia è una libreria di viaggio, On the road a Firenze. Nel mondo la mitica Shakespeare & Co. a Parigi.
Usciti dalla tua libreria bisogna andare assolutamente... dove? A Piazzale Michelangelo, a quindici minuti a piedi dalla libreria.
Cosa trovo da te che non trovo altrove? La Piccola Farmacia Letteraria ha inventato un nuovo modo di catalogare i libri in base alle emozioni: bugiardini personalizzati per ogni libro, soluzioni letterarie per problemi reali!

Tatatà

Via Santa Maria 38 rosso, 50125 Firenze - 055 9367564
www.tatata.it - FB Tatata - IG @InfoTatata
Lo staff dei librai Fiamma e Silvia.
La tua storia in 280 caratteri Tatatà, spazio in Oltrarno, è una libreria indipendente di vicinato, che promuove letture, lab, incontri all'insegna dello slow-life e family-friendly. Tatatà è fatta di anime «in-quiete»: porta libri tra i fiori, sotto alberi secolari, in piazze storiche di Firenze. Anche a pedali.
Che libreria sei, in una sola parola? Indie-nomade.
Qual è il libro che identifica la tua libreria? «L'Onda» di Suzy Lee.
Qual è il personaggio letterario che rappresenta la tua clientela? Elzéard Bouffier («L'uomo che piantava gli alberi» di Jean Giono), «un uomo solo... bastato a far uscire dal deserto un paese».
A chi vorresti vendere un libro? E quale libro? Al sindaco, «Con la cultura non si mangia, FALSO» di Paola Dubini.
Qual è la domanda più strana che ti è stata fatta? Un pittore ha chiesto un rametto di Pothos dalla parete verde per farne talee.
Qual è la tua libreria preferita nel mondo? E in Italia? La piccola

libreria Morioka Shoten Ginza di Tokyo e Tempo Ritrovato Libri a Milano.
Usciti dalla tua libreria bisogna andare assolutamente... dove? A Boboli, per smarrirsi.
Cosa trovo da te che non trovo altrove? «Voyages» di Tony Rice, arrivato dalla Francia per l'incontro di Stefano Faravelli su La Via del Carnet (mesi dopo...).

Todo Modo

Via dei Fossi 15/r, 50123 Firenze
www.todomodo.org
Lo staff dei librai Pietro Torrigiani, Maddalena Fossombroni (libreria). Davide Andretta, Hiroko Kawamoto (uqbar).
La tua storia in 280 caratteri Libreria/enoteca nel cuore di Santa Maria Novella a Firenze. All'interno della libreria, immersi fa i libri (oltre 20000 titoli), si trovano l'enoteca/bistrot Uqbar e lo Zafer, una grande sala lettura con gradoni di legno. Un luogo per incontri, proiezioni e concerti.
Che libreria sei, in una sola parola? Libreria internazionale con bistrot.
Qual è il libro che identifica la tua libreria? La libreria si chiama «Todo Modo»...
Qual è il personaggio letterario che rappresenta la tua clientela? «Alice» di Carroll: i todomodiani sono curiosi, fuggono le banalità, amano i luoghi senza tempo, si ribellano alla dittatura della stupidità.
A chi vorresti vendere un libro? E quale libro? A Woody Allen, «Epepé» di Ferenc Karinthy.
Qual è la domanda più strana che ti è stata fatta? «Scusi, dove si trova la sezione dedicata all'allevamento dell'alpaca?».
Qual è la tua libreria preferita nel mondo? E in Italia? Eterna Cadencia a Buenos Aires. In Italia Todo Modo.
Usciti dalla tua libreria bisogna andare assolutamente... dove? Alla Specola.
Cosa trovo da te che non trovo altrove? 20.000 volumi in libreria, 19.479 titoli differenti. Si trova la bibliodiversità.

FUCECCHIO

Libreria Blume

Via Banti 24, 50054 Fucecchio FI - 0571 1724269
www.libreriablume.it - FB libreria blume - IG @blume_libreria

Lo staff dei librai Francesca Nuti e Sheila Giannotti.
La tua storia in 280 caratteri Libreria indipendente, dal vasto e curato catalogo di libri e giocattoli 0-14 anni per imparare divertendosi. Organizza corsi e laboratori per tutte le età, incontri con specialisti e autori per coltivare piccoli grandi lettori.
Che libreria sei, in una sola parola? Per bambini.
Qual è il libro che identifica la tua libreria? Tutti i libri di Oliver Jeffers.
Qual è il personaggio letterario che rappresenta la tua clientela? Il personaggio letterario che assomiglia ai nostri clienti/bambini è Simone di Stephanie Blake.
A chi vorresti vendere un libro? E quale libro? A tutte quelle persone che ci dicono che non amano leggere. Vorremmo vendere loro una saga come Harry Potter perché è davvero impossibile non appassionarsi e non voler leggere tutti i volumi.
Qual è la domanda più strana che ti è stata fatta? «Avete libri normali?».
Qual è la tua libreria preferita nel mondo? E in Italia? Nel mondo vorremmo visitare molte librerie tipo Monkey See, Monkey Do... Children's Bookstore di New York. In Italia sono tante le librerie belle e interessanti che dirne solo una sarebbe un torto a tutte le altre non citate.
Usciti dalla tua libreria bisogna andare assolutamente... dove? Si deve andare a mangiare una buona bistecca, del tartufo e accompagnarli con del pregiato Chianti.
Cosa trovo da te che non trovo altrove? Un sorriso e una parola gentile per tutti.

GROSSETO

Giunti al Punto di Grosseto

Corso Carducci 67, 58100 Grosseto - 0564 415858
grosseto@giunti.it

Lo staff dei librai Giacomo, Emanuele e Giulia.
La tua storia in 280 caratteri Una libreria appena nata nel centro storico della città, pronta a consigliare nuovi personaggi che possano tenere compagnia a grandi e piccini.
Che libreria sei, in una sola parola? Moderna.
Qual è il libro che identifica la tua libreria? «A volte ritorno» di John Niven, brillante e irriverente.
Qual è il personaggio letterario che rappresenta la tua clientela? Willy Wonka («La fabbrica di cioccolato» di Roald Dahl): eclettico e stravagante sognatore.
A chi vorresti vendere un libro? E quale libro? Vorrei consigliare la lettura di «Wonder» (R.J. Palacio) al mio fratellino, per fargli capire che la diversità è un punto da cui imparare piuttosto che un limite.
Qual è la domanda più strana che ti è stata fatta? Avendo aperto da pochissimo, ancora non abbiamo ricevuto particolari domande, ma senza dubbio arriveranno!
Qual è la tua libreria preferita nel mondo? E in Italia? In Italia, la Libreria Acqua Alta di Venezia, mentre nel mondo senza dubbio la biblioteca del parlamento, in Canada.
Usciti dalla tua libreria bisogna andare assolutamente... dove? A fare un giro sulle mura medicee, elemento storico caratterizzante della nostra città dalle quali si gode di un'ottima vista.
Cosa trovo da te che non trovo altrove? Uno staff di librai giovani e preparati, un sorriso sempre presente e tanti consigli sulle ultime novità e, perché no, anche sui grandi classici.

Librerie.coop Grosseto

Centro commerciale Maremà
Via Ecuador, 58100 Grosseto - 0564 457279
libreria.grosseto@Librerie.coop.it - www.Librerie.coop.it
FB Librerie.coop (Grosseto)

Lo staff dei librai Jacopo, Marta, Francesca, Kety, Janet.
La tua storia in 280 caratteri La libreria nasce nel 2016 all'interno del centro commerciale Maremà. Siamo una libreria di proposta con ampio assortimento e profondità di catalogo. Ci piacciono molto gli editori indipendenti e accogliamo col sorriso i lettori di tutti i tipi e di tutte le età.
Che libreria sei, in una sola parola? Nutriente!
Qual è il libro che identifica la tua libreria? La «Grammatica della fantasia» di Gianni Rodari, perché: «La mente è una sola. La sua creatività va coltivata in tutte le direzioni».
Qual è il personaggio letterario che rappresenta la tua clientela? Capitano Nemo: come l'avventuriero di Verne la nostra clientela esplora con curiosità e indipendenza i tanti mondi che vivono sugli scaffali.
A chi vorresti vendere un libro? E quale libro? A chi ancora non ha scoperto l'amore per i libri. Quello che gli farà scattare la scintilla.
Qual è la domanda più strana che ti è stata fatta? «Avete un settore con i libri brevi?».
Qual è la tua libreria preferita nel mondo? E in Italia? Nel mondo: City Lights Bookstore, San Francisco. In Italia: Libreria Acqua Alta, Venezia.
Usciti dalla tua libreria bisogna andare assolutamente... dove? Al Parco di via Giotto, a leggere all'ombra di uno dei suoi lecci.
Cosa trovo da te che non trovo altrove? Noi: Jacopo con la sua ironia, Marta e Janet con proposte e consigli, Francesca e Kety con allegria e sempre, tutti, con il sorriso.

LIVORNO

Giunti al Punto Livorno

Via Grande 102, 57123 Livorno - 0586 887561
livorno@giunti.it

Lo staff dei librai Giacomo, Omar, Silvia, Elisa, Valentina.

La tua storia in 280 caratteri A metà strada tra il lungomare e il quartiere storico La Venezia, questa libreria in oltre vent'anni di attività ha consigliato e servito tutta la città di Livorno... e non solo! Se siete in viaggio e arrivate in città con la nave, ci troverete a due passi dallo sbarco!

Che libreria sei, in una sola parola? Storica.

Qual è il libro che identifica la tua libreria? «La verità sul caso Harry Quebert» di Joël Dicker.

Qual è il personaggio letterario che rappresenta la tua clientela? Hercule Poirot (di Agatha Christie), mente arguta e sempre pronto a scovare la soluzione ai misteri più intricati!

A chi vorresti vendere un libro? E quale libro? «Il razzismo spiegato a mia figlia» di Tahar Ben Jelloun, per far sì che i bambini di oggi, adulti di domani, contribuiscano a creare un mondo migliore e meno diviso.

Qual è la domanda più strana che ti è stata fatta? «Buongiorno, avete questo libro, il titolo è "Il signore delle Moschee"?». Il cliente cercava in realtà «Il signore delle mosche» di William Golding.

Qual è la tua libreria preferita nel mondo? E in Italia? Nel mondo sicuramente Powell's City of Books a Portland, in Oregon. Per l'Italia invece la Libreria Ambasciatori di Bologna.

Usciti dalla tua libreria bisogna andare assolutamente... dove? A fare una bella passeggiata nel quartiere la Venezia e magari gustarsi un bel cacciucco in uno dei tipici ristoranti lungo i fossi medicei.

Cosa trovo da te che non trovo altrove? Da noi troverai sempre un buon consiglio e un libraio, appassionato come te, con cui magari scambiare commenti e opinioni sulle tue ultime letture! Il nostro motto è: «Il libro giusto al momento giusto!».

Librerie.coop Livorno

Centro commerciale Fonti del Corallo, via Graziani 6, 57121 Livorno - 0586 407072
libreria.livorno@Librerie.coop.it - FB Librerie.coopLivorno
Lo staff dei librai Annalisa B, Annalisa C., Elena, Chiara, Serena, Valentina, Deborah.
La tua storia in 280 caratteri La nostra libreria nasce a maggio 2013 nel centro commerciale Fonti del Corallo e in poco tempo diviene punto di riferimento per tanti clienti della zona e non, che hanno trovato professionalità, assortimento e semplicità...
Che libreria sei, in una sola parola? Familiare.
Qual è il libro che identifica la tua libreria? «L'arte della gioia» di Goliarda Sapienza identifica la libreria e soprattutto noi libraie.
Qual è il personaggio letterario che rappresenta la tua clientela? Vitangelo Moscarda di «Uno, nessuno e centomila», perché la nostra clientela è molto molto varia.
A chi vorresti vendere un libro? E quale libro? A tutti, «Migrazioni e intolleranza» di Umberto Eco.
Qual è la domanda più strana che ti è stata fatta? «Avete i dodici abiti di Chanel?».
Qual è la tua libreria preferita nel mondo? E in Italia? Livraria Lello e Irmão a Porto. Libreria Palazzo Roberti a Bassano del Grappa.
Usciti dalla tua libreria bisogna andare assolutamente... dove? Sulla terrazza Mascagni a leggere.
Cosa trovo da te che non trovo altrove? NOI!

LUCCA

Libreria Fuori Porta

Via Dante Alighieri 154, 55100 Lucca - 0583 495225
www.libreriafuoriporta.com - FB Libreria Fuori Porta
IG @libreriafuoriporta
Lo staff dei librai Pina e Daniela, titolari e sorelle.

La tua storia in 280 caratteri L'idea della libreria è nata nel 2005 fuori dal gate di un aeroporto, al ritorno da un viaggio che ci ha fatto capire cosa volevamo fare nella vita. In pochi mesi l'abbiamo aperta e da allora siamo cresciute con lei.
Che libreria sei, in una sola parola? Di quartiere.
Qual è il libro che identifica la tua libreria? «Curarsi con i libri. Rimedi letterari per ogni malanno», Ella Berthoud e Susan Elderkin.
Qual è il personaggio letterario che rappresenta la tua clientela? «Ma come fa a far tutto?», Kate Reddy. Mamme divise tra famiglia e lavoro fanno le corse per passare: il tempo dedicato ai libri è ben speso.
A chi vorresti vendere un libro? E quale libro? A chi dice che non si può leggere prima dei sei anni vorremmo vendere «Tararì Tararera» di Emanuela Bussolati. Un libro destinato ai più piccoli raccontato in una lingua inventata. Gli adulti si sbizzarriscono intonando frasi bizzarre e mimando espressioni buffe e i bambini sono rapiti e divertiti.
Qual è la domanda più strana che ti è stata fatta? Al telefono: «Salve, io leggo qui "Accademia dei Vampiri", ma in che senso? Organizzate dei corsi?», nel momento del boom di «Twilight» in merito alla recensione di un libro apparsa su un giornale.
Qual è la tua libreria preferita nel mondo? E in Italia? Word On The Water sui canali londinesi, Corso Como a Milano.
Usciti dalla tua libreria bisogna andare assolutamente... dove? Sulle mura di Lucca a leggere distesi su un prato dei tanti baluardi!
Cosa trovo da te che non trovo altrove? Due splendidi gatti per una completa pet-book-therapy.

Libreria Lucca Sapiens

Via Borgo Giannotti 247, 55100 Lucca - 0583 341898 - 388 1628314 - www.luccasapiens.it - info@luccasapiens.it
FB Lucca Sapiens - IG @lucca_sapiens
Lo staff dei librai Caterina Campioni (ragazzi), Ilaria Simoni (narrativa), Adele La Bella (arte e tempo libero), Giacomo Trapani (saggistica).

La tua storia in 280 caratteri Quattro librai di catena, nel 2016 si sono riuniti per creare un progetto nuovo: una libreria con gli stessi servizi delle grandi librerie dei centri città, ma in una zona accessibile, con un'atmosfera familiare e un assortimento orientato esclusivamente alla migliore qualità.
Che libreria sei, in una sola parola? Europea.
Qual è il libro che identifica la tua libreria? «Il tempo ritrovato» di Proust.
Qual è il personaggio letterario che rappresenta la tua clientela? Guglielmo da Baskerville («Il nome della rosa», Eco), perché il nostro intento è cercare di far ancora emozionare i lettori tra i nostri scaffali.
A chi vorresti vendere un libro? E quale libro? Uno qualunque a tutti quelli orgogliosi di dire che per loro leggere un libro è tempo perso.
Qual è la domanda più strana che ti è stata fatta? «Ma voi... vendete anche i libri?».
Qual è la tua libreria preferita nel mondo? E in Italia? Shakespeare & Co. a Parigi e Alfani di Firenze.
Usciti dalla tua libreria bisogna andare assolutamente... dove? Sul divano.
Cosa trovo da te che non trovo altrove? Il libro che non sapevi di cercare.

Libreria Pensieri Belli Lucca

Via Vittorio Veneto 46/48, 55100 Lucca - 0583 1716191
FB Libreria Pensieri Belli Lucca
Lo staff dei librai Martina, Daniele e Federica.
La tua storia in 280 caratteri Nata nel 2015, frutto di uno specialissimo entusiasmo che dura ancora, cominciamo a provare quel solletichino orgoglioso per le quotidiane scelte editoriali, l'impegno nel cercare di seguire i nostri clienti e voler crescere tutti i giorni imparando da tutto, leggendo, leggendo...
Che libreria sei, in una sola parola? Per bambini da 0 a 100 anni.
Qual è il libro che identifica la tua libreria? «Rime di rabbia» di Bruno Tognolini.

Qual è il personaggio letterario che rappresenta la tua clientela? La gallina di «Una zuppa di sasso», Anaïs Vaugelade.
A chi vorresti vendere un libro? E quale libro? A un insegnante delle medie. L'ultima novità della più piccola e più giovane casa editrice italiana, come lettura delle vacanze per i suoi alunni.
Qual è la domanda più strana che ti è stata fatta? «... ma l'annaffiatoio giallo in vetrina quanto viene?».
Qual è la tua libreria preferita nel mondo? E in Italia? Le vogliamo visitare tutte per poi scegliere... In Italia la nostra!
Usciti dalla tua libreria bisogna andare assolutamente... dove? A fare un bel giro delle mura di Lucca, sedendosi su una panchina, sfogliando con il proprio bimbo «Viaggio incantato» di Mitsumasa Anno.
Cosa trovo da te che non trovo altrove? Tanti tanti libri per bambini e adolescenti, scelti e selezionati con attenzione e voglia di sperimentare! E naturalmente... noi librai!

MARINA DI CARRARA

Libreria Nuova Avventura

Via Felice Cavallotti 30, 54033 Marina di Carrara MS
0585 777192
www.librerianuovaavventura.it - FB Libreria Nuova Avventura - IG @libreria_nuova_avventura - YT Libreria Nuova Avventura
Lo staff dei librai Caterina Biso, Enrico Giuliani.
La tua storia in 280 caratteri Nasciamo 10 anni fa: dal centro di Carrara nel 2013 ci spostiamo al mare. Nel tempo lo staff intorno a Caterina, che l'ha aperta, è mutato: invariato rimane l'amore per i libri, il piacere nell'organizzare presentazioni e il gusto nel suggerire il libro adatto a ogni cliente.
Che libreria sei, in una sola parola? Generalista.
Qual è il libro che identifica la tua libreria? «La simmetria dei desideri» di Eshkol Nevo.

Qual è il personaggio letterario che rappresenta la tua clientela? Jim Hawkins: i nostri clienti cercano qualcosa di misterioso e prezioso, il libro giusto da leggere (o regalare) in quel momento.
A chi vorresti vendere un libro? E quale libro? A Jeff Bezos, il creatore di Amazon, per fargli capire che lo sconto sul prezzo di copertina vale meno della competenza e della passione di un bravo libraio, e che non basta un algoritmo per capire i gusti, l'umore e i desideri di un lettore. Il libro? «La mia meravigliosa libreria» di Petra Hartlieb. Il racconto sincero e allegro di com'è la vita e il lavoro di una libraia indipendente.
Qual è la domanda più strana che ti è stata fatta? Una signora è entrata chiedendoci se vendevamo i teli di plastica per coprire i letti.
Qual è la tua libreria preferita nel mondo? E in Italia? Nel mondo la Boekhandel Dominicanen a Maastricht, Olanda: una chiesa gotica sconsacrata da secoli e da qualche anno trasformata in un suntuoso e affascinante tempio dei libri. In Italia sicuramente Todo Modo, a Firenze. Grande assortimento, tanti eventi culturali, cucinano cose deliziose e i due librai, Pietro e Maddalena, sono brillanti, competenti ed entusiasti.
Usciti dalla tua libreria bisogna andare assolutamente... dove? A leggere in spiaggia: è a due passi da noi!
Cosa trovo da te che non trovo altrove? Siamo una delle pochissime librerie lungo la costa settentrionale della Toscana che ha un piccolo ma fornito angolo di cultura e pratica buddista.

ORBETELLO

Cartolibreria Bastogi

Corso Italia 25, 58015 Orbetello GR - 0564 867103
FB Cartolibreria Bastogi
Lo staff dei librai Giorgio Razzoli, Alessandro Giulietti, Marco Carotti.

La tua storia in 280 caratteri Nasce prima degli anni '50 come negozio di cartoleria e giocattoli. Negli anni '90 si trasforma definitivamente in una libreria generalista e cartoleria. Organizza presentazioni di libri ed eventi culturali. Cura da 11 anni la rassegna letteraria «Sotto i platani della Parrina».
Che libreria sei, in una sola parola? Dinamica.
Qual è il libro che identifica la tua libreria? «L'ombra del vento» di Carlos Ruiz Zafón.
Qual è il personaggio letterario che rappresenta la tua clientela? William Stoner: gente ordinaria, ma se illuminata dal giusto lato affascinante, unica, con grandi storie alle spalle, ognuna ancora da raccontare.
A chi vorresti vendere un libro? E quale libro? A Giulio Andreotti, «Il pentimento» di Max Scheler.
Qual è la domanda più strana che ti è stata fatta? «Lei vende anche libri?» (cliente dopo aver girato per dieci minuti in libreria).
Qual è la tua libreria preferita nel mondo? E in Italia? El Ateneo Gran Splendid a Buenos Aires, Argentina. Libreria Palazzo Roberti a Bassano del Grappa.
Usciti dalla tua libreria bisogna andare assolutamente... dove? A casa o in qualsiasi altro luogo, giardino, panchina, spiaggia... a leggere.
Cosa trovo da te che non trovo altrove? Una ordinata confusione, sempre.

PIETRASANTA

Libreria NINA

Via Mazzini 54, 55045 Pietrasanta LU - 0584 70060 - 349 8643700
www.ninalibreria.it - FB Nina Libreria - IG @librerianina
TW @NINAlibreria
Lo staff dei librai Valentina Bertolini, Andrea Geloni.
La tua storia in 280 caratteri Nel 2008 rilevammo una libreria indipendente, senza saperne troppo, pensando che fosse una cosa non dico redditizia ma almeno semplice. Nel giro di poco abbiamo

capito che non era nemmeno semplice, ma che era bellissimo. Dal 2014 siamo in un ex cinema. Non ci si ferma mai.
Che libreria sei, in una sola parola? Femmina.
Qual è il libro che identifica la tua libreria? «La vita davanti a sé» di Romain Gary.
Qual è il personaggio letterario che rappresenta la tua clientela? Neville Paciock (da «Harry Potter» di J.K. Rowling): timido, un po' nerd, ma indomito e risolutivo.
A chi vorresti vendere un libro? E quale libro? A Elsa Morante. Uno dei suoi, per dirle quanto amore c'è adesso per il suo lavoro.
Qual è la domanda più strana che ti è stata fatta? Domanda ricorrente: «Ma i libri sono in vendita?» (da una parte la soddisfazione di essere una bella vetrina, dall'altra il dubbio amletico su quale sarebbe l'alternativa).
Qual è la tua libreria preferita nel mondo? E in Italia? Per Andrea, nel mondo: Gay's the Word di Londra, la libreria la cui storia è raccontata in «Pride». In Italia: la Vicolo Stretto di Catania per com'è e per come diventerà a breve. Per Valentina, nel mondo: Ulysses Rare Books di Dublino, dove ho trovato delle prime edizioni meravigliose. In Italia: Todo Modo di Firenze.
Usciti dalla tua libreria bisogna andare assolutamente... dove? A pranzo da Stefano a Il Giglio, dove a volte trovate il libraio a servire.
Cosa trovo da te che non trovo altrove? Le fascette che dicono cose utili, personalizzate, che raccontano una storia d'amore tra un libro e un libraio.

PIOMBINO

Librerie.coop Piombino

Via Gori 1, 57025 Piombino LI - 0565 221362
libreria.piombino@Librerie.coop.it - FB Librerie.coop (Piombino)
Lo staff dei librai Elena, Chiara, Paola e Marianna.
La tua storia in 280 caratteri Abbiamo aperto nel dicembre del

2008 all'interno di una piccola Coop a Piombino, cittadina in provincia di Livorno. La nostra missione è consigliare il libro più adatto a ogni lettore utilizzando le nostre conoscenze e sfruttando anche i consigli dei nostri clienti.
Che libreria sei, in una sola parola? Di varia iperattiva!
Qual è il libro che identifica la tua libreria? «La storia infinita» (Michael Ende): perché finisce solo se finiscono i lettori.
Qual è il personaggio letterario che rappresenta la tua clientela? I vecchini del «BarLume» (Marco Malvaldi)... Motivo? Per tutto, simpatia, spontaneità e... testardaggine.
A chi vorresti vendere un libro? E quale libro? A tutti i bambini di Piombino... «Piccolo blu e piccolo giallo» (Leo Lionni), perché racconta la magia dell'integrazione con chi è diverso da noi.
Qual è la domanda più strana che ti è stata fatta? «Mio figlio deve leggere il libro "Il giardino dei finti scontrini". Lo avete?».
Qual è la tua libreria preferita nel mondo? E in Italia? Fogola a Pisa. Non siamo mai uscite dall'Italia.
Usciti dalla tua libreria bisogna andare assolutamente... dove? Su una panchina in piazza Bovio (piazza più bella d'Italia) con un libro appena acquistato da noi.
Cosa trovo da te che non trovo altrove? La familiarità...

PISA

Libreria dei Ragazzi

Via San Francesco 99, 56127 Pisa - 0505 42686
www.libreriadeiragazzi.it - FB Libreria dei ragazzi
Lo staff dei librai Raoul Di Gioacchino, Dario Papini.
La tua storia in 280 caratteri Vivo a Pisa, dove si trova la Libreria dei Ragazzi, dicono che sia lì da prima che io nascessi, insomma da sempre, dal 1975. Raoul e Dario sono speciali perché sanno leggere. Sanno leggere nel cuore e negli occhi di tutti i bambini del mondo e trovano sempre il libro adatto a te.

Che libreria sei, in una sola parola? Per bambini.
Qual è il libro che identifica la tua libreria? «I fantastici libri volanti di Mr. Morris Lessmore» di William Joyce.
Qual è il personaggio letterario che rappresenta la tua clientela? Tom Sawyer.
A chi vorresti vendere un libro? E quale libro? A Gianni Rodari un libro di poesie di Tognolini.
Qual è la domanda più strana che ti è stata fatta? «Posso regalare un libro a un bambino che non sa leggere?».
Qual è la tua libreria preferita nel mondo? E in Italia? The Shop Around the Corner (dal film «C'è posta per te»).
Usciti dalla tua libreria bisogna andare assolutamente... dove? La seconda cosa da vedere a Pisa è Piazza dei Miracoli.
Cosa trovo da te che non trovo altrove? Esperienza, la nostra è una delle librerie più antiche d'Italia.

Libreria Fogola

Corso Italia 82, 56125 Pisa - 050 502547
FB Libreria Fogola Pisa - IG @libreria.fogola
Lo staff dei librai Monica, Simona, Eva e Alessia.
La tua storia in 280 caratteri Libreria dove lavorano sole donne, appassionate lettrici con un grande amore per i libri cartacei. La professionalità, la passione, la ricerca costante di belle storie da consigliare ai lettori, fanno la nostra forza. È stata chiamata la libreria stregata, in senso buono, ed è vero.
Che libreria sei, in una sola parola? Storica.
Qual è il libro che identifica la tua libreria? «Un albero cresce a Brooklyn» di Betty Smith.
Qual è il personaggio letterario che rappresenta la tua clientela? Più che letterario, cinematografico: «C'è posta per te». La libraia Kathleen Kelly è un personaggio amatissimo dagli appassionati di libri.
A chi vorresti vendere un libro? E quale libro? A chi non legge... e farlo innamorare della lettura con «Stoner» di John Williams.
Qual è la domanda più strana che ti è stata fatta? «Salve, avete i libri

da arredamento? Quelli solo con la copertina? Sa, io non leggo ma ho comprato una libreria e la volevo riempire!».
Qual è la tua libreria preferita nel mondo? E in Italia? Nel mondo El Ateneo Grand Splendid, Buenos Aires, Argentina. In Italia Palazzo Roberti a Bassano del Grappa.
Usciti dalla tua libreria bisogna andare assolutamente... dove? Assolutamente a immergersi nella lettura della storia che ti abbiamo appena consigliato!
Cosa trovo da te che non trovo altrove? La gentilezza, l'esperienza, la passione, l'amore per la lettura e, soprattutto, la voglia e la speranza di invogliare persone che non leggono a LEGGERE, aprirli alla meraviglia della lettura!

Libreria Ghibellina

Borgo Stretto 37, 56127 Pisa
FB Libreria Ghibellina Pisa
Lo staff dei librai Paola Bertini, Rimedia Deffenu e Maria Minutillo. Della società farà parte anche Lina Deffenu, che però fa la libraia a Friburgo, in Svizzera.
La tua storia in 280 caratteri La Libreria Ghibellina nasce tra '800 e '900, anche se con altri nomi. È la più antica libreria indipendente a Pisa ancora attiva. È rinata nel 2013 grazie alla passione di due ex libraie di catena. Da anni organizza le rassegne letterarie «Scrittori in Borgo» e «Versi in Borgo».
Che libreria sei, in una sola parola? Libreria Indipendente Storica.
Qual è il libro che identifica la tua libreria? Il Libro identifica la Ghibellina, essendo essa appunto una libreria pura; non vendiamo niente che non sia libro.
Qual è il personaggio letterario che rappresenta la tua clientela? Da «Una solitudine molto rumorosa» di Hrabal: operaio addetto al macero di vecchi volumi e riviste, in ogni pacco infila un'opera che ha amato.
A chi vorresti vendere un libro? E quale libro? Vorrei poter regalare un libro a chiunque non ami la lettura e fargli cambiare idea.
Qual è la domanda più strana che ti è stata fatta? Non ricordo le ri-

chieste assurde ma mi ricordo di più le parole di un lettore che ha accolto un mio consiglio con entusiasmo e ritorna a chiedermelo.
Qual è la tua libreria preferita nel mondo? E in Italia? La Shakespeare & Co. perché avrei voluto anche io incontrare gli scrittori che sono passati di lì, e poi Sylvia Beach, libraia illuminata, è stata la prima a pubblicare «Ulysses». In Italia ho stima di Teresa Stefanetti della Libreria del Corso di Trapani.
Usciti dalla tua libreria bisogna andare assolutamente... dove? A casa, a cercare una poltrona comoda dove iniziare a leggere.
Cosa trovo da te che non trovo altrove? Alla Ghibellina c'è una cura del catalogo quotidiana e un'attenzione al lettore che ormai è difficile trovare.

Libreria Pellegrini

Via Curtatone e Montanara 5, 56126 Pisa - 050 2200024
info@libreriapellegrini.it - www.libreriapellegrini.it
FB Libreria Pellegrini
Lo staff dei librai Massimo Trocchi, 44 anni; Angelo Chiani, 45 anni; Nicola Cervelli, 60 anni.
La tua storia in 280 caratteri Aperta nel 1948 da Giordano Pellegrini, è la più antica libreria pisana in attività. Affermatasi come libreria universitaria, giuridica e tecnico scientifica, vanta oggi anche un importante assortimento di testi umanistici e di narrativa. Organizza numerosi eventi editoriali.
Che libreria sei, in una sola parola? Storica.
Qual è il libro che identifica la tua libreria? «Fine pena: ora» di Elvio Fassone.
Qual è il personaggio letterario che rappresenta la tua clientela? Don Chisciotte e Sancho Panza, le cui anime convivono nella personalità dell'universitario, del ricercatore, e del lettore cosiddetto «forte».
A chi vorresti vendere un libro? E quale libro? A tutti coloro che ancora mantengono l'umiltà di mettersi in discussione e la curiosità di scoprire il mondo... quasi ogni libro va bene.

Qual è la domanda più strana che ti è stata fatta? Giovane universitario livornese richiede copia de «La Repubblica» di Aristotele. Alla risposta: «Spiacente, l'edizione che cerchi è in ristampa», esclama domandando: «... ora te mi devi dì... come è possibile che Aristotele è morto da 2500 anni e ancora fa il tutto esaurito?». Genio.
Qual è la tua libreria preferita nel mondo? E in Italia? In Italia: Libreria Rinascita ad Ascoli Piceno. Nel mondo? Ci riserviamo di rispondere per la seconda edizione del libro, dopo averlo girato, il mondo.
Usciti dalla tua libreria bisogna andare assolutamente... dove? In piazza dei Miracoli, passando per via della Faggiola, dove Giacomo Leopardi rifiorì e visse per quasi due anni. Ebbe a scrivere: a Pisa «... cangiato il mondo appar» («Il risorgimento»). Peccato che le abitazioni non siano visitabili e musealizzate. Visibile solo una targa in memoria della sua presenza in città. Sostare un momento, e proseguire verso la torre.
Cosa trovo da te che non trovo altrove? Rivenditori esclusivi in città delle edizioni Henry Beyle e De Piante. Scritti inediti, vere e proprie piccole opere d'arte editoriali.

PISTOIA

*la*Feltrinelli

Via degli Orafi 31, 51100 Pistoia - 02 91947777
Lo staff dei librai Paola, Simone, Benedetta, Deborah e Giuseppe.
La storia della libreria in 280 caratteri La libreria nasce nel 2011. La nostra storia è in fondo la storia della nostra clientela: negli anni si è creato un nucleo di clienti affezionati che hanno stretto con noi un rapporto magico, e ogni cliente ha scelto il proprio libraio di fiducia.
Che libreria sei in una sola parola? Di qualità.
Qual è il libro che identifica la tua libreria? «La vita davanti a sé» di Romain Gary. È un libro che ci consigliò un nostro collega du-

rante l'allestimento della libreria, lo abbiamo letto tutti, a tutti è piaciuto, ed è quasi un collante per il nostro gruppo, ha creato un gusto comune.
Quale è il personaggio letterario che rappresenta la tua clientela? Don Chisciotte della Mancia, perché sognatore, folle. A volte comico, capace di sovrapporre la propria visione fantastica della vita alle banalità.
A chi vorresti vendere un libro? E quale? A qualsiasi giovane intelligente vorrei consigliare di leggere «Odio gli indifferenti» di Gramsci. Perché l'indifferenza, parafrasando Gramsci, opera nella storia, passivamente, ma opera, e i giovani devono prendere parte attivamente alla costruzione del loro futuro.
Qual è la domanda più strana che ti è stata fatta? «Cosa si può fare se il proprio figlio non vuole leggere?»... Rinnegarlo?
Qual è la tua libreria preferita nel mondo? E in Italia? Nel mondo Shakespeare & Co., Parigi. In Italia Libreria Acqua Alta a Venezia.
Usciti dalla libreria bisogna andare assolutamente dove? In piazza della Sala dove c'è un fantastico mercato di frutta e verdura, dai colori vivacissimi e sgargianti che cambiano assecondando le stagioni, e che letterariamente suggerisce un azzardato rimando al mercato di piazza Vittorio a Roma, sul quale sono state scritte le più belle pagine della letteratura italiana, dal geniale Gadda. E poi per essere più profani un salto doveroso al mitico ristorante La bottegaia sempre in piazza della Sala.
Cosa trovo da te che non trovo altrove? Autenticità, passione e spesso anche risate. Oltre a un fantastico lucernario dal quale filtra la luce del sole, inondando la sala centrale di colore.

Les Bouquinistes

Via dei Cancellieri 5, 51100 Pistoia - 0573 764853 - 328 7432522
www.lesbouquinistes.wordpress.com - FB Les Bouquinistes
IG @lesbouquinistes - TW @ibuchinisti
Lo staff dei librai È nata con Sergio Salabelle e Elena Zucconi. È rimasta Elena con molti amici che l'aiutano.

La tua storia in 280 caratteri Siamo nati in un fondo di 12 metri quadri con solo libri usati, la nostra passione. Poi ci siamo trasferiti nella sede attuale che ci ha consentito di ospitare molte presentazioni con autori, dare vita a iniziative culturali e proporre un doppio catalogo di libri nuovi e usati.
Che libreria sei, in una sola parola? Buchinista!
Qual è il libro che identifica la tua libreria? «La vita, istruzioni per l'uso» di Georges Perec.
Qual è il personaggio letterario che rappresenta la tua clientela? Leopold Bloom («Ulisse», James Joyce).
A chi vorresti vendere un libro? E quale libro? A Georges Perec vorrei vendere «Raymond Isidore e la sua cattedrale» di Edgardo Franzosini.
Qual è la domanda più strana che ti è stata fatta? Una in questo questionario: di identificare la mia clientela con un personaggio letterario.
Qual è la tua libreria preferita nel mondo? E in Italia? Shakespeare & Co. di Parigi. Lettera 22 di Viareggio, anche per la forte amicizia con le libraie.
Usciti dalla tua libreria bisogna andare assolutamente... dove? Al Caffè da Armando a mangiare le paste.
Cosa trovo da te che non trovo altrove? Il vento della Senna in un vicolo pistoiese.

Libreria del Globo

Via Buozzi 25, 51100 Pistoia - 0573 1943603
FB Libreria del Globo
Lo staff dei librai Rita Stilli, Massimo Mantelli, Carlo Quartieri.
La tua storia in 280 caratteri Nasce dalla fusione di due importanti realtà cittadine: la Edison e la Baba Jaga. Oltre a un bar, raccoglie libri nuovi a metà prezzo: punto di riferimento per gli appassionati di remainder e rarità. Si alternano autori e saggisti per proporre i loro lavori e colloquiare coi lettori.
Che libreria sei, in una sola parola? Alternativa.

Qual è il libro che identifica la tua libreria? «Il Circolo Pickwick» di Charles Dickens.
Qual è il personaggio letterario che rappresenta la tua clientela? Il Faust.
A chi vorresti vendere un libro? E quale libro? Vorremmo vendere «L'Italia abbandonata» al presidente del Consiglio.
Qual è la domanda più strana che ti è stata fatta? Se vendiamo libri.
Qual è la tua libreria preferita nel mondo? E in Italia? La libreria preferita nel mondo e in Italia è la Hoepli di Milano.
Usciti dalla tua libreria bisogna andare assolutamente... dove? A casa a leggere.
Cosa trovo da te che non trovo altrove? «Il Capitale» di Marx in sette volumi della Peruzzo Editore.

PONTASSIEVE

Libreria Fortuna

Via Garibaldi 6 50065 Pontassieve FI
www.libreriafortuna.it
Lo staff dei librai Aldo Fortuna, Chiara Leoncini, Valentina Taranto.
La tua storia in 280 caratteri Abbiamo aperto la libreria nel dicembre 2010 sotto un'eccezionale nevicata! Siamo tre cognati con decennale esperienza da librai, in tre riusciamo a mettere insieme uno stipendio, ma finché ci basta non cambieremmo il nostro lavoro con niente.
Che libreria sei, in una sola parola? Suggeritrice.
Qual è il libro che identifica la tua libreria? «Chi me l'ha fatta in testa?» di Werner Holzwarth.
A chi vorresti vendere un libro? E quale libro? Al negoziante mio vicino che compra sempre e solo biglietti d'auguri.
Qual è la domanda più strana che ti è stata fatta? «Ma i libri che avete qui sono anche in vendita?».
Qual è la tua libreria preferita nel mondo? E in Italia? Le piccolissime librerie dell'usato, ovunque!

Usciti dalla tua libreria bisogna andare assolutamente... dove? In biblioteca, la nostra a Pontassieve è sempre piena di iniziative nuove per grandi e piccini.
Cosa trovo da te che non trovo altrove? Noi!

PONTEDERA

Libreria Roma - Ubik Pontedera

Via Misericordia, 18 56025 Pontedera PI - 0587 52446
FB Libreria Roma - Ubik Pontedera
IG @libreriaroma_ubikpontedera
Lo staff dei librai Chiara Argelli e Sara Petrognani.
La tua storia in 280 caratteri Dal teatro ai libri sempre alla ricerca di un altrove, questa è stata la spinta di partenza di un'anima inquieta e curiosa. Una libreria dove anche i muri respirano le parole e le suggestioni di poeti, di artisti in erba, di giovani lettori e di molte persone che ci aiutano a crescere.
Che libreria sei, in una sola parola? Spiazzante.
Qual è il libro che identifica la tua libreria? «La quarta parete» di Sorj Chalandon, perché tra i libri e il lettore oppure tra il libraio e il pubblico c'è sempre quella parete invisibile e permeabile, che è la giusta distanza per far respirare la mente e permettere a ognuno di creare la sua riflessione.
Qual è il personaggio letterario che rappresenta la tua clientela? I protagonisti de «Le affinità elettive»: è la prima immagine che ci è venuta in mente, perché c'è uno scambio continuo di passioni e interessi.
A chi vorresti vendere un libro? E quale libro? Alle persone che credono di non avere più il tempo di riflettere vorremmo vendere «Il barone rampante», per mantenere viva una sana ribellione, «Moby Dick», «Le metamorfosi» di Ovidio, «La cena» di Herman Koch o «Friday Black» di Nana Kwame Adjei-Brenyah, un libro estremamente contemporaneo.

Qual è la domanda più strana che ti è stata fatta? «Avete lo stesso libro, però nella versione per maschi?».
Qual è la tua libreria preferita nel mondo? E in Italia? City Lights di San Francisco e Ultima Spiaggia di Ventotene.
Usciti dalla tua libreria bisogna andare assolutamente... dove? A bersi un buon bicchiere di vino al Giradischi e poi a vedere un film d'essai al cinema Agorà.
Cosa trovo da te che non trovo altrove? L'inviolabile gentilezza, i materiali artistici della Sennelier Paris e una libraia che fa reading, in special modo di «Urlo» di Allen Ginsberg.

PORTOFERRAIO

La Libreria Stregata

Via Carducci 164, 57037 Portoferraio LI - 0565 1930464
www.libreriastregata.it - FB La Libreria Stregata
Lo staff dei librai Cristina Servolini e Marco Peruzzi.
La tua storia in 280 caratteri Concepiamo una libreria in cui si consiglia, si parla e si può discutere di tutto, confrontandosi anche con gli altri clienti, scambiandosi letture e opinioni, facendo girare la mente.
I nostri clienti, locali e da tutto il mondo, sono affascinati dall'«aria» che si respira qui.
Che libreria sei, in una sola parola? Di consiglio.
Qual è il libro che identifica la tua libreria? Il libro è naturalmente «La libreria stregata» di Christopher Morley. È proprio questo volumetto a darci il nome. È un piacevole intrigo in una libreria di Brooklyn a fine Ottocento, la cui essenza pensiamo dovrebbe esistere anche nelle librerie moderne di oggi.
Qual è il personaggio letterario che rappresenta la tua clientela? Il giovane Holden: introspettiva, spiritosa e a volte anche un po' cinica.
A chi vorresti vendere un libro? E quale libro? La mia missione è vendere un libro a chi non ha imparato ad amarli, far scattare la

passione della lettura nei ritrosi, negli indolenti. Quando ci riesco è una vittoria trionfale, perché c'è una scintilla in ognuno di noi: va solo accesa!
Qual è la domanda più strana che ti è stata fatta? Ce ne sono state migliaia e ci si potrebbe scrivere un libro. Ma non me ne viene in mente nessuna!
Qual è la tua libreria preferita nel mondo? E in Italia? La mia libreria preferita è la Shakespeare & Co. a Parigi. Un sogno. In Italia c'erano magnifiche librerie, che purtroppo adesso non ci sono più. Adoravo la Seeber in via Tornabuoni a Firenze.
Usciti dalla tua libreria bisogna andare assolutamente... dove? Al mare o a casa a leggere i libri che si sono comprati!
Cosa trovo da te che non trovo altrove? Questa è una domanda che ha un po' di presunzione. Vi dirò quello che mi dicono i lettori clienti. «Qui troviamo gentilezza e professionalità, consigli sempre mirati a ognuno di noi, simpatia e un ottimo servizio nel procurare libri che non sono presenti». Crediamo nel potere terapeutico della lettura, e cerchiamo di esporre libri per ogni fascia di gusto.

PRATO

Giunti al Punto di Prato

Corso Mazzoni 27, 59100 Prato - 0574 440821
prato@giunti.it
Lo staff dei librai Miky, Simone, Giulia, Emanuele e Giovanni.
La tua storia in 280 caratteri La libreria della città, in pieno centro, nella via dello shopping che collega piazza Duomo a piazza del Comune. Situata nei locali dell'ex cinema Centrale, siamo presenti da oltre vent'anni e abbiamo appena riaperto dopo una ristrutturazione che esalta ancora di più la struttura.
Che libreria sei, in una sola parola? Storica.
Qual è il libro che identifica la tua libreria? «Shantaram» di Gregory David Roberts.

Qual è il personaggio letterario che rappresenta la tua clientela? Curzio Malaparte, pratese come noi, disponiamo anche di alcuni titoli ormai fuori catalogo che è possibile trovare solo da noi.
A chi vorresti vendere un libro? E quale libro? A tutti, a ognuno il libro giusto!
Qual è la domanda più strana che ti è stata fatta? «Non siete aperti 24 ore su 24? Su Amazon posso acquistare anche di notte!».
Qual è la tua libreria preferita nel mondo? E in Italia? L'ex libreria Edison di Firenze.
Usciti dalla tua libreria bisogna andare assolutamente... dove? A casa a leggere il libro appena acquistato!
Cosa trovo da te che non trovo altrove? La frutta secca Noberasco.

Libreria Cartoleria Gori

Via Ricasoli 26, 59100 Prato - 0574 22061
libreriagoriprato@gmail.com - FB Libreria Cartoleria Gori Prato - IG @libreriagori_prato
Lo staff dei librai Sandra e Giulio: madre e figlio.
La tua storia in 280 caratteri Ho iniziato a sognare di aprire una libreria, ne parlavo spesso a un amico libraio. Un giorno mi disse: «Hai letto che la storica Libreria Gori cerca un nuovo libraio?». Il figlio del fondatore voleva andare in pensione, io mi son detta: «Faccio questa pazzia», e l'ho fatta.
Che libreria sei, in una sola parola? Storica. Indipendente. Unica. Un piccolo salotto letterario per grandi e piccini.
Qual è il libro che identifica la tua libreria? «Le nostre anime di notte» di Kent Haruf, perché è stato uno dei primi libri poggiato sugli scaffali restaurati per la riapertura della libreria.
Qual è il personaggio letterario che rappresenta la tua clientela? La bambina del libro «L'onda» di Suzy Lee.
A chi vorresti vendere un libro? E quale libro? A chiunque abbia voglia di scoprire una storia, un viaggio, un'emozione attraverso un libro e che poi ne abbia cura.
Qual è la domanda più strana che ti è stata fatta? «Vorrei un libro

che avevate qualche mese fa in vetrina, non mi ricordo l'autore e nemmeno il titolo! Forse aveva la copertina rossa...».
Qual è la tua libreria preferita nel mondo? E in Italia? Shakespeare & Co. a Parigi. In Italia molte che ancora ci sono e altre che sono solo nei ricordi.
Usciti dalla tua libreria bisogna andare assolutamente... dove? A leggere... magari sotto un albero o in poltrona a casa o al tavolino di un caffè.
Cosa trovo da te che non trovo altrove? Noi; libri, albi illustrati, libri sul territorio, libri professionali; tante persone che amano i libri; autori; artisti; oggetti d'arte, fotografie, oggetti fatti da artigiani, in un ambiente storico restaurato, dalle luci soffuse per prendersi del tempo per se stessi sfogliando libri. Come nel salotto di casa.

SANSEPOLCRO

Libreria del Frattempo

Viale Diaz 2 int. 4, 52037 Sansepolcro AR - 0575 750321
info@libreriadelfrattempo.it - www.libreriadelfrattempo.it
FB Libreria del Frattempo
Lo staff dei librai Laura Senesi, titolare.
La tua storia in 280 caratteri È una piccola libreria indipendente, con un'ampia scelta e tanta attenzione all'editoria per l'infanzia. Amiamo vendere libri ma accogliamo presentazioni, laboratori, concerti. E quando lasciamo le nostre amorevoli mura collaboriamo con istituzioni e associazioni in festival ed eventi.
Che libreria sei, in una sola parola? Personocentrica.
Qual è il libro che identifica la tua libreria? «Il giardino segreto» di Frances Hodgson Burnett.
Qual è il personaggio letterario che rappresenta la tua clientela? «Il gatto e il cappello matto» del Dr. Seuss.
A chi vorresti vendere un libro? E quale libro? Mi piacerebbe mol-

to vendere «L'ultimo elfo» di Silvana de Mari a Matteo Salvini. Chissà se impara qualcosa.
Qual è la domanda più strana che ti è stata fatta? Ci hanno chiesto se avevamo un reparto per l'alimentazione delle iguane.
Qual è la tua libreria preferita nel mondo? E in Italia? Shakespeare & Co. a Parigi e in Italia La Scatola Lilla della mia amica Cristina Di Canio.
Usciti dalla tua libreria bisogna andare assolutamente... dove? A passeggio per le strade medievali di Sansepolcro, a visitare i luoghi con le opere di Piero della Francesca e a mangiare nei ristorantini del posto.
Cosa trovo da te che non trovo altrove? Tanta voglia di far scoprire ai clienti la bellezza del leggere e del sognare. Il nostro è uno spazio accogliente che ospita spesso visite dei bambini delle scuole, ma anche dove una mamma può trovare un fasciatoio e un divanetto per allattare il suo bambino. Non siamo affiliati a nessuna catena, e questo ci consente di poter offrire attenzioni che i «grandi» non potrebbero regalarti!

SESTO FIORENTINO

Libreria Rinascita

Via Gramsci 334, 50019 Sesto Fiorentino FI - 055 440107
info@rinascitasesto.it - FB Libreria Rinascita Sesto Fiorentino - IG @rinascitasesto
Lo staff dei librai Francesca, Stefania, Betty, Massimo e Marta.
La tua storia in 280 caratteri La libreria nasce nel 1960, da una biblioteca della sezione del Pci, e prosegue da allora il suo cammino cambiando aspetto e ragione sociale, ma rimanendo fedele ai suoi principi e continuando a rappresentare per la città un punto di riferimento culturale e sociale.
Che libreria sei, in una sola parola? Storica.
Qual è il libro che identifica la tua libreria? «L'arte della gioia» di Goliarda Sapienza.

Qual è il personaggio letterario che rappresenta la tua clientela? Anna, il personaggio di «Atti osceni in luogo privato» di Missiroli, per la sua passione nei confronti della cultura, dei libri e della vita.
A chi vorresti vendere un libro? E quale libro? Vorrei vendere a tutti gli uomini che non comprano mai un libro scritto da una donna «Orgoglio e pregiudizio» di Jane Austen.
Qual è la domanda più strana che ti è stata fatta? «Avete dei libri di una collana che abbiano questo colore, che si intona particolarmente bene con i mobili del mio salotto?».
Qual è la tua libreria preferita nel mondo? E in Italia? Per quel poco che abbiamo girato direi che la libreria preferita nel mondo è la City Lights Bookstore di San Francisco. In Italia qualche anno fa avrei detto altre, ma oggi dico la nostra!
Usciti dalla tua libreria bisogna andare assolutamente... dove? Direi di andare in un bellissimo parco o giardino a leggere il libro appena comprato.
Cosa trovo da te che non trovo altrove? Mah... direi solo NOI!

SIENA

Libreria Senese

Via di Città 62/66, 53100 Siena - 0577 280845
www.libreriasenese.it - FB Libreria Senese
Lo staff dei librai Filippo primo, Silvia, Roberta, Filippo secondo, Eleonora.
La tua storia in 280 caratteri Nel 1974 i nostri genitori lasciano il proprio impiego da commessi librai e aprono la loro libreria nel centro storico. Inizialmente non mancano le difficoltà ma col tempo le cose iniziano ad andar bene e nel 1987 anche noi figli entriamo con entusiasmo a far parte dello staff.
Che libreria sei, in una sola parola? Storica.
Qual è il libro che identifica la tua libreria? «L'uomo che piantava gli alberi» di Jean Giono.

Qual è il personaggio letterario che rappresenta la tua clientela? Firmino, perché i nostri clienti amano masticare parole scritte nella carta, è una forma di dipendenza, e come il topino adorano anche noi librai.
A chi vorresti vendere un libro? E quale libro? «Siena la città del Palio» di Mario Verdone. Da regalare a chi giudica il Palio senza conoscerlo.
Qual è la domanda più strana che ti è stata fatta? «Dove è il reparto di agricoltura medievale?».
Qual è la tua libreria preferita nel mondo? E in Italia? La Livraria Lello e Irmão a Porto in Portogallo. In Italia la nostra. Perché è casa.
Usciti dalla tua libreria bisogna andare assolutamente... dove? Scendere in Piazza del Campo con un libro e assaporarne la lettura seduti in un caffè all'aperto all'ombra della Torre del Mangia. Si respira la storia.
Cosa trovo da te che non trovo altrove? Un vasto settore di libri di storia e arte locale che nel tempo ci ha regalato tanti clienti provenienti da tutto il mondo innamorati della nostra città.

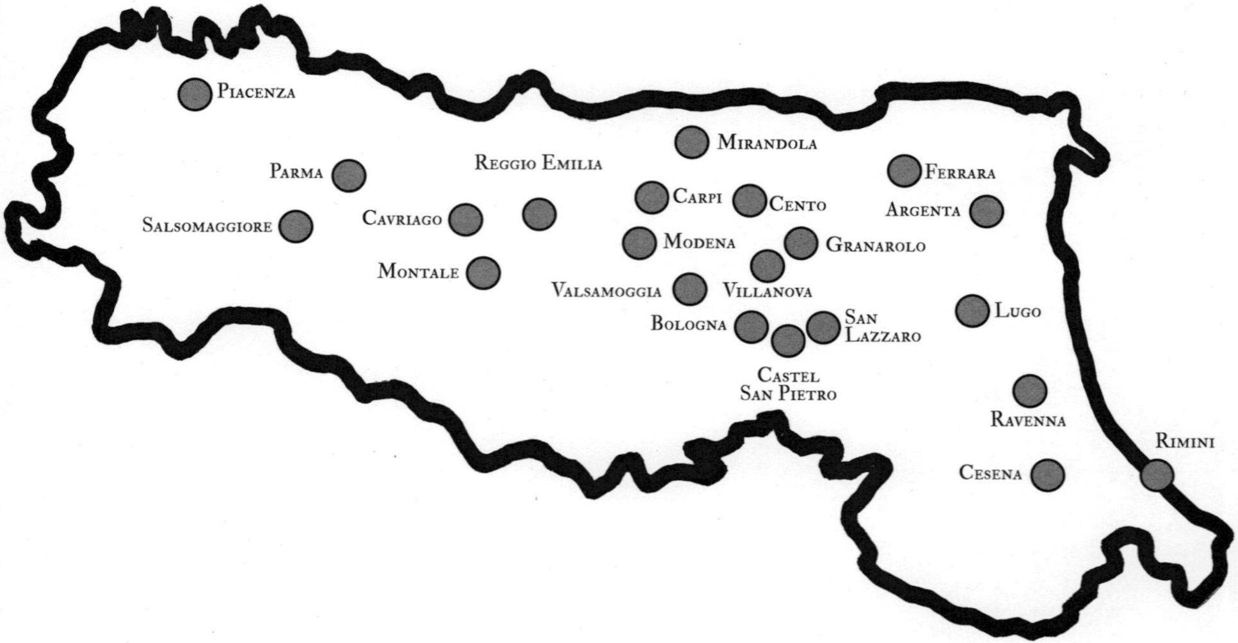
Piacenza
Parma
Salsomaggiore
Reggio Emilia
Cavriago
Montale
Mirandola
Carpi
Cento
Modena
Granarolo
Valsamoggia
Villanova
Bologna
San Lazzaro
Castel San Pietro
Ferrara
Argenta
Lugo
Ravenna
Cesena
Rimini

Emilia-Romagna

ARGENTA
Giralibri

BOLOGNA
La confraternita dell'uva //
Libreria - Cafè - Wine Bar
*la*Feltrinelli
Libreria Giannino Stoppani
Librerie.coop Ambasciatori
Librerie.coop Fico
Librerie.coop Lame
Librerie.coop Zanichelli
Libreria Libraccio
Libreria Trame
Mondadori Bookstore
Spazio «Libri scelti per voi» da
Librerie.coop
Ubik Irnerio

CARPI
Mondadori Bookstore Carpi
Spazio «Libri scelti per voi» da
Librerie.coop

CASTEL SAN PIETRO
TERME
Libreria Atlantide

CAVRIAGO
Giocolibreria Semola

CENTO
Libreria Albatros

CESENA
Giunti al Punto Cesena
Librerie.coop Cesena

FERRARA
Giunti al Punto di Ferrara
Spazio «Libri scelti per voi» da
Librerie.coop Ipercoop il
castello
Spazio «Libri scelti per voi» da
Librerie.coop Ipercoop Le
Mura

GRANAROLO
Libreria Biblion

IMOLA
Il Mosaico Libreria dei Ragazzi e
Fumetteria
Librerie.coop Imola

LUGO
Librerie.coop Lugo

MIRANDOLA
Spazio «Libri scelti per voi» da Librerie.coop

MODENA
Piccole Abitudini
Spazio «Libri scelti per voi» da Librerie.coop Extracoop Grandemilia
Spazio «Libri scelti per voi» da Librerie.coop Ipercoop I Portali

MONTALE
Librerie.coop Piacenza

PARMA
Futurino & C. Libreria per ragazzi
*la*Feltrinelli Village Parma
Libreria Athenaeum
Libreria Diari di bordo
Libreria Fiaccadori
Librerie.coop Parma
Libri e formiche, la libreria dei ragazzi di Parma
Mondadori Bookstore Parma Balestrieri
Spazio «Libri scelti per voi» da Librerie.coop

PIACENZA
Libreria Fahrenheit 451

RAVENNA
Librerie.coop Ravenna
Libreria Dante di Longo
Momo Libreria per Ragazzi

REGGIO EMILIA
Libreria All'Arco
Librerie.coop Reggio Emilia

RIMINI
Libreria Riminese
Viale dei Ciliegi 17

SALSOMAGGIORE TERME
Libreria Ubik Romagnosi

SAN LAZZARO DI SAVENA
Libreria sQuiLibrai

VALSAMOGGIA
Libreria CartaBianca

VILLANOVA DI CASTENASO
Librerie.coop Nova

ARGENTA

Giralibri

Via G. Matteotti 38C, 44011 Argenta FE - 0532 804579
info@giralibri.it - www.giralibri.it - FB Giralibri
IG @giralibri - TW @giralibri

Lo staff dei librai Gianluca Battisti, proprietario e libraio.
La tua storia in 280 caratteri Lavoravo in un teatro di città e ho aperto una libreria in provincia. In Emilia-Romagna, come del maiale, della cultura non si butta via niente.
Che libreria sei, in una sola parola? Colorata.
Qual è il libro che identifica la tua libreria? «Sessanta racconti» di Dino Buzzati.
Qual è il personaggio letterario che rappresenta la tua clientela? Eleanor Oliphant, la maggioranza della mia clientela è costituita da donne che come Eleanor sono un po' strane ma hanno un grande cuore.
A chi vorresti vendere un libro? E quale libro? A tutte le maestre, «Il trattamento Ridarelli» di Roddy Doyle.
Qual è la domanda più strana che ti è stata fatta? «Quanto costa la villetta in via Napoli?» (la mia libreria è a fianco di un'agenzia immobiliare). O, più pertinente, «Vorrei un libro per una persona che non legge».
Qual è la tua libreria preferita nel mondo? E in Italia? Non ho una

libreria preferita nel mondo, in Italia sono molto legato a una libreria che non c'è più.
Usciti dalla tua libreria bisogna andare assolutamente... dove? Usciti da Giralibri bisogna andare al parco della Pieve di San Giorgio (569 d.C.), magari dopo essere passati alla pasticceria Gualandi per un buon pasticcino.
Cosa trovo da te che non trovo altrove? Qualcuno che ti ascolti e che ti racconti una storia. Un libraio su misura per cent'anni di felicità.

BOLOGNA

La confraternita dell'uva // Libreria - Cafè - Wine Bar

Via Cartoleria 20b, 40124 Bologna - 371 1091099
FB La confraternita dell'uva // Libreria - Cafè - Wine Bar
Lo staff dei librai Giorgio Santangelo.
La tua storia in 280 caratteri Vi proponiamo quello che ci piace! Il nostro amore per la letteratura si riversa nella selezione di libri, scelti tra le più interessanti case editrici indipendenti. Narrativa, saggistica, fumetti o libri per bambini, l'obiettivo è far emozionare il lettore come ci siamo emozionati noi.
Che libreria sei, in una sola parola? Di proposta.
Qual è il libro che identifica la tua libreria? «La confraternita dell'uva» di John Fante.
Qual è il personaggio letterario che rappresenta la tua clientela? Arturo Bandini, giovane e ribelle, non sa ancora cosa cerca ma sa di essere alla ricerca di qualcosa.
A chi vorresti vendere un libro? E quale libro? «Chiedi alla polvere» di Fante, a ogni ventenne alla ricerca del suo posto nel mondo.
Qual è la domanda più strana che ti è stata fatta? «Ma libreria significa che i libri sono qui per essere sfogliati o si possono anche comprare?».
Qual è la tua libreria preferita nel mondo? E in Italia? City Lights Bookstore di San Francisco, anche se non ci sono mai stato. In Italia non esiste più.

Usciti dalla tua libreria bisogna andare assolutamente... dove? Al parco, sul letto, in bagno, in treno, ovunque sia il proprio posto preferito per leggere.
Cosa trovo da te che non trovo altrove? Tanti piccoli editori che credono ancora nella bellezza e importanza del loro catalogo. Di quelli che si appassionano così tanto ai loro libri, come se fossero figli.

*la*Feltrinelli

Piazza di Porta Ravegnana 1, 40126 Bologna - 051 266891
Lo staff dei librai Lo staff è formato da 30 librai. Gran parte di noi lavora nella libreria Ravegnana da molto tempo e grazie a questo ha sviluppato una particolare sensibilità per poter soddisfare le esigenze di ogni tipo di lettore.
La tua storia in 280 caratteri Apre nel 1964 all'ombra delle due torri. La sua pianta labirintica ne rispecchia la storia: era piccola, una vetrina sola, in una Bologna che era sexy come oggi lo è Berlino. Con gli anni è diventata fulcro del mondo universitario, espandendosi sino a diventare una grande libreria.
Che libreria sei, in una sola parola? Storica.
Qual è il libro che identifica la tua libreria? «Il dottor Živago» di Boris Pasternak. Dietro questo romanzo rivoluzionario infatti c'è tutta la forza dell'editore Feltrinelli che, con coraggio e in maniera rocambolesca, è riuscito a pubblicarlo per primo in tutto il mondo. Credo che ci rappresenti perché come libreria puntiamo ad avere le radici ben piantate a terra grazie all'esperienza e alla forza del nostro nome, ma la testa tra le nuvole per poter immaginare e costruire un futuro dove la nostra libreria sia sempre un punto fermo per ogni genere di lettore.
Qual è il personaggio letterario che rappresenta la tua clientela? Guy Montag di «Fahrenheit 451»: in una società dove la tecnologia massifica l'uomo c'è ancora chi persegue l'idea rivoluzionaria della lettura.
A chi vorresti vendere un libro? E quale libro? A ogni adolescente vorrei vendere il libro di Fred Uhlman «L'amico ritrovato».

Qual è la domanda più strana che ti è stata fatta? «Mi fa vedere libri di fotografie del periodo medievale?».
Qual è la tua libreria preferita nel mondo? E in Italia? La Central di Madrid e la Libreria Colonnese di Napoli.
Usciti dalla tua libreria bisogna andare assolutamente... dove? Alla chiesa di Santa Maria della Vita per vedere «Il compianto sul Cristo morto» di Niccolò dell'Arca e poi un salto all'Osteria del Sole, una cantina nata nel 1465, dove si può portare da casa il cibo che si vuol mangiare e dove si respira ancora tutta la festosità goliardica di Bologna la dotta. E come souvenir potete comprare degli ottimi tortellini fatti a mano dalle sfogline da Pasta Fresca Naldi in via del Pratello, strada di botteghe e osterie molto amata dai bolognesi.
Cosa trovo da te che non trovo altrove? Entrare nella nostra libreria è come sfogliare le pagine di un gigantesco quotidiano: trovi le ultime novità, gli approfondimenti, la cronaca locale, la sezione esteri con la nostra grande parte di international books, musica, cinema, cucina, turismo e trovi anche quello che non sapevi di stare cercando! E inoltre una vasta sezione di libri per bambini, perché noi il lettore lo coccoliamo da 0 a 99 anni, e anche oltre...

Giannino Stoppani Libreria per Ragazzi

Via Rizzoli 1F, 40125 Bologna - 051 227337
giannninostoppanilibreria.net - stoppanilibreria@gmail.com
Lo staff dei librai Una libreria indipendente, un'avventura imprenditoriale nata dalla volontà di cinque donne di fare scoprire l'editoria per ragazzi, impresa che oggi condivido con Rosaria Punzi. In libreria oltre a me, Agata Diakoviez, Paolo Ravelli, Stefania Usai, Maria Giulia Morano e altri librai che ci accompagnano in progetti speciali.
La tua storia in 280 caratteri Nasce nel 1983, dopo la frequentazione delle lezioni del professor Antonio Faeti. Oggi, in Palazzo Re Enzo, la libreria è luogo dei libri frutto di una ricerca e selezione nazionale e internazionale, spazio di incontro per classi, bambini, ragazzi, adulti, occasione di scoperta.

Che libreria sei in una sola parola? Per ragazzi.
Qual è il libro che identifica la tua libreria? «Il giornalino di Gian Burrasca» di Vamba.
Qual è il personaggio letterario che rappresenta la tua clientela? Matilde di Roald Dahl.
A chi vorresti vendere un libro? E quale libro? A un politico che dichiara di non avere tempo per leggere, «L'uomo che piantava gli alberi» di Jean Giono.
Qual è la domanda più strana che ti è stata fatta? Difficile sceglierne una. La più frequente: «Avete libri?».
Qual è la tua libreria preferita nel mondo? E in Italia? Nel mondo da me conosciuto Nobrow Shop and Gallery di Londra. In Italia, la Libreria del viaggiatore di Roma.
Usciti dalla tua libreria bisogna andare assolutamente... dove? In biblioteca a scoprire i libri che non possono più essere sullo scaffale.
Cosa trovo da te che non trovo altrove? Librai che conoscono i libri e li sanno raccontare, una ricerca di libri internazionale, una selezione nella ricchezza dell'offerta nazionale, una speciale attenzione al visivo.

Librerie.coop Ambasciatori

Via Orefici 19, 40124 Bologna - 051 220131
libreria.ambasciatori@Librerie.coop.it - www.Librerie.coop.it - FB Librerie.coop (Ambasciatori) - IG @Librerie.coopambasciatori
Lo staff dei librai Azaea, Maddalena, Edoardo, Marco, Sara, Stefano, Francesca, Marta, Francesca, Gloria, Giovanni, Alice, Manuela, Nadia, Ottavia, Manuela, Erika, Francesca, Cristiana, Carlo e Eros.
La tua storia in 280 caratteri Ambasciatori nasce nel 2008, a renderla unica l'edificio, un mix di antico e contemporaneo; l'incontro di cibo e libri, per un'esperienza di socialità. 70000 titoli che in tre piani spaziano dalla letteratura all'arte, dalla saggistica ai libri per l'infanzia.
Che libreria sei, in una sola parola? Visionaria.

Qual è il libro che identifica la tua libreria? «Infinite Jest» di David Foster Wallace. Perché la libreria è uno spazio finito costruito su infinite soluzioni, un infinito gioco di rimandi e accostamenti: un luogo che fa nascere o alimenta la curiosità e l'intelligenza.
Qual è il personaggio letterario che rappresenta la tua clientela? «Bouvard e Pécuchet» di Flaubert. La lettura come azione critica, come piacere di lasciarsi sorprendere da storie mai immaginate, insieme.
A chi vorresti vendere un libro? E quale libro? Al lettore che acquista solo libri online, consiglierei il libro «Guida tascabile delle librerie italiane viventi», e un tour in tutte. Stimolare la curiosità è fondamentale nel nostro mestiere.
Qual è la domanda più strana che ti è stata fatta? Una signora si avvicina al libraio e mostra, spazientita, un foglietto: «È un libro per mio figlio, lo avrà chiesto la sua insegnante... deve essere un testo vecchio, di greco. Ce l'ha "Lady Pore"?». Oppure, «Per cortesia, scusi, è urgente, allora mi ascolta... ho dimenticato il lucchetto e sono di corsa, mi può custodire la bicicletta, qui fuori, che devo salire all'ultimo piano per un libro?».
Qual è la tua libreria preferita nel mondo? E in Italia? Boekhandel Dominicanen a Maastricht. Se ci fosse ancora, la Palmaverde di Roberto Roversi, cuore di una Bologna passata, che rivive ancora nello spirito e nelle scaffalature custodite in Ambasciatori.
Usciti dalla tua libreria bisogna andare assolutamente... dove? Per leggere il libro che avete scelto, se è una bella giornata dovete assolutamente andare a Santo Stefano, alle sette chiese; se invece la giornata è piovosa rifugiatevi in Salaborsa.
Cosa trovo da te che non trovo altrove? Un filo rosso di curiosità che ti guida attraverso un labirinto organizzato fatto dai nostri amici libri (e dalle scelte gastronomiche di Eataly), sino al lucernario dell'ultimo piano attraverso il quale si gode una vista indimenticabile sui tetti e le torri di Bologna.

Librerie.coop Fico

Via Paolo Canali 8, 40127 Bologna - 051 0029260
libreria.fico@Librerie.coop.it - www.Librerie.coop.it
FB Librerie.coop (Fico)

Lo staff dei librai Chiara, Michele, Arturo, Marta, Chiara.
La tua storia in 280 caratteri La libreria nasce come store all'interno di Fico, parco tematico dell'agroalimentare e della gastronomia. Pur contenendo un po' di tutto, cerchiamo di curare molto i temi dell'ecologia, dell'agricoltura biologica, della sostenibilità e crediamo in un mondo più sano e sostenibile.
Che libreria sei, in una sola parola? Ambientalista.
Qual è il libro che identifica la tua libreria? «Il grande manuale del pasticciere» di Mélanie Dupuis.
Qual è il personaggio letterario che rappresenta la tua clientela? Madeleine de Villeparisis (Proust): «Da dove m'era potuta venire quella gioia violenta? Sentivo che era connessa col gusto del tè e della madeleine».
A chi vorresti vendere un libro? E quale libro? Sorprendere un libraio con un libro che trova solo da noi.
Qual è la domanda più strana che ti è stata fatta? «Avete i Gratta e Vinci?».
Qual è la tua libreria preferita nel mondo? E in Italia? Librairie Dialogues, Brest; Libreria Internazionale Luxemburg, Torino.
Usciti dalla tua libreria bisogna andare assolutamente... dove? Agli orti di quartiere.
Cosa trovo da te che non trovo altrove? Un assortimento curioso e originale nell'ambito dell'agricoltura, dell'ambiente e dell'alimentazione.

Librerie.coop Lame

Centro commerciale Lame
Via Marco Polo 3, 40131 Bologna - 051 6346576
librerie.lame@Librerie.coop.it - www.Librerie.coop.it
FB Librerie.cooplame

Lo staff dei librai Fabio, Catia, Rosalba e Laura.

La tua storia in 280 caratteri Nati nell'estate 2010 con l'intento di diventare una libreria di quartiere: alcuni dei nostri clienti più folli e affezionati ci vengono a trovare ogni mattina. Consigliamo il libro adatto a ogni lettore, ascoltiamo e seguiamo i consigli dei nostri clienti.
Che libreria sei, in una sola parola? Di varia, ma imprevedibile.
Qual è il libro che identifica la tua libreria? «Il racconto dell'ancella» di Margaret Atwood.
Qual è il personaggio letterario che rappresenta la tua clientela? Lo Stregatto di «Alice nel Paese delle meraviglie», perché: «... qui siamo tutti matti».
A chi vorresti vendere un libro? E quale libro? «Svegliare i leoni» di Ayelet Gundar-Goshen a chiunque dica di non avere tempo per leggere
Qual è la domanda più strana che ti è stata fatta? Ci hanno chiesto «Sodoma» di Roberto Saviano.
Qual è la tua libreria preferita nel mondo? E in Italia? Strand Bookstore a New York; Libreria Acqua Alta a Venezia.
Usciti dalla tua libreria bisogna andare assolutamente... dove? In vineria...
Cosa trovo da te che non trovo altrove? La nostra libreria è un luogo in cui il libro accende l'ascolto e il confronto con i lettori.

Librerie.coop Zanichelli

Piazza Galvani 1/H, 40124 Bologna - 051 239990
libreria.zanichelli@Librerie.coop.it - www.Librerie.coop.it
FB Librerie.coop (Zanichelli)
Lo staff dei librai Barbara, Carlo, Daria, Francesca, Giulia e Giovanni.
La tua storia in 280 caratteri Dal 2012 Librerie.coop Zanichelli porta avanti la prestigiosa tradizione della libreria rilevata nel 1866 da Nicola Zanichelli: punto di riferimento per gli intellettuali della città, fu anche il luogo in cui il poeta Giosuè Carducci era solito ricevere studenti e sodali.
Che libreria sei, in una sola parola? Storica.

Qual è il libro che identifica la tua libreria? «La sovrana lettrice» di Alan Bennett: il potere dirompente e dissacrante della lettura, insostituibile compagna di vita...
Qual è il personaggio letterario che rappresenta la tua clientela? Jacques Deza, da «Il tuo volto domani» di Marías: agente segreto, raffinato bibliofilo, acuto lettore e interprete di libri, volti e anime.
A chi vorresti vendere un libro? E quale libro? A un bimbo in cerca di avventure, e ci piacerebbe che il nostro consiglio potesse rivelarsi un libro indimenticabile...
Qual è la domanda più strana che ti è stata fatta? Fare una foto insieme a una delegazione di funzionari cinesi, in posa sulla scala che porta al ballatoio del primo piano!
Qual è la tua libreria preferita nel mondo? E in Italia? Strand Bookstore a New York e la Libreria Internazionale Ulrico Hoepli a Milano.
Usciti dalla tua libreria bisogna andare assolutamente... dove? A pochi passi dalla libreria, incastonata nel quadrilatero, vi sorprenderà la chiesa di Santa Maria della Vita dove potrete ammirare il vigoroso «Compianto sul Cristo morto» di Niccolò Dell'Arca.
Cosa trovo da te che non trovo altrove? Fra antiche mura che da oltre centocinquant'anni ospitano una libreria troverete un'atmosfera rara, sospesa fra la sacralità del sapere che si respira nella Sala Carducci e la gioiosa familiarità che gli amici libri sanno far provare... E poi titoli che non vi aspettavate di trovare, lettori appassionati che si sentono a casa, scrittori che si raccontano e si confrontano, e librai felici che vi accoglieranno a braccia aperte!

Libreria Libraccio

Piazza dei Martiri 1943-1945 5, 40125 Bologna - 051 220310
negozi.libraccio.it/negozi/bologna/libraccio-bologna-martiri - FB Libraccio (Bologna Martiri)
Lo staff dei librai Emma, Antonio, Caterina, Daniele, Marino, Monica, Tatiana.
La tua storia in 280 caratteri La libreria nasce con l'intento di

soddisfare vari tipi di clientela, trattiamo sia i libri nuovi sia quelli usati, con particolare attenzione al settore scolastico e al prodotto remainders senza dimenticare cd, dvd e cartoleria.
Che libreria sei, in una sola parola? Temeraria.
Qual è il libro che identifica la tua libreria? «Assurdo universo» di Fredric Brown.
Qual è il personaggio letterario che rappresenta la tua clientela? Vitangelo Moscarda («Uno, nessuno e centomila» di Pirandello). Credo che ogni cliente che entra in libreria sia alla ricerca di se stesso.
A chi vorresti vendere un libro? E quale libro? Vorrei vendere a chiunque sia affetto da omofobia il «De Profundis» di Oscar Wilde.
Qual è la domanda più strana che ti è stata fatta? «Vendete libri qui?».
Qual è la tua libreria preferita nel mondo? E in Italia? Fra quelle che ho visitato una delle mie preferite è la Shakespeare & Co. di Parigi. In Italia sono moltissime ma una menzione particolare va alla Libreria Acqua Alta di Venezia.
Usciti dalla tua libreria bisogna andare assolutamente... dove? In un parco a leggere il libro che si è acquistato.
Cosa trovo da te che non trovo altrove? Me. E poi anche un sacco di bellissimi libri nuovi e usati, la magia di perdersi fra storie che si credevano perdute, un'umanità varia che ha in comune l'amore per la letteratura.

Libreria Trame

Via Goito 3/C, 40126 Bologna - 051 233333
www.libreriatrame.com - FB Trame Libreria Bookshop
TW @libreriatrame
Lo staff dei librai In libreria Nicoletta Maldini e Elisabeth Martinello, in società Orsola Mattioli e Anna Vezzoli.
La tua storia in 280 caratteri In una strada anomala, non porticata, in una città universitaria con tutte le catene nazionali presenti, una piccola testarda cooperativa nasce nel 2005. Tre socie, ogni anno più di cento incontri in libreria e più di ottanta collaborazioni esterne e bookshop. 7000 titoli presenti.

Che libreria sei, in una sola parola? Avventurosa.
Qual è il libro che identifica la tua libreria? «Le piccole virtù» di Natalia Ginzburg.
Qual è il personaggio letterario che rappresenta la tua clientela? Alice nel Paese delle meraviglie, polimorfa e pronta a stupirsi.
A chi vorresti vendere un libro? E quale libro? A una ragazzina curiosa, «Quartieri lontani» di Jirō Taniguchi.
Qual è la domanda più strana che ti è stata fatta? In un'altra vita, se vendevo trombe da stadio.
Qual è la tua libreria preferita nel mondo? E in Italia? Strand a New York e Libreria Fahrenheit a Roma.
Usciti dalla tua libreria bisogna andare assolutamente... dove? Alla Biblioteca Salaborsa.
Cosa trovo da te che non trovo altrove? Oltre alla passione e a un certo disordine, «Laguna» di Nnedi Okorafor, tradotto da Chiara Reali, un libro fantastico!

Mondadori Bookstore

Via Massimo d'Azeglio 34, 40123 Bologna - 051 275611
FB Mondadori Bookstore (Bologna via d'Azeglio)
IG @mondadoristorebologna
Lo staff dei librai Teresa, Alberto, Veronica, Carla, Jgor, Arturo, Alessandra, Victoria, Daniela, Ketty.
La tua storia in 280 caratteri Siamo nati ormai più di quindici anni fa, ma continuiamo giorno dopo giorno a diffondere il più possibile l'amore per la buona lettura.
Che libreria sei, in una sola parola? Storica.
Qual è il libro che identifica la tua libreria? «L'emporio delle meraviglie» di Ross McKenzie.
Qual è il personaggio letterario che rappresenta la tua clientela? Le sorelle March: sono appassionati di libri come Jo, giovani e inesperti come Amy, saggi e precisi come Meg, con un cuore immenso come Beth.
A chi vorresti vendere un libro? E quale libro? Qualunque libro a

chiunque abbia voglia di perdersi nel meraviglioso e magico mondo della lettura.
Qual è la domanda più strana che ti è stata fatta? «Vorrei un libro bello di costa perché devo riempire la libreria nuova».
Qual è la tua libreria preferita nel mondo? E in Italia? Nel mondo Livraria Lello e Irmão a Porto. In Italia Libreria Acqua Alta a Venezia e Libreria Palazzo Roberti a Bassano del Grappa.
Usciti dalla tua libreria bisogna andare assolutamente... dove? Su una panchina a godersi il piacere della lettura.
Cosa trovo da te che non trovo altrove? La cortesia e la nostra infinita passione per i libri che ci portano a coccolare e guidare il nostro cliente verso avventure e sogni sempre nuovi.

Spazio «Libri scelti per voi» da Librerie.coop

Ipercoop Centro Lame - Via Marco Polo 3, 40131 Bologna
libreria.centrolame@Librerie.coop.it
Lo staff dei librai Valerio.
La tua storia in 280 caratteri Il corner è nato nel novembre del 2017, tra i primi all'interno del progetto. Collabora quotidianamente con la vicina Librerie.coop situata in galleria, con lo scopo di essere un ulteriore punto di riferimento per i frequentatori del centro commerciale.
Che libreria sei, in una sola parola? Espansiva.
Qual è il libro che identifica la tua libreria? «Il tortellino muore nel brodo» di Filippo Venturi.
Qual è il personaggio letterario che rappresenta la tua clientela? Armando, il protagonista di «Un calcio in bocca fa miracoli» di Marco Presta. Generoso in maniera sorprendente, malgrado le apparenze.
A chi vorresti vendere un libro? E quale libro? «Furore» di Steinbeck, a tutti coloro che hanno contribuito a svuotare di senso parole quali «umiltà», «dignità» e «unità». Ma non lo venderei, glielo regalerei volentieri.
Qual è la domanda più strana che ti è stata fatta? «Ho bisogno di contattare Franco Di Mare, avete il suo indirizzo?».

Qual è la tua libreria preferita nel mondo? E in Italia? Barnes & Noble di New York; la Libreria Agorà di Manduria (TA), anche se non più in attività.
Usciti dalla tua libreria bisogna andare assolutamente... dove? Per strada, a cercare storie...
Cosa trovo da te che non trovo altrove? La passione che mi aiuta ad alzarmi la mattina.

Ubik Irnerio

Via Irnerio 27, 40126 Bologna - 051 251050
www.bologna.ubiklibri.it - www.libreriaubikirnerio.blogspot.com
FB Libreria Ubik Irnerio - IG @ubikIrnerio

Lo staff dei librai Quattro socie: Cinzia (Argellani), Manuela (Ghelfi), Raffaella (Garruccio), Rita (Degli Esposti).
La tua storia in 280 caratteri La libreria, specializzata in testi tecnici, è fondata nei primi anni del '900 dai librai pontremolesi Galleri. Nel 1989 si sposta nella sede attuale, divenendo generalista con il nome di Libreria Irnerio: nel 2003 la rileviamo noi, affiliandoci poi nel 2012 al franchising Ubik.
Che libreria sei, in una sola parola? Di quartiere.
Qual è il libro che identifica la tua libreria? «L'arte della gioia», di Goliarda Sapienza.
Qual è il personaggio letterario che rappresenta la tua clientela? La Jo March di «Piccole Donne»: libera dai condizionamenti sociali, curiosa e indipendente, amante dei libri e della letteratura.
A chi vorresti vendere un libro? E quale libro? A chiunque dice che la cultura non è utile, si può consigliare «Leggere Lolita a Teheran» di Azar Nafisi, che non solo mostra la straordinaria attualità dei classici per darci «le parole per dirlo», ma ci mostra che c'è anche chi rischia il carcere per amore della lettura.
Qual è la domanda più strana che ti è stata fatta? Una signora entrò dicendo: «Cerco "Un uomo"» (intendeva il libro di Oriana Fallaci).
Qual è la tua libreria preferita nel mondo? E in Italia? La libreria Strand a New York, e la Libreria Rinascita di Ascoli Piceno in Italia.

Usciti dalla tua libreria bisogna andare assolutamente... dove? In un'altra libreria, organizzata in modo diverso dal nostro. Perché ogni libreria propone la propria selezione tra ciò che viene pubblicato, ed è il pensiero plurale che ci dà consapevolezza e libertà di scelta.
Cosa trovo da te che non trovo altrove? Il giusto mix tra ottimo assortimento, attenzione e cordialità.

CARPI

Mondadori Bookstore Carpi

Piazza Martiri 8/A, 41012 Carpi MO - 059 642131
mondadori.carpi@gmail.com
Lo staff dei librai Elena, Marco, Chiara, Silvia e Lara.
La tua storia in 280 caratteri «La giusta lettura per ogni lettore» è da sempre il nostro motto. Posizionata nella maestosa piazza dei Martiri, ha quattro sale ottimamente assortite. La conduzione famigliare garantisce un curatissimo servizio al cliente. Un fitto calendario annuale di presentazioni, eventi e attività.
Che libreria sei, in una sola parola? Moderna.
Qual è il libro che identifica la tua libreria? «Alcyone» di D'Annunzio.
Qual è il personaggio letterario che rappresenta la tua clientela? Jay Gatsby, perché lo stereotipo del tipico carpigiano è il ricco imprenditore colto e amante della vita mondana.
A chi vorresti vendere un libro? E quale libro? A un ragazzo del futuro vorremmo poter vendere «La storia infinita» di Michael Ende.
Qual è la domanda più strana che ti è stata fatta? «Avete una copia della Divina Commedia "aggiornata"?».
Qual è la tua libreria preferita nel mondo? E in Italia? Shakespeare & Co. di Parigi e Palazzo Roberti di Bassano del Grappa.
Usciti dalla tua libreria bisogna andare assolutamente... dove? A passeggio sotto il Portico Lungo di piazza Martiri, magari assaporando lo gnocco fritto.
Cosa trovo da te che non trovo altrove? Sorrisi e passione.

Spazio «Libri scelti per voi» da Librerie.coop

Ipercoop Il Borgogioioso
Viale dell'Industria 31, 41012 Carpi MO
libreria.borgogioso@Librerie.coop.it

Lo staff dei librai Gabriele.

La tua storia in 280 caratteri Lo shop di Librerie.coop nel centro commerciale Il Borgogioioso di Carpi è nato nel 2018 con l'ampliamento della corsia dedicata ai libri nell'ipermercato. È diventata un vera e propria piccola libreria con librai e proposte.

Che libreria sei, in una sola parola? Trasversale.

Qual è il libro che identifica la tua libreria? «Un ponte per Terabithia» di Katherine Paterson.

Qual è il personaggio letterario che rappresenta la tua clientela? Leonardo Sacco, protagonista di «Stella avvelenata» di Vassalli, che vedendo i propri piani sgretolati da una fatalità è capace di reagire.

A chi vorresti vendere un libro? E quale libro? A un giovanissimo in cerca di un immaginario indimenticabile, «La storia infinita» di Michael Ende nell'edizione con testo bicolore.

Qual è la domanda più strana che ti è stata fatta? Leggendo da un foglietto: «Avete una copia di "Ready Player One" di Blu Ray?».

Qual è la tua libreria preferita nel mondo? E in Italia? Shakespeare & Co. di Parigi. Todo Modo di Firenze.

Usciti dalla tua libreria bisogna andare assolutamente... dove? A immergersi nel singolare e vastissimo spazio vuoto della piazza rinascimentale della città.

Cosa trovo da te che non trovo altrove? Un luogo accogliente per lettori giovani, ricercati, occasionali, curiosi, proprio dove non ti aspetteresti di trovarlo.

CASTEL SAN PIETRO TERME

Libreria Atlantide

Via G. Mazzini 93, 40024 Castel S. Pietro T. BO - 051 6951180
www.buoneletture.wordpress.com - www.atlantidelibri.it
FB Libreria Atlantide

Lo staff dei librai Marcello Zarattani: libraio, titolare, socio fondatore. Marco Zirotti: libraio, titolare, socio fondatore. Melania Mezzetti: libraia.

La tua storia in 280 caratteri Nasciamo il 4 dicembre 1993, e siamo tuttora libreria indipendente, aderente all'ALI. In questi anni abbiamo lavorato assiduamente per proporre nei quasi 100mq della libreria un assortimento di libri di qualità, cercando di fare arrivare ogni tipo di libro richiesto.

Che libreria sei, in una sola parola? A 360 gradi.

Qual è il libro che identifica la tua libreria? Senza dubbio la saga di Harry Potter, a cui abbiamo dedicato memorabili feste.

Qual è il personaggio letterario che rappresenta la tua clientela? Tanti A Bao A Qu (Borges, «Libro degli esseri immaginari»): come lui possono irradiare luce e raggiungere la forma perfetta, grazie ai libri.

A chi vorresti vendere un libro? E quale libro? Allo scrittore Jón Kalman Stefánsson, adorato qui in Atlantide, vorremmo vendere «Le città invisibili» di Italo Calvino.

Qual è la domanda più strana che ti è stata fatta? «Vorrei un nastro per l'Olivetti Lettera 35». Oltre trent'anni fa qui c'era un'agenzia Olivetti (e prima ancora una concessionaria Fiat, ma non ci hanno mai chiesto un'auto. Ad oggi).

Qual è la tua libreria preferita nel mondo? E in Italia? Atlantis Books a Santorini. Mentre in Italia le librerie sono due: Bottega Bertaccini di Faenza, perché Renzo è un libraio fantastico, perché con lui, come con altri amici, facciamo da decenni la medesima gara, in corsie diverse, ma sempre con lo stesso spirito. Perché ha scelto di vendere solo libri che ama, in catalogo o meno. Libreria Trame

a Bologna, perché Nicoletta nelle numerose presentazioni che organizza mette in campo energie inesauribili e, in più, mette spesso mi piace ai nostri post.
Usciti dalla tua libreria bisogna andare assolutamente... dove? Nel posto che più si ama per iniziare la lettura!
Cosa trovo da te che non trovo altrove? Oh, certe librerie possono sfoggiare immagini di un magnifico felino (e anche noi abbiamo avuto diverse volte amici gatti, storie non sempre a lieto fine), noi abbiamo un sogno: uno splendido pappagallo capace di accogliere i clienti con un sonoro «Pezzi da otto», dalle spalle del libraio. Invece, per il momento, ci affidiamo alla interessata compagnia del piccione Sauron (e della sua ormai numerosa ciurma).

CAVRIAGO

Giocolibreria Semola

Via E. De Amicis 5D, Cavriago RE - 0522 371517
www.libreriasemola.it - FB Giocolibreria Semola
Lo staff dei librai Corrado Bonilauri, libraio ed esperto di giochi; Sara D'Agostino, libraia specializzata nel settore ragazzi; Valeria Pellicelli, commessa e maga della cartoleria; Simone Pigozzi, commesso e maestro di pazienza zen.
La tua storia in 280 caratteri Nasce nel 2010 a Grazzano Visconti (PC) nel borgo storico, coniugando libri fantasy e storici a giochi di alta qualità. Nel 2014 si trasferisce a Cavriago (RE) dove aggiunge la cartoleria, amplia l'offerta libraria (circa 7000 titoli) e si specializza nei giochi da tavolo.
Che libreria sei, in una sola parola? Giocolibreria!
Qual è il libro che identifica la tua libreria? «Il libro criceto» di Silvia Borando.
Qual è il personaggio letterario che rappresenta la tua clientela? Mame («Zia Mame», Patrick Dennis). Come le clienti più affezionate: colte, imprevedibili, capaci di superare ogni difficoltà con ottimismo.

A chi vorresti vendere un libro? E quale libro? Vorremmo vendere «Il buio oltre la siepe» di Harper Lee a Donald Trump.
Qual è la domanda più strana che ti è stata fatta? «Saprebbe consigliarmi un avvincente romanzo erotico per una signora? Ma non per mia moglie, è per l'amante».
Qual è la tua libreria preferita nel mondo? E in Italia? City Lights Bookstore, San Francisco, USA; Libreria Rinascita, Ascoli Piceno.
Usciti dalla tua libreria bisogna andare assolutamente... dove? Nel forno accanto alla libreria ad assaggiare l'erbazzone (tipica torta salata agli spinaci).
Cosa trovo da te che non trovo altrove? Nella nostra libreria troverete il caos ordinato, l'eterno divenire del mondo del libro e del gioco!

CENTO

Libreria Albatros

Corso Guercino 55/A, 44042 Cento FE - 051 902239
FB Libreria Albatros - IG @libreriaalbatros100
Lo staff dei librai Nella libreria lavoro solo io: sono la titolare, la commessa, l'addetta aglio ordini, ai ritiri, ai resi, trovarobe...
La tua storia in 280 caratteri Nel 2016, complice un annuncio trovato in rete da mio marito e la stasi del mio settore (sono un ingegnere informatico), ho deciso di seguire la mia grande passione per i libri. E ho scoperto che lavorare in libreria in verità è come vivere sempre in vacanza.
Che libreria sei, in una sola parola? Generalista.
Qual è il libro che identifica la tua libreria? «La ballata dell'antico marinaio» di Samuel Taylor Coleridge. Da questa poesia è nata la canzone « Weight of Living, Pt. I» dei Bastille, gruppo di cui sono grande fan. Ecco perchè la libreria si chiama Albatros.
Qual è il personaggio letterario che rappresenta la tua clientela? Phileas Fogg: compassato, curioso, in cerca di nuove avventure, esigente, puntiglioso, un piglio nobiliare ma un'anima da ragazzo...

A chi vorresti vendere un libro? E quale libro? Il mio grande sogno sarebbe vedere la mia band preferita varcare la soglia del mio negozio e potergli vendere il libro dei libri, «La Divina Commedia», in modo che poi ci possano fare una canzone...
Qual è la domanda più strana che ti è stata fatta? «Ma voi noleggiate i libri?» (poi ho scoperto che in Campania i libri scolastici vengono effettivamente noleggiati... ma sul momento ho strabuzzato gli occhi).
Qual è la tua libreria preferita nel mondo? E in Italia? In Italia è la libreria Gulliver a Pinarella di Cervia: adoro il settore dei fuori catalogo per ragazzi. Non ho viaggiato tanto nel mondo per valutare una libreria come preferita... ma da quello che leggo su una delle città che vorrei rivedere, credo che potrei innamorarmi di Three Lives & Company a New York.
Usciti dalla tua libreria bisogna andare assolutamente... dove? Da Antichi Sapori, negozio di generi alimentari accanto al mio: impossibile resistere al profumo della mortadella o della «zia ferrarese» (è un salume ;-)) della signora Marta, la titolare.
Cosa trovo da te che non trovo altrove? La pazienza e la tenacia di trovare i libri più strani e più introvabili.

CESENA

Giunti al Punto Cesena

Piazza Giovanni Paolo II 1/2, 47521 Cesena FC - 0547 22660
cesena@giunti.it
Lo staff dei librai Mirna, Carlotta, Cristiana, Rita.
La tua storia in 280 caratteri Aperta nell'ottobre del 2009 da una libraia storica di Cesena. Situata in una delle piazze più caratteristiche della città, a un passo dalla biblioteca Malatestiana (Memoria del Mondo dell'Unesco). È un punto d'incontro per chiunque si voglia avvicinare alla cultura.
Che libreria sei, in una sola parola? Storica e famigliare.

Qual è il libro che identifica la tua libreria? «Lettori selvaggi» di Giuseppe Montesano.
Qual è il personaggio letterario che rappresenta la tua clientela? Il capitano Achab di «Moby Dick»: alla ricerca continua del capodoglio della conoscenza con decisione e perseveranza.
A chi vorresti vendere un libro? E quale libro? A Roberto Benigni regalerei «Benedetta follia» di Vittorino Andreoli.
Qual è la domanda più strana che ti è stata fatta? «Avete libri autobiografici di ballerini russi per bambini della scuola primaria?».
Qual è la tua libreria preferita nel mondo? E in Italia? La libreria Shakespeare & Co. di Parigi e la Libreria Acqua Alta a Venezia.
Usciti dalla tua libreria bisogna andare assolutamente... dove? Nel parco della Rocca Malatestiana di Cesena a godersi il sole sull'erba e leggere un bel libro.
Cosa trovo da te che non trovo altrove? Una libreria in un palazzo storico in cui il personale accoglie il cliente con cordialità e professionalità.

Librerie.coop Cesena

Via Jemolo 110, 47522 Cesena FC - 0547 610441
libreria.cesena@Librerie.coop.it - FB Librerie.coop (Cesena)
Lo staff dei librai Simona, Stefano, Alberto, Silvia, Carmen.
La tua storia in 280 caratteri Siamo nati alla fine del 2008 all'interno di un centro commerciale vicino al centro cittadino, con l'obiettivo di diventare una libreria di riferimento per la città, un luogo di incontri e suggestioni in cui la clientela possa trovare servizio e assortimento.
Che libreria sei, in una sola parola? Poliedrica.
Qual è il libro che identifica la tua libreria? «L'arte della gioia» di Goliarda Sapienza.
Qual è il personaggio letterario che rappresenta la tua clientela? Tutti i protagonisti di «Bar Sport» di Benni: come il suo bar, la nostra libreria è frequentata da vari caratteristi, ognuno con la sua saggezza.

A chi vorresti vendere un libro? E quale libro? A un adolescente, «Alta fedeltà» di Nick Hornby.
Qual è la domanda più strana che ti è stata fatta? «Quanto costa il latte?».
Qual è la tua libreria preferita nel mondo? E in Italia? A Parigi la Shakespeare & Co.; in Italia la Libreria Palazzo Roberti di Bassano del Grappa.
Usciti dalla tua libreria bisogna andare assolutamente... dove? In qualsiasi luogo a leggere il libro appena acquistato...
Cosa trovo da te che non trovo altrove? Disponibilità, sorrisi e buona energia!

FERRARA

Giunti al Punto di Ferrara

Via Copparo 132, 44123 Ferrara - 053 2753350
ferrara@giunti.it - FB Giunti al Punto Ferrara
Lo staff dei librai Anna, Sara ed Elisabetta.
La tua storia in 280 caratteri La libreria è nata a dicembre 2015, è stata avviata da Anna e poi la squadra si è allargata. La libreria continua a crescere, cambia in base ai gusti dei clienti ma potrete trovare sempre un catalogo completo di novità e di classici e una vasta scelta di gadget per i vostri regali.
Che libreria sei, in una sola parola? Di quartiere.
Qual è il libro che identifica la tua libreria? «La verità sul caso Harry Quebert» di Joël Dicker.
Qual è il personaggio letterario che rappresenta la tua clientela? I protagonisti di «Harry Potter»: Hermione l'amante dei libri, Harry così coraggioso e generoso e Ron con la sua leggerezza e spontaneità.
A chi vorresti vendere un libro? E quale libro? Vorremmo vendere a Elisabeth Bennet («Orgoglio e pregiudizio», Austen) il libro «Storie della buonanotte per bambine ribelli» per farle vedere quante donne indipendenti siano state ispirate dalle sue vicende.

Qual è la domanda più strana che ti è stata fatta? «Perché i libri vanno fuori catalogo e non sono più procurabili?»
Qual è la tua libreria preferita nel mondo? E in Italia? Shakespeare & Co. a Parigi, una libreria piena di storia che si percepisce appena ci si mette piede. In Italia ci piace molto la libreria Giunti di Orvieto per la Sala degli Archi, la bella struttura che la ospita.
Usciti dalla tua libreria bisogna andare assolutamente... dove? Usciti dalla nostra libreria bisogna assolutamente visitare il Castello Estense partendo dalla casa del Boia e percorrendo viale Ercole I d'Este. Non deve mancare un giro in bicicletta per le vie del centro e sulle Mura di cinta per assaporare l'atmosfera che si respira nella nostra meravigliosa città, finendo la giornata a tavola ad assaggiare i cappellacci di zucca.
Cosa trovo da te che non trovo altrove? Qui troverai sempre il sorriso e la passione di lettrici accanite come voi.

Spazio «Libri scelti per voi» da Librerie.coop

Ipercoop Il Castello
Via Giusti 4, 44124 Ferrara - 0532 977566
libreria.castello@Librerie.coop.it
Lo staff dei librai Matteo.
La tua storia in 280 caratteri Librerie.coop ha inaugurato il corner dentro Il Castello nella primavera del 2018, con lo scopo di avere un punto di riferimento alle porte della città. Con le poltrone e i tappeti rossi sembra un'oasi dove prendersi una pausa tra le corsie dell'ipermercato.
Che libreria sei, in una sola parola? Intraprendente.
Qual è il libro che identifica la tua libreria? «Cercando l'imperatore» di Roberto Pazzi.
Qual è il personaggio letterario che rappresenta la tua clientela? Marcovaldo di Calvino, perbene ma credulone; a volte rischia di avvelenarsi con le sue stesse idee, ma non resiste di fronte alla bellezza.
A chi vorresti vendere un libro? E quale libro? «L'avversario» di Carrère, per dimostrare anche ai più miopi che agli estremi possono

finirci tutti, nel bene e male, senza rendersene conto. Il nostro panorama attuale lo dimostra.
Qual è la domanda più strana che ti è stata fatta? «Dove tenete i libri dell'editore Pozzi Neri?».
Qual è la tua libreria preferita nel mondo? E in Italia? Strand Bookstore di New York. Gogol & Co. di Milano.
Usciti dalla tua libreria bisogna andare assolutamente... dove? Seguendo i campi de «L'airone» di Bassani si arriva al Bosco della Panfilia, dove passare un fresco pomeriggio nella natura immersi in un'antica riserva di caccia degli Estensi.
Cosa trovo da te che non trovo altrove? Un approccio non convenzionale alla lettura: il cliente entra con una domanda ed esce con tante risposte nei libri dentro il carrello, come fossero generi di prima necessità.

Spazio «Libri scelti per voi» da Librerie.coop

Ipercoop Le Mura
Via Copparo 132, 44123 Ferrara - 0532 757655
libreria.lemura@librerie.coop.it
Lo staff dei librai Irina e Matteo.
La tua storia in 280 caratteri Il corner di Librerie.coop Le Mura è nato nell'estate del 2017, pioniere di questo format a Ferrara. In città si consolida così l'esperienza di una vera libreria alla portata di tutti, lontana dagli spazi convenzionalmente riservati ai libri e calata nel quotidiano di ognuno.
Che libreria sei, in una sola parola? Giocosa!
Qual è il libro che identifica la tua libreria? «Pablo, il carretto e l'aquilone» di Luigi Dal Cin, illustrato da Anna Forlati.
Qual è il personaggio letterario che rappresenta la tua clientela? Calpurnia («L'evoluzione di Calpurnia», Jacqueline Kelly). Una bambina ribelle, ma non distruttiva: l'autodeterminazione di conoscere il mondo.
A chi vorresti vendere un libro? E quale libro? A una bimba a cui non piace il rosa. Le suggerirei «Ecco il lupo» di Alexandre Rampazo perché impari a non temere i lupi delle favole.

Qual è la domanda più strana che ti è stata fatta? «Dove si trova il veleno per lumache?».
Qual è la tua libreria preferita nel mondo? E in Italia? La Clandestina a Cadice, in Spagna. Bookowski a Genova.
Usciti dalla tua libreria bisogna andare assolutamente... dove? Passeggiare lungo la cinta muraria della città per immergersi nel centro storico Patrimonio dell'umanità tra Medioevo e Rinascimento.
Cosa trovo da te che non trovo altrove? Ispirazione. Per ogni inclinazione letteraria, età e personalità. Con un occhio di riguardo per i più giovani.

GRANAROLO

Libreria Biblion

Via San Donato 106/B, 40057 Granarolo BO - 051 760502
www.libreriabiblion.it - FB Libreria Biblion - IG @libreria.biblion
Lo staff dei librai Paola Saoncella, Margherita Carlotti.
La tua storia in 280 caratteri Paola ha sempre voluto fare la libraia e quando, oramai tredici anni fa, Biblion è stata messa in vendita, ha colto l'occasione per realizzare il suo sogno. La libreria è cresciuta negli anni assieme ai suoi lettori e tra poco diventerà maggiorenne!
Che libreria sei, in una sola parola? Della Bassa.
Qual è il libro che identifica la tua libreria? «Il club del libro e della torta di bucce di patata di Guernsey», di Mary Ann Shaffer.
Qual è il personaggio letterario che rappresenta la tua clientela? Clarissa Dalloway («La signora Dalloway», Virginia Woolf).
A chi vorresti vendere un libro? E quale libro? A Barack Obama, «Le città invisibili» di Italo Calvino.
Qual è la domanda più strana che ti è stata fatta? «Avete dei libri finti da regalare?».
Qual è la tua libreria preferita nel mondo? E in Italia? Richard Booth's Bookshop, Hay-on-Wye, GB. Giannino Stoppani, Bologna.

Usciti dalla tua libreria bisogna andare assolutamente... dove? Alla pasticceria Gino Fabbri.
Cosa trovo da te che non trovo altrove? Accoglienza e condivisione: Biblion è diventata un punto di ritrovo per tanti lettori che qui si incontrano e si conoscono; una piazza «fisica» per condividere la passione per le storie.

IMOLA

Il Mosaico Libreria dei Ragazzi e Fumetteria

Via Aldrovandi 5a, 40026 Imola BO - 0542 21949
info@ilmosaicocooperativa.com
FB Il Mosaico Libreria dei Ragazzi - IG @libreriemosaico
Lo staff delle libraie Antonella Nicoli, Arianna Di Pietro e Michela Giordani.
La tua storia in 280 caratteri Nata nel 2012, la libreria si affaccia sulla piazza principale della città. È un punto di ritrovo per amici e famiglie, un luogo in cui al centro ci sono i libri e tutt'intorno persone che hanno voglia di confrontarsi e di incontrarsi, grazie anche alle attività che proponiamo.
Che libreria sei, in una sola parola? Del centro.
Qual è il libro che identifica la tua libreria? «Noi siamo qui» di Oliver Jeffers.
Qual è il personaggio letterario che rappresenta la tua clientela? Matilde di Roald Dahl perché i nostri clienti, di tutte le età, sono curiosi, appassionati ed entusiasti.
A chi vorresti vendere un libro? E quale libro? A tutti i bambini «Si può» di Giusi Quarenghi e Alessandro Sanna.
Qual è la domanda più strana che ti è stata fatta? «Un libro per un bambino che odia gli animali».
Qual è la tua libreria preferita nel mondo? E in Italia? La Shakespeare & Co. di Parigi.
Mirabilia di Bologna (anche se purtroppo ha chiuso).

Usciti dalla tua libreria bisogna andare assolutamente... dove? Alla Rocca Sforzesca.
Cosa trovo da te che non trovo altrove? Il fatto di sentirsi a casa, il tempo sospeso della chiacchiera e della risata insieme al consiglio, immancabile, di un buon libro.

Librerie.coop Imola

Centro commerciale Leonardo
Viale Amendola 129, 40026 Imola BO - 0542 638322
libreria.imola@Librerie.coop.it - FB Librerie.coop (Imola)
Lo staff dei librai Angela, Deila, Fabrizio, Francesca, Linda, Margherita, Samanta, Sara e Valentina.
La tua storia in 280 caratteri Siamo nati con l'idea di diffondere la cultura e sentiamo l'impegno di difenderla sempre, anche nei momenti più bui.
Che libreria sei, in una sola parola? Dinamica.
Qual è il libro che identifica la tua libreria? «Noi siamo tempesta. Storie senza eroe che hanno cambiato il mondo» di Michela Murgia.
Qual è il personaggio letterario che rappresenta la tua clientela? Don Chisciotte: sognatori lancia in resta.
A chi vorresti vendere un libro? E quale libro? A una o un diciottenne, la Costituzione della Repubblica Italiana.
Qual è la domanda più strana che ti è stata fatta? Inviare il nostro segnalibro via posta per incrementare una collezione di segnalibri dal mondo.
Qual è la tua libreria preferita nel mondo? E in Italia? The Second Shelf a Londra e Libreria Trame a Bologna.
Usciti dalla tua libreria bisogna andare assolutamente... dove? Pedalare verso il parco, sedersi e leggere.
Cosa trovo da te che non trovo altrove? La voglia di essere una comunità di lettori (si trova fortunatamente anche altrove, ma qui trovate la nostra!).

LUGO

Librerie.coop Lugo

Centro commerciale Il Globo
Via Foro Boario 30, 48022 Lugo RA - 0545 20311
libreria.lugo@Librerie.coop.it - FB Librerie.coop (Lugo)

Lo staff dei librai Valentina, Simona, Samanta, Sara.

La tua storia in 280 caratteri È nata il 3 dicembre 2006, e fa parte della catena di librerie progettata e realizzata da Coop Alleanza 3.0, per promuovere la cultura attraverso il libro e la lettura, creando luoghi di incontro e scambio di idee, contribuendo alla crescita etica e culturale della comunità.

Che libreria sei, in una sola parola? Fantasiosa e accogliente.

Qual è il libro che identifica la tua libreria? «Piccole donne» di Louise May Alcott.

Qual è il personaggio letterario che rappresenta la tua clientela? Alice di L. Carroll: come lei, il cliente entra curioso, incontra autori e personaggi con cui condividere emozioni fino a un porto sicuro.

A chi vorresti vendere un libro? E quale libro? «Le mille e una notte» a S.E. Phillips.

Qual è la domanda più strana che ti è stata fatta? Lugo, Vigilia di Natale, ore 17:00, telefonata di un cliente: «Scusi avete questo libro?». Libraia: «Sì». Cliente: «Benissimo, allora può consegnarmelo entro le 18:00. Io abito a Ravenna vicino a piazza del Popolo, grazie!». Libraia: «...».

Qual è la tua libreria preferita nel mondo? E in Italia? Atlantis Books a Santorini; Libreria Palazzo Roberti a Bassano del Grappa.

Usciti dalla tua libreria bisogna andare assolutamente... dove? A casa o in un giardino fiorito, magari con una fetta di torta ai lamponi, per iniziare finalmente a leggere ed essere rapite, pagina dopo pagina, in un altrove dove non c'è mai inizio né fine.

Cosa trovo da te che non trovo altrove? Sorrisi e quotidianità! Una libreria vivente e parlante, riconoscibile e in continuo movimento, piena di volumi, idee, passioni e di libraie che, assieme ai libri, regalano un poco della loro anima.

MIRANDOLA

Spazio «Libri scelti per voi» da Librerie.coop

Ipercoop Mirandola
Via G. Agnini 37/3, 41037 Mirandola MO - 0535 6187
libreria.mirandola@Librerie.coop.it

Lo staff dei librai Valerio.

La tua storia in 280 caratteri Nato nell'estate del 2018 per offrire un servizio agli abitanti di Mirandola e dintorni, il corner è una sperimentazione di una libreria tradizionale all'interno di un ipermercato. Con attenzione all'editoria nazionale, senza trascurare la produzione editoriale del territorio.

Che libreria sei, in una sola parola? Inesauribile.

Qual è il libro che identifica la tua libreria? «L'osservatore oscuro» di Barbara Baraldi.

Qual è il personaggio letterario che rappresenta la tua clientela? Il dottor Pereira del romanzo di Antonio Tabucchi.

A chi vorresti vendere un libro? E quale libro? I libri di Fabio Stassi, a chi non crede che con la letteratura si possa anche giocare, proprio come con il cinema.

Qual è la domanda più strana che ti è stata fatta? «L'offerta sugli Oscar vale solo per i titoli di Oscar Wilde?»

Qual è la tua libreria preferita nel mondo? E in Italia? Mediterraneo Bookstore di Chania, a Creta. La Libreria Trame di Bologna.

Usciti dalla tua libreria bisogna andare assolutamente... dove? In un'altra libreria...

Cosa trovo da te che non trovo altrove? Una persona che si diverte a fare ciò che fa.

MODENA

Piccole Abitudini

Via Coppi 121/c, 41125 Modena - 059 7124704
FB Piccole Abitudini

Lo staff dei librai Serena Barbieri e Giulia Brandoli.

La tua storia in 280 caratteri La nostra storia inizia 5 anni fa, quando Serena trovò il posto perfetto: tra alberi e cortili, la libreria è nata e cresciuta e con lei le libraie (da una sono diventate due!). Sono cresciuti anche gli scaffali ricolmi di albi, romanzi e giocattoli scelti con passione.

Che libreria sei, in una sola parola? Per bambini e ragazzi.

Qual è il libro che identifica la tua libreria? «La storia di Mina» di David Almond.

Qual è il personaggio letterario che rappresenta la tua clientela? Ottoline Brown (dell'omonima serie di libri di Riddell), con le sue bizzarrie, i suoi amici di carta e due occhi grandi fissi sulla vetrina.

A chi vorresti vendere un libro? E quale libro? A chi si sente sbagliato, «I cinque malfatti» di Beatrice Alemagna.

Qual è la domanda più strana che ti è stata fatta? «Avete un libro che parla del "cadere"?».

Qual è la tua libreria preferita nel mondo? E in Italia? Shakespeare & Co. di Parigi e Sullaluna di Venezia.

Usciti dalla tua libreria bisogna andare assolutamente... dove? A gustare le delizie appena uscite dal forno di Marta's Pizza, il locale proprio accanto alla libreria.

Cosa trovo da te che non trovo altrove? Una casetta di legno che custodisce albi illustrati straordinari da sfogliare assaporando il profumo di resina.

Spazio «Libri scelti per voi» da Librerie.coop

Extracoop Grandemilia
Via Emilia Ovest 1480, 41123 Modena - 059 890466
libreria.grandemilia@Librerie.coop.it

Lo staff dei librai Erica e Chiara.

La tua storia in 280 caratteri Una libreria dentro a un ipermercato. Una sfida, un azzardo. Nato nell'autunno 2016, flagship del progetto che ha portato librai qualificati nei centri commerciali, per avvicinare alla lettura un pubblico più vasto, rispondendo anche alle esigenze dei lettori più esperti.

Che libreria sei, in una sola parola? Creativa.

Qual è il libro che identifica la tua libreria? «Grammatica della fantasia» di Gianni Rodari.

Qual è il personaggio letterario che rappresenta la tua clientela? Holden Caulfield (Salinger): poco studioso, ma acuto sognatore. All'apparenza distratto, si rivela molto interessato al mondo della lettura.

A chi vorresti vendere un libro? E quale libro? Vorrei vendere un libro a chi dice di non avere mai tempo di leggere, e pure a chi s'intimorisce imbattendosi in tomi con troppe pagine che straripano di inchiostro e parole. Solo per fargli cambiare idea. Non a caso, «Se una notte d'inverno un viaggiatore» di Italo Calvino.

Qual è la domanda più strana che ti è stata fatta? «Avete "Il gabbiano Jonathan Listerine"?».

Qual è la tua libreria preferita nel mondo? E in Italia? The Bookshop di Wigtown, in Scozia. La Libreria per ragazzi Giannino Stoppani in centro a Bologna.

Usciti dalla tua libreria bisogna andare assolutamente... dove? Se fa freddo: a casa, sotto le coperte, sul divano con una tazza di tè caldo in mano. Se fa caldo: su una panchina al fresco in un parco. In breve: nel tuo posto sicuro, ma senza rinunciare mai a un buon libro.

Cosa trovo da te che non trovo altrove? Puoi trovate un sorriso, un consiglio, il libro che stavi cercando e quello che stava cercando te.

Spazio «Libri scelti per voi» da Librerie.coop

Ipercoop I Portali
Viale dello Sport 50, 41122 Modena - 059 585146
libreria.iportali@Librerie.coop.it

Lo staff dei librai Elisa.
La tua storia in 280 caratteri Il corner di Librerie.coop dentro I Portali nasce ad agosto 2018, sulla scia di un progetto che ha trasformato lo spazio libri degli ipermercati nei grandi centri commerciali in piccole librerie per creare un legame tra libraio e clientela.
Che libreria sei, in una sola parola? Inaspettata.
Qual è il libro che identifica la tua libreria? «I libri che fanno la felicità» di Rachele Bindi.
Qual è il personaggio letterario che rappresenta la tua clientela? Renée Michel, la protagonista de «L'eleganza del riccio», perché è un personaggio particolare, colto ma riservato, umile e ricco di sorprese.
A chi vorresti vendere un libro? E quale libro? A chi vede la Storia come una montagna da scalare. Uno dei libri di Bernard Cornwell, perché il passato è appassionante come un romanzo ben scritto.
Qual è la domanda più strana che ti è stata fatta? Se avessi a scaffale «I buoi oltre la siepe»... qualcuno lo scriva, è un bel titolo.
Qual è la tua libreria preferita nel mondo? E in Italia? The Last Bookstore di Los Angeles e Libreria Acqua Alta di Venezia.
Usciti dalla tua libreria bisogna andare assolutamente... dove? A casa, sul divano, a leggere!
Cosa trovo da te che non trovo altrove? La gentilezza e tante risposte sui libri introvabili, che in realtà sono semplicemente nascosti, la libraia aiuta solo a scovarli.

MONTALE

Librerie.coop Piacenza

Via Emilia Parmense 155, 29122 Montale PC - 0523 609672
libreria.piacenza@Librerie.coop.it - FB Librerie.coop (Piacenza)

Lo staff dei librai Claudia, Elena, Elisa, Fabiana, Fortuna.

La tua storia in 280 caratteri Inaugurata il 17 maggio 2007, Librerie.coop Piacenza si è fatta strada all'interno di una città non proprio ben disposta nei confronti delle novità. Ad oggi, il nostro orgoglio più grande sono quei clienti affezionati che, dopo 12 anni, ancora ci fanno visita costantemente.

Che libreria sei, in una sola parola? Di catena, con un'atmosfera indipendente.

Qual è il libro che identifica la tua libreria? «Noi che ci vogliamo così bene» di Marcela Serrano: perché gli umori di cinque donne non sono sempre facili da gestire, ma per fortuna non ci manca l'ironia.

Qual è il personaggio letterario che rappresenta la tua clientela? Dr. Jekyll e Mr. Hyde: abbiamo una clientela piuttosto variegata, e talvolta anche una stessa persona riserva sorprese.

A chi vorresti vendere un libro? E quale libro? «Lettera a un razzista del terzo millennio» di Don Ciotti, alle troppe persone che avrebbero bisogno di leggerlo.

Qual è la domanda più strana che ti è stata fatta? «Mi fa 50€ tutto?» (con una pila di libri alta fino alle spalle).

Qual è la tua libreria preferita nel mondo? E in Italia? Livraria Lello e Irmão a Porto. Il Delfino a Pavia.

Usciti dalla tua libreria bisogna andare assolutamente... dove? Lungo il Trebbia o in collina, al tramonto, con un bicchiere di vino e un tagliere di salumi. Con un libro, ovviamente.

Cosa trovo da te che non trovo altrove? Un servizio sempre accompagnato dal sorriso, che spesso ha trasformato i clienti in amici.

PARMA

Futurino & C. Libreria per ragazzi

Via Monte Grappa 2a, 43125 Parma - 0521 281289
www.futurino.it - FB Futurino&C - IG @futurino_libreria

Lo staff dei librai Giorgio, Mariangela, Roberto e Giulia.

La tua storia in 280 caratteri Aperta nel 1972 da Ermanno Albertelli, Futurino è la prima libreria per bambini e ragazzi nata in Italia, punto di riferimento per le scuole della provincia di Parma. Nel 1984 il testimone passa ai miei genitori, Giorgio e Mariangela, e da allora siamo noi alla guida della libreria!

Che libreria sei, in una sola parola? Per bambini.

Qual è il libro che identifica la tua libreria? «La bottega dei sogni perduti» di Manuela Salvi e Monica Auriemma. La storia del protagonista rispecchia le reazioni dei nostri clienti adulti che ritornano nostri clienti con i loro figli, dopo esserlo stati, tanti anni fa, quando erano piccoli.

Qual è il personaggio letterario che rappresenta la tua clientela? Mary Lennox: come lei, i nostri piccoli clienti curiosano tra gli scaffali, a volte non ascoltando (per fortuna) i divieti dei genitori!

A chi vorresti vendere un libro? E quale libro? Mi piacerebbe vendere a Jules Verne «La notte della Luna» di Guido Quarzo e Anna Vivarelli, per fargli sapere che la sua fantasia è infine diventata realtà.

Qual è la domanda più strana che ti è stata fatta? Un giorno un bambino mi ha fatto una domanda strana e bellissima: «Mi consigli un libro che mi faccia volare con l'immaginazione?».

Qual è la tua libreria preferita nel mondo? E in Italia? Sono rimasto colpito dalle foto di El Ateneo Grand Splendid di Buenos Aires, un ex teatro convertito a libreria. In Italia invece amo molto una libreria della mia città, la libreria Fiaccadori, con le sue numerose stanzette e quei mobili in legno scuro, alti fino al soffitto: entrarci è come fare un salto nel passato...

Usciti dalla tua libreria bisogna andare assolutamente... dove? Natu-

ralmente a casa, o ancora meglio sotto l'ombra di un albero se c'è bel tempo, a divorare il libro appena acquistato!
Cosa trovo da te che non trovo altrove? Ci piace cercare e ricercare tra tutti gli editori per bambini, cercando di dare voce a tutti, anche alle case editrici meno in vista, che spesso nascondono dei veri e propri capolavori. Una nostra particolarità è poi il ricchissimo assortimento di libri di Natale che ogni anno facciamo arrivare in quel periodo. Ho un amore spropositato per questo periodo dell'anno, in ogni sua sfumatura, e cerco di trasmetterlo ai miei clienti... Non per niente il mio libro preferito è «Canto di Natale» di Charles Dickens!

*la*Feltrinelli Village Parma

Via Emilia Est 7b, 43100 Parma - 02 91947777
FB La Feltrinelli Parma
Lo staff dei librai Barbara, Nicola, Mia, Roberta, Pasquale.
La tua storia in 280 caratteri La libreria apre nel 2003 all'interno di un centro commerciale nato dalla riqualificazione di un'area che comprendeva due storiche aziende cittadine. Da allora sono successe molte cose, ma questa propensione al cambiamento nella continuità è diventata una nostra caratteristica.
Che libreria sei, in una sola parola? Internazionale per vocazione, popolare per passione.
Qual è il libro che identifica la tua libreria? «Pesca alla trota in America» di Brautigan. Perché è un libro indefinibile, strampalato, pieno di umorismo e struggente bellezza, di sogni, dolori e assurdità, come la vita. Perché riesce a fare emergere con trasognata leggerezza la poesia fragile del mondo, perché è il candore dei sogni fatti il segno che lasceremo del nostro passaggio.
Qual è il personaggio letterario che rappresenta la tua clientela? Il vagabondo delle stelle: tutti abbiamo prigioni e limiti, ma anche la possibilità di scavalcarli. Siamo lettere che si incrociano in parole, libri, vita.
A chi vorresti vendere un libro? E quale libro? A D.F. Wallace il suo «Il re pallido», pregandolo di riportarcelo terminato e dicendogli

anche che non aveva nessun diritto di fare quello che ha fatto. Per lui, per la letteratura, per i suoi cani e per noi tutti.

Qual è la domanda più strana che ti è stata fatta? Domanda: «Ho bisogno di 50 libri». Risposta: «Ha già dei titoli?». «No, 50 così (mima il formato degli economici) e 50 così (mima il formato degli illustrati). «Perfetto!». Ho fatto giornata allestendo una deliziosa libreria (era un artigiano che doveva montare e riempire una libreria a un suo cliente).

Qual è la tua libreria preferita nel mondo? E in Italia? Nel mondo (non so se esiste ancora) Pygmalion, la libreria di Buenos Aires in cui lavorava Alberto Manguel, dove conobbe Borges, per il quale divenne lettore, come narra nel delizioso «Con Borges». Avrei voluto lavorare lì, avrei voluto essere Manguel, avrei voluto leggere per Borges. In Italia la Libreria Antiquaria Umberto Saba di Trieste, all'incirca per gli stessi motivi e in più perché ci sono stato ed è un'emozione viva, palpabile, fisica.

Usciti dalla tua libreria bisogna andare assolutamente... dove? Al parco ex Eridania dove c'è l'Auditorium Paganini progettato da Renzo Piano ad ammirare d'estate le tartarughe che prendono placidamente il sole e a chiedersi d'inverno: «Dove vanno quando le vasche gelano?».

Cosa trovo da te che non trovo altrove? Un'ottima selezione di titoli di narrativa, con un amore particolare per quella nordamericana. Un'accurata selezione di saggi storici, un bel settore Kidz e anche una ricca sezione di film e cd musicali, ma soprattutto passione, piacere e rispetto per questo lavoro, nella potente e quanto mai attuale convinzione che «Il grado di civiltà del nostro paese, dipenderà anche, e in larga misura, da cosa, anche nel campo della letteratura di consumo, gli italiani avranno letto» (Giangiacomo Feltrinelli).

Libreria Athenaeum

Borgo Cocconi 3b 43125 Parma - 0521 506535

www.athenaeumlibri.com - FB Athenaeum edizioni universitarie

Lo staff dei librai Massimo Soncini e Catia Medici.

La tua storia in 280 caratteri La libreria nasce nel 2017 sulle ceneri della storica libreria universitaria Bottega del libro, di cui mantiene la linea, aggiungendoci però le edizioni, e creando una sezione di libri usati. La nostra storia di librai risale al 1991 ad Atene con la libreria italiana Il Narratore.
Che libreria sei, in una sola parola? Universitaria/dell'usato.
Qual è il libro che identifica la tua libreria? Il nostro ultimo nato «I modernismi in Portogallo e Brasile».
Qual è il personaggio letterario che rappresenta la tua clientela? Daniel Sempere («L'ombra del vento» e «Il prigioniero del cielo» di Ruiz Zafón).
A chi vorresti vendere un libro? E quale libro? «Introduzione alla letteratura esperanto» (sempre pubblicato da noi) a Ludoviko Zamenhof.
Qual è la domanda più strana che ti è stata fatta? «Vendete libri?».
Qual è la tua libreria preferita nel mondo? E in Italia? Era Il Narratore ad Atene, ora è La tour de Babel a Parigi. All'interno della Reggia di Colorno c'era una libreria d'altri tempi, gestita da un Signor Libraio e carica carica di libri. Il libraio è morto, purtroppo, e con lui la libreria.
Usciti dalla tua libreria bisogna andare assolutamente... dove? Alla pizzeria Reale per un buon trancio di pizza e poi all'enoteca Oltrevino per un calice.
Cosa trovo da te che non trovo altrove? Simpatia, tempo e disponibilità, che, purtroppo, ormai, non sono più scontate.

Libreria Diari di bordo

Borgo Santa Brigida 9/a, 43121 Parma
diaridibordo@outlook.it - FB Libreria Diari di bordo
Lo staff dei librai Librai e titolari Alice Pisu e Antonello Saiz.
La tua storia in 280 caratteri Un giorno di fine marzo, dalla fine di una libreria in cui lavoravamo da dipendenti abbiamo visto esattamente quella che sarebbe diventata la nostra: un luogo in cui viaggiare, sognare, condividere letture e analizzare il presente attraverso la letteratura indipendente di qualità.

Che libreria sei, in una sola parola? Resistente.
Qual è il libro che identifica la tua libreria? La libreria di «La libreria de Rue du Charras», di Kaouther Adimi. Un viaggio nei luoghi e nella storia, con una trasposizione nel presente del sogno che prende forma grazie a un editore che immaginò, reduce dall'esperienza parigina, di dare forma ad Algeri a una libreria e casa editrice capace di accogliere e proporre libri di entrambe le sponde del Mediterraneo. Si tratta di una narrazione che rappresenta il cardine della nostra idea di libreria, usare le grandi narrazioni come mezzo per interrogare sé stessi e il proprio periodo storico. Nel romanzo quel sogno legato a un'utopia rinasce idealmente nel modo di ripercorrerne la storia nel presente, portando il lettore a riflettere non solo sul valore e sulla diversità di una libreria indipendente di qualità, ma sul peso sociale che assume per la comunità nella ricchezza culturale di cui si fa portatrice e sul significato di una sua eventuale perdita.
Qual è il personaggio letterario che rappresenta la tua clientela? Lo stabile al numero 11 di Rue Cribellier a Parigi («La vita istruzioni per l'uso», Perec): «un insieme finito di schegge infinite».
A chi vorresti vendere un libro? E quale libro? Ci piacerebbe vendere (o regalare!) a Matteo Salvini «Migrations. An afro-italian night of the poets» di Wole Soyinka, a cura di Alessandra Di Maio. Una raccolta di immagini e poesie di sedici poeti italiani e sedici nigeriani invitati a partecipare da Soyinka, Premio Nobel per la Letteratura nel 1986. L'intento è quello di trasmettere un'idea di pace e di unione ideale tra le sponde del Mediterraneo attraverso la forza rivoluzionaria dell'arte costata il carcere e l'esilio al drammaturgo, saggista e poeta nigeriano, attivista per i diritti umani imprigionato per la sua avversione alla dittatura militare.
Qual è la domanda più strana che ti è stata fatta? La domanda più strana? Quella di una ormai ex politica cittadina che passava casualmente davanti alla libreria in una mattina di giugno di due anni fa. Non solo ammise candidamente di non essere a conoscenza della nostra realtà, pur occupandosi di cultura in città ormai da diversi anni, ma, disinteressata ai libri, ci chiese di poter acquistare l'unica

cosa non in vendita, un elemento d'arredo che avevamo scelto per la vetrina.
Qual è la tua libreria preferita nel mondo? E in Italia? Librairie des Colonnes, Avenue Pasteur, Tangeri. Libreria Internazionale Luxemburg, via Cesare Battisti 7, Torino.
Usciti dalla tua libreria bisogna andare assolutamente... dove? Andare a bere un lambrusco, rigorosamente in tazza, in Oltretorrente, il quartiere più antico della città e storicamente simbolo di Resistenza.
Cosa trovo da te che non trovo altrove? Il modo informale e al contempo attento e accurato con cui proponiamo i nostri libri, in una dimensione accogliente, in cui «sentirsi a casa», come spesso ci dicono i lettori e gli scrittori che ospitiamo in questo nostro presidio culturale. Siamo riusciti negli anni a trasmettere tutto questo ai nostri lettori, creando una comunità che travalica i confini fisici della libreria, e che ci ha permesso di essere realmente riconoscibili e distinguibili.

Libreria Fiaccadori

Strada al Duomo 8a, 43121 Parma - 0521 282245
lsp.fiaccadori@stpauls.it - FB Libreria Fiaccadori
Lo staff dei librai Donata Taddei, Alice Cobbe, Federica Pallini, Eleonora Pessina, Luca Zammarchi, Chiara Zilioli.
La tua storia in 280 caratteri La libreria nasce nel 1829 per volere del tipografo ed editore Pietro Fiaccadori, all'interno del palazzo vescovile. Anche casa editrice fino agli anni '90, la Fiaccadori ora è una libreria con un grande settore religioso, bambini e illustrati, oltre a tanta narrativa e saggistica.
Che libreria sei, in una sola parola? Storica.
Qual è il libro che identifica la tua libreria? «Il commesso» di Bernard Malamud (al quale abbiamo dedicato il circolo di lettura che si trova in libreria).
Qual è il personaggio letterario che rappresenta la tua clientela? La regina Elisabetta protagonista de «La sovrana lettrice» di Alan Bennett, dopo che ha scoperto la passione per i libri.

A chi vorresti vendere un libro? E quale libro? Vorremmo conoscere Bernard Malamud, invitarlo al nostro circolo di lettura a lui dedicato e regalargli una copia di ogni libro di cui si è parlato, soprattutto «Il giro del miele» di Sandro Campani e «La figlia» di Clara Usón.
Qual è la domanda più strana che ti è stata fatta? «Potrebbe per favore darmi due metri di libri Adelphi?».
Qual è la tua libreria preferita nel mondo? E in Italia? Nel mondo, sicuramente la Boekhandel Dominicanen di Maastricht, in Italia la Libreria Acqua Alta di Venezia e la Libreria All'Arco di Reggio Emilia.
Usciti dalla tua libreria bisogna andare assolutamente... dove? Bisogna fermarsi ai tavolini del bar di fronte, con vista sul Duomo e sul battistero, e... cominciare a leggere!
Cosa trovo da te che non trovo altrove? Tanti post-it sui libri che suggeriamo, pieni di consigli di lettura.

Librerie.coop Parma

Centro Commerciale Centro Torri
Via San Leonardo 69, 43122 Parma - 0521 798102
libreria.parma@Librerie.coop.it - FB Librerie.coop (Parma)
Lo staff dei librai Margherita, Nicola, Marta, Laura, Annalisa.
La tua storia in 280 caratteri Abbiamo aperto nel maggio del 2008, nel quartiere San Leonardo, con ampi spazi, postazioni di lettura e una grande profondità di catalogo con l'obiettivo di rispondere al meglio alle richieste dei nostri fedeli lettori.
Che libreria sei, in una sola parola? Confortevole.
Qual è il libro che identifica la tua libreria? «Alta fedeltà» di Nick Hornby, perché ci racconta di passione, comprensione e impegno, tutti elementi che ogni giorno mettiamo nel nostro mestiere.
Qual è il personaggio letterario che rappresenta la tua clientela? Jim Hawkins («L'isola del tesoro») per il coraggio nella ricerca, il senso d'avventura e viaggio che ogni lettura di un libro porta con sé.
A chi vorresti vendere un libro? E quale libro? «Piccole donne», a tutte coloro che sono alla ricerca della propria identità.

Qual è la domanda più strana che ti è stata fatta? «Dove tenete i materassi?»... cercando il libro di Palazzeschi.
Qual è la tua libreria preferita nel mondo? E in Italia? Shakespeare & Co., Parigi e Libreria Acqua Alta, Venezia.
Usciti dalla tua libreria bisogna andare assolutamente... dove? Fare una passeggiata in centro città fino al Parco Ducale in cui potersi fermare a leggere un buon libro.
Cosa trovo da te che non trovo altrove? Uno spazio fisico in cui la profondità della proposta si incontra con la qualità del servizio al cliente. Un luogo familiare e accogliente che investe nel valore della relazione tra lettori.

Libri e formiche, la libreria dei ragazzi di Parma

Via Vincenzo Mistrali 2b, 43121 Parma - 0521 506668
libreria@librieformiche.it - www.librieformiche.it
FB Libri e formiche - IG @librerialibrieformiche
Lo staff dei librai Anna Lisa Bertolo, 49 anni, libraia da 15, Anna Bardiani, 30 anni, libraia da 9 anni.
La tua storia in 280 caratteri La libreria apre nel 2004 in uno spazio piccolo e accogliente. Seguono anni di grande attività, progetti, ampliamenti ma anche alcune difficoltà. Nel 2014 le libraie coinvolgono la città in un progetto di rilancio della libreria tramite crowdfunding e approdano alla sede attuale.
Che libreria sei, in una sola parola? Per bambini e ragazzi.
Qual è il libro che identifica la tua libreria? «Una zuppa di sasso» di Anaïs Vaugelade.
Qual è il personaggio letterario che rappresenta la tua clientela? Bastiano Baldassarre Bucci de «La storia infinita» perché, come lui, anche i nostri lettori amano immergersi totalmente nei libri.
A chi vorresti vendere un libro? E quale libro? A un padre che è in crisi con il figlio adolescente vorremmo vendere «L'albero» di Shel Silverstein.
Qual è la domanda più strana che ti è stata fatta? Un libro per un bambino che ha paura dei bottoni.

Qual è la tua libreria preferita nel mondo? E in Italia? Nel mondo Shakespeare & Co. a Parigi. In Italia Tempo Ritrovato a Milano.
Usciti dalla tua libreria bisogna andare assolutamente... dove? Al Parco Ducale, per leggere un libro all'ombra di un albero secolare.
Cosa trovo da te che non trovo altrove? Una buona selezione di libri in lingua straniera e... una tana in cui sfogliare i libri in pace.

Mondadori Bookstore Parma Balestrieri

Piazza Balestrieri 2/A, 43122 Parma
info@mondadoriparma.it - FB Libreria Mondadori Parma
presso CC Euro Torri
Lo staff dei librai Luca e Carlo Ferrari, Sara Barozzi, Irene Cattani, Federica Bonzani.
La tua storia in 280 caratteri Inaugurata nel maggio del 2004, in concomitanza con l'apertura del Centro Commerciale Euro Torri. Fin da subito, per la profondità del catalogo, la superficie espositiva e la dedizione verso i clienti, uno dei principali riferimenti per il pubblico di lettori di Parma e provincia.
Che libreria sei, in una sola parola? Di varia.
Qual è il libro che identifica la tua libreria? «La versione di Barney», Mordecai Richler.
Qual è il personaggio letterario che rappresenta la tua clientela? Dr. Jekyll e Mr. Hyde, lettore colto e appassionato, dalle diverse sfaccettature.
A chi vorresti vendere un libro? E quale libro? Venderemmo a Maria Antonietta «I love shopping» di Sophie Kinsella.
Qual è la domanda più strana che ti è stata fatta? «Avete il libro del Trono di spade di Harry Potter, quello con in copertina le spade dei Tre Moschettieri?» (cercava in realtà «Il manuale delle bacchette di Harry Potter»).
Qual è la tua libreria preferita nel mondo? E in Italia? City Lights Bookstore, San Francisco. Libreria Laterza, Bari.
Usciti dalla tua libreria bisogna andare assolutamente... dove? In una buona caffetteria a sfogliare le prime pagine del libro appena acquistato.

Cosa trovo da te che non trovo altrove? Tutti i libri che i nostri clienti lettori negli anni ci hanno fatto scoprire e amare.

Spazio «Libri scelti per voi» da Librerie.coop

Ipercoop Centro Eurosia, Strada Provinciale Traversetolo 67, 43123 Parma - 0521 497448
libreria.eurosia@Librerie.coop.it

Lo staff dei librai Margherita.
La tua storia in 280 caratteri Inaugurata il 22 settembre del 2018, offre un ampio assortimento, suggerimenti e proposte, e la possibilità di trovare tutto quello che il lettore cerca.
Che libreria sei, in una sola parola? Dinamica.
Qual è il libro che identifica la tua libreria? «Guida galattica per autostoppisti» di Douglas Adams.
Qual è il personaggio letterario che rappresenta la tua clientela? Miss Marple, creata dalla penna di Agatha Christie, che ci insegna che mai bisogna fermarsi alle apparenze.
A chi vorresti vendere un libro? E quale libro? A chi è certo di non trovarne uno che possa soddisfare i propri gusti dentro un ipermercato. Venderei «L'ora di lezione» di Massimo Recalcati.
Qual è la domanda più strana che ti è stata fatta? «Qual è più corto tra questi due?». Una mano reggeva «La Locandiera» di Goldoni, edizioni BUR, l'altra mano sempre lo stesso titolo, ma degli Oscar Mondadori.
Qual è la tua libreria preferita nel mondo? E in Italia? Livraria Lello e Irmão a Porto e la Libreria delle donne a Milano.
Usciti dalla tua libreria bisogna andare assolutamente... dove? A trovare un'ombra nelle colline parmensi, equipaggiati di merenda, telo e libro.
Cosa trovo da te che non trovo altrove? Il libro che non potevi immaginare fosse qui, la cortesia, il piacere di rallentare la routine per sfogliare un albo illustrato o un classico.

PIACENZA

Libreria Fahrenheit 451

Via Legnano 4, 29121 Piacenza - 0523 335725
www.fahrenheit451piacenza.com - FB Libreria Fahrenheit 451
IG @fahrenheit451piacenza

Lo staff dei librai Sonia Galli, Enrico Forelli e tanti amici.
La tua storia in 280 caratteri Dal 1998 si occupa di varia con attenzione per le case editrici di qualità e un reparto ragazzi sempre più in crescita. Punto di aggregazione sociale e culturale, settimanalmente ospita incontri ed eventi, dal 2017 insieme a Bookbank organizza il festival Transumanza letteraria.
Che libreria sei, in una sola parola? Resiliente.
Qual è il libro che identifica la tua libreria? «Il Parnaso ambulante» di Christopher Morley.
Qual è il personaggio letterario che rappresenta la tua clientela? La signora Parodi («La lettrice scomparsa» di Fabio Stassi). Perché come Vince Corso suggeriamo libri adatti alla personalità del lettore.
A chi vorresti vendere un libro? E quale libro? Vorrei vendere un libro a un politico di spicco: «Non c'è libertà senza legalità» di Piero Calamandrei.
Qual è la domanda più strana che ti è stata fatta? La domanda più strana è stata se potevo trovare un libro con un finale diverso, perché secondo la cliente quella copia era con un finale sbagliato.
Qual è la tua libreria preferita nel mondo? E in Italia? La mia libreria preferita in Italia: tra quelle visitate Libreria Rinascita di Ascoli Piceno. Nel mondo: Shakespeare & Co., Parigi (Francia).
Usciti dalla tua libreria bisogna andare assolutamente... dove? Usciti dalla libreria Fahrenheit 451 bisogna andare assolutamente al commercio equo e solidale La Pecora Nera, e dopo nella Cattedrale a pochi metri.
Cosa trovo da te che non trovo altrove? Alla Fahrenheit 451 troverete empatia e le magliette in dialetto piacentino.

RAVENNA

Librerie.coop Ravenna

Extracoop Esp, via M. Bussato 30, 48124 Ravenna - 0544 871158
libreria.ravennaesp@Librerie.coop.it
FB Librerie.coop (Ravenna)
Lo staff dei librai Barbara, Barbara, Jessica, Laura, Marco, Rossella.
La tua storia in 280 caratteri È la prima libreria Coop aperta in Italia; nasce nel 2006 dall'idea di promuovere la cultura nello spirito del movimento cooperativo. Siamo un gruppo di librai che con passione cerca di far trovare all'avventore un buon assortimento di catalogo e le novità del mercato editoriale.
Che libreria sei, in una sola parola? Trasversale.
Qual è il libro che identifica la tua libreria? «Il paradiso degli orchi» di Daniel Pennac.
Qual è il personaggio letterario che rappresenta la tua clientela? Petra Delicado, nata dalla penna di Alicia Giménez Bartlett, perché è una donna energica, indaffarata, decisa, colta ma senza essere snob.
A chi vorresti vendere un libro? E quale libro? A chi non ne ha mai comprato uno. «Cent'anni di solitudine» di Gabriel García Márquez.
Qual è la domanda più strana che ti è stata fatta? Ci hanno chiesto «Braccobaldo» di Italo Calvino.
Qual è la tua libreria preferita nel mondo? E in Italia? Atlantis Books di Santorini. Librorcia di Bagno Vignoni.
Usciti dalla tua libreria bisogna andare assolutamente... dove? In spiaggia per godersi la lettura sotto l'ombrellone.
Cosa trovo da te che non trovo altrove? Un luogo dove essere accolto in maniera semplice, con attenzione soprattutto verso il cliente che spesso non è abituato a frequentare ambienti culturali.

Libreria Dante di Longo

Via Diaz 39, 48121 Ravenna
FB libreria Dante di Longo - IG librerialongo
Lo staff dei librai Angela, Alberta, Stefania, Roberta.
La tua storia in 280 caratteri Storica libreria di Ravenna aperta da Cicci e Nino Longo nel 1959. Punto di riferimento internazionale per libri sul mosaico e cultura locale. Gestita dalle nipoti, ha ampliato la scelta di libri per ragazzi promuovendo diverse attività: letture ad alta voce e gruppi di lettura.
Che libreria sei, in una sola parola? Storica.
Qual è il libro che identifica la tua libreria? «Il richiamo di Ravenna», Eraldo Baldini, Dante Bolognesi.
Qual è il personaggio letterario che rappresenta la tua clientela? I nostri clienti variano da Pollicino a Dr. Jekyll e Mr Hyde, e noi assomigliamo a loro.
A chi vorresti vendere un libro? E quale libro? Vorremmo vendere «Katitzi» scritto da Katarina Taikon a Matteo Salvini.
Qual è la domanda più strana che ti è stata fatta? «Vendete libri normali?».
Qual è la tua libreria preferita nel mondo? E in Italia? Tutte le librerie con un libraio dentro.
Usciti dalla tua libreria bisogna andare assolutamente... dove? Al Battistero degli Ariani (fine V secolo).
Cosa trovo da te che non trovo altrove? Noi e la nostra polvere. Di mosaico naturalmente!

Momo Libreria per Ragazzi

Via Mazzini 36, 48121 Ravenna
FB Momo Libreria per Ragazzi
Lo staff dei librai Alice Keller, Sara Panzavolta, Veronica Truttero.
La tua storia in 280 caratteri Ci siamo conosciute all'Accademia Drosselmeier, master per librai e giocattolai. L'estate, a fine corso, abbiamo deciso di mettere insieme i nostri sogni e le nostre profes-

sioni legate al libro per l'infanzia aprendo una libreria specializzata nella città natale di Sara: Ravenna.
Che libreria sei, in una sola parola? Per bambini e ragazzi.
Qual è il libro che identifica la tua libreria? Non possiamo che dire «Momo», di Michael Ende, da cui abbiamo tratto il nostro nome. Un omaggio al riappropriarsi del tempo disteso del libro e della fantasia.
Qual è il personaggio letterario che rappresenta la tua clientela? Ogni bambino che prende in mano un libro e lo porta a un adulto è come Momo: audace, si mette in testa di restituire il tempo agli uomini.
A chi vorresti vendere un libro? E quale libro? Ci piacerebbe poter tornare indietro nel tempo e immaginare il grande Ulf Stark in vacanza a Ravenna, per mostrargli le traduzioni dei suoi libri, che tanto amiamo!
Qual è la domanda più strana che ti è stata fatta? Un libro di fiabe «vegane».
Qual è la tua libreria preferita nel mondo? E in Italia? Non abbiamo avuto la fortuna di allontanarci molto dall'Italia, ma sicuramente le librerie parigine hanno uno spazio nel nostro cuore! In Italia Spazio B**K, libreria-laboratorio formidabile a Milano.
Usciti dalla tua libreria bisogna andare assolutamente... dove? Ad ammirare i mosaici della Basilica di San Vitale. Non prima di essersi presi un cono gelato da Il Divino, proprio di fronte alla libreria.
Cosa trovo da te che non trovo altrove? Puoi trovare un pensiero definito che guida tutta la scelta dei libri a scaffale. Lo scaffale è uno specchio e una porta, un filo che ti accompagna nel labirinto. Un sentiero di sassolini bianchi tra una scrittura per l'infanzia alta, una lingua mai banale, un visivo di qualità, in grado di accendere luci, aprire altre porte, altri pensieri.

REGGIO EMILIA

Libreria All'Arco

Via Emilia S. Stefano 3/D, 42121 Reggio Emilia - 0522 440065
www.libreriallarco.it - FB Libreria All'Arco Reggio Emilia

Lo staff dei librai Siamo undici persone.

La tua storia in 280 caratteri La Libreria All'Arco nasce nel 1991 in un palazzo storico, con vetrine dalle imponenti arcate. Con oltre 900 metri quadri di spazio espositivo, il piano nobile viene arricchito con poltrone e divani per una consultazione dei libri comoda e piacevole.

Che libreria sei, in una sola parola? Di varia.

Qual è il libro che identifica la tua libreria? «L'ombra del vento» di Carlos Ruiz Zafón: un romanzo intrigante da cui emerge soprattutto la passione per i libri.

Qual è il personaggio letterario che rappresenta la tua clientela? Phileas Fogg, il protagonista de «Il giro del mondo in 80 giorni» di Jules Verne: intelligente, curioso, ironico e avventuroso.

A chi vorresti vendere un libro? E quale libro? Vorrei vendere un libro di Dickens o di Dumas a un giovane, non ancora abituato a leggere, per fargli scoprire la magia delle loro avvincenti storie senza tempo.

Qual è la domanda più strana che ti è stata fatta? «Posso fare qui in libreria la proposta di matrimonio alla mia fidanzata?». Per noi è stato un onore: la passione della futura sposa per la nostra libreria e per la lettura (lui le ha nascosto l'anello in una copia di «Orgoglio e pregiudizio» opportunamente modificata) ha reso il momento davvero magico.

Qual è la tua libreria preferita nel mondo? E in Italia? All'estero Shakespeare & Co. a Parigi, in Italia la MarcoPolo a Venezia

Usciti dalla tua libreria bisogna andare assolutamente... dove? Alla biblioteca Panizzi di Reggio Emilia, per ammirare l'affresco che l'artista americano Sol LeWitt ha creato per la settecentesca sala di lettura, decorando il soffitto a volta con motivi a spirale, come le volute mutevoli di una nuvola.

Cosa trovo da te che non trovo altrove? Un pianoforte a coda collocato nel salone, a disposizione di chiunque, per regalare ai clienti l'inaspettato piacere di una sonata che accompagni l'esplorazione delle stanze e degli scaffali e porti a vivere così la libreria come un'esperienza unica.

Librerie.coop Reggio Emilia

Centro commerciale Ariosto
Viale Morandi 16, 42124 Reggio Emilia - 0522 232117
libreria.reggioemilia@Librerie.coop.it
FB Librerie.coop (Reggio Emilia)
Lo staff dei librai Arianna, Elisa Maria Grazia, Alessandra, Daniela, Sara, Annalisa.
La tua storia in 280 caratteri Siamo una libreria nata nel dicembre 2014 nel quartiere di San Prospero e ci caratterizziamo per la profondità nella proposta del nostro assortimento e per la grande cura del servizio al cliente, due aspetti fondamentali della nostra identità.
Che libreria sei, in una sola parola? Sorprendente.
Qual è il libro che identifica la tua libreria? «Roderick Duddle» di Michele Mari. Per il coraggio di un viaggio che è avventura e ricerca di sé.
Qual è il personaggio letterario che rappresenta la tua clientela? Stevens di «Quel che resta del giorno», per la fedeltà che dimostra verso ciò in cui crede.
A chi vorresti vendere un libro? E quale libro? «Una vita come tante» di Hanya Yanagihara. A chi desidera leggere un libro che contiene la vita tutta intera.
Qual è la domanda più strana che ti è stata fatta? «Vorrei un libro di cui non conosco né titolo, né autore, né casa editrice, né copertina. Ne hanno parlato alla radio tre giorni fa».
Qual è la tua libreria preferita nel mondo? E in Italia? El Ateneo Grand Splendid, Buenos Aires, Argentina. Palazzo Roberti, Bassano del Grappa.

Usciti dalla tua libreria bisogna andare assolutamente... dove? Sul nostro Appennino con erbazzone e Lambrusco, per un buon aperitivo.
Cosa trovo da te che non trovo altrove? Un'empatia e un'accoglienza assolute. La familiarità di un luogo in cui tornare, abitato da persone felici di fare il mestiere più bello del mondo.

RIMINI

Libreria Riminese

Piazzetta Gregorio da Rimini 13, 47921 Rimini - 0541 26417
www.libreriariminese.it - FB Libreria Riminese
IG @libreria.riminese

Lo staff dei librai Mirco Pecci, Anna Valli.
La tua storia in 280 caratteri La Libreria è stata aperta nel 1931 ed è sempre rimasta indipendente sino a oggi. Dal 2001 il titolare è Mirco Pecci che l'ha ulteriormente ampliata l'8 marzo 2017.
Che libreria sei, in una sola parola? Storica.
Qual è il libro che identifica la tua libreria? «Una solitudine troppo rumorosa», Bohumil Hrabal.
Qual è il personaggio letterario che rappresenta la tua clientela? Zeno Cosini de «La coscienza di Zeno» di Italo Svevo.
A chi vorresti vendere un libro? E quale libro? Vorrei rivendere, come è già accaduto nel 1993, a Federico Fellini un libro di Georges Simenon.
Qual è la domanda più strana che ti è stata fatta? Se siamo una biblioteca...
Qual è la tua libreria preferita nel mondo? E in Italia? City Lights Bookstore di Ferlinghetti a San Francisco e la Libreria Pontremoli a Milano.
Usciti dalla tua libreria bisogna andare assolutamente... dove? Nella piazzetta antistante e sedersi ai tavolini dei ristoranti, cantinette e food drink che vi si affacciano.
Cosa trovo da te che non trovo altrove? Una ricca seleziona di titoli

di piccola e media editoria oltre a un ricco catalogo di libri usati e fuori catalogo.

Viale dei Ciliegi 17

Via Bertola 53, 47921 Rimini - 0541 25357
www.vialedeiciliegi17.it - FB Viale dei Ciliegi 17
IG @vialedeiciliegi17

Lo staff dei librai Siamo in quattro librai, tutti soci: Alice, Elena, Serena e Gianluca.
La tua storia in 280 caratteri Viale dei Ciliegi 17 nasce nel 2004 dall'amicizia e dalla collaborazione tra Alice, Elena e Serena, conosciutesi a Bologna durante l'università. Nel 2012 entra a far parte del gruppo Gianluca. Nel 2008 Viale dei Ciliegi 17 ha ideato «Mare di Libri - Festival dei Ragazzi che leggono». Nel 2013 ha vinto il Premio Andersen.
Che libreria sei in una sola parola? Per bambini e ragazzi.
Qual è il libro che identifica la tua libreria? «Mary Poppins» di P. L. Travers.
Qual è il personaggio letterario che rappresenta la tua clientela? I bambini de «Il libro di Bullerby» di Astrid Lindgren, liberi e avventurosi.
A chi vorresti vendere un libro? E quale libro? «Gli uccelli» di Albertine e Germano Zullo da regalare a un governante.
Qual è la domanda più strana che ti è stata fatta? «Vorrei un libro sui dinosauri, ma con le foto vere».
Qual è la tua libreria preferita nel mondo? E in Italia? El Ateneo Grand Splendid, Buenos Aires e in Italia Palazzo Roberti, Bassano del Grappa.
Usciti dalla tua libreria bisogna andare assolutamente... dove? Alla libreria Riminese, l'altra libreria indipendente di Rimini. Un consiglio per gli adulti che passano a trovarci, un augurio a tutti i nostri bambini e ragazzi per quando diventeranno adulti.
Cosa trovo da te che non trovo altrove? L'atmosfera: mobili di legno, poltroncine retrò, tanti libri allineati sugli scaffali, giochi in legno, un ricco calendario di eventi e librai sorridenti e competenti.

SALSOMAGGIORE TERME

Libreria Ubik Romagnosi

Via Romagnosi 8, Salsomaggiore T. 43039 PR - 0524 573541
FB Libreria Ubik Romagnosi Salsomaggiore

Lo staff dei librai Thea Morisi, Roberto Campanini.

La tua storia in 280 caratteri È una libreria nata sul finire dell'800 dalla volontà di un calzolaio di nome Verderi che nella sua bottega inserì una selezione di libri. Negli anni si susseguirono nella gestione diversi librai. Una libreria che è nata con la città di Salsomaggiore e ne ha seguito il percorso.

Che libreria sei, in una sola parola? Storica.

Qual è il libro che identifica la tua libreria? «L'uomo che piantava gli alberi» di Jean Giono

Qual è il personaggio letterario che rappresenta la tua clientela? Il Grande Gatsby e Benjamin Button, perché cercano di approfondire le loro solitudini, e specchiarvisi può servire a trovare la propria strada.

A chi vorresti vendere un libro? E quale libro? Al capo del governo, «Solo bagaglio a mano» di Gabriele Romagnoli, perché in questo libro c'è l'essenza dell'impermanenza della vita e può essere utile per attuare delle scelte.

Qual è la domanda più strana che ti è stata fatta? «Vorrei un centinaio di libri importanti, dal dorso di diverso colore che mi facciano fare bella figura quando sono esposti nella mia libreria».

Qual è la tua libreria preferita nel mondo? E in Italia? La Livraria Lello e Irmão a Porto e Daunt Books a Londra, la Libreria Palazzo Roberti a Bassano e la Libreria Acqua Alta a Venezia.

Usciti dalla tua libreria bisogna andare assolutamente... dove? Vista la città in cui vivo, rispondo alle terme, le cure termali si sposano perfettamente con una buona lettura.

Cosa trovo da te che non trovo altrove? Ogni libreria ha una sua identità, il sottoscritto ama i viaggi quindi trovate un buon assortimento di guide turistiche, la mia collega è appassionata di misteri e trovate un discreto settore di libri esoterici e quant'altro, inoltre giochi didattici per l'infanzia, poi per il resto tutto cambia. Concludo sottolineando che questo è un lavoro che può aiutare le persone a essere libere e in una società che tende sempre più ad avere il controllo sulle persone, questo è un valore importante.

SAN LAZZARO DI SAVENA

Libreria sQuiLibrai

Via Roma 24, 40068 S. Lazzaro di Savena BO - 051 0363159
squilibrai@gmail.com - FB SQuiLibrai - IG @squilibrai
TW @squilibrai_libr

Lo staff dei librai Sono Maria Giulia Neri e non so dire quando ho iniziato ad appassionarmi alla lettura, penso sia sempre stata parte di me. Sin da piccola i libri sono stati una presenza costante nella mia vita, e i pomeriggi trascorsi a frugare tra gli scaffali delle librerie per me erano un sogno. Mio padre ha avuto una libreria per dieci anni, e la mia passione non ha potuto che rafforzarsi. Poi un giorno, a 29 anni, ho deciso di tuffarmi in questa grande avventura.
La tua storia in 280 caratteri Ho realizzato il mio sogno: aprire la mia libreria indipendente. Supportata dai miei genitori ho creato un luogo in continuo rinnovamento: dagli arredi, alla disposizione dei libri, agli eventi. Da sQuiLibrai è sempre possibile fermarsi anche solo a fare due chiacchiere insieme.
Che libreria sei in una sola parola? Imprevedibile.
Qual è il libro che identifica la tua libreria? «Né di Eva né di Adamo» di Amélie Nothomb. Uno dei libri che più amo in assoluto. È la storia dell'amore dell'autrice per il Giappone.
Qual è il personaggio letterario che rappresenta la tua clientela? Sherlock Holmes: la mia clientela è super attenta ai dettagli. Nulla le sfugge e vuole un supporto competente e affidabile per la scelta.
A chi vorresti vendere un libro? E quale? Neri Marcorè: credo che sia una persona estremamente profonda e dotata di una forma di

intelligenza garbata e allo stesso tempo vivace. Gli proporrei «Io l'amavo» di Anna Gavalda. Un libro che è stato una scoperta. Riesce in poche pagine a esprimere concetti di intensa profondità con estrema semplicità e delicatezza. Inoltre trovo che Neri Marcorè sarebbe un bel protagonista se mai il libro diventasse un film.
Qual è la domanda più strana che ti è stata fatta? «È questa la sartoria?!».
Qual è la tua libreria preferita nel mondo? E in Italia? Non ho girato molte librerie nel mondo ma la mia preferita in Italia è Ulisse, sempre a Bologna. Lì ho trascorso un'infinità di pomeriggi a scoprire libri e autori che poi sono entrati per sempre nel mio cuore. Spero con la mia libreria di poter fare lo stesso per tante persone.
Usciti dalla tua libreria bisogna andare assolutamente...dove? A leggere! A San Lazzaro non manca lo spazio, tra parchi, panchine e bar assolutamente deliziosi c'è solo l'imbarazzo della scelta!
Cosa trovo da te che non trovo altrove? Zenzero candito.

VALSAMOGGIA

Libreria CartaBianca

Via Borgo Romano 12, 40053 Valsamoggia loc. Bazzano BO
Lo staff dei librai Siamo due libraie, Beatrice Rinaldi, bazzanese doc, Paola Di Stefano, veneziana apolide ex ostessa.
La tua storia in 280 caratteri All'inizio fu l'emanazione di una casa editrice. Poi vennero le donne e diventò salotto intellettuale. Punto di ritrovo e di ristoro della mente, accoglie i viandanti e i curiosi, offrendo una scelta di narrativa contemporanea e classica affidandosi a piccole case editrici.
Che libreria sei, in una sola parola? D'accoglienza.
Qual è il libro che identifica la tua libreria? Benedetta Craveri, «La civiltà della conversazione».
Qual è il personaggio letterario che rappresenta la tua clientela? Dorian Gray: sempre bellissim*, chi entra lascia preoccupazioni, bruttu-

re, impegni, stanchezza appesi fuori, dove il mondo rende tutto più triste.
A chi vorresti vendere un libro? E quale libro? A Marcel Proust, «Frammenti di un discorso amoroso» di Roland Barthes.
Qual è la domanda più strana che ti è stata fatta? Ci è stato chiesto di scrivere e inviare un curriculum dal nostro barbiere pachistano, che parla solo pachistano. E l'abbiamo capito...
Qual è la tua libreria preferita nel mondo? E in Italia? Rizzoli Bookstore 1133 Broadway, New York, NY 10010, Stati Uniti, dove Robert De Niro incontra per la prima volta Meryl Streep. Libreria Palazzo Roberti a Bassano del Grappa.
Usciti dalla tua libreria bisogna andare assolutamente... dove? Sulle colline a mangiare cose buonissime guardando panorami bellissimi, ma prima a bere un aperitivo in piazza, con un libro in mano sorseggiando, leggendo e pensando.
Cosa trovo da te che non trovo altrove? Due imperdibili libraie sempre pronte agli aperitivi.

VILLANOVA DI CASTENASO

Librerie.coop Nova

Centro commerciale Centro Nova - Via Villanova 29 int. 10, 40055 Villanova di C. BO - 051 6053014
libreria.nova@Librerie.coop.it
FB Librerie.coopcentro (Nova)
Lo staff dei librai Azzurra, Daniele, Fabio, Valentina, Valeria, Laura, Francesca.
La tua storia in 280 caratteri Nati nel 2006 nella prima periferia di Bologna, seconda libreria della catena Librerie.coop, per portare assortimento, qualità e scelta ai lettori in un luogo che prima di noi ospitava una libreria molto standardizzata. Dopo 13 anni continuiamo la missione con passione e tenacia.
Che libreria sei, in una sola parola? Di catena.

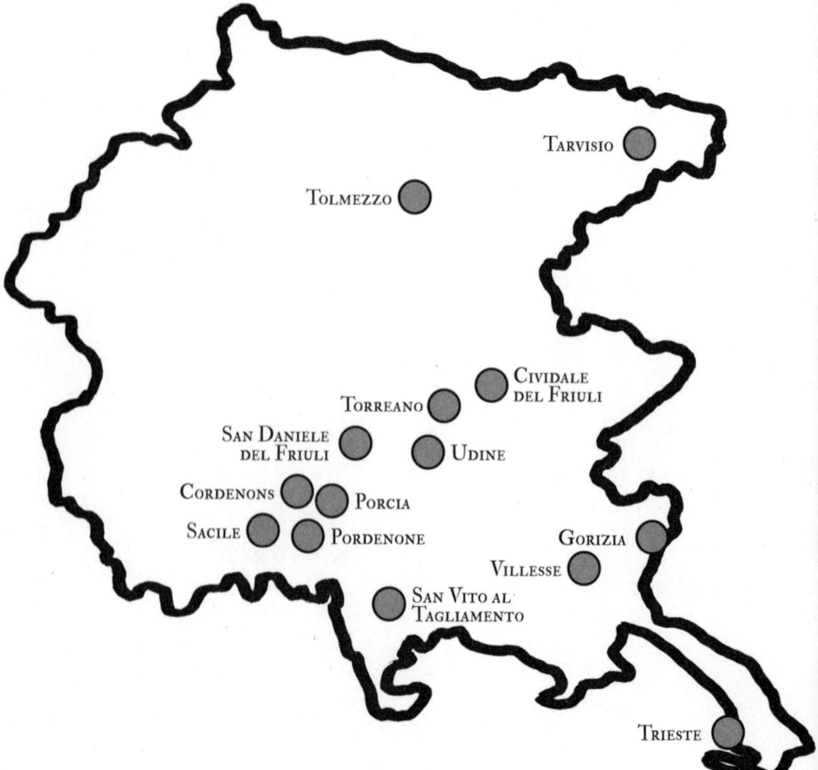
Tarvisio
Tolmezzo
Cividale
del Friuli
Torreano
San Daniele
del Friuli
Udine
Cordenons
Porcia
Sacile
Pordenone
Gorizia
Villesse
San Vito al
Tagliamento
Trieste

Friuli Venezia-Giulia

CIVIDALE DEL FRIULI
La Libreria

CORDENONS
Libreria Al Segno

GORIZIA
Libreria Ubik

PORCIA
Libreria Baobab

PORDENONE
Libreria Al Segno
Giunti al Punto di Pordenone
Spazio «Libri scelti per voi» da Librerie.coop

SACILE
Libreria Al Segno

SAN DANIELE DEL FRIULI
W. Meister & co.

SAN VITO AL TAGLIAMENTO
Libreria Al Segno

TARVISIO
Montagne di Carta

TOLMEZZO
Friulibris

TORREANO
Giunti al Punto Udine 2

TRIESTE
Giunti al Punto Trieste 1
Libreria dell'Antico Caffè San Marco
Libreria Lovat Trieste
Libreria Ubik

UDINE
Libreria Moderna Udinese

VILLESSE
Giunti al Punto Villesse

CIVIDALE DEL FRIULI

La Libreria

Via Manzoni 3, 33043 Cividale del Friuli UD - 0432 730090
FB La Libreria

Lo staff dei librai Pietro e Paolo Boer.

La tua storia in 280 caratteri Dal 1982 al 1996 ho lavorato in una cooperativa libraria. Alla fine di quell'anno, con mio fratello Paolo rilevammo l'attività come libreria indipendente. Situata in un vecchio palazzo, offre ai lettori un ambiente accogliente. Per Mittelfest, organizza la rassegna libraria «Mittelibro».

Che libreria sei, in una sola parola? Generalista.

Qual è il libro che identifica la tua libreria? «The Secret» di Rhonda Byrne.

Qual è il personaggio letterario che rappresenta la tua clientela? Madame Bovary. Per il desiderio di realizzare i propri sogni contro una realtà mediocre che soffoca ogni aspirazione (tralasciando l'epilogo).

A chi vorresti vendere un libro? E quale libro? A Eraclito, «Bar Sport» di Stefano Benni.

Qual è la domanda più strana che ti è stata fatta? «Avete "La pelliccia del riccio?"» (volendo intendere «L'eleganza del riccio» di Muriel Barbery).

Qual è la tua libreria preferita nel mondo? E in Italia? Livraria Lello e Irmão a Porto. In Italia, la mia.

Usciti dalla tua libreria bisogna andare assolutamente... dove? In un luogo in cui si senta a proprio agio per iniziare la lettura del libro appena acquistato.
Cosa trovo da te che non trovo altrove? Un libraio arguto e uno brontolone.

CORDENONS

Libreria Al Segno

Piazza Vittoria 34, 33084 Cordenons PN - 0434 030489
Vedi Libreria Al Segno (Pordenone)

GORIZIA

Libreria Ubik

Corso Verdi 119, 34170 Gorizia - 0481 538090
FB Libreria Ubik Gorizia
Lo staff dei librai Gaspare e Laura (i titolari), Diego, Ilaria, Stefano e Valeria.
La tua storia in 280 caratteri Marito informatico, moglie giornalista: nel 2008 abbiamo mollato tutto e scommesso sull'amore per i libri. Il risultato? Uno spazio dove, tra una presentazione e un gruppo di lettura, volano chiacchiere e consigli e nascono dibattiti accesi...
Che libreria sei, in una sola parola? Di proposta.
Qual è il libro che identifica la tua libreria? «Benedizione» di Kent Haruf: amore a prima vista, prima che diventasse un caso letterario.
Qual è il personaggio letterario che rappresenta la tua clientela? Il nostro è un cliente-amico. Un po' alla John H. Watson, confidente e a volte coscienza critica di Sherlock Holmes.
A chi vorresti vendere un libro? E quale libro? «La professione del

padre» di Sorj Chalandon a Sigmund Freud. Per sentire il suo parere sui personaggi.
Qual è la domanda più strana che ti è stata fatta? Per un'intera stagione, un cliente ci ha chiesto libri che avessero tutti la copertina nei toni del blu, per armonizzarsi con i colori del soggiorno.
Qual è la tua libreria preferita nel mondo? E in Italia? Nel mondo, la Livraria Lello e Irmão di Porto. In Italia, la Libreria del Viaggiatore di Roma.
Usciti dalla tua libreria bisogna andare assolutamente... dove? In piazza della Transalpina, dove un tempo correva il «Muro di Gorizia» tra Italia e Jugoslavia. Per capire cos'è una città divisa in due dalla storia.
Cosa trovo da te che non trovo altrove? Una selezione accurata di piccoli editori indipendenti, di norma assenti dalle classifiche, scelti per la qualità e originalità delle proposte.

PORCIA

Libreria Baobab

Via Roma 25, 33080 Porcia PN - 0434 924234
www.libreriabaobab.it - FB Libreria Baobab
IG @baobablibreria
Lo staff dei librai Alice, specializzata in fantasy, fumetti, albi, divulgazione scientifica, letteratura per ragazzi; Elena, specializzata in letteratura per adulti; Silvia, illustratrice, la nostra anima artistica; Mariapia, la nostra consulente in fatto di biblioteche scolastiche e letteratura per ragazzi.
La tua storia in 280 caratteri Nasce nel 2010 come libreria per ragazzi, ma è l'unica libreria della città: nel tempo cresce e diventa una libreria «normale», con tanti libri per ragazzi. Da anni è partner di pordenonelegge.it, nel 2017 vince il Premio Denti come migliore libreria per ragazzi d'Italia.
Che libreria sei, in una sola parola? Unica - specializzata in letteratura per ragazzi (nel senso che siamo l'unica libreria di Porcia!).

Qual è il libro che identifica la tua libreria? «Alice nel Paese delle meraviglie».
Qual è il personaggio letterario che rappresenta la tua clientela? Alice, che cresce e rimane però sospesa tra l'essere bambina e l'essere adulta.
A chi vorresti vendere un libro? E quale libro? «Domani inventerò», di Agnès de Lestrade e Valeria Docampo, a tutti quegli adulti che ancora oggi considerano gli albi illustrati cose da piccoli e la letteratura per l'infanzia categoria di serie CZ.
Qual è la domanda più strana che ti è stata fatta? «Avete sacchetti per i vestiti?».
Qual è la tua libreria preferita nel mondo? E in Italia? Shakespeare & Co. a Parigi, Libreria Acqua Alta a Venezia.
Usciti dalla tua libreria bisogna andare assolutamente... dove? A fare un passeggiata nel parco di Villa Correr Dolfin.
Cosa trovo da te che non trovo altrove? Il tempo. Il tempo di scegliere i libri, di perdersi tra i colori. Un ambiente accogliente, dove sedersi a gustare i libri, scegliendoli con calma, facendo due chiacchiere con le libraie.

PORDENONE

Libreria Al Segno

Vicolo del forno 2, 33170 Pordenone - 0434 520506
alsegno@libero.it - www.libreriaalsegno.com
Lo staff dei librai Danelli Mauro, Sartori Dino, Dirindin Antonio, Pivetta Alina, Sartori Michele, Turrin Osvaldo, Simonetti Luigi, Artico Walter, Briganti Dario, Olivetto Flavia, Rubin Claudio, Sartori Alessandro, Tomba Elisa, Vocella Andrea.
La tua storia in 280 caratteri La libreria nasce a Pordenone nel 1978, e apre poi vari filiali a Portogruaro (1989), Sacile (1993), San Vito al Tagliamento (2010), Cordenons (2012). L'organizzazione del lavoro ha il suo centro-guida a Pordenone, ma ogni sede conserva una sua personalità distinta.

Che libreria sei, in una sola parola? Storica.
Qual è il libro che identifica la tua libreria? «Uomini sotto il sole» di Ghassan Kanafani.
Qual è il personaggio letterario che rappresenta la tua clientela? Firmino, in quanto rappresenta l'estrema volontà di resistere alla demolizione del libro dal punto di vista sia fisico che valoriale.
A chi vorresti vendere un libro? E quale libro? A qualsiasi persona motivata vorrei porgere un libro che le permetta di crescere in suo percorso di ricerca.
Qual è la domanda più strana che ti è stata fatta? In realtà è un'affermazione: «Sei solo un libraio» ...che fa nascere non una ma tante domande di fondo.
Qual è la tua libreria preferita nel mondo? E in Italia? Nel mondo, tra quelle viste, Gibert Jeune di Parigi. In Italia, tra quelle viste, Libreria Palazzo Roberti di Bassano del Grappa.
Usciti dalla tua libreria bisogna andare assolutamente... dove? Se la stagione è bella in un parco a cominciare subito la lettura del libro consigliato.
Cosa trovo da te che non trovo altrove? La volontà di far prevalere la sostanza delle cose sul primato dell'immagine e del rumore. Nel nostro lavoro il primo messaggio è quello di offrire alla società un servizio che vada oltre l'aspetto commerciale, contribuendo a salvaguardare il ruolo del libro quale strumento di crescita civile, culturale, etica.

Giunti al Punto di Pordenone

Corso V. Emanuele 31/B, 33170 Pordenone - 0434 524078
pordenone@giunti.it
Lo staff dei librai Laura, Marica, Veronica, Manuela, Ilaria, Sonia.
La tua storia in 280 caratteri La libreria, aperta dal 1997, è suddivisa su due piani in un antichissimo e bellissimo palazzo del 1600. Al piano terra è presente un'ampia corte interna, in cui sono conservati gli affreschi originali dell'edificio.
Che libreria sei, in una sola parola? Storica.

Qual è il libro che identifica la tua libreria? «Wonder» di R.J. Palacio.
Qual è il personaggio letterario che rappresenta la tua clientela? Elizabeth Bennet di «Orgoglio e Pregiudizio»: dotata di carattere, sensibilità e fermezza, spesso spende le giornate con il naso in un libro.
A chi vorresti vendere un libro? E quale libro? A Gianrico Carofiglio: gli consiglieremmo un giallo di un altro autore italiano!
Qual è la domanda più strana che ti è stata fatta? «Vendete bagnafiori?».
Qual è la tua libreria preferita nel mondo? E in Italia? In Italia la Libreria Acqua Alta a Venezia, mentre nel mondo la libreria Giunti di Belgrado!
Usciti dalla tua libreria bisogna andare assolutamente... dove? Tornare a casa e leggere assolutamente!
Cosa trovo da te che non trovo altrove? Un'accoglienza simpatica e un inimitabile momento di relax.

Spazio «Libri scelti per voi» da Librerie.coop

Ipercoop Meduna
Via Musile 9, 33170 Pordenone - 0434 525311
libreria.pordenone@Librerie.coop.it
Lo staff dei librai Giada.
La tua storia in 280 caratteri Il corner di Pordenone è nato nel settembre 2018, come progetto innovativo nell'Ipercoop di Pordenone per valorizzare la lettura a tutto campo in una piccola realtà abituata alle librerie del solo centro storico.
Che libreria sei, in una sola parola? Liquida.
Qual è il libro che identifica la tua libreria? «Eppure cadiamo felici» di Enrico Galiano.
Qual è il personaggio letterario che rappresenta la tua clientela? Peter Pan. Giovane (fuori, ma soprattutto dentro!), girovago, impavido e un po' bizzarro.
A chi vorresti vendere un libro? E quale libro? A chi crede che oggi leggere sia una perdita di tempo.
Qual è la domanda più strana che ti è stata fatta? «Che differenza

c'è tra quello dritto e quello storto?», riferita ai libri in pila, e ancora: «Questo libro ha la statuetta in copertina perché ha vinto l'Oscar?», riferita all'omonima collana Mondadori.
Qual è la tua libreria preferita nel mondo? E in Italia? Libreria El Péndulo, Città del Messico. Libreria Acqua Alta, a Venezia.
Usciti dalla tua libreria bisogna andare assolutamente... dove? A sedersi su una coperta in mezzo a un prato per leggere il libro appena acquistato.
Cosa trovo da te che non trovo altrove? Un angolo con una selezione «intima» ma ricercata, dove il contatto umano occupa il primo posto.

SACILE

Libreria Al Segno

Via Campo Marzio 27, 33077 Sacile PN - 0434 781693
Vedi Libreria Al Segno (Pordenone)

SAN DANIELE DEL FRIULI

W. Meister & co.

Piazza V. Emanuele II 1, 33038 San Daniele del Friuli UD
0432 941 271
www.wmeister.com - w.meister@libero.it
FB Libreria W. Meister & co - IG @dattidellearie
Lo staff dei librai La strana coppia, Manuela e Paolo, Manuela in pianta stabile, abitando e lavorando a San Daniele del Friuli; Paolo in pianta mobile, abitando a Berlino e lavorando ad Amburgo. Come staff base, unito da sempre grazie all'amicizia e al teatro, alla strana coppia si aggiunge una «famiglia allargata» di parenti e amici che ci aiutano e ci consigliano fin dall'apertura quando vennero loro richiesti «dieci libri immancabili» per costruire uno zoccolo di catalogo da cui partire.

La tua storia in 280 caratteri Una libreria nata nel 2007 da un sogno, in cui si ascolta Fahrenheit, ma anche Cher, e che resta un sogno quotidiano quando la chiave nella toppa porta a sentire il *dlin dlin* che ti accoglie scampanellando. Un sogno condiviso tra due amici, molti amici, con la comunità.
Che libreria sei, in una parola? Curiosa.
Qual è il libro che identifica la tua libreria? «La mia famiglia e altri animali» di Gerald Durrell.
Qual è il personaggio letterario che rappresenta la tua clientela? Il signor Mack del «Trattamento Ridarelli» di Roddy Doyle, allegro e bizzarro.
A chi vorresti vendere un libro? E quale? A J.B. Fletcher (alias «La signora in giallo») un giallo di Alexander McCall Smith.
Qual è la domanda più strana che ti è stata fatta? «Ce l'ha il libro di una donna italiana che parla con Dio, l'hanno detto sul 5, non ricordo il titolo, però mi ricordo la copertina, vuole che gliela disegno?».
Qual è la tua libreria preferita nel mondo? E in Italia? Difficilissimo! La McNally Jackson di New York, in Italia troppo difficile!
Usciti dalla tua libreria bisogna assolutamente andare... dove? Fuori a leggere, godersi un caffè e conoscere i sandanielesi.
Cosa trovo da te che non trovo altrove? Noi e i nostri lettori e, quando concede udienza, il nostro gatto Alfredo coi suoi quasi nove chili di prestanza e pelo.

SAN VITO AL TAGLIAMENTO

Libreria Al Segno

Via Antonio Altan 6, 33078 San Vito al Tagliamento PN
0434 876859
Vedi Libreria Al Segno (Pordenone)

TARVISIO

Montagne di Carta

Via Roma 9, 33018 Tarvisio UD - montagnedicarta@gmail.com

Lo staff dei librai Liliana Zuzzi.

La tua storia in 280 caratteri Libreria storica, unica nella nostra valle di montagna, ma specializzata in tutto ciò che riguarda la montagna, la natura, lo sport, i libri per bambini di qualità. I miei clienti sono vari, anche stranieri, ma di alto livello.

Che libreria sei, in una parola? Di montagna.

Qual è il libro che identifica la tua libreria? «Dalla vita di un alpinista» di Julius Kugy.

Qual è il personaggio letterario che rappresenta la tua clientela? Julius Kugy.

A chi vorresti vendere un libro? E quale libro? A tutti quelli che entrano nel mio negozio, una storia di montagna e una fiaba con illustrazioni eccellenti.

Qual è la domanda più strana che ti è stata fatta? «Avete libri per cani?».

Qual è la tua libreria preferita nel mondo? E in Italia? La mia.

Usciti dalla tua libreria bisogna andare assolutamente... dove? Devi assolutamente andare al magico lago di Fusine, naturalmente con un libro.

Cosa trovo da te che non trovo altrove? Da me puoi trovare la competenza, la disponibilità e anche il pacchetto confezionato a tema e l'imperdibile calendario delle magiche Alpi Giulie!

TOLMEZZO

Friulibris

Via Marchi 1, 33028 Tolmezzo UD - 0433 590108
friulibris@fastwebnet.it - FB Friulibris

Lo staff dei librai Oltre al titolare, due commessi.
La tua storia in 280 caratteri Nasce venticinque anni fa per distribuire, diffondere e valorizzare l'editoria locale e di settore. Dal 2019 la sede si sposta a Tolmezzo e la libreria amplia i generi, offrendo anche narrativa,saggistica contemporanea e letteratura per ragazzi.
Che libreria sei, in una sola parola? Ci consideriamo una libreria «comprensoriale».
Qual è il libro che identifica la tua libreria? «Storia della Carnia dalle origini ai giorni nostri» di Igino Piutti.
Qual è il personaggio letterario che rappresenta la tua clientela? Il commissario Teresa Battaglia, specializzata in profiling, perché il cliente indaga a fondo sui volumi rivelandosi autentiche sorprese.
A chi vorresti vendere un libro? E quale libro? A chi non ha mai letto, vorremmo vendere un libro giallo, «Il soldatino impazzito» di Gianni Zanolin.
Qual è la domanda più strana che ti è stata fatta? «Esistono dei libri a cui volontariamente l'autore ha tolto una pagina?».
Qual è la tua libreria preferita nel mondo? E in Italia? Libreria preferita nel mondo: nessuna. Libreria preferita in Italia: Libreria Venier a Maniago (PN).
Usciti dalla tua libreria bisogna andare assolutamente... dove? ... A fare una camminata con in tasca una delle nostre innumerevoli guide.
Cosa trovo da te che non trovo altrove? Ampia scelta di libri del territorio e di montagna.

TORREANO

Giunti al Punto Udine 2

Via A. Bardelli 4, 33035 Torreano UD - 0432 541012
udine2@giunti.it

Lo staff dei librai Gabriella, Silvia, Manuela, Ilari, Aurora.
La tua storia in 280 caratteri Aperta dal 1996 siamo la libreria più grande del Friuli!
Che libreria sei, in una sola parola? Commerciale.
Qual è il libro che identifica la tua libreria? «Wonder» di R.J. Palacio
Qual è il personaggio letterario che rappresenta la tua clientela? Jo March di «Piccole donne»: una ragazza forte, che ama leggere e vuole essere libera. Le nostre clienti sono come lei: appassionate e attente.
A chi vorresti vendere un libro? E quale libro? A Elena Ferrante il libro «Perduti nei quartieri spagnoli» di Heddi Goodrich.
Qual è la domanda più strana che ti è stata fatta? «Vendete anche cappelli?».
Qual è la tua libreria preferita nel mondo? E in Italia? Libreria Shakespeare & Co. (Parigi), Libreria Acqua Alta a Venezia.
Usciti dalla tua libreria bisogna andare assolutamente... dove? Su una panchina al parco a leggere.
Cosa trovo da te che non trovo altrove? Cortesia e disponibilità.

TRIESTE

Giunti al Punto Trieste 1

Via Imbriani 7, 34122 Trieste - 040 636067
trieste@giunti.it

Lo staff dei librai Victor, Federica, Marta.
La tua storia in 280 caratteri La libreria, che vanta una sala conferenze al primo piano, ha aperto i battenti oltre vent'anni fa nel centro storico nelle vicinanze del museo Morpurgo, resistendo a

tutti cambiamenti e diventando una delle più longeve di Trieste!
Che libreria sei, in una sola parola? Storica.
Qual è il libro che identifica la tua libreria? «Vendere l'anima» di Romano Montroni.
Qual è il personaggio letterario che rappresenta la tua clientela? Miss Marple (Agatha Christie).
A chi vorresti vendere un libro? E quale libro? A un lettore convinto vorremmo consigliare «I cento libri che rendono più ricca la nostra vita» di Piero Dorfles.
Qual è la domanda più strana che ti è stata fatta? «Avete carta igienica?».
Qual è la tua libreria preferita nel mondo? E in Italia? Nel mondo la libreria El Ateneo Grand Splendida Buenos Aires, mentre in Italia la Libreria Acqua Alta di Venezia.
Usciti dalla tua libreria bisogna andare assolutamente... dove? Bisogna raggiungere piazza Unità d'Italia, meglio la sera quando è illuminata ... la più grande piazza d'Europa di fronte al mare.
Cosa trovo da te che non trovo altrove? Resilienza!

Libreria dell'Antico Caffè San Marco

Via Battisti 18, 34125 Trieste - 40 0641724
FB Antico Caffè San Marco. Libreria e Ristorante
Lo staff dei librai Loriana Ursich.
La tua storia in 280 caratteri A fine 2013 Alexandros Delithanassis rileva la gestione dello storico caffè di Trieste e vi apre la libreria, gestita da Loriana Ursich. Grazie ad Alexandros il caffè torna agli antichi fasti, quando lo frequentavano Saba, Joyce, Tomizza. Magris è ancora il cliente più illustre.
Che libreria sei, in una sola parola? Un'isola.
Qual è il libro che identifica la tua libreria? «Il libro rosso» di Jung.
Qual è il personaggio letterario che rappresenta la tua clientela? Robinson Crusoe. Sull'isola sfugge ai dettami sociali, ma pian piano con il materiale che trova sottomano costruisce il suo modello di mondo.
A chi vorresti vendere un libro? E quale libro? A tutti quelli che en-

trano «solo» per il caffè. Quello che racconta la loro storia, ma non lo sanno.
Qual è la domanda più strana che ti è stata fatta? «Ma lei legge tutti i libri che propone?».
Qual è la tua libreria preferita nel mondo? E in Italia? Shakespeare & Co., a Parigi. Libreria Coop Zanichelli a Bologna.
Usciti dalla tua libreria bisogna andare assolutamente... dove? In Sinagoga, l'edificio accanto. Un'altra isola.
Cosa trovo da te che non trovo altrove? Un percorso, che creo insieme al cliente giorno dopo giorno da trent'anni, dentro un mondo di idee.

Libreria Lovat Trieste

Viale XX Settembre 20, 34125 Trieste - 040 637399
www.librerielovat.com - FB Lovat Trieste - IG @lovat_trieste
Lo staff dei librai Leonardo Mezzoprete (direttore), Claudia Riccobon, Mauro Marass, Raffaella Fort, Edoardo Triscoli, Anna Marsilio, Paolo Zucchiatti.
La tua storia in 280 caratteri Nasce nel 2009 come libreria indipendente, sull'impronta della sorella maggiore di Villorba, portando in città una ventata di novità, come la presenza di un caffè tra i libri, e anche una sfida: puntare sul settore bambini e ragazzi in una delle province più anziane d'Italia.
Che libreria sei, in una sola parola? Indipendente.
Qual è il libro che identifica la tua libreria? «I fantastici libri volanti» di Mr. Morris Lessmore.
Qual è il personaggio letterario che rappresenta la tua clientela? La sovrana lettrice dell'omonimo libro di Alan Bennett.
A chi vorresti vendere un libro? E quale libro? Al concittadino Zeno Cosini regaleremmo «È facile smettere di fumare... se sai come farlo».
Qual è la domanda più strana che ti è stata fatta? «Scusi, ma in questa libreria i libri si possono anche comprare?».
Qual è la tua libreria preferita nel mondo? E in Italia? In Francia la Mollat di Bordeaux, il paradiso di ogni lettore ma anche di ogni

libraio! In Italia la Giannino Stoppani di Bologna, la più bella tra le librerie specializzate in editoria per bambini e ragazzi.
Usciti dalla tua libreria bisogna andare assolutamente... dove? Fare una passeggiata fino alla storica zona di Cavana, citata e vissuta da grandi autori come Joyce, Saba... e Svevo, che nella «Coscienza di Zeno» scrive: «E poi giunto in via di Cavana dovetti rallentare per la folla che ostruiva la stretta via»... per fermarsi poi in piazza Unità a degustare un Capo in B al Caffè degli Specchi, ammirando l'orizzonte sul mare.
Cosa trovo da te che non trovo altrove? Un caffè che dà sui tetti del più bel viale alberato della città e il settore «Cartastraccia», ovvero una libreria nella libreria dedicata ai giovanissimi con ampissima esposizione di libri a loro dedicati, scaffali a misura dei più piccoli e uno spazio dove sfogliare leggere e scoprire in tutta tranquillità.

Libreria Ubik

Galleria Tergesteo, Piazza della Borsa 15, 34121 Trieste
040 762947
FB Libreria Ubik Trieste
Lo staff dei librai Siamo in quattro: Gaspare e Laura (i titolari), Rita e Samanta, in squadra dall'apertura.
La tua storia in 280 caratteri È la nostra seconda libreria, dopo la «primogenita» di Gorizia. Abbiamo aperto nel 2013 con un'idea: un salotto dove far scoprire editori e titoli di qualità. Con una passione speciale per i libri di viaggio e i romanzi che raccontano culture lontane.
Che libreria sei, in una sola parola? Di proposta.
Qual è il libro che identifica la tua libreria? «Il mondo di ieri» di Stefan Zweig e «Breviario mediterraneo» di Predrag Matvejević, ideali per calarsi nell'atmosfera culturale della città-porto asburgica.
Qual è il personaggio letterario che rappresenta la tua clientela? Tra i nostri tavoli girano tanti «flâneur» baudelairiani, svagati e curiosi, pronti a cogliere le sorprese, a lasciarsi attrarre dai titoli insoliti.
A chi vorresti vendere un libro? E quale libro? Un albo illustrato di

Rebecca Dautremer al passante entrato per chiedere solo l'indirizzo di un negozio di telefonia.

Qual è la domanda più strana che ti è stata fatta? Più che una domanda strana, una richiesta - non infrequente - che stranisce noi: «Cerco un libro ma non ricordo il titolo, né l'autore. E neanche la trama. Mi aiuta?».

Qual è la tua libreria preferita nel mondo? E in Italia? Nel mondo, un intero villaggio-libreria, il borgo bretone di Bécherel: ottocento abitanti, quindici librerie. In Italia, tante piccole e inventive realtà che si adoperano per portare creatività nelle loro proposte. Sarebbe bello nominarle tutte!

Usciti dalla tua libreria bisogna andare assolutamente... dove? A pochi passi, proteso sul golfo, c'è il molo Audace: in estate, provate a sedervi al tramonto sulla sua pietra tiepida, a leggere un libro e a godervi la vista delle rive...

Cosa trovo da te che non trovo altrove? Un ampio spazio per la letteratura mitteleuropea e per quella balcanica, che raccontano storia e storie dei paesi confinanti, con il loro passato complesso di cui la città stessa è intrisa.

UDINE

Libreria Moderna Udinese

Via Cavour 13, 33100 Udine - 0432 504284

FB Moderna - Le librerie Udine

Lo staff dei librai In rigoroso ordine alfabetico: Alessandra, Chiara, Donatella, Giuliana, Mattia, Stefano + Remo (direttore).

La tua storia in 280 caratteri La più grande libreria di Udine, dal 1963. Nel 2008 cambia gestione e si conferma punto di riferimento per chi cerca un luogo con personalità e carattere, dove girare e curiosare con la massima libertà. Fa parte dell'associazione Librerie in Comune di Udine.

Che libreria sei, in una sola parola? Libreria storica.

Qual è il libro che identifica la tua libreria? L'«Odissea» di Omero.
Qual è il personaggio letterario che rappresenta la tua clientela? Gordie Lachance («Il corpo», Stephen King). I clienti e noi. Curiosi, sempre in cerca dell'avventura della vita o del nuovo libro da leggere!
A chi vorresti vendere un libro? E quale libro? Vorremmo vendere un libro a ogni nuovo lettore, per accompagnarlo poi nelle pagine di tutta la vita. Quale? Lo sa solo lui/lei...
Qual è la domanda più strana che ti è stata fatta? Non esistono domande davvero strane; nel caso, cerchiamo sempre di adattarci (i librai sanno essere persone altrettanto strane)!
Qual è la tua libreria preferita nel mondo? E in Italia? La nostra libreria preferita in Italia e nel mondo è ognuna, nuova, che aprirà.
Usciti dalla tua libreria bisogna andare assolutamente... dove? Usciti dalla libreria bisogna andare dove portiamo i nostri autori dopo le presentazioni, a cena o solo per un aperitivo: all'Osteria Il Canarino, a due passi dalla libreria.
Cosa trovo da te che non trovo altrove? Non sappiamo cosa manca altrove, ma da noi c'è tanto di tutto, e passione, competenza, simpatia a renderlo unico.

VILLESSE

Giunti al Punto Villesse

Centro Commerciale Le Tiare Shopping (IKEA Villesse)
Via Cividale Località Maranuz 2, 34070 Villesse GO
0481 91278
villesse@giunti.it
Lo staff dei librai Francesca, Mauro, Christian e Filippo.
La tua storia in 280 caratteri Abbiamo aperto nel 2014, nel centro Tiare Shopping IKEA, che basa la sua filosofia sulla famiglia. Noi facciamo lo stesso, con volumi adatti a tutte le età. Collaboriamo con il territorio, organizziamo laboratori e iniziative a supporto di varie associazioni della zona.

Che libreria sei, in una sola parola? Famigliare.
Qual è il libro che identifica la tua libreria? «La verità sul caso Harry Quebert» di Joël Dicker.
Qual è il personaggio letterario che rappresenta la tua clientela? Auggie, il protagonista di «Wonder» di R.J. Palacio.
A chi vorresti vendere un libro? E quale libro? A Umberto Eco vorremmo vendere «M. Il figlio del secolo» di Scurati.
Qual è la domanda più strana che ti è stata fatta? «Ho visto sul vostro sito che vendete tappeti elastici ma non riesco a trovarli, mi sapresti dire dove sono?».
Qual è la tua libreria preferita nel mondo? E in Italia? La nostra libreria preferita nel mondo è la libreria Shakespeare & Co. di Parigi e in Italia la Libreria Acqua Alta di Venezia, un piccolo paradiso di parole.
Usciti dalla tua libreria bisogna andare assolutamente... dove? In qualsiasi posto che ti piace in cui puoi perderti nella lettura del libro che ti abbiamo consigliato.
Cosa trovo da te che non trovo altrove? Un grande sorriso e tanta disponibilità.

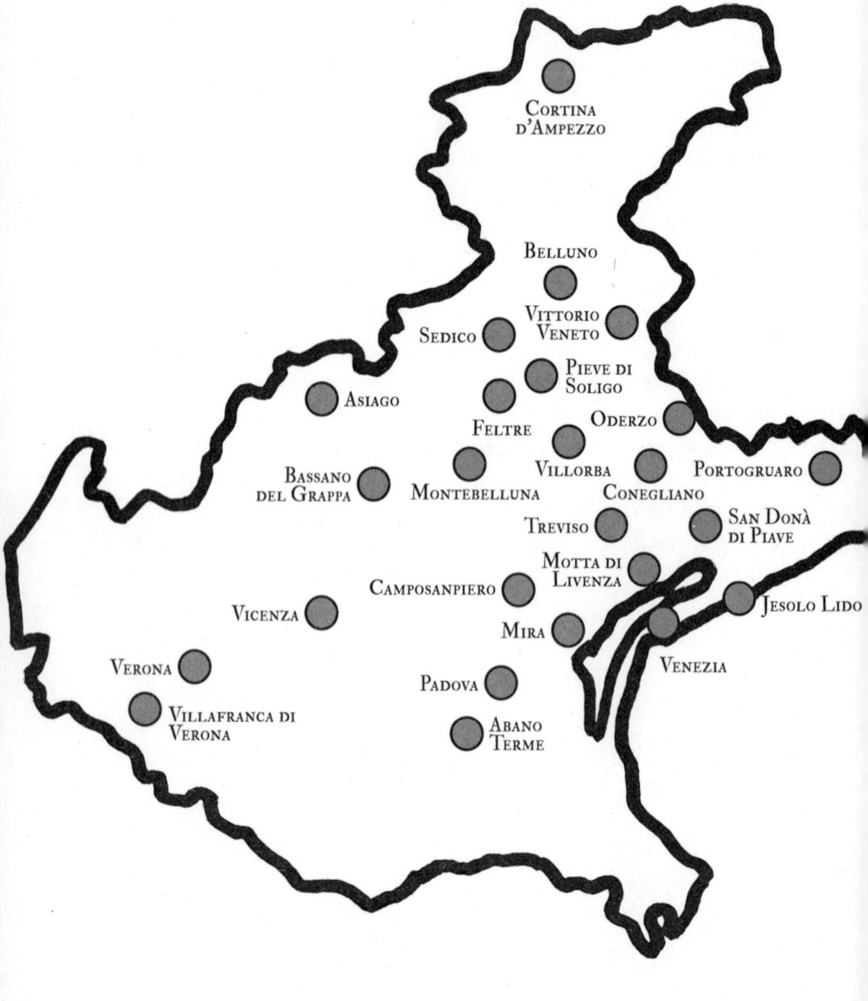
Cortina d'Ampezzo
Belluno
Vittorio Veneto
Sedico
Pieve di Soligo
Asiago
Oderzo
Feltre
Bassano del Grappa
Montebelluna
Villorba
Portogruaro
Conegliano
Treviso
San Donà di Piave
Motta di Livenza
Camposanpiero
Vicenza
Mira
Jesolo Lido
Venezia
Verona
Padova
Villafranca di Verona
Abano Terme

Veneto

ABANO TERME
Libreria Leggi e... Sogna!

ASIAGO
Giunti al Punto di Asiago

BASSANO DEL GRAPPA
Libreria La Bassanese
Libreria Palazzo Roberti

BELLUNO
Libreria le due Zitelle

CAMPOSAMPIERO
Libreria Costeniero

CONEGLIANO
Libreria Canova
Librerie.coop Conegliano

CORTINA D'AMPEZZO
Libreria Sovilla

FELTRE
Agorà Libreria Editrice

JESOLO LIDO
Ubik Jesolo Lido

MIRA
Duecci
Libreria Riviera

MONTEBELLUNA
Libreria Zanetti - Librerie d'autore

MOTTA DI LIVENZA
Libreria Montan

ODERZO
Libreria Becco Giallo

PADOVA
*la*Feltrinelli
La Volpe Volante
Libreria Pangea
Limerick
Mondadori Bookstore Padova
Pel di carota

PIEVE DI SOLIGO
Libreria La Pieve

PIOVE DI SACCO
Libreria Il Segnalibro

PORTOGRUARO
Libreria Al Segno

SAN DONÀ DI PIAVE
Librerie.coop Piave

SEDICO
Due ufficio Srl

TREVISO
*la*Feltrinelli

VENEZIA
Libreria Acqua Alta
Libreria Cluva di Zamparo Patrizia
Libreria Editrice Cafoscarina
Libreria MarcoPolo
Libreria Toletta

VERONA
Giunti al Punto di Verona 1
Giunti al Punto di Verona 3
Gulliver Libri per viaggiare
Libreria Il Gelso

VICENZA
Libreria Traverso

VILLAFRANCA DI VERONA
Libreria Terza Pagina

VILLORBA
Libreria Lovat

VITTORIO VENETO
Libreria dei Ragazzi Il treno di Bogotà
Libreria il Punto

ABANO TERME

Libreria Leggi e... Sogna!

Viale Paul Harris 20, 35031 Abano Terme PD - 049 8666203

Lo staff dei librai Claudio: sono da solo in libreria, ma nei momenti cruciali mi aiuta la famiglia.

La tua storia in 280 caratteri Nasco come libraio nel 2010 dopo aver abbandonato una multinazionale del trasporto.

Che libreria sei, in una sola parola? Sognante.

Qual è il libro che identifica la tua libreria? «Il Rifugio» di William P. Young.

Qual è il personaggio letterario che rappresenta la tua clientela? Cosimo, «Il barone rampante». I clienti non vorrebbero più «scendere».

A chi vorresti vendere un libro? E quale libro? A Donald Trump, «Migranti» di José M. Mateo. Sono sicuro che però non lo capirebbe.

Qual è la domanda più strana che ti è stata fatta? «Quale architetto le ha progettato questa libreria?».

Qual è la tua libreria preferita nel mondo? E in Italia? El Ateneo Grand Splendid in Argentina e Libreria Acqua Alta a Venezia.

Usciti dalla tua libreria bisogna andare assolutamente... dove? In una spa.

Cosa trovo da te che non trovo altrove? L'anima.

ASIAGO

Giunti al Punto di Asiago

Corso IV Novembre 63, 36012 Asiago VI - 0424 462640
asiago@giunti.it - FB Asiago Libreria Giunti
IG @giunti_asiago

Lo staff dei librai Paola e Federica.

La tua storia in 280 caratteri Aperta nel gennaio 1996, sesta libreria Demetra d'Italia, punto di riferimento per tutti i comuni dell'Altopiano. Disposta su due piani, da sempre riserva grande attenzione ai libri per bambini e ragazzi, al settore locale, ed è specializzata nell'organizzazione di rassegne culturali.

Che libreria sei, in una sola parola? Di riferimento.

Qual è il libro che identifica la tua libreria? «Arboreto Selvatico» di Mario Rigoni Stern. Proprio come raccontato in questo piccolo capolavoro botanico e poetico del «nostro» Mario Rigoni Stern, anche la nostra libreria, come un grande bosco, offre una grande quantità e qualità di volumi differenti tra loro, adatti a ogni stagione e a ogni età.

Qual è il personaggio letterario che rappresenta la tua clientela? Daniel, protagonista de «L'ombra del vento» di Zafón. Ricerca della verità, amore per libri e lettura sono il filo conduttore della sua vita.

A chi vorresti vendere un libro? E quale libro? «L'alfabeto dei sentimenti» a dei genitori con bambini dai 4 anni che riescano a comprendere al meglio il significato profondo di questo albo che racconta un alfabeto speciale: a ogni lettera corrispondono una parola chiave e una poesia per affrontare i temi della convivenza civile e della legalità. Il bambino di oggi sarà il lettore di domani; genitori colti e consapevoli stimoleranno al meglio la cultura e la curiosità nei propri figli.

Qual è la domanda più strana che ti è stata fatta? Domande strane e strafalcioni letterari tanti: «Il Fu Mattia Bazar», «La ragazza del pube», «I nostri punti erronei» e il celeberrimo dizionario «Devoto Olio».

Qual è la tua libreria preferita nel mondo? E in Italia? Nel mondo la Shakespeare & Co. di Parigi, visitata qualche anno fa. In Italia la Luxemburg di Torino nella quale torniamo tutti gli anni in occasione del Salone del Libro di Torino.
Usciti dalla tua libreria bisogna andare assolutamente... dove? Usciti dalla libreria dovrete imboccare viale della Vittoria e arrivare ai piedi del Sacrario Militare di Asiago, costruito sulla collina del Leiten in epoca fascista. Mario Rigoni Stern ne «Le Stagioni di Giacomo» ne descrive la storia e la costruzione; al suo interno riposano le spoglie di oltre 65000 soldati italiani e austro-ungarici caduti durante la Prima guerra mondiale sui nostri monti. Salendo sulla sommità potrete osservare il panorama mozzafiato: in inverno una conca baciata dal sole circondata da dolci montagne innevate, d'estate una distesa verde di campi ben tenuti che circondano la bellissima città di Asiago.
Cosa trovo da te che non trovo altrove? Una nutrita rassegna estiva e invernale di incontri con i maggiori autori del panorama nazionale, un fornitissimo settore locale legato alla storia e alle tradizioni del territorio senza dimenticare le numerose guide escursionistiche che permetteranno davvero a tutti, esperti e non, di godere appieno del nostro splendido territorio in ogni stagione. Un occhio di riguardo per i libri del nostro compaesano Mario Rigoni Stern e un'attenzione particolare ai reparti dedicati ai bambini di tutte le età.

BASSANO DEL GRAPPA

Libreria La Bassanese

Largo Corona d'Italia 41, 36061 Bassano del Grappa VI
0424 521230
www.labassanese.com - FB Libreria La Bassanese
Lo staff dei librai Marco, Alessandro, Emanuela, Marzia, Teresa e Attilio.
La tua storia in 280 caratteri Nata a fine '800 come libreria religio-

sa, nei primi anni del '900 edita anche libri. Viene acquistata dalla famiglia Bernardi nel 1935 e dopo essere stata ospitata in alcuni dei palazzi più prestigiosi della città dal 1992 ha sede in una piazzetta romantica abbellita da un glicine centenario.
Che libreria sei, in una sola parola? Storica.
Qual è il libro che identifica la tua libreria? «La patria riconoscente» di Giulio Cisco.
Qual è il personaggio letterario che rappresenta la tua clientela? L'avvocato Guerrieri perché assomiglia a più di qualche nostro cliente appassionato.
A chi vorresti vendere un libro? E quale libro? A Gabriel García Márquez, «La patria riconoscente», su una piccola Macondo veneta tra le due guerre mondiali.
Qual è la domanda più strana che ti è stata fatta? «Vorrei la guida rossa della Michelin, quella...blu».
Qual è la tua libreria preferita nel mondo? E in Italia? La Libreria Acqua Alta a Venezia e quelle che hanno un'«anima».
Usciti dalla tua libreria bisogna andare assolutamente... dove? A fare un giro in città: sul Ponte degli Alpini, nelle piazze, nel Museo (uno dei più vecchi d'Italia).
Cosa trovo da te che non trovo altrove? Cortesia e passione; librai che leggono; libri di storia e cultura locale, ampio reparto di libri per ragazzi, ricerche e approvvigionamento di libri fuori catalogo, servizio libri scolastici (anche usati) tutto l'anno. Incontri culturali tutto l'anno giunti alla ventiseiesima edizione di Incontri senza censura, manifestazione culturale che tocca temi sensibili.

Libreria Palazzo Roberti

Via Jacopo da Ponte 34, Bassano del Grappa VI - 0424 522537
www.palazzoroberti.it - FB Libreria Palazzo Roberti
IG @libreria_palazzo_roberti - TW @PalazzoRoberti
Lo staff dei librai Lo staff della libreria è composto da 14 persone.
La tua storia in 280 caratteri Inaugurata nel 1998, ha sede in un palazzo del '600. I pavimenti alla veneziana, gli stucchi, il giardi-

no, il salone affrescato ne fanno una delle librerie più belle d'Italia. Gli incontri, la qualità dell'offerta e la preparazione dei librai la rendono un punto di riferimento.
Che libreria sei, in una sola parola? Resistente.
Qual è il libro che identifica la tua libreria? «Sul Grappa dopo la vittoria» di Paolo Malaguti, perché racconta benissimo il nostro territorio nel momento più drammatico della Storia, trasmettendo però un messaggio di speranza.
Qual è il personaggio letterario che rappresenta la tua clientela? Dann Rail, protagonista di «Castelli di rabbia» di Baricco: è un romanzo dove si collezionano storie, sogni, progetti e viaggi instancabilmente.
A chi vorresti vendere un libro? E quale libro? Vorremmo vendere al regista Quentin Tarantino il libro «Savana Padana» di Matteo Righetto, perché ne tragga un grande western italiano.
Qual è la domanda più strana che ti è stata fatta? Consultando un sms sul cellulare un cliente ci ha chiesto: «Avete i libri "Il buio oltre la siepe" e "Harper Lee"?». Nostra risposta: «Veramente uno è il titolo e l'altro l'autore». Per niente convinto il cliente, sempre leggendo l'sms, replica: «Allora datemi "Feltrinelli" o "9,50 €"»!
Qual è la tua libreria preferita nel mondo? E in Italia? Hatchards di Londra; Libreria Vecchie Segherie di Bisceglie.
Usciti dalla tua libreria bisogna andare assolutamente... dove? A bere un mezzo e mezzo sul Ponte degli Alpini con le montagne della grande guerra sullo sfondo.
Cosa trovo da te che non trovo altrove? La Grande Bellezza, un'altissima competenza e tanta cortesia.

BELLUNO

Libreria le due Zitelle
Piazza Giorgio Piloni 9, 32100 Belluno - 0437 1841875
FB Libreria le due Zitelle
Lo staff dei librai Marta e Carmen.

La tua storia in 280 caratteri Nel 2016 ci passa per la testa il nome ipotetico per una libreria. Lo troviamo. Il 3 novembre 2017 apriamo la porta al nostro sogno.
Che libreria sei, in una sola parola? Svincolata.
Qual è il libro che identifica la tua libreria? «La testa selvatica» di Marie-Sabine Roger.
Qual è il personaggio letterario che rappresenta la tua clientela? Lavinia (da «L'incredibile storia di Lavinia») di Bianca Pitzorno.
A chi vorresti vendere un libro? E quale libro? Al testardo indeciso, «La luna e i sei soldi» di Maugham.
Qual è la domanda più strana che ti è stata fatta? «Buongiorno, vorrei un libro sociale-spirituale... ne avete?».
Qual è la tua libreria preferita nel mondo? E in Italia? Livraria Lello e Irmão di Porto; Libreria Galliera di Bologna.
Usciti dalla tua libreria bisogna andare assolutamente... dove? In un prato.
Cosa trovo da te che non trovo altrove? La pazienza.

CAMPOSAMPIERO

Libreria Costeniero

Via Mogno 44, 35012 Camposampiero PD - 049 7381127
camposampiero.libreria@costeniero.it - FB Libreria Costeniero Camposampiero - IG @libreriacosteniero
Lo staff dei librai Federico Parolin, Angela Pivato, Paola Costeniero.
La tua storia in 280 caratteri La libreria Costeniero è una storica libreria indipendente a gestione familiare, avviata nel 1950. Offre alla clientela una selezione accurata di libri e un ambiente caloroso. È gestita da librai e si propone come luogo di incontro e scambio culturale per la comunità locale.
Che libreria sei, in una sola parola? Indipendente.
Qual è il libro che identifica la tua libreria? «Trilogia della città di K.» di Agota Kristof e «Amatissima» di Toni Morrison.

Qual è il personaggio letterario che rappresenta la tua clientela? «Olive Kitteridge» di Elizabeth Strout, per la sua trasparenza e semplicità, e per la sua bellezza vissuta nei piccoli gesti.
A chi vorresti vendere un libro? E quale libro? A chiunque sia convinto di non riuscire a leggere, e suggerirgli il libro giusto.
Qual è la domanda più strana che ti è stata fatta? «Vendete forbicine per le unghie?».
Qual è la tua libreria preferita nel mondo? E in Italia? Le nostre librerie preferite nel mondo sono quelle piccole e disordinate, che spuntano inaspettate all'angolo di un vicolo. La nostra libreria preferita in Italia è la Libreria Acqua Alta di Venezia.
Usciti dalla tua libreria bisogna andare assolutamente... dove? Usciti dalla nostra libreria dovete assolutamente godervi la giornata. Andate al bar qui accanto a fare colazione, in Biblioteca Comunale a prendere in prestito altri libri e a gustarvi il parco di Villa Campello, al bistrot vegetariano a comprare il pane ai cereali. Poi potrete meditare al Santuario del Noce, passeggiare o andare in bicicletta lungo il fiume Muson dei Sassi, lungo il Sentiero degli Ezzelini, il Cammino di Sant'Antonio o il tracciato dell'ex ferrovia Ostiglia.
Cosa trovo da te che non trovo altrove? Di solito qui, prima di suggerire un libro, chiediamo: «Di cosa hai voglia in questo momento?». In Libreria Costeniero potete trovare un consiglio che nasce dall'ascolto, da un desiderio, da uno scambio di sguardi.

CONEGLIANO

Libreria Canova

Via Cavour 6/B, 31015 Conegliano TV - 0438 22680
libreria.con@canoavedizioni.eu - FB Libreria Canova Conegliano
Lo staff dei librai Alberto, Laura, Nice.
La tua storia in 280 caratteri Con la casa madre trevigiana, è la più antica libreria del Veneto: a Conegliano fin dall'immediato dopoguerra. All'interno del negozio il cliente viene accolto con com-

petenza e disponibilità. Un sistema elettronico permette di avere notizie su tutta la produzione italiana e straniera.
Che libreria sei, in una sola parola? Storica.
Qual è il libro che identifica la tua libreria? Francesco Vidotto, «Oceano».
Qual è il personaggio letterario che rappresenta la tua clientela? Olive Kitteridge, dalla penna di Elizabeth Strout.
A chi vorresti vendere un libro? E quale libro? A Michela Murgia: Nancy Horan, «Mio amato Frank».
Qual è la domanda più strana che ti è stata fatta? «Vorrei il libro che leggeva la mia vicina di ombrellone di cui non mi ricordo nulla».
Qual è la tua libreria preferita nel mondo? E in Italia? Livraria Lello e Irmão a Porto, Libreria Bocca a Milano.
Usciti dalla tua libreria bisogna andare assolutamente... dove? In pasticceria.
Cosa trovo da te che non trovo altrove? Passione per i libri.

Librerie.coop Conegliano

Centro commerciale Conè
Via San Giuseppe 25, 31015 Conegliano TV - 0438 369393
libreria.conegliano@Librerie.coop.it - www.Librerie.coop.it
FB Librerie.coop (Conegliano)
Lo staff dei librai Michele, Giovanna, Serena, Elena, Michele.
La tua storia in 280 caratteri La nostra storia comincia 9 anni fa. Siamo una libreria di catena che propone al cliente servizio, qualità e profondità all'interno di un centro commerciale. È la libreria ideale per chi cerca librai appassionati, competenti e pronti a farti avere quello che cerchi.
Che libreria sei, in una sola parola? Di qualità.
Qual è il libro che identifica la tua libreria? «Il giardino segreto» di Frances Hodgson Burnett. Un luogo che aiuta a scoprire (circondato da insidie).
Qual è il personaggio letterario che rappresenta la tua clientela? Frodo

Baggins (Tolkien) alla ricerca del mitico luogo in cui portare a termine il suo compito: trovare il libro giusto.
A chi vorresti vendere un libro? E quale libro? A una persona che non ne ha mai letto alcuno.
Qual è la domanda più strana che ti è stata fatta? «Scusi, ma voi li avete tutti i libri?».
Qual è la tua libreria preferita nel mondo? E in Italia? El Ateneo Grand Splendid a Buenos Aires, Argentina. Libreria Coop Zanichelli a Bologna.
Usciti dalla tua libreria bisogna andare assolutamente... dove? Ovunque a leggere!
Cosa trovo da te che non trovo altrove? Il sorriso, un grazie e una buona giornata.

CORTINA D'AMPEZZO

Libreria Sovilla

Piazza S. Franceschi 11, 32043 Cortina BL - 0436 868416
info@libreriasovilla.com - www.libreriasovilla.com
Lo staff dei librai Franco Sovilla, Nicoletta Fontana, Illario Sovilla, Giovannina Mattiazzi, Mirta Capovilla, Sandra Bozzolla.
La tua storia in 280 caratteri Errando da città a città con un banco libri, la famiglia Sovilla approda a Mestre dove apre nel 1956 la sua prima libreria. Nel 1971 la gestione della libreria resta alla figlia Rosanna e il padre apre a Cortina, col figlio Franco, la libreria Sovilla, a tutt'oggi da lui gestita.
Che libreria sei, in una sola parola? Per tutti i gusti.
Qual è il libro che identifica la tua libreria? «Il Parnaso ambulante» di Christopher Morley.
Qual è il personaggio letterario che rappresenta la tua clientela? La regina Elisabetta nel libro «La sovrana lettrice», colta e intelligente, scopre il piacere della lettura lasciandosi consigliare.
A chi vorresti vendere un libro? E quale libro? A Briatore che si van-

ta di non aver mai letto un libro, «Red notice» di William Felix Browder.
Qual è la domanda più strana che ti è stata fatta? Un metro lineare di libri con lo stesso formato e lo stesso colore.
Qual è la tua libreria preferita nel mondo? E in Italia? La Libreria Palazzo Roberti a Bassano del Grappa e la Shakespeare & Co. a Parigi.
Usciti dalla tua libreria bisogna andare assolutamente... dove? Sulle Tofane ad aspettare il tramonto.
Cosa trovo da te che non trovo altrove? Aver sviluppato empatia e capacità all'ascolto delle persone con le richieste più varie e a volte molto particolari.

FELTRE

Agorà Libreria Editrice

Via Garibaldi 22, 32032 Feltre BL - 0439 83487 - 320 1153052
www.libreriaagora.com
Lo staff dei librai Alessandro Dalla Gasperina (titolare), Carla Cassol (collaboratrice), Elena Tollardo (collaboratrice), Sebastiano Tremea (collaboratore).
La tua storia in 280 caratteri Nata nel 2001, diventa subito un luogo di accoglienza, in rapporto con la città e il suo territorio. Tenta, nei limiti folli della produzione industriale, di fare da setaccio, valorizzando le pubblicazioni meritevoli, con un occhio di riguardo ai piccoli editori e all'editoria locale.
Che libreria sei, in una sola parola? Onnivora.
Qual è il libro che identifica la tua libreria? «Martin Eden» di Jack London.
Qual è il personaggio letterario che rappresenta la tua clientela? Bertoldo.
A chi vorresti vendere un libro? E quale libro? A un guerrafondaio, «Il buon soldato Sc'vèik» di Jaroslav Hašek.
Qual è la domanda più strana che ti è stata fatta? Un diziona-

rio di «Spiccologia» chiarendo che non la confondessimo con la psicologia e che noi abbiamo interpretato come l'arte di «spicar le soprese» in stretto senso dialettale nostro.
Qual è la tua libreria preferita nel mondo? E in Italia? Hartliebs Bücher (Vienna), Quartiere Latino (Conegliano).
Usciti dalla tua libreria bisogna andare assolutamente... dove? All'osteria dove i tavoli devono essere rigorosamente in legno.
Cosa trovo da te che non trovo altrove? Un teatro affabulatorio.

JESOLO LIDO

Ubik Jesolo Lido

Via Bafile 140, 30016 Jesolo Lido VE - 0421 92200
www.lidodijesolo.ubiklibri.it - FB Ubik Jesolo
Lo staff dei librai Boris, Gloria e spesso Silvia e abbastanza spesso Francesca
La tua storia in 280 caratteri Ubik Jesolo Lido apre nel marzo 2016. Nata come libreria stagionale, di quelle di mare che d'inverno chiudono per un mese o due... ha finito per non chiudere mai. Siamo sempre aperti!
Che libreria sei, in una sola parola? Bipolare.
Qual è il libro che identifica la tua libreria? «Lo splendore casuale delle meduse» di Judith Schalansky. Anche il nostro è uno splendore del tutto casuale e marino. Anche noi sembriamo burberi (soprattutto d'estate). E anche la copertina ha la sua importanza, checché se ne dica.
Qual è il personaggio letterario che rappresenta la tua clientela? Billy Milligan di «Una stanza piena gente»: cambia radicalmente nel corso dell'anno, mostrando tutte le sfumature dell'umanità, ma tutte tutte eh.
A chi vorresti vendere un libro? E quale libro? Ci piacerebbe vendere un manuale completo di storia a un uomo del Paleolitico, per produrre il più grande spoiler di sempre. Magari costruttivo.

Qual è la domanda più strana che ti è stata fatta? «Avete libri di Leonardo Scìa-scìa?».
Qual è la tua libreria preferita nel mondo? E in Italia? Nel mondo sicuramente la libreria John Sandoe di Chelsea, Londra. In Italia, la Libreria Coop del Centro Lame di Bologna. Sono due luoghi dove si sentono cura e curiosità... la prima ti coccola, la seconda ti contagia.
Usciti dalla tua libreria bisogna andare assolutamente... dove? Su un pontile fronte mare, al tramonto, o la sera, meglio se c'è tempesta.
Cosa trovo da te che non trovo altrove? Musica figa di sottofondo, il «Breviaro del caos» di Albert Caraco e quel libro, proprio quello che non riesci a trovare da nessun'altra parte, da noi è a scaffale di faccia.

MIRA

Dueccì

Via Nazionale 202, 30034 Mira VE - 041 5600273
www.duecci.eu - FB Dueccì di Carlin Angela
Lo staff dei librai Nella libreria lavoro da sola.
La tua storia in 280 caratteri Sono un architetto per studio e libraia per passione.
Che libreria sei in una sola parola? Alternativa.
Qual è il libro che identifica la tua libreria? «Parigi è sempre una buona idea» di Nicolas Barreau.
Qual è il personaggio letterario che rappresenta la tua clientela? Il piccolo principe, perché i miei clienti entrano adulti ed escono bambini.
A chi vorresti vendere un libro? E quale? A chi mi dice che gli illustrati sono solo per bambini e a chi legge solo cose impegnate. Gli venderei «Il libro senza figure» di Novak, un misto di ironia, genialità e attenzione alla forma del testo.
Qual è la domanda più strana che ti è stata fatta? (dai bambini a cui leggo i libri) «Ma i libri che vendi e che ci leggi li scrivi tutti tu?».
Qual è la tua libreria preferita nel mondo? E in Italia? Academic Bo-

okstore di Helsinki perché progettata da Alvar Aalto. Todo Modo a Firenze perché semplicemente mi fa impazzire.
Usciti dalla tua libreria bisogna andare assolutamente...dove? In sequenza: a mangiare un gelato, al parco della Villa dei Leoni a correre e giocare e a casa a leggere i libri!
Cosa trovo da te che non trovo altrove? Mi impegno ogni giorno per cercare cose particolari e differenziarmi dagli altri e il più delle volte ci riesco, ma credo che la cosa più originale che puoi trovare qui dentro sono io: una libraia che non conosce tutti i libri, che non sa dare tutte le risposte alle tue domande, ma che ti propone quei libri che le hanno fatto sentire le farfalle allo stomaco.

Libreria Riviera

Via A. Gramsci 57, 30034 Mira VE
Lo staff dei librai Rosanna Baldan e Ugo Scortegagna.
La tua storia in 280 caratteri La lettura è sempre stata importante e presente nella mia vita, così quando ho avuto la possibilità di diventare titolare di Libreria Riviera ho colto l'occasione... ho trasformato una passione in lavoro.
Che libreria sei, in una sola parola? Storica.
Qual è il libro che identifica la tua libreria? «Uno, nessuno e centomila» di Pirandello.
Qual è il personaggio letterario che rappresenta la tua clientela? Dr. Jekyll e Mr. Hyde. Anche il più insospettabile può trasformarsi in una persona completamente diversa se trova il libro giusto da leggere!
A chi vorresti vendere un libro? E quale libro? A chi da anni non legge un libro, «Cento secondi in una vita» di Andrew Faber.
Qual è la domanda più strana che ti è stata fatta? «Se il libro non mi piace posso portarlo indietro?».
Qual è la tua libreria preferita nel mondo? E in Italia? Shakespeare a synové, a Praga. Libreria Acqua Alta a Venezia.
Usciti dalla tua libreria bisogna andare assolutamente... dove? A prendere una dolce delizia nella vicina pasticceria e poi al piccolo parco di fronte alla libreria per iniziare il nuovo libro.

Cosa trovo da te che non trovo altrove? Disponibilità, competenza e tanti consigli, soprattutto su pubblicazioni di montagna e naturalistiche.

MONTEBELLUNA

Libreria Zanetti - Librerie d'autore

Piazza Oberkochen 27, 31031 Montebelluna TV
www.libreriazanetti.it - FB Libreria Zanetti
IG @libreria_zanetti

Lo staff dei librai Nicola Zanetti, Danilo Zanetti, Marisa Burlina, Alessandra, Enrico, Carlo.
La tua storia in 280 caratteri Nasce, preceduta dall'esperienza cooperativa Pablo Neruda, nel 1975. Fondata da Danilo e Marisa, nel 1997 prende le redini Nicola. Dal 2007 occupa tutto il piano terra di un palazzo, con arredo moderno e un reparto accattivante per bambini. Vende anche libri online ed è casa editrice.
Che libreria sei, in una sola parola? Appassionata.
Qual è il libro che identifica la tua libreria? «Il piccolo principe» di Antoine de Saint-Exupéry.
Qual è il personaggio letterario che rappresenta la tua clientela? Gianni Rodari. Autore militante, entra nel cuore dei bambini, padre della moderna letteratura per bambini piccoli. Suo «Il palazzo da rompere».
A chi vorresti vendere un libro? E quale libro? «Il piccolo principe» tradotto da Danilo, per la sua mamma che non lo può più leggere. (Polemico) «Sull'orlo di un precipizio» di Antonio Manzini al presidente dell'AIL.
Qual è la domanda più strana che ti è stata fatta? «Avete ciodi da diese?».
Qual è la tua libreria preferita nel mondo? E in Italia? Shakespeare & Co. a Parigi. Librati, La libreria delle donne a Padova.
Usciti dalla tua libreria bisogna andare assolutamente... dove? In un rifugio di montagna a leggere un libro su una sdraio guardando le Pale di San Martino.

Cosa trovo da te che non trovo altrove? Il coraggio di sconsigliare un libro brutto anche se pubblicizzato.

MOTTA DI LIVENZA

Libreria Montan

Borgo Aleandro 13, 31045 Motta di L. TV - 0422 766152
libreria.montan@gmail.com - FB Libreria Montan
IG @libreria.montan

Lo staff dei librai Maria Chiara e Alessandra.
La tua storia in 280 caratteri Fondata dal veneziano Pasquale Montan intorno al 1850, si tramanda da generazioni. Situata in una dimora dell'800, punto d'incontro per chi ama lettere, musica, arti e giardini. Gradevole angolo di lettura intorno all'antico fogolar ottagonale con vista sul giardino segreto.
Che libreria sei, in una sola parola? Storica.
Qual è il libro che identifica la tua libreria? «Il giardino segreto» di Frances Hodgson Burnett.
Qual è il personaggio letterario che rappresenta la tua clientela? I personaggi dei Fratelli Grimm: come in ogni libreria arrivano principesse, lupi, saggi, bambini che cercano qualcosa di magico, fate buone e...
A chi vorresti vendere un libro? E quale libro? A Philip Roth, «L'amica geniale» di Elena Ferrante.
Qual è la domanda più strana che ti è stata fatta? Alla mia risposta: «"La ragazza di Bube" di Cassola è finito», un cliente ha precisato: «Me lo dia pure di un altro autore».
Qual è la tua libreria preferita nel mondo? E in Italia? Atlantis Books, Santorini. Libreria Palazzo Roberti, Bassano del Grappa (VI).
Usciti dalla tua libreria bisogna andare assolutamente... dove? A passeggiare sugli argini di fiumi e canali immergendosi nella natura per rilassarsi e fermarsi in un luogo dove godere della lettura dei libri appena acquistati.

Cosa trovo da te che non trovo altrove? Un sorriso, un ambiente familiare, un luogo dove puoi rilassarti; una forte lettrice che sa ascoltare e consigliare, come farebbe un amico. L'impagabile profumo dei libri che dicono qui sia più intenso che altrove. La passione per un lavoro che si tramanda con costanza da generazioni.

ODERZO

Libreria Becco Giallo

Via Umberto I 27, Oderzo TV - 0422 712472
lbeccogiallo@libero.it - FB Libreria Becco Giallo
Lo staff dei librai Lara, Gianni, Giorgio, Angelo.
La tua storia in 280 caratteri Data di nascita dicembre 1978: entusiasmo, passione, incoscienza, fatica, molte energie spese... ne è valsa la pena se oggi ci troviamo qui, in questa «Guida tascabile delle librerie italiane viventi».
Che libreria sei, in una sola parola? Storica.
Qual è il libro che identifica la tua libreria? «Il Parnaso ambulante» di Christopher Morley.
Qual è il personaggio letterario che rappresenta la tua clientela? Renée, la portinaia di «L'eleganza del riccio» di Muriel Barbery: ben rappresenta la nostra clientela costituita da «lettori forti».
A chi vorresti vendere un libro? E quale libro? A Paolo Conte, «La camera azzurra» di Georges Simenon.
Qual è la domanda più strana che ti è stata fatta? «Vorrei acquistare per mio figlio "Braccobaldo" di Italo Calvino».
Qual è la tua libreria preferita nel mondo? E in Italia? La Librairie le Méjan Actes Sud ad Arles (Francia) e la Libreria Luxemburg di Torino.
Usciti dalla tua libreria bisogna andare assolutamente... dove? Da Rosebi e da Mamicakes.
Cosa trovo da te che non trovo altrove? Un sorriso e buona musica.

PADOVA

*la*Feltrinelli

Via San Francesco 7, 35121 Padova - 02 91947777
padova@lafeltrinelli.it

Lo staff dei librai Il nostro staff è composto da 20 librai.
La tua storia in 280 caratteri Siamo una libreria di riferimento a Padova fin dal 1975, situata nei pressi del trecentesco Palazzo Romanin Jacur dove soggiornò anche Dante. Tra i nostri scaffali la storia della città vive e convive con le tante storie contenute nei 40.000 titoli che riempiono ordinatamente lo spazio intorno.
Che libreria sei, in una sola parola? Storica.
Qual è il libro che identifica la tua libreria? «Il Conte di Montecristo» di Dumas. Come Edmond Dantès, protagonista del libro, sempre pronta a rialzarsi dopo svariate sconfitte, sapientemente combattiva contro gli spietati avversari, elegantemente camaleontica e sempre desiderosa di salpare verso nuovi orizzonti.
Qual è il personaggio letterario che rappresenta la tua clientela? Capitano Nemo: colto, curioso, esigente, signorile.
A chi vorresti vendere un libro? E quale libro? A Frank Zappa, «Le mie invenzioni» di Nikola Tesla. A Nikola Tesla, «Frank Zappa» di Miles Barry. Storie di geniali «gemelli» più volte incompresi. Sappiamo che Frank Zappa stimava Nikola Tesla. Purtroppo, per una questione spazio-temporale non possiamo dire il contrario; sono sicura che sarebbe diventato un suo fervido sostenitore e ammiratore.
Qual è la domanda più strana che ti è stata fatta? «Devo prendere un libro per mia suocera, me ne dia uno qualsiasi con la copertina pervinca, è il suo colore preferito».
Qual è la tua libreria preferita nel mondo? E in Italia? Boekhandel Dominicanen, Maastricht, Olanda. Libreria Acqua Alta, Venezia.
Usciti dalla tua libreria bisogna andare assolutamente... dove? In piazza delle Erbe, al bar Nazionale, per onorare la tradizione veneta sorseggiando uno spritz e gustando un tramezzino.

Cosa trovo da te che non trovo altrove? 400 anni (sedimentati con cura) di esperienza nel settore, competenza e creatività.

La Volpe Volante

Piazza Severi 7-8, 35126 Padova - 393 5406322, 340 22996505
www.lavolpevolante.it - FB La Volpe Volante
IG @librerialavolpevolante

Lo staff dei librai Olivera Miok: apprendista imprenditrice, mamma di Arianna, secchiona e mente razionale della libreria, con tanti studi di lettere e le più varie e reciprocamente incompatibili esperienze lavorative alle spalle. Francesca Soranzo: imprenditrice, mamma di tre divoratori di libri, maestra di musica, un passato da ludotecaria; creativa e appassionata di albi illustrati, educazione naturale e giochi da tavolo.
La tua storia in 280 caratteri La Volpe Volante è un animale in via d'estinzione come le librerie indipendenti, ma anche il nostro pianeta se non impariamo a prendercene cura. Un vero green concept, che si pone l'obiettivo di offrire uno spazio creativo ed educativo a misura di bambini, ragazzi e famiglie.
Che libreria sei, in una sola parola? Per bambini, ecosostenibile.
Qual è il libro che identifica la tua libreria? «Pandora» di Victoria Turnbull: una piccola Volpe che porta in sé un messaggio e una missione di ecologia, umanità, amicizia.
Qual è il personaggio letterario che rappresenta la tua clientela? Arianna («Il posto segreto», Mattiangeli), una bambina curiosa, con una fantasia in grado di creare nuovi mondi, immergendosi nella natura.
A chi vorresti vendere un libro? E quale libro? Sarebbe bello riuscire a vendere un libro a quelle persone che, rivestendo ruoli di responsabilità e facendo scelte in nome e sulla pelle di tante altre persone, sono accecate da ideologie e interessi personali, convinte di avere la verità in tasca e incapaci di mettere in discussione il proprio punto di vista, fino a diventare - senza rendersene conto - maschere ridicole e grottesche di se stesse. Il titolo? Ce ne sono tanti, come

«Il muro» (Macrì e Zanotti) o «Di qui non si passa» (Martins e Carvalho), storie di sovrani convinti di essere nel giusto, e costretti a ritrattare le loro stesse parole.
Qual è la domanda più strana che ti è stata fatta? Avendo aperto da poco, per ora le domande sono esplorative. A oggi la più strana forse: «Possono entrare anche gli adulti?», oppure «Ma i libri si possono anche comprare?».
Qual è la tua libreria preferita nel mondo? E in Italia? In Italia, sicuramente la nostra (e come potrebbe essere altrimenti?). Nel mondo forse The Story Shop a Monroe (US), ma ce ne sono così tante che dobbiamo ancora scoprire...
Usciti dalla tua libreria bisogna andare assolutamente... dove? In un parco, o in un bosco, a respirare il profumo della Terra... E leggere un libro, naturalmente!
Cosa trovo da te che non trovo altrove? Un'accurata selezione di case editrici che oltre alla qualità, prende in considerazione anche le loro scelte ecologiche, prediligendo quelle che rispettano l'ambiente.

Libreria Pangea

Via San Martino e Solferino 106, 35122 Padova - 049 8764022
www.libreriapangea.com - FB Pangea libreria
Lo staff dei librai Giandomenico Tono.
La tua storia in 280 caratteri Dal 1995 Pangea ti ammalia con libri di viaggio, nautica, montagna, paesaggio e cartografia. Dopo aver vissuto 2 anni in Bolivia, aver lavorato anni come fotografo e tecnico di teatro, nel 2006 ho legato la mia vita a quella della libreria. Mia moglie ne è un po' gelosa.
Che libreria sei, in una sola parola? Di viaggio.
Qual è il libro che identifica la tua libreria? «La polvere del mondo» di Nicolas Bouvier.
Qual è il personaggio letterario che rappresenta la tua clientela? Il viaggiatore di «Viaggio in Portogallo» di Saramago.
A chi vorresti vendere un libro? E quale libro? Mi piacerebbe vendere un libro di Paolo Ciampi («Per le foreste sacre», oppure «Il sogno

delle mappe») a Sylvain Tesson, così da far incontrare due ottimi scrittori di viaggio che secondo me hanno dei punti in comune. Vale anche a rovescio: «Nelle foreste siberiane» oppure «Sentieri neri» di Tesson a Ciampi.
Qual è la domanda più strana che ti è stata fatta? «Ma lei non vende olio per lumini? No? E allora cosa vende?».
Qual è la tua libreria preferita nel mondo? E in Italia? Stanfords a Londra e Mare di Carta a Venezia
Usciti dalla tua libreria bisogna andare assolutamente... dove? A vedere il battistero del Duomo decorato da Giusto de' Menabuoi, poi il palazzo della Ragione e il sottostante al mercato del Salone dove rinfrancarsi con uno *spuncion* e *un'ombra* di vino o uno spritz.
Cosa trovo da te che non trovo altrove? Vasta scelta di cartografia, dalle carte topografiche a quelle nautiche, ai planisferi, in un ambiente tranquillo con un libraio abbastanza competente che sa consigliare e una saletta dove spesso si tengono presentazioni, incontri con autori e mostre.

Limerick

Via Tiziano Aspetti 13, 35132 Padova - 049 2953994
info@limericklibri.com - FB Limerick - IG @limericklibri
Lo staff dei librai Le libraie sono Marta Bracciale e Grazia Raimondo.
La tua storia in 280 caratteri Limerick è una microlibreria specializzata in libri illustrati, ma ha un po' di tutto perché è l'unica del quartiere. Ha aperto nel 2015, in un momento in cui non sembrava un'idea né buona né sensata, ecco perché ci chiamiamo come una filastrocca nonsense!
Che libreria sei, in una sola parola? Corsara: perché è una parola che contiene la giusta dose di sfida, di pericolo e di avventura, e qui si naviga sempre in acque poco tranquille!
Qual è il libro che identifica la tua libreria? «Il libro dei nonsense» di Edward Lear.
Qual è il personaggio letterario che rappresenta la tua clientela? Ap-

passionati come Bastian di Ende. Curiosi come Alice. Smemorati come quello di Tapiola. Stravaganti come Malaussène. Acuti come Renée di Barbery.
A chi vorresti vendere un libro? E quale libro? Vorremmo vendere sempre più libri illustrati agli adulti e convincerli che le immagini non sono un linguaggio «infantile»!
Qual è la domanda più strana che ti è stata fatta? «Ma i libri che ci sono qui, li trovo anche in una libreria?». O anche: «Ma questi libri, come funzionano?».
Qual è la tua libreria preferita nel mondo? E in Italia? La Central di Barcellona, El Ateneo Grand Splendid di Buenos Aires e la Lik e Lak di Putignano!
Usciti dalla tua libreria bisogna andare assolutamente... dove? ... allo storico Cinema Multiastra, dopodiché a mangiare un boccone con un buon vino dai nostri vicini: da una parte L'Osteria di Fuori Porta (osteria vegetariana e biologica), dall'altra parte Versi Ribelli (enoteca e cicchetteria).
Cosa trovo da te che non trovo altrove? La libertà: di osservare, sfogliare, annusare tutti i libri che ci sono; libertà di prendersi il tempo che serve per farsi trovare da una storia; libertà di sedersi a leggere - anche ad alta voce - insieme ai propri bambini; libertà di pensare mezz'ora alla dedica prima di farsi fare il pacchetto regalo... La disponibilità: ad ascoltare e consigliare. La selezione: un conto è cercare un ago nel pagliaio del maremagnum editoriale, un altro è cercarlo dentro a una muffola.

Mondadori Bookstore Padova

Piazza Insurrezione 3, 35135 Padova - 049 8766862
FB Mondadori Bookstore (Padova)
Lo staff dei librai Gianluca, Cristina, Davide, Simone, Lorella, Lara, Sara, Silvia.
La tua storia in 280 caratteri La mia avventura in Mondadori comincia nel 1998, con l'apertura del primo Megastore di Milano, una realtà che vede il libro protagonista, in un contesto ove la pre-

senza del digitale crea un mondo affascinante, classico e innovazione si sposano, convivono, si completano.
Che libreria sei, in una sola parola? Storica di quartiere.
Qual è il libro che identifica la tua libreria? Il libro che identifica la mia libreria è il sogno che il nostro cliente ci chiede di poter realizzare attraverso chi ha sognato prima di lui e ha scritto... Se devo parlare del mio libro principe, direi non uno, ma senza dubbio il tesoro che ci ha lasciato Hemingway.
Qual è il personaggio letterario che rappresenta la tua clientela? Saggia, magica, aperta ma fedele al classico... Gandalf (Tolkien): camminiamo insieme come piccoli Hobbit verso una bellissima avventura.
A chi vorresti vendere un libro? E quale libro? Mi sarebbe piaciuto vendere un libro a Massimo Troisi. Ironico, divertente, meraviglioso, come era lui... «A volte ritorno» di Niven.
Qual è la domanda più strana che ti è stata fatta? «Mi vende il libro più brutto che lei ha mai letto?», poi però seguì una risata, credo che fosse più uno scherzo che una reale richiesta.
Qual è la tua libreria preferita nel mondo? E in Italia? Ogni libreria in cui ho avuto l'onore di lavorare, perché in ognuna di queste ho lasciato una parte della mia anima.
Usciti dalla tua libreria bisogna andare assolutamente... dove? Alla Cappella degli Scrovegni, laddove Giotto ha saputo rendere la «bellezza» qualcosa in cui possiamo identificarci.
Cosa trovo da te che non trovo altrove? Non dico che non sia altrove, non me lo posso permettere, sicuramente il bisogno fisico di condividere un sogno con coloro che varcano l'ingresso.

Pel di carota

Via Boccalerie 29, 35139 Padova - 049 2956066
www.peldicarota.it
Lo staff dei librai Arianna e David Tolin e Maurizio Citran.
La tua storia in 280 caratteri Nata nel 2010, da subito abbiamo voluto distinguerci per la selezione, le proposte di attività, le col-

laborazioni cittadine e nazionali, l'adesione a gruppi quali ALIR (Associazione Librerie Indipendenti Ragazzi) e IBBY Italia (International Board on Books for Young Peoples).
Che libreria sei, in una sola parola? Per tutti.
Qual è il libro che identifica la tua libreria? «Voci nel parco» di Anthony Browne.
Qual è il personaggio letterario che rappresenta la tua clientela? La nostra clientela è variegata come la Freccia Azzurra di Gianni Rodari, contenente storie e giochi, i più diversi.
A chi vorresti vendere un libro? E quale libro? Vorremmo vendere il libro «Animali sbagliati» di Franco Matticchio a Giovanni e Pietro (loro sanno perché).
Qual è la domanda più strana che ti è stata fatta? «Avete libri per bambini di tutte le età?».
Qual è la tua libreria preferita nel mondo? E in Italia? Shakespeare & Co. di Parigi e Castello di Carta di Vignola.
Usciti dalla tua libreria bisogna andare assolutamente... dove? A fare una passeggiata lungo la riviera Mussato, fino ad arrivare alla Specola, antico osservatorio astronomico settecentesco.
Cosa trovo da te che non trovo altrove? Una particolare e attenta conoscenza di albi illustrati e romanzi francesi: da Tomi Ungerer a Bernard Friot, passando per Magali Le Huche e Jean-Claude Mourlevat.

PIEVE DI SOLIGO

Libreria La Pieve

Via Capovilla 5, 31053 Pieve di Soligo TV - 0438 841913
Lo staff dei librai ... Flavio, e basta.
La tua storia in 280 caratteri La libreria nasce come cooperativa nel 1986, e Flavio entra come «tappabuchi» (molti soci avevano «abbandonato la nave») nel 1992 dopo aver lasciato l'università, e dopo quattro mesi si ritrova a dover gestire in prima persona la libreria, cosa che continua a fare ancora adesso.

Che libreria sei, in una sola parola? Una libreria «normale».
Qual è il libro che identifica la tua libreria? «Il poeta segreto» di Mario Rigoni Stern (edizione limitata, 400 copie).
Qual è il personaggio letterario che rappresenta la tua clientela? Tutti i personaggi che frequentano la scena letteraria sono importanti perché ogni lettore è importante, e ogni gusto letterario ha lo stesso valore
A chi vorresti vendere un libro? E quale libro? È già successo, vendere «Cuore di cane» a Marcello Mastroianni, in un giorno di pioggia, senza nessun'altra parola oltre: «Buongiorno, cosa desidera?», «Cercavo "Cuore di cane" di Bulgakov», «Glielo prendo subito» «Grazie», «Sono dodicimila lire», «Ecco a lei, grazie e arrivederci», «Arrivederci».
Qual è la domanda più strana che ti è stata fatta? «Ma lei li ha letti tutti i libri che ci sono qua dentro?».
Qual è la tua libreria preferita nel mondo? E in Italia? Giro pochissimo, e ho visto pochissime librerie nella mia vita, quindi non esiste alcuna libreria preferita anche se, certo, buona parte dei lettori e agenti letterari di questo territorio definiscono la Libreria Palazzo Roberti di Bassano del Grappa come una delle più belle librerie d'Italia.
Usciti dalla tua libreria bisogna andare assolutamente... dove? Al parco di Borgo Stolfi, dove si può passeggiare lungo il fiume Soligo leggendo qua e là le poesie del nostro cittadino illustre (nonché cliente della libreria) Andrea Zanzotto.
Cosa trovo da te che non trovo altrove? Me.

PIOVE DI SACCO

Libreria Il Segnalibro

Via Gauslino 21, 35028 Piove di Sacco PD - 049 9705269
FB Libreria il Segnalibro Piove di Sacco
Lo staff dei librai Marilena Manfrin e Valentina Pizzo.
La tua storia in 280 caratteri La nostra è una libreria «di famiglia»,

aperta nel 2000 da Marilena per inseguire un sogno e reinventarsi dopo una vita passata a fare altro. Poi sono arrivata io, a dare una mano per qualche mese, ma mi sono innamorata di questo lavoro... e non sono più andata via.
Che libreria sei, in una sola parola? Trasformista!
Qual è il libro che identifica la tua libreria? «Piccole donne» di Louisa May Alcott.
Qual è il personaggio letterario che rappresenta la tua clientela? Jekyll e Hyde. Non perché i nostri clienti siano dei pazzi furiosi, ovviamente, ma perché sono molto diversi tra loro.
A chi vorresti vendere un libro? E quale libro? In realtà la cosa già succede: vendiamo libri ai figli dei bambini a cui abbiamo fatto amare la lettura vent'anni fa. Ed è una cosa bellissima.
Qual è la domanda più strana che ti è stata fatta? «Vorrei un libro, ma non proprio un libro. Ne avete?».
Qual è la tua libreria preferita nel mondo? E in Italia? Nel mondo forse Shakespeare & Co., a Parigi. In Italia sicuramente Libreria Acqua Alta, a Venezia.
Usciti dalla tua libreria bisogna andare assolutamente... dove? In campagna, sotto l'ombra di un albero, con un bel libro tra le mani.
Cosa trovo da te che non trovo altrove? Ogni libreria ha un suo dono speciale, ma di sicuro solo qui ci siamo noi, Valentina e Marilena.

PORTOGRUARO

Libreria Al Segno

Calle Beccherie 8, 30026 Portogruaro VE - 0421 760833
Vedi Libreria Al Segno (Pordenone)

SAN DONÀ DI PIAVE

Librerie.coop Piave

Centro commerciale Piave
Galleria Piave 20, 30027 San Donà di Piave VE - 0421 222880
libreria.sdona@Librerie.coop.it - FB Librerie.coop (Piave)

Lo staff dei librai Ylenia, Giorgia, Claudia, Elettra.

La tua storia in 280 caratteri La nostra storia comincia dodici anni fa. Siamo una libreria di catena che propone qualità di assortimento e servizio, pur trovandosi in un centro commerciale. È la libreria giusta per chi cerca librai appassionati e innamorati della lettura!

Che libreria sei, in una sola parola? Multiforme.

Qual è il libro che identifica la tua libreria? «La ragazza che voleva salvare i libri» di Klaus Hagerup e Lisa Aisato.

Qual è il personaggio letterario che rappresenta la tua clientela? Ulisse, uomo dall'ingegno scintillante che dopo lunghi vagabondaggi approda nel luogo perfetto per soddisfare la sua sfrenata curiosità.

A chi vorresti vendere un libro? E quale libro? «L'Atlante dei luoghi letterari» a Romano Montroni.

Qual è la domanda più strana che ti è stata fatta? «Scusi, ce l'ha "Il mare dei monti" di Michael Jackson?» (cercando «Il Mare dei Mostri» della saga di Percy Jackson).

Qual è la tua libreria preferita nel mondo? E in Italia? Shakespeare & Co., Parigi; Libreria Palazzo Roberti, Bassano del Grappa.

Usciti dalla tua libreria bisogna andare assolutamente... dove? In qualsiasi luogo, a leggere!

Cosa trovo da te che non trovo altrove? L'essere accolti in un luogo profumato di storie e magia con gentilezza, entusiasmo e pazienza.

SEDICO

Due ufficio Srl

Via Belluno 36/int 2, 32036 Sedico BL

Lo staff dei librai Quattro donne.

La tua storia in 280 caratteri Nata come cartoleria ha sviluppato una parte importante dedicata ai libri, in particolare a quelli per bambini.

Che libreria sei, in una sola parola? Per bambini.

Qual è il libro che identifica la tua libreria? «Storia di una gabbianella e del gatto che le insegnò a volare» di Luis Sepúlveda.

Qual è il personaggio letterario che rappresenta la tua clientela? Sono molti.

A chi vorresti vendere un libro? E quale libro? Ai nonni.

Qual è la domanda più strana che ti è stata fatta? Un libro per bambini vegani.

Qual è la tua libreria preferita nel mondo? E in Italia? Una libreria a Praga e Acqua Alta a Venezia

Usciti dalla tua libreria bisogna andare assolutamente... dove? In un prato a leggere.

Cosa trovo da te che non trovo altrove? Spazio per far interagire i bambini con i libri.

TREVISO

*la*Feltrinelli

Via Antonio Canova 2, 31100 Treviso - 02 91947777

IG @lafeltrinellitreviso

Lo staff dei librai Lisa, Ilaria, Fabio, Nadia, Francesca, Lucia, Alessandro.

La tua storia in 280 caratteri La libreria nasce nel 2010. Ci piace rivoluzionarla ogni mese per offrire nuova visibilità a libri diversi e stimolare i nostri lettori. Siamo un luogo di transito: da noi

arrivano clienti in cerca di nuove storie e ripartono verso nuove avventure e inconsueti orizzonti.
Che libreria sei, in una sola parola? Di riferimento.
Qual è il libro che identifica la tua libreria? «Il porto dei sogni incrociati» di Björn Larsson. Immaginiamo la nostra libreria come onde da solcare, come mare burrascoso, come oceano puntellato di isole solitarie. I nostri libri come porti: sicuri ancoraggi dove trovare sosta e ristoro per l'anima. I nostri clienti come marinai in mare aperto alla ricerca di approdi dove trovare rifugio e dare vigore all'intensità dei propri sogni, per ripartire con slancio «e alzare le vele e prendere i venti del destino».
Qual è il personaggio letterario che rappresenta la tua clientela? Marcovaldo di Calvino, che in balìa dei ritmi selvaggi della vita è alla strenua ricerca di pace e serenità in un'oasi verde chiamata libreria.
A chi vorresti vendere un libro? E quale libro? A Charlie Brown vorrei vendere «Un giorno questo dolore ti sarà utile» di Cameron. Charlie Brown, eroe cinico e testardo, il vincente più perdente della storia mondiale dei fumetti. Tutti noi siamo stati dei Charlie Brown. Disadattati? Incompresi? Geni? È la sua convinzione e la caparbietà che lo stimola a combattere le tante battaglie quotidiane.
Qual è la domanda più strana che ti è stata fatta? «Dove tenete le sagre fantasy?».
Qual è la tua libreria preferita nel mondo? E in Italia? Foyles a Londra e, in Italia, la Libreria Acqua Alta di Venezia.
Usciti dalla tua libreria bisogna andare assolutamente... dove? Osteria dei Nanetti, la locanda ideale per trovare una convivialità sempre ricercata e un'ottima proposta di vini, per alimentare anche la pancia, oltre che la mente.
Cosa trovo da te che non trovo altrove? Noi, con i nostri caratteri, i diversi gusti, i nostri difetti, perché spesso ciò che non mi piace sicuramente è piaciuto a una mia collega. E viceversa.

VENEZIA

Libreria Acqua Alta

Calle lunga Santa Maria Formosa 5176/b Castello, 30122 Venezia

FB Libreria Acqua Alta - IG @libreriaacquaalta

Lo staff dei librai Luigi, Diana, Chiara, Gabriele e Arianna.

La tua storia in 280 caratteri Dopo aver già aperto due librerie a Venezia cercavo un posto con tanto spazio per i libri, dove entrasse facilmente l'acqua durante l'alta marea e dove potessero girare tranquillamente i gatti.

Che libreria sei, in una sola parola? Unica.

Qual è il libro che identifica la tua libreria? «El Principe picenin» («Il piccolo principe» in dialetto veneziano).

Qual è il personaggio letterario che rappresenta la tua clientela? Don Chisciotte della Mancia (perché è animato dall'ideale cavalleresco e perciò distaccato dalla realtà... un po' come da noi).

A chi vorresti vendere un libro? E quale libro? A tutti, «Venezia è un pesce» di Tiziano Scarpa.

Qual è la domanda più strana che ti è stata fatta? «Ma i libri si possono anche comperare?».

Qual è la tua libreria preferita nel mondo? E in Italia? Strand a New York, Piazza dei libri di Catania.

Usciti dalla tua libreria bisogna andare assolutamente... dove? All'ospedale civile che era la Scuola Grande di San Marco.

Cosa trovo da te che non trovo altrove? Una gondola sommersa dai libri e una scala fatta con i libri.

Libreria Cluva di Zamparo Patrizia

Santa Croce 191, 30135 Venezia - 041 5226910

www.libreriacluva.com - FB Libreria Cluva

Lo staff dei librai Patrizia Zamparo, Angelo Rigoni.

La tua storia in 280 caratteri Nata nei primi anni Sessanta del Novecento, si trova all'interno dell'Istituto di Architettura di

Venezia, dove gode dell'ingresso progettato da Carlo Scarpa. Da sempre punto di riferimento per studenti, docenti e professionisti.
Che libreria sei, in una sola parola? Tecnica/universitaria.
Qual è il libro che identifica la tua libreria? «Enciclopedia pratica per progettare e costruire» Ernst Neufert.
Qual è il personaggio letterario che rappresenta la tua clientela? Phileas Fogg del «Giro del mondo in 80 giorni», per lo spirito d'avventura e l'intraprendenza.
A chi vorresti vendere un libro? E quale libro? A tutti gli studenti di Architettura, «Verso una architettura» di Le Corbusier.
Qual è la domanda più strana che ti è stata fatta? «Sto cercando un libro, di cui non ricordo l'autore e non ricordo il titolo, ma sono sicuro che era alto più o meno così. Me lo può cercare per cortesia?».
Qual è la tua libreria preferita nel mondo? E in Italia? Bookshop TOTO a Tokyo, Bookàbar a Roma.
Usciti dalla tua libreria bisogna andare assolutamente... dove? Alla Fondazione Querini Stampalia per ammirare il restauro progettato da Carlo Scarpa.
Cosa trovo da te che non trovo altrove? Volumi e magazine provenienti da tutto il mondo di Architettura, Urbanistica, Design, Moda e Fotografia.

Libreria Editrice Cafoscarina

Cafoscarina 1, Cannaregio 736, 30121 Venezia - 041 3099744
Cafoscarina 2, Dorsoduro 3259, 30123 Venezia - 041 2404802
Cafoscarina 3, Dorsoduro 3224, 30123 Venezia - 041 2404803
www.cafoscarina.it - FB Libreria Cafoscarina
Lo staff dei librai Alessio, Antonio, Franca, Giangi, Gianluca, Massimiliano, Stefano.
La tua storia in 280 caratteri Siamo nati nel 1963 da un gruppo di studenti e docenti universitari. Da allora abbiamo aperto tre librerie. Troviamo per il nostro pubblico libri in Cina, Giappone, Russia e in tutta Europa. Ci piace proporre e vendere libri belli e anche difficili.

Che libreria sei, in una sola parola? Le librerie sono tre ma bastano due parole: universitaria e internazionale.
Qual è il libro che identifica la tua libreria? Giorgio Agamben, «Homo sacer».
Qual è il personaggio letterario che rappresenta la tua clientela? Archie Ferguson («4321» di Paul Auster) di fronte alle sue vite possibili.
A chi vorresti vendere un libro? E quale libro? Banale ma vero: a un ragazzo che non legge, un libro che gli cambi la vita.
Qual è la domanda più strana che ti è stata fatta? Woody Allen ci ha chiesto dov'era il bagno.
Qual è la tua libreria preferita nel mondo? E in Italia? Atlantis Books, Oia, Santorini. Libreria Verso, Milano.
Usciti dalla tua libreria bisogna andare assolutamente... dove? A bere un prosecco in campo Santa Margherita? O al museo dell'Accademia a vedere i teleri di Carpaccio?
Cosa trovo da te che non trovo altrove? Studenti italiani e stranieri, intellettuali, scrittori, filosofi, professori e qualche turista impegnati a scegliere e conversare sui libri.

Libreria MarcoPolo

MarcoPolo S. Margherita
Dorsoduro 2899, 30123 Venezia - 041 8224843
MarcoPolo Giudecca
Giudecca 282, 30133 Venezia - 041 8473867
FB Libreria MarcoPolo - IG @libreria.marcopolo
TW @booksmarcopolo
Lo staff dei librai Alla MarcoPolo siamo in tre soci: Claudio, Flavio e Sabina.
La tua storia in 280 caratteri Una serie di fortunati eventi e capacità di cogliere l'attimo hanno portato tre belle persone a iniziare un'avventura che vale una vita intera. L'inizio ufficiale è settembre 2015 con l'apertura della nuova sede, ma un narratore potrebbe vederci lo zampino del fato.
Che libreria sei, in una sola parola? Queer. Sia nel significato ori-

ginale del termine (strano, eccentrico) sia nel significato attuale (rifiuto di limitarsi a una qualsiasi categoria per definirsi).
Qual è il libro che identifica la tua libreria? «Luce d'estate ed è subito notte» di Stefánsson, per la storia, per la struttura e per lo stile.
Qual è il personaggio letterario che rappresenta la tua clientela? Non ne abbiamo idea, forse è in un libro che dobbiamo ancora leggere o forse lo stiamo solo vivendo.
A chi vorresti vendere un libro? E quale libro? Al prossimo cliente che entra. Il libro che non sapeva di voler leggere e che, anche per un decimo di grado, cambierà la rotta della sua vita.
Qual è la domanda più strana che ti è stata fatta? Questa.
Qual è la tua libreria preferita nel mondo? E in Italia? Siamo in tre ed è difficile sceglierne una che non sia la nostra.
Usciti dalla tua libreria bisogna andare assolutamente... dove? Al Caffè Rosso qui vicino, seduti a un tavolino, con un caffè o un bicchiere di vino, a leggere il libro appena comprato.
Cosa trovo da te che non trovo altrove? Trovi noi librai.

Libreria Toletta

Dorsoduro 1213, 30123 Venezia - 041 5232034
www.latoletta.com - FB Libreria Toletta
Lo staff dei librai Giovanni Pelizzato, titolare. Alessandro Seno, Licia Zoffi, Nicolò Stefani.
La tua storia in 280 caratteri La Toletta nasce nel 1933 con l'usato. Dagli anni '70 intraprende una via - unica in Italia - tra remainder e libreria di varia: i famosi «stock» di Einaudi, Feltrinelli, Adelphi, BUR con sconti dal 30 al 50%. Dagli anni '90 aggiunge spazi e diventa la più grande libreria di Venezia.
Che libreria sei, in una sola parola? Storica, di varia.
Qual è il libro che identifica la tua libreria? La guida Lorenzetti, la più antica e la più accurata su Venezia, concepita negli anni '30.
Qual è il personaggio letterario che rappresenta la tua clientela? Da «Il nome delle Rosa» di Eco, Guglielmo da Baskerville e Adso da Melk, insieme. Il maestro e l'allievo, l'intellettuale e lo studente.

A chi vorresti vendere un libro? E quale libro? Al mio amico Davide che si professa non lettore, è intelligente come un delfino ma si perde, da trent'anni, nell'illusorio mondo dell'informatica. Per catturare la sua labile attenzione punto su Maurensig, «La variante di Lüneburg»: un breve geniale romanzo.
Qual è la domanda più strana che ti è stata fatta? «Avete qualche libro di questo autore che mi hanno suggerito... Elia, Elia... Cagnetti?».
Qual è la tua libreria preferita nel mondo? E in Italia? Nel mondo la Toletta, in Italia la Libreria Palazzo Roberti, a Bassano del Grappa.
Usciti dalla tua libreria bisogna andare assolutamente... dove? A visitare, facendone richiesta allo staff, il nostro magazzino sulla Fondamenta delle Romite: una curiosità il primo, una splendida visione veneziana la seconda.
Cosa trovo da te che non trovo altrove? Tutto il catalogo Adelphi, tutto il catalogo SE, tantissimi libri di Einaudi, Laterza, Sellerio, Marsilio... insomma, privilegiamo - da sempre - il «catalogo» a fronte delle novità, le collane e gli editori.

VERONA

Giunti al Punto di Verona 1

Via Leoni 9, 37121 Verona - 045 8015877 - verona1@giunti.it
Lo staff dei librai Nicola, Massimo, Michela, Camilla.
La tua storia in 280 caratteri La libreria sorge in un palazzo antico nel centro storico di Verona. Siamo un porto di libri, librai e lettori che non smette mai di stupirsi di come la passione per la lettura unisca le persone: coi nostri clienti ci confrontiamo e ci scambiamo consigli sui nostri libri del cuore.
Che libreria sei, in una sola parola? Storica e militante.
Qual è il libro che identifica la tua libreria? «I vagabondi» di Olga Tokarczuk.
Qual è il personaggio letterario che rappresenta la tua clientela? Helen

McGill, de «Il Parnaso ambulante» di Morley: non ha paura di partire e perdersi nel mondo insieme ai compagni più fedeli, i libri.
A chi vorresti vendere un libro? E quale libro? A Italo Svevo vorremmo vendere: «È facile smettere di fumare... se sai come farlo» di Allen Carr.
Qual è la domanda più strana che ti è stata fatta? Una volta ci è stato chiesto se vendessimo anche pesce.
Qual è la tua libreria preferita nel mondo? E in Italia? Libreria preferita nel mondo: The Shop Around The Corner di Kathleen Kelly (dal film «C'è posta per te»). Libreria preferita in Italia: la Piccola Farmacia Letteraria, Firenze.
Usciti dalla tua libreria bisogna andare assolutamente... dove? A Castel San Pietro!
Cosa trovo da te che non trovo altrove? Noi: Nicola, Massimo, Michela e Camilla!

Giunti al Punto di Verona 3

Centro Commerciale Adigeo
Via delle Nazioni 1, 37135 Verona - 045 585621
verona3@giunti.it
Lo staff dei librai Alessia, Alice, Andrea, Elisabetta, Sonia.
La tua storia in 280 caratteri La libreria nasce in condizioni «selvagge» ma con tanta passione a fine marzo 2017, in uno dei centri commerciali più noti d'Italia. Aspettative altissime, gruppo motivato e aperto a crescite e nuove sfide: vogliamo essere primi e come dice Topo Tip «non ci piace perdere»!
Che libreria sei, in una sola parola? Da centro commerciale... VIP.
Qual è il libro che identifica la tua libreria? «La verità sul caso Harry Quebert» di Joël Dicker.
Qual è il personaggio letterario che rappresenta la tua clientela? Dr. Jekyll e Mr. Hyde: per la varietà delle personalità che incontriamo ogni giorno.
A chi vorresti vendere un libro? E quale libro? A Jeff Bezos consi-

glieremmo: «Slow Life, l'arte di rallentare per vivere meglio» di Cindy Chapelle.
Qual è la domanda più strana che ti è stata fatta? «Avete lampade a lava?», «Avete una valigia cavalcante?».
Qual è la tua libreria preferita nel mondo? E in Italia? Libreria Acqua Alta di Venezia e Shakespeare & Co. a Parigi.
Usciti dalla tua libreria bisogna andare assolutamente... dove? A fare happy hour!
Cosa trovo da te che non trovo altrove? Un team giovane, simpatico e competente pronto ad accogliervi a braccia aperte.

Gulliver Libri per viaggiare

Via Stella 16b, 37121 Verona - 045 8007234
www.gullivetravelbooks.it - FB Gulliver Libri per viaggiare
IG @libreria_gulliver
Lo staff dei librai Luigi Licci (titolare) e Stefania Lorenzoni (collaboratrice part-time da oltre vent'anni).
La tua storia in 280 caratteri Dal marzo '91, una delle più complete librerie interamente dedicate al viaggio. Carte, guide, montagna, escursionismo, cicloturismo, mare, libri fotografici, letteratura di viaggio. Punto di forza: i mappamondi, da pezzi originali di fine '800 a splendide riproduzioni artigianali.
Che libreria sei, in una sola parola? Specializzata in viaggi.
Qual è il libro che identifica la tua libreria? ... «I viaggi di Gulliver»!
Qual è il personaggio letterario che rappresenta la tua clientela? Rispondo con il «Viaggiator curioso», titolo del grandissimo Fosco Maraini.
A chi vorresti vendere un libro? E quale libro? A chiunque volesse approfondire la conoscenza del Paese che visita, quindi più che una guida amiamo proporre letteratura o reportage.
Qual è la domanda più strana che ti è stata fatta? Se in Perù è possibile andare «con le braghe curte»...
Qual è la tua libreria preferita nel mondo? Nel mondo probabilmente Stamford Library, il top per qualunque libraio di viaggio... E in Italia? Sino a qualche anno fa avrei detto La libreria del viaggia-

tore di via del Pellegrino a Roma; da quando è venuto prematuramente a mancare l'amico e fondatore Bruno Boschin direi Libreria Acqua Alta di Venezia.
Usciti dalla tua libreria bisogna andare assolutamente... dove ? A passeggio nel quartiere Filippini, centralissimo ma fascinosamente poco «sprizzarolo».
Cosa trovo da te che non trovo altrove? Competenza, passione, mappamondi originali, una scelta completa di guide e carte di qualsiasi Paese del mondo e una carta regalo davvero unica (riproduzione di una carta geografica del XVIII secolo).

Libreria Il Gelso

Via Zambelli 4b, 37121 Verona - FB Libreria Il Gelso
IG @libreriailgelso
Lo staff dei librai Giovanna Tosi e Stefano Masotto.
La tua storia in 280 caratteri Da bambina, sognavo di aprire una libreria. Il mio sogno si è avverato.
Che libreria sei, in una sola parola? Autentica.
Qual è il libro che identifica la tua libreria? «Il racconto dell'isola sconosciuta», di José Saramago.
Qual è il personaggio letterario che rappresenta la tua clientela? Karen Blixen, nella veste di protagonista del proprio romanzo autobiografico «La mia Africa».
A chi vorresti vendere un libro? E quale libro? A un non-lettore.
Qual è la domanda più strana che ti è stata fatta? «Posso accamparmi qui da voi?».
Qual è la tua libreria preferita nel mondo? E in Italia? Tutte le piccole librerie del mondo che sanno invitare alla lettura e creare legami.
Usciti dalla tua libreria bisogna andare assolutamente... dove? A leggere, in un parco.
Cosa trovo da te che non trovo altrove? Una «agrodolce nostalgia» (commento di una nostra lettrice).

VICENZA

Libreria Traverso

Corso Palladio 172, 36100 Vicenza - 0444 324389
www.libreriatraverso.it - FB Libreria Traverso
Lo staff dei librai Valentina Traverso, Franca e Giuseppe Traverso, Sara Traverso e tre collaboratori.
La tua storia in 280 caratteri La libreria apre nel 1976 a Vicenza. Siamo alla seconda generazione: da circa 20 anni ne è titolare Valentina. È indipendente, si occupa di libri a 360°: promuoviamo la lettura nelle scuole, nelle biblioteche, nei gruppi di lettura, e aderiamo a progetti regionali e nazionali.
Che libreria sei, in una sola parola? Indipendente.
Qual è il libro che identifica la tua libreria? «I quattro libri dell'architettura» di Andrea Palladio.
Qual è il personaggio letterario che rappresenta la tua clientela? Firmino, il topo protagonista del libro di Sam Savage, per la sua curiosità.
A chi vorresti vendere un libro? E quale libro? A Valentina d'Urbano vorrei vendere: «Una vita come tante».
Qual è la domanda più strana che ti è stata fatta? «Avete gabbie per uccelli?».
Qual è la tua libreria preferita nel mondo? E in Italia? Librairie Galignani, in rue de Rivoli a Parigi. In Italia, Libreria Palazzo Roberti a Bassano del Grappa.
Usciti dalla tua libreria bisogna andare assolutamente... dove? A vedere Santa Corona e il Teatro Olimpico.
Cosa trovo da te che non trovo altrove? Profumo di libri, entusiasmo, simpatia, professionalità e un vero e vasto assortimento

VILLAFRANCA DI VERONA

Libreria Terza Pagina

Corso Garibaldi 16/G, 37069 Villafranca di Verona

045 2223407 - www.libreriaterzapagina.it

Lo staff dei librai Massimiliano Busti, Veronica Fiorio, Francesco Bugnola, Giulia Nichele.

La tua storia in 280 caratteri Circa sette anni fa abbiamo deciso di dare una svolta culturale a Villafranca di Verona: con gli anni abbiamo raggiunto molti lettori diventando un punto di riferimento per la cittadina e i suoi dintorni.

Che libreria sei, in una sola parola? Innovativa.

Qual è il libro che identifica la tua libreria? «Il codice dell'anima» di James Hillman.

Qual è il personaggio letterario che rappresenta la tua clientela? James Joyce.

A chi vorresti vendere un libro? E quale libro? «Momenti» di Francesco Bugnola a Alda Merini. Ricordo che Francesco è un nostro collaboratore.

Qual è la domanda più strana che ti è stata fatta? «Se vi portassi un vecchio divano un po' sfondato sareste così gentili da tenerlo in libreria, e perché no, venderlo? Possiamo fare a metà».

Qual è la tua libreria preferita nel mondo? E in Italia? Strand Bookstore di New York. Quella italiana Libreria Acqua Alta di Venezia.

Usciti dalla tua libreria bisogna andare assolutamente.... dove? In un locale jazz con luci soffuse e un'atmosfera brillante.

Cosa trovo da te che non trovo altrove? Sappiamo assolutamente che, una volta comprato o regalato un libro da noi, chiunque non potrà più farne a meno.

VILLORBA

Libreria Lovat

Via Newton 32, 31020 Villorba TV - 0422 92697
www.librerielovat.com - FB Lovat - IG @lovat_treviso
Lo staff dei librai Paola (la direttrice), Michela, Laura, Lisa, Marina, Laura, Alice, Mari, Nadia, Carlotta, Antonino, Nicola, Francesco, Nicolò, Tommaso.
La tua storia in 280 caratteri Nel 1988 Adamo Lovat e la moglie Franca aprono una libreria non convenzionale nella zona industriale di Treviso. Nel 2008 Franca e i figli inaugurano la nuova sede: 1000mq di libri e caffè letterario. Oggi questa, e la sede di Trieste, sono curate dalla terza generazione di librai.
Che libreria sei, in una sola parola? Ci hanno definito, (e ci piace moltissimo) libreria POP.
Qual è il libro che identifica la tua libreria? Qualsiasi libro stampato che sia ancora in commercio.
Qual è il personaggio letterario che rappresenta la tua clientela? Renée da «L'eleganza del riccio». A primo impatto semplice, rivela una sorprendente cultura e disponibilità al confronto restando sempre umile.
A chi vorresti vendere un libro? E quale libro? Ai tanti nonni che entrano in libreria «trascinati» dai piccoli nipoti, perché non è mai troppo tardi per iniziare a leggere.
Qual è la domanda più strana che ti è stata fatta? Una cliente che si dilettava nella poesia un giorno mi chiese un considerevole sconto su un dizionario sinonimi e contrari perché a lei servivano solo i primi, mentre dei contrari non sapeva che farsene.
Qual è la tua libreria preferita nel mondo? E in Italia? Il nostro sogno e punto di riferimento è senz'altro la splendida ed eclettica libreria Mollat di Bordeaux in Francia. In Italia mi piace tantissimo lo spirito di Verso (Milano) e Todo Modo (Firenze).
Usciti dalla tua libreria bisogna andare assolutamente... dove? Siamo praticamente in una zona industriale, quindi di posti belli vici-

ni ce ne sono ben pochi, ma visto che per arrivarci avete dovuto prendere la macchina, vi consiglio di fare qualche chilometro in più e gustarvi le colline del Prosecco, avventurarsi alla scoperta del Montello e ammirare la vista del Piave.
Cosa trovo da te che non trovo altrove? Tanti tanti libri, una libreria nella libreria dedicata ai più piccoli, ma soprattutto uno spazio, grande e aperto a tutti dove scoprire e condividere.

VITTORIO VENETO

Libreria dei Ragazzi Il treno di Bogotà

Galleria IV Novembre 14, 31029 Vittorio Veneto TV
0438 072347 - www.iltrenodibogota.net
FB Il treno di Bogotà Libreria dei Ragazzi
IG @treno_di_bogota - TW @iltrenodibogota

Lo staff dei librai Vera, la libraia che quando non è libraia se ne va in giro a leggere e raccontare, un po' Raffaele, per anni capotreno, e un po' Silvia, che nel treno ha un piccolo porto dove attracca dopo nuove avventure.
La tua storia in 280 caratteri Siamo nati una notte di San Giovanni in un millennio appena iniziato, la notte delle streghe, in cui si raccolgono le sette erbe e le noci, nati in un tardo pomeriggio d'inizio estate divenuto presto una notte di lucciole. Da allora custodiamo luci e libri, e consigliamo storie.
Che libreria sei, in una sola parola? Indipendente, dei ragazzi.
Qual è il libro che identifica la tua libreria? «Il treno di Bogotà», un libro-matto per la sua cartotecnica, ora fuori catalogo, è un libro lieve per il tratto, discreto, eppure è intenso il suo significato per le due illustratrici bogotane perché nell'anno in cui è stato scritto la ferrovia a Bogotà era stata smantellata; è stata una coedizione fra Nuove Edizioni Romane e una coraggiosissima editrice sudamericana, Maria di Mase, ed è una storia di Roberto Piumini che a ogni vagone declina i molti volti della parola Libertà.

Qual è il personaggio letterario che rappresenta la tua clientela? «Emil di Lönneberga», son allegri, impertinenti, buffi, sognatori, confusi, riflessivi, amanti delle storie, e con un ciuffo d'erba fra i capelli.
A chi vorresti vendere un libro? E quale libro? A Gianna Vitali, libraia, Via Maestra e madre di vita, per rivedere il suo sorriso stregatto, e a chiunque entri dalla nostra porta in questo momento storico così particolare: «Et si on redessinait le monde?», «E se ridisegnassimo il mondo?». Un libro che custodisce libertà, arte, responsabilità sociale.
Qual è la domanda più strana che ti è stata fatta? Tante di buffe, che però tradirebbero fiducia a essere rivelate. L'ultima ha la voce di un adulto e l'innocenza di un bambino: «Le linguacce è più bello farle o riceverle?».
Qual è la tua libreria preferita nel mondo? E in Italia? Amo le librerie che profumano di vita, che hanno un che di cura del quotidiano o di ricordi, quindi non posso che dire Shakespeare & Co. a Parigi. E in Italia per questo Radice-Labirinto a Carpi, un posto per stare bene.
Usciti dalla tua libreria bisogna andare assolutamente... dove? Dipende cosa vi piace, ma io direi che se vi prendete un piccolo tempo per andare a Serravalle, il quartiere dove ha vissuto i suoi primi quindici anni la libreria, o per fare una passeggiata nei boschi appena fuori da Vittorio Veneto potreste trovare meraviglie.
Cosa trovo da te che non trovo altrove? Cose che in realtà spero si trovino nel mondo, un senso di comunità, di cura, di casa. Un posto con angoli che regalino un tempo pulito, un treno soppalco dove arrampicarsi a leggere, angoli dove scoprire cose belle, quello che dice il nostro sottotitolo: una stazione di sosta per viaggiatori dell'immaginario.

Libreria il Punto

Viale Vittorio Emanuele 56/a, 31029 Vittorio Veneto TV
0438 554664
www.libreriailpunto.it
Lo staff dei librai Siamo in due: Maria Mattiuzzo e Mario Azzalini.

La tua storia in 280 caratteri Nata negli anni Settanta dall'unione tra una comunità di lettori e un piccolo gruppo di giovani librai, come Cooperativa libraria; è cresciuta e invecchiata tra mille problemi per diventare la libreria storica della città e un punto di azione culturale del territorio.
Che libreria sei, in una sola parola? Storica.
Qual è il libro che identifica la tua libreria? «Il formaggio e i vermi», Carlo Ginzburg.
Qual è il personaggio letterario che rappresenta la tua clientela? Cosimo Piovasco di Rondò: tra fiaba e realtà, «[...] egli considerava i libri un po' come degli uccelli e non voleva vederli fermi o ingabbiati».
A chi vorresti vendere un libro? E quale libro? A Romain Gary, vorrei vendere «Il formaggio e i vermi».
Qual è la domanda più strana che ti è stata fatta? «Vendete anche vino?».
Qual è la tua libreria preferita nel mondo? E in Italia? In Italia, la libreria la Gang del Pensiero di Torino.
Usciti dalla tua libreria bisogna andare assolutamente... dove? A bere «un'ombra» di vino a Serravalle, antico borgo di origine romana, con la sua imperdibile piazza Flaminio.
Cosa trovo da te che non trovo altrove? Un archivio della produzione editoriale locale, recente e storica.

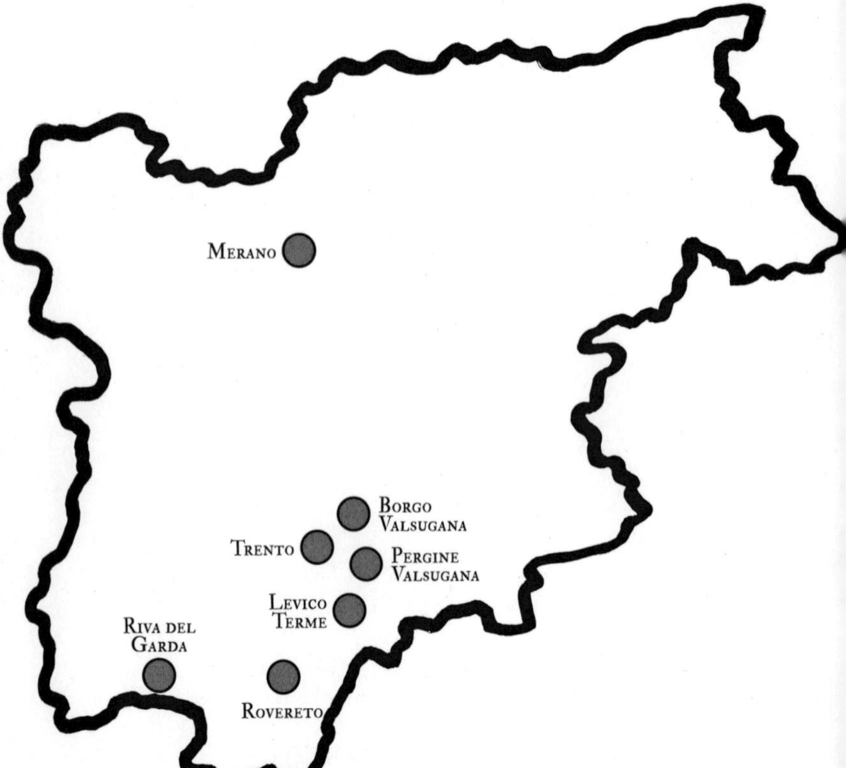
Merano
Borgo
Valsugana
Trento
Pergine
Valsugana
Levico
Terme
Riva del
Garda
Rovereto

Trentino Alto Adige

BORGO VALSUGANA
Libreria Il Ponte

LEVICO TERME
La Piccola Libreria

MERANO
Libreria Alte Mühle

PERGINE VALSUGANA
Libreria Athena

RIVA DEL GARDA
Giunti al Punto Riva del Garda

ROVERETO
Cartolibreria Rosmini
Libreria Arcadia
Libreria piccoloblu

TRENTO
Giunti al Punto Trento 2

BORGO VALSUGANA

Libreria Il Ponte

Via C. Battisti, 76 38051 Borgo Valsugana TN - 0461 752450
FB Libreria Il Ponte - IG @il_ponte_libreria

Lo staff dei librai Adriana Tomaselli, Antonella Campana.
La tua storia in 280 caratteri Nata nel 1994 in un paese dove non esisteva una libreria pura, ha iniziato la propria vita tra mille timori. È stata immediatamente ben accolta e frequentata dai numerosi lettori della zona e dalle biblioteche della valle. Dal 2012 ha trovato una nuova sede più ampia e centrale.
Che libreria sei, in una sola parola? Militante.
Qual è il libro che identifica la tua libreria? «Orlando furioso di Ludovico Ariosto» raccontato da Italo Calvino.
Qual è il personaggio letterario che rappresenta la tua clientela? I lettori che ci circondano assomigliano a Renée Michel: curiosi, attenti, informati, partecipativi, combattivi.
A chi vorresti vendere un libro? E quale libro? A Philip Roth vorrei vendere il ciclo di Malaussène.
Qual è la domanda più strana che ti è stata fatta? «Posso acquistare questo libro anche se è l'ultimo della piletta?».
Qual è la tua libreria preferita nel mondo? E in Italia? La Shakespeare & Co. di Parigi e la Libreria Acqua Alta di Venezia.
Usciti dalla tua libreria bisogna andare assolutamente... dove? In Val

di Sella per assaporare il piacere della lettura mescolato a quello dell'arte e della natura.
Cosa trovo da te che non trovo altrove? Noi: due libraie che amano i libri e il proprio lavoro e che fanno tutto il possibile perché chi esce dalla libreria abbia molti buoni motivi per ritornarci.

LEVICO TERME

La Piccola Libreria
Via Regia 26, 38056 Levico Terme TN
www.lapiccolalibreria.it - FB La Piccola Libreria
IG @missdaplane
Lo staff dei librai Lisa Orlandi, titolare, attivatrice sociale, 20 anni di marketing e comunicazione alle spalle in settori tutt'altro che librari e un baldo apprendista part-time, Cristian Ciocanel. Il miglior dipendente dell'anno, anche perché l'unico. Scherzi a parte, questo ingordo lettore è approdato in libreria quattro anni fa come lettore, quindi come stagista. Era un timido tolkeniano, studente di filosofia nato in Romania, in Italia dall'età di 11 anni. Ha desiderato lavorare qui con una caparbietà tale da dover essere premiata. Oggi spazia brillantemente e liberamente tra gli scaffali e ci sorprende per la flemma esposta alla bellezza che sprigiona ogni volta che racconta un libro che ha amato.
La tua storia in 280 caratteri Cinque anni di madeleine, poi il ritorno a casa. Una libreria di paese - Levico Terme conta ottomila abitanti - che soppianta un negozio di paccottiglia made in China. Eventi grandi e piccoli che trasformano gli spazi in luoghi di vita, grazie a una comunità che ama e che è corrisposta.
Che libreria sei, in una sola parola? Nomade.
Qual è il libro che identifica la tua libreria? Ah! Se dovessi rispondere *la librairie c'est moi*, sarei molto Roi Soleil e parrebbe brutto. Ma in questo caso direi «Una banda di idioti» di John Kennedy Toole («la più grande minaccia è la vita reale», dice il protagonista,IGnatius

Jacques Reilly, genio incompreso). Siccome la libreria *c'est vous, amis lecteurs*, potrei rispondere «Le voci del mondo» di Robert Schneider. O una poesia di Antonia Pozzi.
Qual è il personaggio letterario che rappresenta la tua clientela? Zeno Cosini, perché i miei lettori forti insistono nel dire che non hanno più spazio, non hanno più spazio, «è l'ultimo libro che compro» (seeee).
A chi vorresti vendere un libro? E quale libro? Ai candidati sindaci impegnati nel ballottaggio (a seguito delle scorse elezioni amministrative), che hanno candidamente ammesso di non aver tempo di leggere («ho comprato qualche libro in passato, ma saranno vent'anni che non ne inizio o finisco uno», «io leggo solo "Quattroruote"»). Quale libro? Partiamo dai fondamentali: Calamandrei, Spinelli, la Costituzione italiana, e quindi Fenoglio, Levi, Mario Rigoni Stern. In realtà ci accontenteremo di qualsiasi cosa, anche un manuale di giardinaggio (magari scritto da Pejrone, o dall'amatissima Pia Pera).
Qual è la domanda più strana che ti è stata fatta? La domanda che vince il podio è quella di una signora distinta oltre la sessantina che è rimasta in libreria per oltre mezz'ora, si è seduta sul divano, ha sfogliato libri quindi si è avvicinata al bancone e ha chiesto: «Avete una pinzetta per le sopracciglia?». «Signora è una libreria». «E che ne so?!».
Qual è la tua libreria preferita nel mondo? E in Italia? Shakespeare & Co. per molti motivi. In Italia credo Palazzo Roberti, vicino casa, per il tempo sospeso che mi ha donato in quel giardino al mio rientro a casa dalle trasferte vicentine.
Usciti dalla tua libreria bisogna andare assolutamente... dove? Sicuramente a leggere al parco o al lago, che domande!
Cosa trovo da te che non trovo altrove? Spaesamento ed entropia a portata di borsello. O volevate sapere se si trovano edizioni limitate, cofanetti cuciti a mano con capelli d'angelo ecc? Anche quelli.

MERANO

Libreria Alte Mühle

Via Cassa di Risparmio 11/A, 39012 Merano BZ - 0473 274442
www.meranolibri.it

Lo staff dei librai Reparto italiano: Martin Alber (responsabile) e Giulia Bertan. Reparto tedesco: altri cinque colleghe e colleghi.
La tua storia in 280 caratteri Un caso felice mi rese, 19 anni fa, il libraio di Merano, realtà sempre più plurilingue. La fisionomia della nostra libreria è un lusso, necessario quanto precario. Rischio l'esistenza, proponendo ciò che ritengo considerevole. Non facilito le cose, ma le tengo sorprendenti.
Che libreria sei? Ricercata.
Qual è il libro che identifica la tua libreria? Rabih Alameddine, «La traduttrice».
Qual è il personaggio letterario che rappresenta la tua clientela? «La sovrana lettrice» di Bennett. Spero sempre nel lettore sovrano, mai sovranista, che si fa invadere e anche destabilizzare da nuove letture.
A chi vorresti vendere un libro? E quale libro? A un ragazzo che gira tra gli scaffali tutto un pomeriggio, scruta tutto e alla fine mi chiede: «Cosa mi dai da leggere?». Vorrei dargli il libro che lo fa tornare.
Qual è la domanda più strana che ti è stata fatta? Un turista tedesco: «Il libro di Umberto Eco, "Il cimitero di Praga", esiste anche in italiano?».
Qual è la tua libreria preferita nel mondo? E in Italia? Qualsiasi libreria che ti lascia frugare in pace per tutto il tempo che vuoi.
Usciti dalla tua libreria bisogna andare assolutamente... dove? Sulla Passeggiata Gilf, occupare una delle panchine poetiche (ci hanno scritto sopra dei versi di poeti e poetesse del mondo), e godersi il verde dei giardini e lo scrosciare del torrente Passirio. E forse anche il libro, se ne hai trovato uno.
Cosa trovo da te che non trovo altrove? Una persona abituata a frequentare librerie curate bene trova qui un'infinità di spunti, e quindi scopre sempre qualcosa di se stessa.

PERGINE VALSUGANA

Libreria Athena

Piazza Garbari 12, 38057 Pergine Valsugana TN - 0461 510553
FB Libreria Athena di Mirella G.

Lo staff dei librai I due soci, Mirella Gretter, storica libraia di Pergine con 36 anni di attività, e Andrea Mattei, ex Libreria il Papiro di Trento, da luglio socio di Mirella.

La tua storia in 280 caratteri Athena nasce a Pergine Valsugana nel 1982, viene rilevata da Mirella nel 1983 e opera nella storica sede di via Battisti fino al luglio 2018, quando si associa Andrea. Si trasferisce quindi in piazza Garbari 12, dove propone varie iniziative e presentazioni di libri.

Che libreria sei, in una sola parola? Militante.

Qual è il libro che identifica la tua libreria? «La felicità di Emma» di Claudia Schreiber.

Qual è il personaggio letterario che rappresenta la tua clientela? Un nostro cliente, paziente del Centro di salute mentale, nomina di continuo «Ulisse» (Joyce) come mancata lettura perché si è «impantanato».

A chi vorresti vendere un libro? E quale libro? A qualche teenager nerd, «Il giovane Holden».

Qual è la domanda più strana che ti è stata fatta? Perché non abbiamo aperto una pizzeria al taglio.

Qual è la tua libreria preferita nel mondo? E in Italia? Nel mondo Foyles (Londra); in Italia MarcoPolo a Venezia.

Usciti dalla tua libreria bisogna andare assolutamente... dove? In una bella osteria a iniziare la lettura del nuovo libro davanti a un calice di Trento DOC.

Cosa trovo da te che non trovo altrove? Tutti i libri della Keller editore; ma anche un bel reparto di libri per bambini.

RIVA DEL GARDA

Giunti al Punto Riva del Garda

Viale Roma 7, Riva del Garda TN - 0464 554452
rivadelgarda@giunti.it

Lo staff dei librai Graziana, Zoe e Serena.
La tua storia in 280 caratteri Abbiamo aperto un Natale di circa 15 anni fa. Da allora cerchiamo di essere un luogo accogliente dove si intrecciano storie scritte e vissute. Dal libro di favole al manuale di pesca, dal romanzo al saggio di economia, cerchiamo di parlare con tutti in varie lingue, dialetto e gesti.
Che libreria sei, in una sola parola? Poliedrica.
Qual è il libro che identifica la tua libreria? «Wonder» di R.J. Palacio.
Qual è il personaggio letterario che rappresenta la tua clientela? J.R. de «Il bar delle grandi speranze»: una storia di crescita ambientata in un luogo d'incontro. Ha quasi la stessa età della nostra libreria.
A chi vorresti vendere un libro? E quale libro? Un romanzo al nostro signor Emilio, cliente-amico che legge solo saggi: «I pascoli del cielo» di John Steinbeck.
Qual è la domanda più strana che ti è stata fatta? «*Avete* "Il piccolo principe" di Machiavelli?».
Qual è la tua libreria preferita nel mondo? E in Italia? Atlantis Books a Santorini e La scatola lilla di Cristina Di Canio a Milano.
Usciti dalla tua libreria bisogna andare assolutamente... dove? Alla gelateria Eta Beta in via Disciplini.
Cosa trovo da te che non trovo altrove? La porta aperta: noi ci siamo sempre!

ROVERETO

Cartolibreria Rosmini

Corso Rosmini 34, 38068 Rovereto TN - 0464 421472
info@libreriarosmini.it - www.libreriarosmini.it
FB Libreria Rosmini

Lo staff dei librai Franco, Marisa, Silviana, Sara, Serena, Margherita.

La tua storia in 280 caratteri Alle sue spalle una lunghissima tradizione: è sul mercato dal 1967. Due generazioni di librai della famiglia Molinari e il loro staff assicurano oggi un elevato standard di competenza, professionalità, serietà sia nel campo della libreria che in quello della cartoleria.

Che libreria sei, in una sola parola? Una libreria a tutto tondo.

Qual è il libro che identifica la tua libreria? «L'uomo che piantava gli alberi» di Jean Giono.

Qual è il personaggio letterario che rappresenta la tua clientela? Ulisse. I nostri clienti sono alla ricerca del sapere, amano viaggiare con la fantasia, ma sono anche brillanti con menti sempre in movimento.

A chi vorresti vendere un libro? E quale libro? Vorremo vendere qualsiasi libro a tutti. Che male non fa...

Qual è la domanda più strana che ti è stata fatta? «Vorrei un libro: copertina verde. Non so esattamente il contenuto, ma mi sembrava interessante. Ne ha parlato Augias in televisione».

Qual è la tua libreria preferita nel mondo? E in Italia? Libreria Thalia a Norimberga. In Italia: naturalmente la nostra.

Usciti dalla tua libreria bisogna andare assolutamente... dove? Usciti dalla libreria è necessario farsi uno spritz.

Cosa trovo da te che non trovo altrove? Un assortimento di 18000 volumi a magazzino. Specializzata inoltre nello scolastico.

Libreria Arcadia

Via F. e G. Fontana 16, 38068 Rovereto TN - 0464 755021
info@libreriarcadia.com - www.libreriarcadia.com
FB Libreria Arcadia - IG @libreria.arcadia

Lo staff dei librai Monica Dori, Giorgio Gizzi (Harry Crum), Marta Panizza, Silvia Turato.

La storia in 280 caratteri Una libreria di librai che leggono. Nata a Roma, dov'è stata bene per 23 anni, si è trasferita a Rovereto seguendo la sua passione per l'avventura, con la voglia di coinvolgere partendo dai libri.

Che libreria sei? Necessaria!

Qual è il libro che identifica la tua libreria? «L'estate che sciolse ogni cosa» di Tiffany McDaniel.

Qual è il personaggio letterario che rappresenta la tua clientela? Jem e Scout Finch, i piccoli protagonisti de «Il buio oltre la siepe» di Harper Lee, per la curiosità e la voglia di scoprire.

A chi vorresti vendere un libro? E quale libro? A Donald Trump, «Declino e caduta di praticamente tutti» di Will Cuppy.

Qual è la domanda più strana che ti è stata fatta? «Posso dormire qui da voi?».

Qual è la tua libreria preferita nel mondo? E in Italia? Shakespeare & Co. a Parigi. Tutte le librerie scomparse in Italia, perché ce n'era un gran bisogno.

Usciti dalla tua libreria bisogna andare assolutamente... dove? Nel proprio luogo preferito, a legger libri.

Cosa trovo da te che non trovo altrove? Libri che resistono alle mode del momento, un catalogo profondo e consigli tanti. Uno scaffale dedicato al silenzio, una sezione di libri belli, ma belli davvero, timbri per rendere uniche le copie acquistate, libri «di contrabbando».

Libreria piccoloblu

Via Rialto 47, 38068 Rovereto TN - 0464 871774

libreria.piccoloblu@gmail.com - FB Libreria piccoloblu

Lo staff dei librai Libraia: Patrizia Barbara. Collaboratrice: Ilaria Zomer.

La tua storia in 280 caratteri Piccoloblu propone albi illustrati, graphic novel e una selezione di titoli di case editrici indipendenti, oltre a piccoli oggetti fatti a mano. La libreria ospita narrazioni, mostre, corsi e workshop per tutte le età.

Che libreria sei, in una sola parola? Per curiosi.

Qual è il libro che identifica la tua libreria? Leo Lionni, «Piccolo blu e piccolo giallo».

Qual è il personaggio letterario che rappresenta la tua clientela? Rosmarino (di Brigitte Minne e Carll Cneut). Perché è decisa e indipendente, non teme l'avventura ed è semplicemente se stessa.

A chi vorresti vendere un libro? E quale libro? Vorrei regalare a dei neo-genitori «Il mondo è tuo» di Riccardo Bozzi e Olimpia Zagnoli perché è l'augurio più bello che si possa fare a chi è appena nato. Vorrei leggere «L'estate di Garmann» di Stian Hole a bambini e bambine che stanno crescendo perché Garmann è semplicemente un bambino vero. Vorrei far scoprire a chi ha perso interesse per i libri che la letteratura è divertimento, avventura ed emozione con «Il rinomato catalogo Walker & Dawn».

Qual è la domanda più strana che ti è stata fatta? Un bambino mi ha chiesto di sposarlo.

Qual è la tua libreria preferita nel mondo? E in Italia? Shakespeare & Co. di Parigi. Per gli adulti: Libreria MarcoPolo di Venezia, per la splendida selezione di titoli e case editrici. Per bambine e bambini: La Seggiolina Blu di Trento. La libraia, Soledad Rivas, gestisce con passione uno spazio dove regnano la creatività e la fantasia. Collaborare con lei è sempre un divertimento!

Usciti dalla tua libreria bisogna andare assolutamente... dove? In città il Mart è un passaggio obbligato. Per una cena speciale si va da Al Silenzio, e poi al Loco's per concludere la serata con buona musica bevendo cocktail ricercati. Siamo in un territorio bellissimo, nelle

belle giornate si va in montagna. Qui si può scoprire, tra boschi e ruscelli, uno spazio creativo come il Masetto, capace di unire natura e cultura.
Cosa trovo da te che non trovo altrove? Autoproduzioni e opere di giovani artisti. Un consiglio pensato.

TRENTO

Giunti al Punto Trento 2

Via Oss Mazzurana 45, 38122 Trento - 0461 237067
trento2@giunti.it
Lo staff dei librai Mara, Katia, Alice, Stefania, Linda, Anna.
La tua storia in 280 caratteri Nati come libreria specializzata in manualistica e bambini, nel tempo abbiamo conquistato anche gli amanti della narrativa. Siamo la libreria «della gente», per lettori forti e occasionali. Siamo un gruppo affiatato con un forte legame emotivo di interscambio con la clientela.
Che libreria sei, in una sola parola? Pop.
Qual è il libro che identifica la tua libreria? «Eva dorme» di Francesca Melandri.
Qual è il personaggio letterario che rappresenta la tua clientela? Alice (nel paese delle meraviglie).
A chi vorresti vendere un libro? E quale libro? A tutti, «Wonder» di R.J. Palacio!
Qual è la domanda più strana che ti è stata fatta? «Vendete anche stringhe per scarpe?».
Qual è la tua libreria preferita nel mondo? E in Italia? Livraria Lello e Irmão (Porto), Libreria Palazzo Roberti (Bassano del Grappa).
Usciti dalla tua libreria bisogna andare assolutamente... dove? Al Muse, il Museo delle Scienze.
Cosa trovo da te che non trovo altrove? Un clima frizzante, uno staff unico e affiatato e tanta allegria, gioia e molto brio!

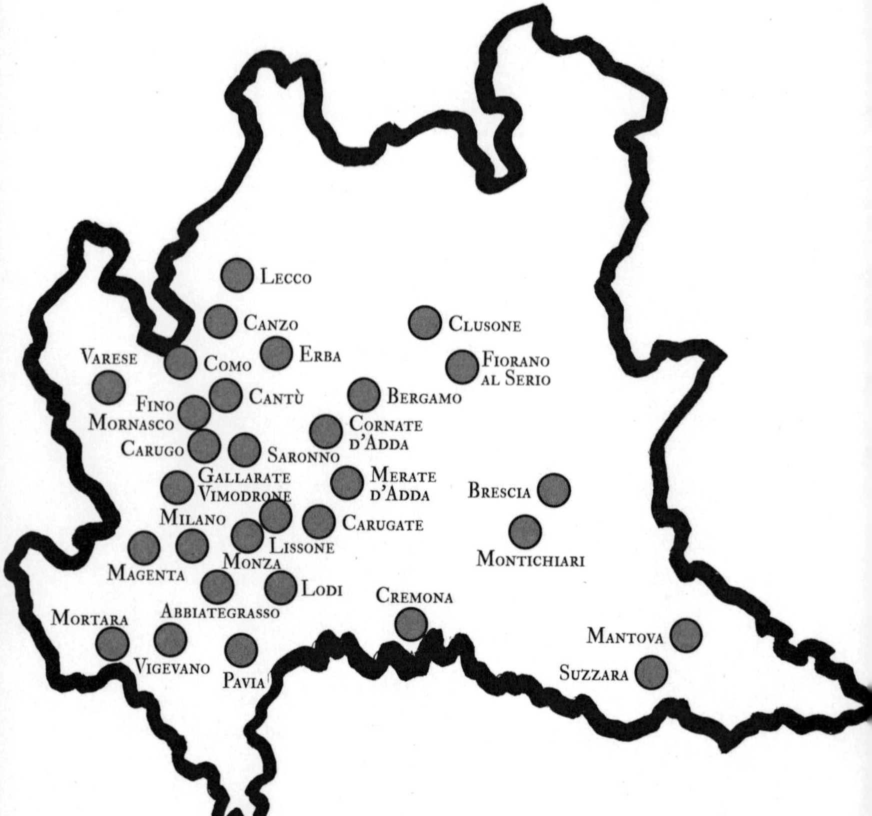
Lecco
Canzo
Clusone
Varese
Como
Erba
Fiorano
al Serio
Cantù
Bergamo
Fino
Mornasco
Cornate
d'Adda
Carugo
Saronno
Gallarate
Vimodrone
Merate
d'Adda
Brescia
Milano
Carugate
Lissone
Monticchiari
Magenta
Monza
Lodi
Cremona
Mortara
Abbiategrasso
Mantova
Vigevano
Pavia
Suzzara

Lombardia

ABBIATEGRASSO
L'Altra Libreria

BERGAMO
Libreria FANTASIA - Il Circolo dei Piccoli Lettori
Libreria Incrocio Quarenghi

BRESCIA
La Libreria dei Ragazzi
Librelma
Nuova Libreria Rinascita

CANTÙ
Libreria Libooks
Spazio Libri La Cornice

CANZO
Libreria Torriani

CARUGATE
Librerie.coop Carugate

CARUGO
Libreria Libri al Sette

CLUSONE
Umpalumpa Officina di Storie e Colori

COMO
Libraccio Como
Libreria Noseda
Libreria Ubik Como

CORNATE D'ADDA
Giunti al Punto di Cornate D'Adda

CREMONA
Giunti al Punto di Cremona

ERBA
La libreria di via Volta

FINO MORNASCO
Libreria Sottobosco

FIORANO AL SERIO
Alessia Libreria

GALLARATE
Mondadori Bookstore Gallarate

LECCO
la Libreria Volante

LISSONE
il libro è...

LODI
Libreria Sommaruga

MAGENTA
La Memoria del Mondo Libreria Editrice

MANTOVA
Librerie.coop Nautilus

Mondadori Bookstore Mantova
Spazio «Libri scelti per voi» da Librerie.coop

MERATE
la Cicala libreria specializzata per ragazzi e insegnanti

MILANO
Aribac libreria 0-16
Armani/Libri
Colibrì
Corteccia Libreria
Giunti al Punto di Milano
Gogol & Co.
Il Libro Libreria Internazionale
Isola Libri
*la*Feltrinelli Via Pasubio
*la*Feltrinelli Express, Stazione Centrale
*la*Feltrinelli Libri e Musica C.so Buenos Aires
*la*Feltrinelli Libri e Musica di Piazza Duomo
La Libreria dei Ragazzi
La Libreria del Mare
La Libreria Militare
Il Mio Libro (la Scatola Lilla)
Libreria 6 rosso
Libreria Città Possibile
Libreria Centofiori
Libreria Claudiana di Milano
Libreria Cultora Milano
Libreria del Convegno
Libreria delle donne
Libreria del Mondo Offeso
Libreria Internazionale Ulrico Hoepli
Libreria Malavasi
Libreria Parole&Pagine
Libreria Popolare
Libreria Verso
LibriSottoCasa
Magazzino Musica - MaMu
Oasi del Piccolo Lettore
SpazioB**K
Tempo Ritrovato Libri

MONTICHIARI
Libreria Mirtillo

MONZA
Libri & Libri

MORTARA
Libreria Le mille e una pagina

PAVIA
Libreria Il Delfino

SARONNO
Libraccio Saronno
Mondadori Bookstore Saronno

SUZZARA
Spazio «Libri scelti per voi» da Librerie.coop

VARESE
Mondadori Bookstore Varese

VIGEVANO
Le Notti Bianche

VIMODRONE
Libreria Librambini

ABBIATEGRASSO

L'Altra Libreria

Via Aldo Annoni 32, 20081 Abbiategrasso MI - 02 94969983
www.laltralibreria.it - FB L'Altra Libreria
IG @Laltralibreria

Lo staff dei librai Angela Manzoni, Augusto Gaspari (i proprietari). Andrea Gaspari (figlio dei proprietari). Vittoria Selva (giovane libraia che ha iniziato a lavorare in libreria all'età di vent'anni). Evaluna Perez Guillen e Eleonora Cavalli (due studentesse di medicina e lingue, che amano i libri e aiutano tra un esame e un altro).

La tua storia in 280 caratteri Dalle Valli di Comacchio con le tasche piene di sogni e le valigie vuote, abbiamo iniziato a lavorare fin quando non abbiamo avuto abbastanza soldi per aprire uno spazio tutto nostro. Ora siamo la libreria storica del paese e aiutiamo da 40 anni giovani menti a scoprire nuovi mondi.

Che libreria sei, in una sola parola? Storica.

Qual è il libro che identifica la tua libreria? «Il giovane Holden» di J.D. Salinger. Quando siamo venuti ad Abbiategrasso lo leggevo di sera, tornata dal lavoro, e trovavo il conforto che solo i libri sanno dare. È grazie a quel romanzo che il nostro sogno di aprire una libreria è diventato realtà, perché ogni sera mi apriva un mondo e mi spronava all'indipendenza (Angela Manzoni).

Qual è il personaggio letterario che rappresenta la tua clientela? Abbia-

mo il nostro Dandy, le nostre Signore Bennet, i nostri Mr. Hyde, le piccole Pippi Calzelunghe e gli eterni Peter Pan.
A chi vorresti vendere un libro? E quale libro? In questo momento storico vorremmo vendere un libro a tutti i maturandi che si apprestano a finir gli studi e a entrare nel mondo adulto. Il libro sarebbe «Lettera a un razzista del terzo millennio» di Luigi Ciotti.
Qual è la domanda più strana che ti è stata fatta? Ce ne fanno tante e ne teniamo nota su un piccolo quaderno che andiamo a riguardare di tanto in tanto, ma una delle ultime è stata: «Vorrei un libro». «Cosa legge di solito?». «Non ricordo».
Qual è la tua libreria preferita nel mondo? E in Italia? Shakespeare & Co., a Parigi.
Usciti dalla tua libreria bisogna andare assolutamente... dove? Al parco, a casa, sul fiume, da amici... A leggere.
Cosa trovo da te che non trovo altrove? Sicuramente potete trovare librai pronti a darvi consigli di lettura, cosa che di questi tempi diventa sempre più rara. Ma la cosa più importante è che abbiamo due deliziosi bassotti pronti a farsi fare ogni tipo di coccola mentre aspettate di essere serviti.

BERGAMO

Libreria Fantasia - Il Circolo dei Piccoli Lettori

Borgo Santa Caterina 55, 24124 Bergamo - 035 238811
www.libreriafantasia.it - FB Libreria Fantasia - Il Circolo dei Piccoli Lettori - IG @libreria_fantasia
Lo staff dei librai Due libraie: Laura Togni, Franca Morelli.
La tua storia in 280 caratteri Unica libreria specializzata in libri per bambini e ragazzi a Bergamo. Nati nel settembre 2005, da allora abbiamo coltivato il nostro sogno di far conoscere le emozioni che sanno dare i libri fin dalla più tenera età. Una selezione di giochi educativi completa il quadro.
Che libreria sei, in una sola parola? Per bambini e ragazzi.

Qual è il libro che identifica la tua libreria? «Principesse dimenticate o sconosciute», di Rebecca Dautremer e Philippe Lechermeier.
Qual è il personaggio letterario che rappresenta la tua clientela? Harry Potter, sempre a caccia di magia!
A chi vorresti vendere un libro? E quale libro? A un bambino triste perché ha perso una persona cara, vorrei vendere «Il cuore e la bottiglia» di Oliver Jeffers.
Qual è la domanda più strana che ti è stata fatta? «Vorrei un libro di quelli... push-up».
Qual è la tua libreria preferita nel mondo? E in Italia? Nel mondo, la libreria Rizzoli a New York. In Italia la Libreria Giannino Stoppani a Bologna.
Usciti dalla tua libreria bisogna andare assolutamente... dove? Bisogna andare nelle vicinissime GAMeC (Galleria d'Arte Moderna e Contemporanea) e Accademia Carrara entrambe a cinquecento metri dalla libreria, per poi salire in Città Alta a piedi dalla via della Noca.
Cosa trovo da te che non trovo altrove? Un albo illustrato per tutti (anche per gli adulti) e per tutti gli stati d'animo e le occasioni.

Libreria Incrocio Quarenghi

Via Quarenghi 32, 24122 Bergamo - 035 217128
www.incrocioquarenghi.it - FB Incrocio Quarenghi
Lo staff dei librai Ludovica, Mauro, Matteo, Laura e io, Monica. Persone diverse tra loro per gusti, età, provenienza, formazione: un mix esplosivo.
La tua storia in 280 caratteri Da giovane ho studiato il cinese (secoli fa), ho fatto cose disparate e mai avrei pensato di metter su una libreria. E invece ci ho provato e bene o male sono già passati cinque anni e siamo ancora vivi.
Che libreria sei, in una sola parola? Orientaleggiante?
Qual è il libro che identifica la tua libreria? «Quaderni giapponesi» di Igort.
Qual è il personaggio letterario che rappresenta la tua clientela? Mrs

Dalloway per la sua compostezza svagata e Ignatius J. Really di «Una banda di idioti» per la sua sciatteria un po' irriverente e anticonformista.

A chi vorresti vendere un libro? E quale libro? A una persona ignorante, per illudermi di averle acceso un barlume di curiosità, «La mia famiglia e altri animali» di Gerald Durrell.

Qual è la domanda più strana che ti è stata fatta? «Avete un libro sulle morette del Madagascar?» (Moretta è il nome comune di un'anatra tuffatrice altrimenti detta Aythya innotata).

Qual è la tua libreria preferita nel mondo? E in Italia? Morioka Shoten a Tokyo e MarcoPolo a Venezia.

Usciti dalla tua libreria bisogna andare assolutamente... dove? In uno dei tanti ristorantini etnici della via: cinese, boliviano, siciliano, pakistano...

Cosa trovo da te che non trovo altrove? Librai che ti ascoltano e ti parlano; molti libri orientali che non si trovano facilmente; un parcheggio interno per le bici; dei bei fumetti; un murale di Agostino Iacurci e miliardi di altre cose che non sto qui a scrivere per non togliere la sorpresa.

BRESCIA

La Libreria dei Ragazzi

Via S. Bartolomeo 15, 25128 Brescia - 030 3099737
brescia@lalibreriadeiragazzi.it
Vedi: La Libreria dei Ragazzi (Milano).

Librelma

Via Montello 47/c, 25128 Brescia - 030 390261
info@librelma.it - www.librelma.it - FB Libreria Librelma
Lo staff dei librai Cristina, Fabrizia, Emanuela.
La tua storia in 280 caratteri Era il 1973: si aprivano le porte della

nostra libreria e, tutt'oggi, cerchiamo di portare avanti l'idea del fondatore Lorenzo di una «bottega di cultura». Best seller, letteratura di nicchia, incontri con l'autore, da Librelma si può trovare questo e molto altro.
Che libreria sei, in una sola parola? Storica di quartiere.
Qual è il libro che identifica la tua libreria? «L'ombra del vento» di Carlos Ruiz Zafón.
Qual è il personaggio letterario che rappresenta la tua clientela? Berta Isla, dal libro di Javier Marías.
A chi vorresti vendere un libro? E quale libro? A Elena Ferrante vorremmo vendere «Lacci» di Domenico Starnone.
Qual è la domanda più strana che ti è stata fatta? «Avete il "Candido" di Voltaren?».
Qual è la tua libreria preferita nel mondo? E in Italia? Nel mondo è la Livraria Bertrand a Lisbona. In Italia è la Libreria del Viaggiatore a Roma.
Usciti dalla tua libreria bisogna andare assolutamente... dove? Alla pasticceria Veneto di Iginio Massari che si trova sotto lo stesso nostro portico.
Cosa trovo da te che non trovo altrove? Disponibilità a scovare anche libri di difficile reperibilità o fuori commercio.

Nuova Libreria Rinascita

Via della Posta 7, 25121 Brescia - 030 3755394
libri@nlr.plus - FB Nuova Libreria Rinascita
IG @nlrinascita
Lo staff dei librai Alberto, Alessandro, Angela, Gigi, Laura, Marta, Silvia, Sofia, Valerio.
La tua storia in 280 caratteri Libreria indipendente dal 1974 e rilanciata nel 2015 dalla Cooperativa sociale ArticoloUno. Stagioni culturali con incontri e presentazioni; novità editoriali, attenzione ai piccoli editori. Mondo Abibook, un'intera sezione di libri segnalati e scoperti dal Festival A Bi Book.
Che libreria sei, in una sola parola? Inclusiva.

Qual è il libro che identifica la tua libreria? «La messa dell'uomo disarmato» di Luisito Bianchi.
Qual è il personaggio letterario che rappresenta la tua clientela? Montalbano, perché è un personaggio radicato sul territorio e soprattutto ha un'ottima capacità di interloquire con la gente comune.
A chi vorresti vendere un libro? E quale libro? A Thom Yorke. «The Game» di Alessandro Baricco.
Qual è la domanda più strana che ti è stata fatta? «Vendete anche le lamette Gillette?».
Qual è la tua libreria preferita nel mondo? E in Italia? Livraria Lello e Irmão a Porto; Libreria Giannino Stoppani a Bologna.
Usciti dalla tua libreria bisogna andare assolutamente... dove? Al lago, a leggere un libro appena preso in libreria.
Cosa trovo da te che non trovo altrove? La bellezza e la simpatia.

CANTÙ

Libreria Libooks

Via Dante 8, 22063 Cantù CO - 031 7073497
info@libooks.it - www.libooks.it
Lo staff dei librai Manuela Maspero. Sono sola ma ho la fortuna di avere tanti amici che mi sostengono.
La tua storia in 280 caratteri Libreria indipendente, giovane ma con un po' di esperienza alle spalle. Nel mio logo due occhi tondi si aprono curiosi sul mondo alla ricerca di storie coinvolgenti ricche di illustrazioni calamitanti. Sono accogliente per ospitare visitatori con tanta voglia di leggere e immaginare!
Che libreria sei, in una sola parola? Curiosa.
Qual è il libro che identifica la tua libreria? «Guardiamoci negli occhi» di Bruno Munari.
Qual è il personaggio letterario che rappresenta la tua clientela? Laura Brown da «Le ore» di Cunningham (scappa dalla quotidianità e si rifugia per due ore in una stanza a leggere Virginia Woolf).

A chi vorresti vendere un libro? E quale libro? Vorrei vendere un libro al regista Wes Anderson. Gli venderei «L'approdo» di Shaun Tan.
Qual è la domanda più strana che ti è stata fatta? «Potrebbe dirmi chi ha scritto questo libro...? Mi serve il nome dell'autore per l'enigmistica».
Qual è la tua libreria preferita nel mondo? E in Italia? Nella libreria John Sandoe Books Chelsea di Londra ho trascorso ore molto piacevoli, a Trieste la libreria Umberto Saba mi ha appagato, la libreria Carù di Gallarate mi ha fatto crescere.
Usciti dalla tua libreria bisogna andare assolutamente... dove? In un comodo rifugio pronto ad accogliere una nuova lettura.
Cosa trovo da te che non trovo altrove? Libooks profuma di cedro.

Spazio Libri La Cornice

Viale Ospedale 8, 22063 Cantù CO - 031 700571
spaziolibrilacornice@gmail.com
spaziolibrilacornice.wordpress.com
FB Spazio Libri La Cornice - IG @spazio.libri.la.cornice
Lo staff dei librai Tommaso e Valentina.
La tua storia in 280 caratteri Spazio Libri La Cornice nasce nel 1987 come laboratorio artigianale di cornici e luogo di ritrovo per artisti, è stato così naturale diventare anche galleria d'arte. I libri sono stati gli ultimi ospiti introdotti, nel 2004, e da allora è sede di incontri e laboratori.
Che libreria sei, in una sola parola? Laboratoriale.
Qual è il libro che identifica la tua libreria? «La gioia di scrivere» di Wisława Szymborska.
Qual è il personaggio letterario che rappresenta la tua clientela? Max, protagonista di «Nel paese dei mostri selvaggi». Come lui i nostri clienti sono curiosi, esplorano mondi e poi tornano, forse per ripartire.
A chi vorresti vendere un libro? E quale libro? Noi vorremmo vendere un libro a chiunque dica che non ama leggere. Perché di una cosa siamo sicuri, che per tutti c'è il libro giusto.

Qual è la domanda più strana che ti è stata fatta? «Mi può dare un libro per il mio bambino che non abbia come protagonista una femmina?».
Qual è la tua libreria preferita nel mondo? E in Italia? La Shakespeare & Co. di Parigi è la nostra libreria preferita: molti clienti ci dicono che il nostro spazio assomiglia alla prestigiosa libreria parigina. In Italia ce ne sono troppe che ci piacciono e tutte hanno queste caratteristiche: sono piccole, indipendenti e tutelano con passione e amore il mondo dei libri.
Usciti dalla tua libreria bisogna andare assolutamente... dove? A visitare la Basilica di Galliano, un meraviglioso complesso romanico del 1007. E poi passeggiare tra i boschi che circondano Cantù.
Cosa trovo da te che non trovo altrove? Una poltrona rossa dove leggere, un caffè della nostra moka, quadri, sculture e dipinti, e poi libri e libri di case editrici piccole, piccolissime e medie, scelti con cura e a cui regaliamo il tempo per essere visti e amati, mentre nell'aria si sente il profumo del legno appena tagliato.

CANZO

Libreria Torriani

Via Brusa 6/8, 22035 Canzo CO - 031 670264
libreria.torriani@gmail.com - libreriatorriani.blogspot.com
(*ma tra un po' arriva un sito nuovo*)
FB Libreria Torriani Di Canzo
Lo staff dei librai Luigi Torriani (titolare), Massimo Autieri, Liliana Franchi.
La tua storia in 280 caratteri Fondata nel 2010 da Luigi Torriani, è l'unica libreria del Triangolo Lariano, il territorio compreso tra Canzo e Bellagio. Oltre ai libri, vende anche cd, dvd, vinili e blu ray. Organizza numerosi eventi culturali e collabora con le biblioteche e con le amministrazioni comunali.
Che libreria sei, in una sola parola? Generalista (orgogliosamente classica - territoriale - di servizio).

Qual è il libro che identifica la tua libreria? Cocco & Magella, «Morte a Bellagio».
Qual è il personaggio letterario che rappresenta la tua clientela? Luigi Alfredo Ricciardi, il commissario di De Giovanni: intelligente, intellettualmente affascinante, psicologicamente molto «incasinato».
A chi vorresti vendere un libro? E quale libro? «Villa Metaphora» di Andrea De Carlo a Giuseppe Conte (Presidente del Consiglio).
Qual è la domanda più strana che ti è stata fatta? Una cliente sceglie un libro e poi dice: «Questo mi sembra perfetto tranne la copertina. Non c'è modo di cambiarla?» (non era una battuta).
Qual è la tua libreria preferita nel mondo? E in Italia? Libreria Hoepli di Milano.
Usciti dalla tua libreria bisogna andare assolutamente... dove? Andare a piedi, in cinque minuti, al vicino Lago Segrino, bellissimo, e fare il giro del lago (sono cinque chilometri).
Cosa trovo da te che non trovo altrove Una grande attenzione al catalogo: i classici della letteratura e della poesia, la filosofia, la storia, una sezione molto ampia di libri di editoria locale sul Lago di Como, il Triangolo Lariano e la Brianza, i film (dvd e blu ray), la musica (cd e vinili). Inoltre - credo e spero - anche: la simpatia, la possibilità di chiacchierare, la capacità di dare consigli.

CARUGATE

Librerie.coop Carugate

Centro Commerciale Carosello
Strada Provinciale 208 km 2, 20061 Carugate MI - 02 92502872
libreria.carugate@Librerie.coop.it - www.Librerie.coop.it
FB Librerie.coop (Carugate)

Lo staff dei librai Lorella, Alessandro, Claudia, Valentina, Mara, Aldo, Luca, Mattia, Vanessa e Francesca.
La tua storia in 280 caratteri Abbiamo compiuto da poco 10 anni

e non siamo mai uguali a noi stessi. Cambiamo posto ai libri, corriamo parecchio, ci facciamo venire nuove idee. D'altronde siamo a metà tra la Brianza e Milano! Quella che non cambia è la nostra voglia di consigliare libri e lo spirito di squadra.
Che libreria sei, in una sola parola? Postmoderna!
Qual è il libro che identifica la tua libreria? «Stoner» di John Williams, dieci copie non mancano mai... siamo al limite del feticismo.
Qual è il personaggio letterario che rappresenta la tua clientela? Don Chisciotte che si batte contro i mulini a vento.
A chi vorresti vendere un libro? E quale libro? A un bambino: «Noi siamo qui» di Oliver Jeffers.
Qual è la domanda più strana che ti è stata fatta? «Avete un libro per un bambino di cinque anni che veste sette?».
Qual è la tua libreria preferita nel mondo? E in Italia? Nel mondo Foyle's in Charing Cross Road a Londra. In Italia la Libreria Acqua Alta a Venezia.
Usciti dalla tua libreria bisogna andare assolutamente... dove? A ricercare la bellezza.
Cosa trovo da te che non trovo altrove? La follia.

CARUGO

Libreria Libri al Sette

Via F. Baracca 7, 22060 Carugo CO - 031 762273
www.librialsette.it - FB Libreria Libri al Sette
IG @librialsette
Lo staff dei librai Carmen, la titolare.
La tua storia in 280 caratteri Stanca della qualità della mia vita da pendolare decido di lasciare un buon lavoro per inseguire un sogno, nasce così Libri al Sette. Dalla voglia di creare un luogo di cultura, di incontro, di scambio, di aggregazione in una zona ancora vergine da quel punto di vista.
Che libreria sei, in una sola parola? Dinamica.

Qual è il libro che identifica la tua libreria? «Stoner» di John Williams.
Qual è il personaggio letterario che rappresenta la tua clientela? Don Chisciotte, perché a volte ci sembra di lottare contro i mulini a vento.
A chi vorresti vendere un libro? E quale libro? Vorrei vendere Stoner a tutti quelli che non credono nella forza delle parole.
Qual è la domanda più strana che ti è stata fatta? Se Omero (con accento sulla prima O) è un bel libro adatto ai ragazzi, «visto che lo hanno consigliato a scuola e io non l'ho mai sentito».
Qual è la libreria preferita nel mondo? E in Italia? Nel mondo quella di Buenos Aires (ho solo visto le foto). In Italia ci sono tante librerie molto belle, non saprei scegliere!
Usciti dalla tua libreria bisogna andare assolutamente... dove? All'agriturismo Da Santino, ottima cucina brianzola e ambiente che ti fa sentire «a casa».
Cosa trovo da te che non trovo altrove? Chi viene da me dice di essersi affezionato al mio modo di raccontare i libri e al clima di relax, amicizia e tranquillità che si respira da Libri al Sette. In più trova piccoli editori indipendenti che non sempre sono presenti anche in altre librerie più grandi.

CLUSONE

Umpalumpa Officina di Storie e Colori

Via L. Querena 42, 24023 Clusone BG - 338 8552150
www.libreriaumpalumpa.it - FB Umpalumpa officina distorie e colori - IG @umpalumpaofficina

Lo staff dei librai Una sola timoniera. Sara. Io. Mani piccole, colleziono gommine e scatole di latta, vado matta per i pois, i tatuaggi e la musica metal («Chiuso per musica» è quello che appiccico sulla porta quando marino Umpalumpa per andare ai concerti). Educatrice ambientale, mi stanno simpatici fenicotteri rosa e volpi. Ho

spesso le mani sporche di colori. Le mie illustrazioni mi somigliano: naïf, buffe e un po' retrò. Frequento librerie e mercatini vintage dove scovo gonnelline fiorate a campana e camicie con spalline incorporate che mi fanno sembrare un giocatore di football americano. Educatrice museale con formazione munariana, dal 2008 fino al 2012 zampettavo in giro per la bergamasca, valigia rossa al seguito piena di albi illustrati, per laboratori di educazione alla lettura e all'arte, nei musei, scuole, parchi pubblici consenzienti e biblioteche (a Clusone fui bibliotecaria per un bel po').
La tua storia in 280 caratteri Apre i battenti a Clusone nel lontano 2012 come libreria specializzata 0-12 anni, dopo essere stata in un ideale armadio a tre ante per un bel po'. A 648 metri d'altezza, dove meno uno se l'aspetterebbe. Nel 2016 cambia casa e ne trova una meravigliosa con il soffitto di legno.
Che libreria sei, in una sola parola? Specializzata.
Qual è il libro che identifica la tua libreria? L'Umpalumpa deve il suo nome (poi riveduto e corretto per esigenze di stile) a Roald Dahl e alla sua celebre «Fabbrica di cioccolato». Mirabolanti avventure, sghignazzate un po' noir, stravaganze (certamente, da settembrina inventaparole e dalle milleideeassurde, mi sarei autoinvitata nel gipsy wagon turchese di Dahl per un tè e una tavoletta al latte piena di nocciole).
Qual è il personaggio letterario che rappresenta la tua clientela? Uno è troppo poco. Chiamo a raccolta la carrellata di meravigliosi personaggi nati dalla fantasia del Dr. Seuss (sto ridendo come una matta).
A chi vorresti vendere un libro? E quale libro? Jim Carrey! E gli chiederei di leggere a due voci il piccolo albo «Reginald e Tina. Siamo in un libro!» di Mo Willems (continuo a ridere).
Qual è la domanda più strana che ti è stata fatta? «Vendi anche i libri push up?».
Qual è la tua libreria preferita nel mondo? E in Italia? Quelle che senti il cuore che batte forte ancora prima di metterci piede. CartaMarea a Cesenatico. Fatbottom llibreria gràfica a Barcellona.
Usciti dalla tua libreria bisogna andare assolutamente... dove? A sbir-

ciare la bottega Allerìa di Angelo Balduzzi, in Piazza Orologio (e poi sbirciate pure la piazza eh).
Cosa trovo da te che non trovo altrove? I pacchetti regalo dipinti a mano! La libraia con ago e filo intenta a ricamare i suoi disegni su stoffa (la musica rock in sottofondo).

COMO

Libraccio Como

Via Giulini 10, 22100 Como
Lo staff dei librai Rosella, Maurizio, Max, Veronica, Enzo e Mirko.
La tua storia in 280 caratteri Il Libraccio approda a Como nel 1990; nel 2015 il negozio è oggetto di un vivace restyling che gli conferisce l'aspetto attuale. Accanto alla scolastica, ben presto sviluppa anche il settore varia. Oggi libri scolastici e non, nuovi e usati, convivono con remainders, cd, dvd e cartoleria.
Che libreria sei, in una sola parola? A tutto tondo.
Qual è il libro che identifica la tua libreria? «Elogio della follia» di Erasmo da Rotterdam, in quanto per via dello stravolgimento strutturale e di clientela che affrontiamo ogni anno alla chiusura delle scuole, mutiamo competenze e neuroni in modo tale da renderci irriconoscibili persino a noi stessi. A fine stagione ne resterà uno solo: highlander!
Qual è il personaggio letterario che rappresenta la tua clientela? Oblomov di Gončarov (perché spesso le informazioni riguardanti il libro desiderato vanno necessariamente «estorte» al cliente...).
A chi vorresti vendere un libro? E quale libro? La persona a cui vorremmo vendere un libro, e precisamente «#Valespo», è Johannes Gutenberg - l'inventore della stampa a caratteri mobili - per potergli dire: «Guarda cos'hai combinato!».
Qual è la domanda più strana che ti è stata fatta? «Dove trovo i bastoni per le tende?».
Qual è la tua libreria preferita nel mondo? E in Italia? La nostra li-

breria preferita nel mondo è la Shakespeare & Co. di Parigi. In Italia invece La Bussola di Torino.
Usciti dalla tua libreria bisogna andare assolutamente... dove? Subito a casa a leggere o all'ufficio d'igiene mentale (dipende dalla stagione).
Cosa trovo da te che non trovo altrove? Da noi si può trovare di tutto, libri (scolastici e non), cd e dvd sia usati che nuovi, cartoleria ed e-reader. Abbiamo un folto assortimento per tutti i gusti e tutte le tasche, e la competenza che abbiamo acquisito è quella che ci ha laureati sul campo.

Libreria Noseda

Via Cesare Cantù 51, 22100 Como
Lo staff dei librai Lo staff principalmente è formato da Maurizio, Martina, Veronica. All'occorrenza anche Max, Enzo, Mirko.
La tua storia in 280 caratteri Fondata nel 1889, è la più antica libreria di Como. Nella sua lunga storia è stata anche casa editrice e stamperia. Dal 2002 entra a far parte del gruppo Libraccio, pur conservando l'aspetto e i mobili d'epoca, il che la rende unica nel panorama cittadino e all'interno della catena.
Che libreria sei, in una sola parola? Dato il suo ininterrotto servizio al pubblico, la Noseda è davvero una libreria storica.
Qual è il libro che identifica la tua libreria? «Alla ricerca del tempo perduto» di Marcel Proust. Attraversare le sale della libreria equivale a fare un salto nel tempo e si possono percepire le voci delle migliaia di persone da cui è stata visitata nella sua lunga storia.
Qual è il personaggio letterario che rappresenta la tua clientela? Jim Hawkins dell'«Isola del tesoro»: chi varca la soglia della libreria salpa per un viaggio alla ricerca del suo personale tesoro.
A chi vorresti vendere un libro? E quale libro? Una delle cose più belle di questo lavoro è vendere un libro a un non lettore, potergli fornire una chiave capace di spalancare infiniti mondi. Il libro giusto per un non lettore è potenzialmente qualsiasi cosa; l'arte sta nel consigliarlo per il meglio e trovare quello più adatto alla persona e al momento che sta vivendo.

Qual è la domanda più strana che ti è stata fatta? «Sto cercando un libro sulla mafia scritto da un russo...» (era «Delitto e castigo» di Fëdor Dostoevskij).
Qual è la tua libreria preferita nel mondo? E in Italia? La nostra libreria preferita in Italia è L'Antico Caffè San Marco a Trieste. Nel mondo, The Book Shop a Wigtown in Scozia.
Usciti dalla tua libreria bisogna andare assolutamente... dove? A vedere la Sala Benzi e la biblioteca del liceo Volta. Se amate i libri e le atmosfere in stile «Nome della rosa» di Eco, non potete perderle.
Cosa trovo da te che non trovo altrove? Alla Noseda trovi un ambiente bellissimo, un'oasi di silenzio dove muoverti liberamente e in tranquillità. Il mondo resta tagliato fuori e i ritmi possono tornare a essere quelli più umani che concedono il lusso di perderti, se ne hai voglia...

Libreria Ubik Como

Piazza San Fedele 32, 22100 Como - 031 273554
www.como.ubiklibri.it - FB Libreria Ubik-Como
IG @ubikcomo

Lo staff dei librai Chiara, Elena, Marianna, Marica, Roberta, Lisa, Paola, Giuseppe.
La tua storia in 280 caratteri Nasciamo nel 2007: una scommessa proporre una libreria di più piani. All'interno c'è un'edicola con un vasto assortimento di giornali, una formula nuova per una città di provincia. Per ora, grazie al catalogo, alle iniziative per tutti e a tanta passione, dodici anni sono passati!
Che libreria sei, in una sola parola? Generalista, aperta a tutti.
Qual è il libro che identifica la tua libreria? Il libro che ci identifica è «Il commesso» di Bernard Malamud: è stato il primo libro che abbiamo letto una volta libraie, amato tanto da farci diventare delle appassionate di narrativa americana e amare così Philip Roth, Kent Haruf, Jesmyn Ward, William Faulkner.
Qual è il personaggio letterario che rappresenta la tua clientela? L'avvocato Guerrieri di Carofiglio: dotato di senso di giustizia e umani-

tà, nasconde le proprie fragilità nell'amore per libri, film e musica.
A chi vorresti vendere un libro? E quale libro? «La donna di Gilles» di Madeleine Bourdouxhe, a Simone De Beauvoir, per poter discutere con lei del comportamento della protagonista.
Qual è la domanda più strana che ti è stata fatta? Sala ragazzi: chiedono libri illustrati sul tema del vento, fascia di età 3-6 anni. Abituati ai nostri consigli, a volte le richieste sono impegnative e possono dare spunto a ricerche creative.
Qual è la tua libreria preferita nel mondo? E in Italia? Si trova a Buenos Aires e si chiama El Ateneo Grand Splendid. Nato come teatro nel 1919, oggi è un vero e proprio tempio dei libri: le balconate e le ringhiere originali, il sipario di velluto, la cupola dipinta, i palchetti diventati sale per la lettura. Tre piani che ospitano circa duecentomila libri e un palcoscenico riconvertito in un bar-pasticceria dove il suono di un pianoforte accompagna spesso la lettura: una libreria maestosa e imponente come un teatro, allo stesso tempo calda e accogliente. In Italia è sicuramente la nostra, situata in un contesto architettonico unico, su tre piani, affacciata su una delle piazze più belle della città.
Usciti dalla tua libreria bisogna andare assolutamente... dove? A Godersi il via vai di gente nella meravigliosa piazza su cui si affaccia la libreria, magari al tavolino di uno dei bar vicini e visitare la basilica romanica di San Fedele, proprio di fronte. Curiosità: all'interno della libreria è possibile vedere le mura esterne del battistero della basilica stessa.
Cosa trovo da te che non trovo altrove? La nostra libreria è in un palazzo splendido, affacciata su una piccola piazza che è un vero gioiellino. Abbiamo creato angoli lettura, dove consultare, sfogliare e scegliere il proprio libro senza fretta e il secondo piano è dedicato ai bambini, con tavoli e sedie a misura. L'allestimento è curato, ricco di spunti nuovi e le libraie sono veramente lettrici appassionate.

CORNATE D'ADDA

Giunti al Punto di Cornate D'Adda

Centro Commerciale Globo
Via Berlinguer snc, 20872 Cornate D'Adda MB - 039 6957143
cornateadda@giunti.it

Lo staff dei librai Sei persone, sei personaggi in cerca di autore!
La tua storia in 280 caratteri Come una fenice, siamo nati dalle ceneri di un vecchio negozio di un'altra catena e nonostante le parecchie primavere passate, ci sentiamo ancora pieni di energia e con tanta voglia di consigliare libri.
Che libreria sei, in una sola parola? TuttiIGustiPiùUno, perché abbiamo libri per tutti i palati!
Qual è il libro che identifica la tua libreria? «Margherita Dolcevita», perché alleniamo la fantasia per confrontarci contro le oscure escape room della realtà.
Qual è il personaggio letterario che rappresenta la tua clientela? I Barbapapà: siamo una libreria di un centro commerciale, spesso frequentato da famiglie.
A chi vorresti vendere un libro? E quale libro? A Dracula consiglieremmo «La vera dieta dei gruppi sanguigni» di Peter Adamo oppure a Ulisse «Il giro del mondo in 80 giorni» di Jules Verne.
Qual è la domanda più strana che ti è stata fatta? «Ma l'urlo di Munch è di Van Gogh?», «L'autore della Bibbia qual è?».
Qual è la tua libreria preferita nel mondo? E in Italia? In Italia: l'indipendente Verso, per l'atmosfera raccolta e per la possibilità di gustarsi un buon caffè e una buona fetta di torta in compagnia del proprio libro preferito. Nel mondo: Livraria Lello e Irmão di Porto, conosciuta anche come la «Cattedrale del libro», nonché la libreria di riferimento di J.K. Rowling, autrice di Harry Potter, nel suo periodo portoghese.
Usciti dalla tua libreria bisogna andare assolutamente... dove? A vedere i paesaggi lungo l'Adda, da cui Leonardo da Vinci ha tratto spunto per il paesaggio di sfondo dipinto nella «Vergine delle Rocce», e i resti dei canali e dighe da lui progettati.

Cosa trovo da te che non trovo altrove? Tanti sorrisi e consigli oltre un ampio catalogo tra cui scegliere il libro giusto per ogni occasione.

CREMONA

Giunti al Punto di Cremona

Via Castelleone 108, 26100 Cremona - 0372 701236
cremona2@giunti.it

Lo staff dei librai Sara, Elisabetta, Roberto, Francesca, Alice, Angela.
La tua storia in 280 caratteri La libreria viene aperta a novembre del 2006; è ubicata nella «food court» al primo piano del centro commerciale su una superficie di 500 metri quadri di fianco a un multisala.
Che libreria sei, in una sola parola? Commerciale.
Qual è il libro che identifica la tua libreria? «Il segreto della libreria sempre aperta» di Robin Sloan.
Qual è il personaggio letterario che rappresenta la tua clientela? Abbiamo una clientela talmente variopinta che è impossibile identificarla in un personaggio.
A chi vorresti vendere un libro? E quale libro? Vorremmo vendere un libro a qualcuno che non ne ha mai letto uno: per esempio «La sovrana lettrice» di Alan Bennett.
Qual è la domanda più strana che ti è stata fatta? «Scusate vendete i profumatori per lavatrici?».
Qual è la tua libreria preferita nel mondo? E in Italia? Le Notti Bianche di Vigevano.
Usciti dalla tua libreria bisogna andare assolutamente... dove? In centro città a vedere la nostra meravigliosa piazza del Duomo con la torre campanaria più alta d'Europa.
Cosa trovo da te che non trovo altrove? Il sorriso di chi ama i libri.

ERBA

La libreria di via Volta

Via Volta 28, 22036 Erba CO - 031 3355128
lalibreriadiviavolta@gmail.com
http://lalibreriadiviavolta.blogspot.com/
FB La libreria di via Volta - IG @lalibreriadiviavolta

Lo staff dei librai Anna Corbella, libraia titolare e fondatrice. Katia Colombo, libraia.

La tua storia in 280 caratteri Nata nel 2000 nei locali ristrutturati di una ex carbonaia, la libreria è diventata un punto di riferimento per la cittadina grazie alla scelta accurata dei titoli, alla competenza dello staff e alle attività ed eventi culturali per adulti e bambini che propone settimanalmente.

Che libreria sei, in una sola parola? Amica.

Qual è il libro che identifica la tua libreria? Il libro culto della libreria di via Volta è «Le avventure dello stampatore Zollinger» di Pablo d'Ors.

Qual è il personaggio letterario che rappresenta la tua clientela? La nostra clientela è... una Primula Rossa... a volte è difficile scovarla!

A chi vorresti vendere un libro? E quale libro? Ci piacerebbe vendere una copia del nostro paziente e resiliente stampatore Zollinger a tutti i politici prepotenti, arroganti, tracotanti che riempiono il Parlamento.

Qual è la domanda più strana che ti è stata fatta? Mi è stato chiesto se avevamo in libreria gli «Undici piccoli indiani» di Agatha Christie ma... è stato impossibile trovare l'undicesimo!

Qual è la tua libreria preferita nel mondo? E in Italia? La Librairie de la montagne a Parigi e in Italia... La libreria Mutty di Castiglione delle Stiviere.

Usciti dalla tua libreria bisogna andare assolutamente... dove? Alla pasticceria accanto per un dolce connubio tra mente e corpo.

Cosa trovo da te che non trovo altrove? Da noi trovi sempre consigli e sorrisi.

FINO MORNASCO

Libreria Sottobosco

Via Garibaldi 84, 22073 Fino Mornasco CO - 031 2075591
libreriasottobosco@gmail.com - FB Libreria Sottobosco

Lo staff dei librai Al Sottobosco trovate me, Sara Dutto.
La tua storia in 280 caratteri Un giorno ti rendi conto che è possibile realizzare qualcosa di completamente tuo, espressione dei tuoi pensieri e frutto di tante diverse esperienze. Io sono arrivata qui, al mio Sottobosco, un palcoscenico sempre più vivo di contatti e incontri preziosi, tutti intorno ai libri.
Che libreria sei, in una sola parola? Una libreria per e dei bambini.
Qual è il libro che identifica la tua libreria? «Il GGG» di Roald Dahl: piccola e coraggiosa tra i giganti.
Qual è il personaggio letterario che rappresenta la tua clientela? Alice di Carroll: curiosi, pronti a esplorare, a lasciarsi trasportare, a fare nuove conoscenze con l'aiuto di una guida e di un consiglio.
A chi vorresti vendere un libro? E quale libro? A chiunque sia pronto a scoprirne uno che ancora non conosceva. Quello che, fra tante belle possibilità, ti fa veramente brillare gli occhi.
Qual è la domanda più strana che ti è stata fatta? Tante situazioni buffe e curiose, ma descriverle ne farebbe perdere l'ironia... nonché violare la privacy!
Qual è la tua libreria preferita nel mondo? E in Italia? Ogni più piccola, specifica, stipata libreria di Londra. Meglio ancora se polverosa! In Italia la Nuova Libreria Il Delfino di Pavia, perché con loro trovi la vera e sapiente mano del libraio che tra fitti scaffali sfila in silenzio un libro per te... ed è quello giusto.
Usciti dalla tua libreria bisogna andare assolutamente... dove? In un posto per voi speciale dove immergervi subito nella storia che avete scelto... e poi tornare da me, per raccontarmi quanto vi è piaciuta!
Cosa trovo da te che non trovo altrove? Il profumo del Sottobosco.

FIORANO AL SERIO

Alessia Libreria

Via Locatelli 17/a, 24020 Fiorano al Serio BG - 035 713214
www.alessialibreria.it - FB Alessia Libreria

Lo staff dei librai Roberto: è l'anima della libreria. Da venticinque anni si occupa di libri. Appassionato, tiene corsi e consulenze sulla letteratura per l'infanzia in asili nido, scuole materne, primarie e secondarie. È specializzato in letteratura per ragazzi. A lui si deve la creazione del Festival di letteratura per ragazzi «La vallata dei libri bambini» che si svolge ogni anno a marzo nei paesi della Val Seriana, in provincia di Bergamo. Rivolgetevi a lui senza paure, saprà consigliarvi al meglio. Alessia: la libreria porta il suo nome. È un'attenta lettrice di libri per ragazzi. Nicole e Sara: sono il futuro della libreria. Giovani e dinamiche, sono chiamate a imparare la professione di libraie con passione.

La tua storia in 280 caratteri Fondatori del Festival «La vallata dei libri bambini» e libreria nella Presidenza nazionale dei librai. Il nostro impegno alla promozione alla lettura è stato premiato dal Presidente della Repubblica. Il motto della libreria è: «Ci facciamo in quattro per voi!».

Che libreria sei in una sola parola? Per bambini e i loro adulti.

Qual è il libro che identifica la tua libreria? «I fantastici libri volanti di Mr. Morris Lessmore» di William Joyce, per l'amore del protagonista verso i libri.

Qual è il personaggio letterario che rappresenta la tua clientela? I meravigliosi bambini di Astrid Lindgren, per l'autenticità che hanno.

A chi vorresti vendere un libro? E quale libro? Vorremmo vendere un libro a tutti i bambini scontenti del mondo. Ci piacerebbe donargli un motivo, una gioia, una rabbia, un pianto, un'emozione vissuta attraverso le pagine di un libro adatto a loro. Un libro che li possa appassionare, secondo la logica del buon libraio: «A ogni lettore il suo libro».

Qual è la domanda più strana che ti è stata fatta? «Avete un libro su un dinosauro vivente?» (detta dalla nonna di un bambino...).

Qual è la tua libreria preferita nel mondo? E in Italia? La nostra libreria preferita al mondo è la Bertrand di Lisbona, ma in Italia non possiamo che amare la Biblioteca Salaborsa di Bologna.
Usciti dalla tua libreria bisogna andare assolutamente... dove?... a nascondersi in un posto isolato, dove ci si possa mettere comodi, scomodi, stare in piedi, seduti, sdraiati, stare soli, in ascolto delle parole del libro. Perché le parole di un libro hanno voce, basta saperla ascoltare.
Cosa trovo da te che non trovo altrove? La lezione di Janusz Korczak.

GALLARATE

Mondadori Bookstore Gallarate

Piazza Libertà, 21013 Gallarate VA - 0331 777457
FB Mondadori Bookstore (Gallarate) - IG @biblosmondadori
Lo staff dei librai Susanna Amoroso, Daniela Durani, Grazia Brunilde Frasson, Alida Mardero, Giovanni Testori, Sara Trezzi.
La tua storia in 280 caratteri Nasciamo come libreria indipendente nel 2008 e acquisiamo il marchio Mondadori nel 2013, pur mantenendo la nostra identità e professionalità. Andiamo molto fieri dell'iniziativa creata sui nostri social: #IlCaffèConLaLibraia, richiamo al bar con cui condividiamo gli spazi.
Che libreria sei, in una sola parola? Social.
Qual è il libro che identifica la tua libreria? «Storie della buonanotte per bambine ribelli» di Francesca Cavallo e Elena Favilli.
Qual è il personaggio letterario che rappresenta la tua clientela? Gerald Durrell: come il protagonista di «La mia famiglia e altri animali», viaggia sempre accompagnato da genitori, nonni, fratelli e bestiole.
A chi vorresti vendere un libro? E quale libro? Alla Regina Elisabetta II: «Vivere 120 anni» di Adriano Panzironi.
Qual è la domanda più strana che ti è stata fatta? «Avete qualcosa sui gorilla di montagna in Uganda?».
Qual è la tua libreria preferita nel mondo? E in Italia? Nel mondo: New York Public Library. In Italia: La Libreria dei Sette di Orvieto.

Usciti dalla tua libreria bisogna andare assolutamente... dove? A visitare la chiesa romanica di San Pietro, piccola chicca di fronte alla libreria.
Cosa trovo da te che non trovo altrove? Se Virginia Woolf, Mario Rigoni Stern, Jules Verne e Charles Bukowski entrassero nella nostra libreria, sicuramente ne uscirebbero con un libro adatto a loro!

LECCO

la Libreria Volante

Via Bovara 30, 23900 Lecco
info@lalibreriavolante.it - www.lalibreriavolante.it
FB La Libreria Volante - IG @la_libreriavolante
Lo staff dei librai Serena, Shantala.
La tua storia in 280 caratteri Abbiamo aperto nel giugno 2015 con una scommessa e un desiderio: aprire in meno di tre mesi e divertirci vendendo libri. È andata così bene che da quasi cinque anni i libri volano in via Bovara e i lettori corrono loro dietro.
Che libreria sei, in una sola parola? Volante.
Qual è il libro che identifica la tua libreria? «Un mare di tristezza» di Anna Iudica, Chiara Vignocchi e Lorenzo Clerici.
Qual è il personaggio letterario che rappresenta la tua clientela? «Alice nel Paese delle meraviglie» (Carroll).
A chi vorresti vendere un libro? E quale libro? «I fratelli Kristmas» di Giacomo Papi a Babbo Natale.
Qual è la domanda più strana che ti è stata fatta? «Vorrei comprare quel pendolo!». «Quale pendolo? Qui vendiamo libri».
Qual è la tua libreria preferita nel mondo? E in Italia? Cook & Book di Bruxelles. MarcoPolo di Venezia.
Usciti dalla tua libreria bisogna andare assolutamente... dove? Negozio di dischi The Concept, e gelateria Capo Horn.
Cosa trovo da te che non trovo altrove? Noi!

LISSONE

IL LIBRO È...
Via Loreto 35/a, 20851 Lissone MB - 039 484278
www.illibrolissone.it - FB libreria IL LIBRO E'
IG @il_libro_e

Lo staff dei librai Valentina, libraia da più di vent'anni; Spartaco, libraio da cinquant'anni; Lilli, libraia da quarant'anni.

La tua storia in 280 caratteri Apre a Lissone nel '74 e nel 2001 si trasferisce nell'attuale sede di 150 mq. Ha continuato a rinnovarsi rimanendo l'unico punto di riferimento per la città. Nel 2018 ha creato uno spazio dedicato solo alle donne, con abiti e accessori, diventando una vera e propria Booktique.

Che libreria sei, in una sola parola? Storico-innovativa.

Qual è il libro che identifica la tua libreria? Il libro che identifica la nostra libreria non è ancora stato pubblicato. Da quarantacinque anni viene scritto giorno per giorno dai nostri clienti e amici, dalle relazioni importanti e significative che allacciamo quotidianamente ed è tuttora in fase di stesura.

Qual è il personaggio letterario che rappresenta la tua clientela? Mi piace pensare che sia Daniel Sempere, da «L'ombra del vento» perché tra tutti i libri ne sceglie uno capace di toccargli davvero il cuore.

A chi vorresti vendere un libro? E quale libro? Vorrei vendere un libro a tutti quelli che dicono di non amare la lettura per fargli capire cosa si perdono.

Qual è la domanda più strana che ti è stata fatta? Entra una cliente e ci chiede se abbiamo la Bibbia, scusandosi perché purtroppo non ricorda l'autore!

Qual è la tua libreria preferita nel mondo? E in Italia? Nel mondo la magica Atlantis Books di Santorini. Quella che preferiamo in Italia invece è sicuramente... la nostra!

Usciti dalla tua libreria bisogna andare assolutamente... dove? Usciti dalla nostra libreria, l'ideale è correre a casa e immergersi nella lettura del libro acquistato.

Cosa trovo da te che non trovo altrove? Da noi il cliente può trovare un libraio amico che lo sa consigliare, lo ascolta quando è in vena di confidenze, e gli cura l'anima con il libro giusto.

LODI

Libreria Sommaruga

Corso Vittorio Emanuele II 66, 26900 Lodi - 0371 423129
FB Libreria Sommaruga
Lo staff dei librai Alda e Michela.
La tua storia in 280 caratteri Due ex compagne di collegio all'università decidono di inventarsi libraie, venti anni fa esatti. Con entusiasmo, con timidezza, con passione e con il desiderio di fare della libreria qualcosa di molto simile a casa, per tanti.
Che libreria sei, in una sola parola? Resistente.
Qual è il libro che identifica la tua libreria? «Segreti svelati» di Alice Munro: «La gente apre un negozio per vendere, spera che ci sia un tale movimento da dover ingrandire il negozio, per vendere di più, e diventare più ricchi, e alla fine non dover più venire al negozio... ma probabilmente esistono altre persone che aprono un negozio sperando di trovare un riparo, tra gli oggetti che più apprezzano e con la sola idea di affermare qualcosa in tutta tranquillità. Diventeranno parte di un isolato, di una strada, della cartina generale della città e infine della memoria collettiva... per queste persone un negozio è ciò che per altre può essere una capanna nel bosco, un rifugio, una giustificazione».
Qual è il personaggio letterario che rappresenta la tua clientela? Noi ci sentiamo due Don Chisciotte circondate, felicemente, da tanti Sancho Panza.
A chi vorresti vendere un libro? E quale libro? A Matteo Salvini, «La frontiera» di Alessandro Leogrande: ma lo leggerà mai?
Qual è la domanda più strana che ti è stata fatta? «Quanto costano gli zampironi?», dopo avere visto uno zampirone sul cartonato espo-

sto fuori dalla libreria che promuoveva una campagna estiva della Feltrinelli di qualche anno fa.
Qual è la tua libreria preferita nel mondo? E in Italia? CapLan & co. a Guimaec, in Bretagna. Semplicemente una «chicca»... e in Italia la Libreria Giannino Stoppani di Bologna.
Usciti dalla tua libreria bisogna andare assolutamente... dove? Senza fare troppa strada basta fermarsi sulla panchina davanti alla libreria a leggere con calma.
Cosa trovo da te che non trovo altrove? Assistenza a 360 gradi (ma proprio 360).

MAGENTA

La Memoria del Mondo Libreria Editrice

Galleria dei portici 5, 20013 Magenta MI - 0297 295105
www.memoriadelmondo.it - FB La Memoria del Mondo Libreria Editrice - IG @lamemoriadelmondo
Lo staff dei librai Tino, fondatore e storico libraio; Luca, figlio di Tino, responsabile della casa editrice e animatore di iniziative culturali; Mari, Deivis, Ambra e Giorgio, collaboratori.
La tua storia in 280 caratteri La libreria nasce nel 1997. Da sempre punto d'incontro, di confronto, di lettura e condivisione. Dal 2007 all'attività della libreria si affianca la casa editrice che ora ha 200 libri a catalogo. Da oltre 10 anni, inoltre, promotori nelle scuole primarie di Milano e Novara.
Che libreria sei, in una sola parola? Del territorio.
Qual è il libro che identifica la tua libreria? «Lungo il Naviglio Grande» di Francesca Rognoni, territoriale. «La memoria del mondo» di Italo Calvino, nazionale. «L'ombra del vento» di Carlos Ruiz Zafón, internazionale.
Qual è il personaggio letterario che rappresenta la tua clientela? Don Chisciotte, mix di fantasia, sprovvedutezza e volontà di cambiare il mondo.

A chi vorresti vendere un libro? E quale libro? Al cliente che dice di non avere tempo, «Tre cavalli» di Erri de Luca.
Qual è la domanda più strana che ti è stata fatta? «Verga» dell'autore Malavoglia, «Sequestro un uomo», il primo libro di Levis, oppure il libro «con una copertina blu brillante» appena sentito alla radio.
Qual è la tua libreria preferita nel mondo? E in Italia? Livraria Lello e Irmão di Porto, Libreria Hoepli di Milano.
Usciti dalla tua libreria bisogna andare assolutamente... dove? A casa a leggere il libro appena acquistato. Se non si resiste prima va bene ai giardini di Casa Giacobbe (Battaglia di Magenta), seduti su una panchina sotto alberi secolari.
Cosa trovo da te che non trovo altrove? Ricco assortimento di pubblicazione sui cammini e sul camminare, da noi puoi ritirare la credenziale per Santiago. Con un po' di vanto, trovi le risposte alle domande più assurde, mettici alla prova!

MANTOVA

Librerie.coop Nautilus

Piazza 80° Fanteria 19, 46100 Mantova - 0376 360414
libreria.mantova@Librerie.coop.it - www.Librerie.coop.it
FB Librerie.coop (Nautilus)
Lo staff dei librai Aldo, Benedetta, Francesca, Ilaria, Sara, Susanna.
La tua storia in 280 caratteri La libreria apre nel 2009, rilevando una storica libreria mantovana attiva in città dal 1979. È anche la libreria di riferimento del Festivaletteratura. Inoltre svolge diverse altre manifestazioni esterne e presentazioni di autori e autrici sia in libreria che in sale pubbliche.
Che libreria sei, in una sola parola? Storica.
Qual è il libro che identifica la tua libreria? «Giobbe» di Joseph Roth, libro per forti lettori, per chi vuole accostarsi alla lettura, per chi ama i classici, per giovani che cercano storie di formazione, insomma da consigliare a tutti.

Qual è il personaggio letterario che rappresenta la tua clientela? Zelig (non è forse proprio letterario, ma è il simbolo della molteplicità delle persone che un libraio si trova davanti).
A chi vorresti vendere un libro? E quale libro? Vorremmo vendere a Matteo Salvini «Il trattato sulla tolleranza».
Qual è la domanda più strana che ti è stata fatta? «Sono stanca in questo periodo, avete un libro davvero lassativo?».
Qual è la tua libreria preferita nel mondo? E in Italia? La libreria preferita nel mondo non l'abbiamo ancora visitata, la libreria preferita in Italia è quella che tutti i giorni cerchiamo di trasformare.
Usciti dalla tua libreria bisogna andare assolutamente... dove? Usciti dalla libreria bisogna andare assolutamente a trovare, in qualsiasi posto, un luogo adatto per cominciare a leggere il libro che si è acquistato.
Cosa trovo da te che non trovo altrove? Altrove non so, da noi cerchiamo di far trovare gentilezza, accoglienza, professionalità, capacità di ascoltare e di proporre.

Mondadori Bookstore Mantova

Via Giuseppe Verdi 2, 46100 Mantova
mondadori.mantova@gmail.com
Lo staff dei librai Marco, Chiara, Silvia, Valentina e Milena.
La tua storia in 280 caratteri «Un brillante incastonato all'interno di un gioiello», questo è quello che pensiamo della nostra libreria a Mantova, città d'arte e di cultura. Situata proprio davanti alla basilica di S. Andrea. Gestione familiare, personale preparato e innamorato del proprio lavoro.
Che libreria sei, in una sola parola? Moderna.
Qual è il libro che identifica la tua libreria? «Ritratto di famiglia» di Maria Bellonci.
Qual è il personaggio letterario che rappresenta la tua clientela? Il «Lettore» di «Se una notte d'inverno un viaggiatore»: molti clienti sono turisti/viaggiatori, diversi tra loro ma appassionati di lettura.
A chi vorresti vendere un libro? E quale libro? A chi crede che leggere sia noioso vorrei vendere «L'amore ai tempi del colera».

Qual è la domanda più strana che ti è stata fatta? «Avete un metro di libri blu?».
Qual è la tua libreria preferita nel mondo? E in Italia? Atlantis Books di Santorini. Libreria Anche gli angeli di Noto.
Usciti dalla tua libreria bisogna andare assolutamente... dove? Alla Basilica di Sant'Andrea (magari dopo aver assaggiato la «sbrisolona»).
Cosa trovo da te che non trovo altrove? Sorrisi e competenza.

Spazio «Libri scelti per voi» da Librerie.coop

Ipercoop La Favorita
Piazzale Cesare Beccaria 6, 46100 Mantova - 0376 246105
libreria.lafavorita@Librerie.coop.it
Lo staff dei librai Giulia
La tua storia in 280 caratteri È nato nel luglio del 2018, posto comodamente all'entrata del principale centro commerciale di Mantova. Il corner si presenta con un'impostazione trasparente, con il catalogo già visibile dalla galleria e un'ordinata suddivisione per generi per facilitarne la consultazione.
Che libreria sei, in una sola parola? Versatile.
Qual è il libro che identifica la tua libreria? «Auschwitz Sonderkommando» di Frediano Sessi.
Qual è il personaggio letterario che rappresenta la tua clientela? Il feto di «Nel guscio» di McEwan, moderno Amleto d'inesauribile curiosità, sagace critico e scrupoloso osservatore del mondo contemporaneo.
A chi vorresti vendere un libro? E quale libro? A un lettore interessato all'aspetto più intimo e sincero della nostra natura e al valore della vita in un'epoca crudele e incerta come la nostra. «Il tuffo» di Jonathan Lee, è un titolo calzante.
Qual è la domanda più strana che ti è stata fatta? Illustrando le differenze fra tre edizioni de «Il piacere» di D'Annunzio: «Ma siamo sicuri che non sia una trilogia?».
Qual è la tua libreria preferita nel mondo? E in Italia? Hartliebs Bücher a Vienna. Fahrenheit 451 a Roma.
Usciti dalla tua libreria bisogna andare assolutamente... dove? Rag-

giungere il ponte di San Giorgio per ammirare lo skyline mozzafiato dei tetti di Mantova, a pochi metri di distanza.
Cosa trovo da te che non trovo altrove? Uno spazio adatto a soste sia brevi sia prolungate, dotato di poltrone e ricco di proposte per tutti i gusti e con un'attenzione particolare per i primi lettori.

MERATE

La Cicala libreria specializzata per ragazzi e insegnanti

Via Statale 5/L, 23807 Merate LC - www.lacicalalibri.it
FB la Cicala libreria specializzata per ragazzi e insegnanti
Lo staff dei librai Antonietta Mondello e Maria Franca Ballocco (co-titolari della libreria).
La tua storia in 280 caratteri Apre la sua porticina a gennaio del 2005, contravvenendo a tutte le regole di elementare prudenza suggerite dalla scuola librai. Da allora sono capitate diverse cose curiose (come essere il set dei «Soliti idioti»). Presentazioni, laboratori, mostre e corsi scandiscono il nostro tempo.
Che libreria sei in una sola parola? Per bambini.
Qual è il libro che identifica la tua libreria? «Leggimi forte. Accompagnare i bambini nel grande universo della lettura», di Bruno Tognolini e Rita Valentino Merletti.
Qual è il personaggio letterario che rappresenta la tua clientela? Mary Poppins (la maggior parte dei nostri clienti ha a che fare con i piccoli, è piena di risorse e un po' magica).
A chi vorresti vendere un libro? E quale libro? Matteo Garrone (regista), «Ogni giorno» di David Levithan... sarebbe un remake fantastico.
Qual è la domanda più strana che ti è stata fatta? «Mi piacerebbe tanto ritrovare il libro che mi leggevano quando ero piccola... Non ricordo il titolo e tanto meno l'autore però il protagonista era un coniglio...». ;-)
Qual è la tua libreria preferita nel mondo? E in Italia? H. de Vries Boeken, Haarlem. Libreria Tuttestorie, Cagliari.

Usciti dalla tua libreria bisogna andare assolutamente... dove? Nel parco della valle del Curone... I primi sentieri sono a cinquecento metri dalla libreria.
Cosa trovo da te che non trovo altrove? La disponibilità a metterci in gioco e sperimentare le idee che ci portano le persone che frequentano la libreria: molte delle nostre iniziative di successo sono nate così.

MILANO

Aribac libreria 0-16

Via Porpora di fronte al n. 62, 20131 Milano - 02 83424141
www.aribaclibreria.it - FB Aribac
Lo staff dei librai Cristina e Silvia che dopo vent'anni in azienda e agenzia di pubblicità sono diventate imprenditrici.
La tua storia in 280 caratteri Aribac è una libreria dedicata ai bambini e ragazzi, nata nel 2013. Uno spazio accogliente dedicato a giovani amanti di libri e racconti da 0 a 16 anni e a chi ama leggere per loro e con loro. Ma anche giochi, letture animate, laboratori, incontri, feste di compleanno.
Che libreria sei, in una sola parola? Libreria per ragazzi.
Qual è il libro che identifica la tua libreria? «Un libro» di H. Tullet. Diverte e incanta. Ricorda i colori e il simbolo di Aribac.
Qual è il personaggio letterario che rappresenta la tua clientela? «I cinque malfatti» di Beatrice Alemagna. Perché i nostri clienti sono esigenti, sia i piccoli che i grandi, ma è raro che escano senza un libro.
A chi vorresti vendere un libro? E quale libro? A un papà di lingua araba o lingua cinese potremmo proporre un libro bilingue...
Qual è la domanda più strana che ti è stata fatta? Libro sull'architettura gotica in America Latina. Oppure se si potesse acquistare una lampadina led o uno dei nostri arredi. Oppure «Le trasformazioni»... di... Kafka.

Qual è la tua libreria preferita nel mondo? E in Italia? Quella che dobbiamo ancora scoprire. In Italia Ottimomassimo.
Usciti dalla tua libreria bisogna andare assolutamente... dove? Per la merenda dal naturale gelato del Gianni oppure a pranzo o cena al confinante giapponese Sakura con giardino.
Cosa trovo da te che non trovo altrove? Un mix di libri di qualità e diversi titoli anche dall'estero, giochi educativi e una sfiziosa cartoleria.

Armani/Libri

Via Alessandro Manzoni 31, 20121 Milano - 02 72318675
FB Armani libri Koenig - IG @armanilibri
Lo staff dei librai Preferiremmo non indicare i nomi.
La tua storia in 280 caratteri Armani/Libri è una libreria specializzata in arte, design, moda, architettura e fotografia, sita nel palazzo Armani di via Manzoni a Milano. La gestione è affidata alla famosa catena tedesca Buchhandlung Walther Koenig con sede centrale a Colonia e molte sedi in Europa.
Che libreria sei, in una sola parola? D'arte.
Qual è il libro che identifica la tua libreria? Il libro degli artisti svizzeri Peter Fischli e David Weiss «Mi trova la fortuna?».
Qual è il personaggio letterario che rappresenta la tua clientela? Salvador Dalì: eclettico e stravagante, ha spaziato in molti ambiti artistici, pittura, scultura, fotografia fino al cinema e alla moda.
A chi vorresti vendere un libro? E quale libro? A Leonardo da Vinci un manuale di fotografia, perché è l'unica forma d'arte che non ha potuto padroneggiare per problemi puramente cronologici.
Qual è la domanda più strana che ti è stata fatta? Una cliente: «Ma Giorgio Armani scrive i libri? E questi li ha scritti tutti lui?».
Qual è la tua libreria preferita nel mondo? E in Italia? Galignani a Parigi e Libreria Acqua Alta a Venezia.
Usciti dalla tua libreria bisogna andare assolutamente... dove? Al quartiere di Brera, all'orto botanico e all'Accademia di Belle Arti.
Cosa trovo da te che non trovo altrove? Libri rari, edizioni limitate e firmate dagli artisti, libri d'artista.

Colibrì

Via Laghetto 9/11, 20122 Milano - 02 76394899
www.colibrimilano.it - FB Colibrì - IG @colibri_milano

Lo staff dei librai Maria Moratti, la titolare, ha studiato Filosofia, è libraia e fotografa. Quando non è da Colibrì la si può trovare da qualche parte in giro per il mondo con la sua macchina fotografica. Arianna Montanari, responsabile della libreria, si è formata tra studi filosofici e romanzoni lunghissimi (possibilmente tristi) che ancora adesso ama. Nessuno consiglia i libri come lei. Alice Provenghi, una laurea in Lettere, va in brodo di giuggiole per la narrativa britannica. Ama scrivere e le viene sempre benissimo. Giorgia Demuro, una massa di riccioli rossi ed entusiasmo da vendere. Legge tutto quello che le passa sotto mano.
La tua storia in 280 caratteri Nato nel 2015, Colibrì è bar e libreria, ospita mostre, concerti e presentazioni di libri. È per chi ha bisogno di pace per leggere in poltrona, ma sa anche fare festa con un gin tonic, per chi è felice con un libro in mano e per chi non si lamenta mai delle troppe cose da fare.
Che libreria sei, in una sola parola? Un caffè letterario.
Qual è il libro che identifica la tua libreria? «Festa mobile» di Ernest Hemingway, che ogni giorno qui è una festa, fra le pagine dei libri e le chiacchiere, a ogni ora, ai tavolini del bar.
Qual è il personaggio letterario che rappresenta la tua clientela? Matilde di Roald Dahl, come sarebbe intorno ai trent'anni: una gran passione per i libri, libera, ironica, indipendente e vivace.
A chi vorresti vendere un libro? E quale libro? A Matteo Salvini, «Accogliamoli tutti» di Luigi Manconi e Valentina Brinis.
Qual è la domanda più strana che ti è stata fatta? «Ma li hai letti tutti???», e la risposta è, sempre, «Ma magari!».
Qual è la tua libreria preferita nel mondo? E in Italia? Nel mondo la Shakespeare & Co. di Parigi e la City Lights di San Francisco, in Italia la Pagina 27 di Cesenatico.
Usciti dalla tua libreria bisogna andare assolutamente... dove? Ovviamente al bancone del bar della nostra libreria, per ordinare un drink o un calice di vino.

Cosa trovo da te che non trovo altrove? I bigliettini con i nostri consigli sui libri che ci sono piaciuti di più, il sorriso e le chiacchiere delle libraie, tanti eventi tutte le settimane, un calice di vino offerto sul primo libro acquistato durante l'orario dell'aperitivo, una selezione curata titolo per titolo, molte case editrici indipendenti, e poi il nostro gruppo di lettura mensile, il Bestiario Letterario.

Corteccia Libreria

Via Bernardino Lanino 11, 20144 Milano - 02 89054491 - 375 6332796 - FB Corteccia - IG @corteccialibreria
Lo staff dei librai Alice Angelotti e Anita Ballabio.
La tua storia in 280 caratteri Ci siamo conosciute lavorando in un bookshop museale, siamo scappate da un lavoro sicuro, ma che ci rendeva infelici, per dedicarci anima e corpo a costruire la nostra incantevole precarietà! Siamo cresciute con la libreria, dando una risposta a chi diceva che era un sogno irrealizzabile.
Che libreria sei, in una sola parola? Di quartiere.
Qual è il libro che identifica la tua libreria? «Cortecce» di Cédric Pollet, a cui dobbiamo l'ispirazione del nostro nome.
Qual è il personaggio letterario che rappresenta la tua clientela? Peter Pan: i bambini si sentono sull'Isola che non c'è, i grandi tornano piccoli. Non è mancato qualche Grinch, specialmente nel periodo natalizio...
A chi vorresti vendere un libro? E quale libro? Al nostro sindaco Beppe Sala, vorremmo vendere «Benevolenza cosmica» di Fabio Bacà, perché gliene auguriamo tantissima!
Qual è la domanda più strana che ti è stata fatta? «Mi scusi ha una guarnizione per il mio lavandino?». «Certo, tra Rodari e la Ferrante siamo certe di averne ancora qualcuna!». P.S.: l'idraulico è la vetrina più in là ma lui, eroico, non ha dubitato neanche un secondo di poterla trovare da noi!
Qual è la tua libreria preferita nel mondo? E in Italia? Ler Devagar a Lisbona, Libreria Acqua Alta a Venezia

Usciti dalla tua libreria bisogna andare assolutamente... dove? A comprare i biscotti nell'Atelier della Pastafrolla della nostra vicina di negozio, un accompagnamento delizioso per ogni tipo di lettura!
Cosa trovo da te che non trovo altrove? Librerie fatte con veri rami di betulla e di nocciolo, potature di anni passati che hanno trovato nuova vita, insieme ai libri, tra i nostri scaffali. Passione, gentilezza, curiosità, competenza e chiacchiere confidiamo che si possono trovare anche in tante altre librerie come la nostra!

Giunti al Punto di Milano

Via Vitruvio 43, 20064 Milano - 02 66987169
milano@giunti.it
Lo staff dei librai Ilaria, Raffaella e Irene.
La tua storia in 280 caratteri La nostra libreria è il primo punto vendita a Milano della catena Giunti al Punto. Abbiamo aperto nel mese di aprile 2019 rilevando la prestigiosa eredità della storica libreria Lirus. Per ora abbiamo poca storia ma ci attende un grande futuro!
Che libreria sei, in una sola parola? Di quartiere.
Qual è il libro che identifica la tua libreria? «Alla ricerca del tempo perduto» di Marcel Proust.
Qual è il personaggio letterario che rappresenta la tua clientela? Andrea Pinketts, milanese DOC!
A chi vorresti vendere un libro? E quale libro? A Leonardo Da Vinci, «Allegro ma non troppo» di Carlo M. Cipolla.
Qual è la domanda più strana che ti è stata fatta? «Se il libro non mi piace lo posso rendere?».
Qual è la tua libreria preferita nel mondo? E in Italia? Nel mondo la Livraria Lello e Irmão a Porto, in Italia la nostra ovviamente!
Usciti dalla tua libreria bisogna andare assolutamente... dove? Sicuramente a Brera, quartiere di arte e artisti.
Cosa trovo da te che non trovo altrove? Un grande sorriso e il giusto consiglio!

Gogol & Co.

Via Savona 101, 20144 Milano - 02 45470449
www.gogolandcompany.com - FB Gogol & Company
IG @gogolandcompany

Lo staff dei librai Danilo Dajelli e Tosca Bua (fondatori), Marta Santomauro, Paul de la Héronnière, Carlo Massimino.
La tua storia in 280 caratteri Gogol & Co. è un luogo di cultura indipendente, un presidio sociale, un posto dove restare. La selezione e la proposta dei libri è curata titolo per titolo dai nostri librai, ogni angolo ospita un editore diverso e parliamo in modo diretto con ciascuno di loro.
Che libreria sei, in una sola parola? Di quartiere.
Qual è il libro che identifica la tua libreria? David Foster Wallace, «Una cosa divertente che non farò mai più».
Qual è il personaggio letterario che rappresenta la tua clientela? Bartleby lo scrivano (Herman Melville).
A chi vorresti vendere un libro? E quale libro? A Matteo Salvini, «Il giorno che diventammo umani», Paolo Zardi.
Qual è la domanda più strana che ti è stata fatta? «Ma il prezzo del libro dipende dal numero di pagine?» oppure «I libri sono in vendita?».
Qual è la tua libreria preferita nel mondo? E in Italia? City Lights Bookstore, San Francisco. MarcoPolo, Venezia.
Usciti dalla tua libreria bisogna andare assolutamente... dove? Al parco o a casa sotto il piumone, dipende dalla stagione.
Cosa trovo da te che non trovo altrove? Tante autoproduzioni tra cui tutto il catalogo TINALS e Gli Ultrauomini di CTRL books.

Il Libro Libreria Internazionale

Via Federico Ozanam 11, 20129 Milano - 02 2049022
info@il-libro.it - www.il-libro.it - FB Il Libro Libreria Internazionale - IG @il.libro.internazionale

Lo staff dei librai Luca, Ramona, Anna e la mamma.
La tua storia in 280 caratteri La libreria indipendente Il Libro

vanta di essere da oltre quarant'anni un punto di riferimento per tutti coloro che si interessano di didattica e di apprendimento delle diverse lingue, italiano per stranieri incluso. Evviva le lingue e l'intercultura!

Che libreria sei, in una sola parola? Storica, specializzata per la didattica delle lingue straniere.

Qual è il libro che identifica la tua libreria? Il dizionario.

Qual è il personaggio letterario che rappresenta la tua clientela? Marco Polo.

A chi vorresti vendere un libro? E quale libro? Una grammatica italiana ai politici.

Qual è la domanda più strana che ti è stata fatta? «Avete audiolibri con la lettura rallentata?».

Qual è la tua libreria preferita nel mondo? E in Italia? Libreria El Ateneo Grand Splendid a Buenos Aires. Libreria Linea di confine a Baggio.

Usciti dalla tua libreria bisogna andare assolutamente... dove? Al corso di lingua.

Cosa trovo da te che non trovo altrove? Conversazioni in lingua / Calendari dell'avvento più belli di Milano / Calendario di Wolf Erlbruch.

Isola Libri

Via Pollaiuolo 5, 20159 Milano - 02 66800580
www.isolalibri.it - FB Isola Libri

Lo staff dei librai Mamma Laura, nel 2012 rileva la libreria per farne un presidio culturale, animata dalla grande passione per la lettura e dalla sua esperienza nel sociale. Elena, sua figlia, appassionata lettrice di fiabe, apre le porte a tutti i bambini del quartiere. Debora, ultima arrivata, giovane scrittrice esordiente e vorace lettrice di letteratura americana, porta finalmente ordine negli scaffali della libreria e insegna un pizzico di disciplina a Elena e ai suoi piccoli lettori.

La tua storia in 280 caratteri Libreria indipendente, associata LIM, specializzata in letteratura per l'infanzia. Organizza letture, eventi e laboratori per bambini, collabora con scuole e bibliote-

che per promuovere la lettura. Oltre a un'ampia scelta di romanzi, tiene a selezionare case editrici indipendenti.
Che libreria sei, in una sola parola? Di presidio.
Qual è il libro che identifica la tua libreria? «Pomodori verdi fritti al caffè di Whistle Stop», Fannie Flagg.
Qual è il personaggio letterario che rappresenta la tua clientela? Pig-Pen, il bambino più sporco della compagnia Peanuts, piccolo gentile e sporchissimo ribatte con ironia a ogni presa in giro.
A chi vorresti vendere un libro? E quale libro? Ai ragazzi giù in piazzetta. «Eureka Street», Robert McLiam Wilson.
Qual è la domanda più strana che ti è stata fatta? «Vorrei la nuova edizione della Bibbia. Ma non mi chieda l'autore...».
Qual è la tua libreria preferita nel mondo? E in Italia? Brattle Book Shop, Boston. In Italia, a Milano, Linea d'ombra.
Usciti dalla tua libreria bisogna andare assolutamente... dove? A Isola Pepe Verde.
Cosa trovo da te che non trovo altrove? Se sei davvero bravo, gli occhiali di mamma Laura che nessuno trova mai...

*la*FELTRINELLI

VIA PASUBIO 11/13, 20154 MILANO - 02 63793977
MILANO-PASUBIO@LAFELTRINELLI.IT
FB BABITONGA LA FELTRINELLI PASUBIO
Lo staff dei librai Manuela, Valeria, Marta, Ilenia, Giovanni, Davide, Marco e Lisa.
La storia della libreria in 280 caratteri La libreria della Fondazione Feltrinelli: i titoli ne rispecchiano le aree di ricerca. Nel 1842, nella Baia di Babitonga in Brasile prese vita una comunità che sognava un mondo senza ingiustizie. Il richiamo a una società ideale si ritrova nella cultura e convivialità del Babitonga Café.
Che libreria sei, in una sola parola? Siamo uno spazio di cittadinanza.
Qual è il libro che identifica la tua libreria? «Odio gli indifferenti» di Antonio Gramsci.
Qual è il personaggio letterario che rappresenta la tua clientela? Pedro

Almodóvar. Perché sa scrivere differenti vite in un'unica storia, racchiudendo tutto il mondo che attraversa gli scaffali e i clienti.
A chi vorresti vendere un libro? E quale libro? Divulgherei in massa un libro che rimane attuale nel tempo perché la stupidità non è mai né fuori moda né superata: «Allegro ma non troppo» di Carlo Cipolla.
Qual è la domanda più strana che ti è stata fatta? Non una domanda ma l'emozione, la felicità e stupore di molti nel vedere che dopo il film «Il signore degli anelli» in libreria c'era anche già pronto il libro.
Qual è la tua libreria preferita nel mondo? E in Italia? Strand Bookstore a New York. In Italia la libreria Luxemburg di Torino.
Usciti dalla tua libreria bisogna andare assolutamente... dove? Non si può perdere l'occasione di visitare, a due passi da noi, il più grande e storico museo a cielo aperto di Milano: il cimitero monumentale. Tra tombe, statue, monumenti e capolavori disseminati in tutta l'area di personaggi più e meno famosi che hanno contribuito alla grandezza e sviluppo della nostra città.
Cosa trovo da te che non trovo altrove? La bellezza della nostra libreria è l'opportunità di trovare a ogni ora del giorno scrittori, editori, musicisti, artisti e personaggi illustri, famosi o di tendenza, che vengono per eventi organizzati e creati appositamente per la libreria o legati al nostro editore o alla Fondazione Feltrinelli, oppure semplicemente a mangiare o prendere un caffè o un aperitivo. Un vero caffè letterario in stile contemporaneo dove autori e lettori si incontrano e vivono insieme la magia dell'editoria.

*la*Feltrinelli Express, Stazione Centrale

Piazza Duca d'Aosta 1, 20124 Milano - 02 91947777
Lo staff dei librai Lo staff dei librai è composto da 40 persone.
La tua storia in 280 caratteri Apre nel 2010 ed è uno spazio in continua evoluzione, dove si incontra un pubblico ampio e sempre diverso, interessato non solo ai best seller ma anche alla letteratura più ricercata. Con i suoi 2800 mq e il catalogo di 52000 titoli è una delle librerie più grandi d'Italia.

Che libreria sei, in una sola parola? Di scoperta.
Qual è il libro che identifica la tua libreria? «L'infinito viaggiare» di Claudio Magris.
Qual è il personaggio letterario che rappresenta la tua clientela? Venička, di «Mosca-Petuškì» *di* Erofeev: il suo viaggio in treno onirico, in compagnia di sogni, illusioni, per raggiungere un luogo dell'anima.
A chi vorresti vendere un libro? E quale libro? Avrei voluto vendere «Il mio cane Stupido» di John Fante a Frank Zappa.
Qual è la domanda più strana che ti è stata fatta? «Dov'è il reparto dei libri sugli stoppini delle candele?».
Qual è la tua libreria preferita nel mondo? E in Italia? City Lights di San Francisco e in Italia la libreria 10 Corso Como di Milano
Usciti dalla tua libreria bisogna andare assolutamente... dove? Bisognerebbe andare nel posto dove più ti senti a tuo agio, per leggere il libro che ti ha scelto!
Cosa trovo da te che non trovo altrove? Suggerimenti, proposte tematiche e di editori di qualità, indipendenti, meno conosciuti ma in grado di offrirti proprio la storia che stavi cercando.

*la*Feltrinelli Libri e Musica

Corso Buenos Aires 33, Milano 20124 Milano - 02 91947777
Lo staff dei librai Barbara, Carlo, Chiara, Claudia, Laura, Matteo, Michele, Sara, Serena, Valentina.
La tua storia in 280 caratteri La libreria apre nel 2002. Due piani di libri, musica e cinema e un cuore sotterraneo di letteratura con al centro una piccola caffetteria. Nei momenti più silenziosi, se si accosta l'orecchio agli scaffali è possibile origliare le prove degli spettacoli del Teatro Elfo Puccini.
Che libreria sei, in una sola parola? Pop di catena.
Qual è il libro che identifica la tua libreria? «Factfulness» *di Hans* Rosling perché il maestro Jedi dei dati, con una prosa disarmante, dimostra che, nonostante tutto, non siamo sull'orlo del baratro. Il mondo è complesso ma i nostri lettori hanno tutti gli strumenti per comprenderlo.

Qual è il personaggio letterario che rappresenta la tua clientela? Sidney Orr di «La notte dell'oracolo»: cade e ogni volta si rialza, aiutato da un taccuino, dalla scrittura e dal potere disarmante del caso.
A chi vorresti vendere un libro? E quale libro? Vorrei vendere «Iperoggetti» di Timothy Morton al sociologo francese Jean Baudrillard. Gli direi: «Maestro, questo libro è un geniale tributo alla sua opera».
Qual è la domanda più strana che ti è stata fatta? «Avete qualcosa sul rito del matrimonio ortodosso?».
Qual è la tua libreria preferita nel mondo? E in Italia? Shakespeare & Co. a Parigi e Libreria Acqua Alta Venezia.
Usciti dalla tua libreria bisogna andare assolutamente... dove? In via Jan, vicinissima alla nostra libreria, c'è la Casa Museo Boschi Di Stefano. È la casa borghese e bellissima dei coniugi Antonio Boschi e Marieda Di Stefano. Lui giovane ingegnere della Pirelli con una grande passione per il violino, lei artista e ceramista. Si sale, con il vecchio ascensore con panchetto, al secondo piano di quel che sembra un bel palazzo borghese degli anni Venti e davanti agli occhi si schiude un mondo di circa trecento opere d'arte acquistate dai coniugi negli anni: quadri di De Chirico, Sironi, De Pisis e Vedova, tra gli altri, inseriti negli ambienti domestici conservati ancora intatti.
Cosa trovo da te che non trovo altrove? I miei colleghi librai. Ognuno di loro è un'isola inconsueta e discreta dove, se vuoi, scegli di approdare dopo aver fatto il tuo personale largo giro tra gli scaffali.

*la*Feltrinelli Libri e Musica di Piazza Duomo

Via Ugo Foscolo 1/3, 20121 Milano - 02 91947777
Lo staff dei librai Lo staff è composto da 50 persone.
La tua storia in 280 caratteri La Feltrinelli «a misura Duomo» apre nel 1999. Ristrutturata nel 2015 da Miguel Sal, quest'anno festeggia 20 anni di attività. Nel labirinto che si estende sotto la galleria convivono gli spettri di un passato indomito e le audaci esplorazioni di un futuro che pretende di svolgersi.
Che libreria sei, in una sola parola? Siamo una libreria «generalista», ma con un assortimento invidiabile!

Qual è il libro che identifica la tua libreria? «L'orda d'oro» di Primo Moroni e Nanni Balestrini. Un titolo a cui sono legato «sentimentalmente» perché coincise con la mia assunzione. Quando feci il primo colloquio mi venne chiesto quale libro stessi leggendo. Ero allora alle prese con il monumentale e militantissimo «Proletari senza rivoluzione» di Renzo Del Carria che all'istante valutai una lettura forse inopportuna da citare a un colloquio di lavoro e allora risposi «L'orda d'oro».

Qual è il personaggio letterario che rappresenta la tua clientela? Candido di Voltaire. I nostri clienti, esploratori instancabili, hanno uno sguardo lucido e ironico e un ottimismo che maschera il disincanto.

A chi vorresti vendere un libro? E quale libro? Vorrei vendere «L'orda d'oro» al Sindaco Sala. Perché governando questa città tenga conto anche di chi non parla o di chi tace, di chi ha una storia che non si può raccontare o di chi dalla Storia è stato messo a tacere.

Qual è la domanda più strana che ti è stata fatta? Una signora ha preso dallo scaffale un libro su Leonardo da Vinci e ha chiesto: «È quel signore che va sempre da Fazio?».

Qual è la tua libreria preferita nel mondo? E in Italia? La mia libreria preferita in assoluto è la Libreria Calusca del Ticinese a Milano.

Usciti dalla tua libreria bisogna andare assolutamente... dove? Bisogna assolutamente salire tra le guglie del Duomo e osservare la città dall'alto, prendersi qualche momento per godere dei «caratteri» umani che si squadernano sotto i nostri occhi: turisti stranieri, camerieri in divisa, il flusso frenetico della Milano che lavora... una tavolozza assortita che potrebbe ispirare un romanzo!

Cosa trovo da te che non trovo altrove? Un'infinità di libri, è probabilmente la libreria più grande d'Italia.

La Libreria dei Ragazzi

Via Alessandro Tadino 53, 20124 Milano - 02 29533555
info@lalibreriadeiragazzi.it - www.lalibreriadeiragazzi.it
FB La Libreria dei Ragazzi - Pagina Ufficiale
IG @libreriaragazzi - TW @libreriaragazzi

Lo staff dei librai Alessandra Starace (responsabile della Libreria dei Ragazzi di Milano e di Brescia). Librai sede Milano: Fausto Boccati, Daria Bertoni, Silvia Neri, Diego Zappaterra. Librai sede Brescia: Germana Paraboschi, Chiara Montani.
La tua storia in 280 caratteri Nasce a Milano nel 1972. Vera istituzione culturale, prima del genere in Italia e tra le librerie per ragazzi più grandi d'Europa, svolge un'intensa attività di promozione alla lettura. Dal 2007 è di proprietà di Editrice Il Castoro e nel 2010 è stata inaugurata una sede a Brescia.
Che libreria sei, in una sola parola? Per bambini e ragazzi.
Qual è il libro che identifica la tua libreria? «Diario di una schiappa» di Jeff Kinney.
Qual è il personaggio letterario che rappresenta la tua clientela? Federico, il topino poeta di Leo Lionni, che Roberto Denti, fondatore della nostra libreria, amava leggere ai suoi amici clienti.
A chi vorresti vendere un libro? E quale libro? Vorremmo vendere un libro a un bambino convinto che la lettura sia una noia, sorprendendolo con un coinvolgente graphic novel. E a Greta Thunberg «Noi siamo tempesta» di Michela Murgia.
Qual è la domanda più strana che ti è stata fatta? «Ma non c'è "Il diario di Anna Frank" con un finale alternativo?».
Qual è la tua libreria preferita nel mondo? E in Italia? Nel mondo, Shakespeare & Co. a Parigi. In Italia la libreria Palazzo Roberti, a Bassano del Grappa.
Usciti dalla tua libreria bisogna andare assolutamente... dove? Ai giardini di Porta Venezia di Milano o al parco più vicino alla nostra sede di Brescia per godersi la natura e un buon gelato in compagnia del proprio libro.
Cosa trovo da te che non trovo altrove? Una selezione accurata e appassionata delle novità e dei classici, dalla prima infanzia fino all'adolescenza, un reparto didattica specializzato per la scuola d'infanzia e primaria, un calendario ricco di eventi per i bambini e gli adulti durante tutto l'anno. E ovviamente noi librai, pronti a consigli mirati e attenti alle necessità e ai gusti dei nostri lettori.

La Libreria del Mare

Via Broletto 28, 20121 Milano - 02 86464426
www.libreriadelmare.it - FB La Libreria del Mare
IG @libreriadelmare

Lo staff dei librai Piera, Simona e Alessandro.
La tua storia in 280 caratteri Nata negli anni Settanta, la Libreria del Mare vanta un vasto assortimento di libri e promuove la cultura marinaresca attraverso una serie di incontri con gli autori più affermati del settore e numerose collaborazioni con istituzioni pubbliche e private sul territorio.
Che libreria sei, in una sola parola? Marinaresca.
Qual è il libro che identifica la tua libreria? «Bisogno di libertà» di Björn Larsson.
Qual è il personaggio letterario che rappresenta la tua clientela? Corto Maltese, perché incarna lo spirito libero e il senso d'avventura che contraddistingue gli uomini e le donne di mare!
A chi vorresti vendere un libro? E quale libro? A Matteo Salvini vorremmo vendere il libro «In mare non esistono taxi» di Roberto Saviano.
Qual è la domanda più strana che ti è stata fatta? «Le scale per scendere al piano di sotto sono qui?», chiese un cliente aprendo l'anta di un armadietto alto un metro...
Qual è la tua libreria preferita nel mondo? E in Italia? Nel mondo la nostra preferita è la Livraria Lello e Irmão di Porto, mentre in Italia è la Libreria Acqua Alta di Venezia.
Usciti dalla tua libreria bisogna andare assolutamente... dove? Al mare!
Cosa trovo da te che non trovo altrove? In realtà molte cose, ma in particolare segnaliamo i portolani artistici di Emilio Delfino, navigatore e cartografo del Novecento.

La Libreria Militare

Via Morigi 15 (ang. via Vigna), 20123 Milano - 02 89010725
libmil@libreriamilitare.com - www.libreriamilitare.com
FB libreria militare - IG @libreriamilitare
TW @LibMilitare

Lo staff dei librai Angelo, Federico, Giovanni.
La tua storia in 280 caratteri La Libreria Militare è, dal 1997, la prima libreria in Italia specializzata in campo militare, per fornire un servizio specifico agli appassionati e ai cultori delle arti e delle scienze militari e consulenza storica e uniformologica per opere editoriali, moda, cinema e teatro.
Che libreria sei, in una sola parola? Specializzata, anzi specializzatissima.
Qual è il libro che identifica la tua libreria? Direi proprio «On Combat» di Dave Grossman, che abbiamo pubblicato come Edizioni Libreria Militare. Parla di quello che succede dal punto di vista psicologico e fisiologico a chi è impegnato in combattimento o in situazioni di estremo pericolo. Ormai è diventato un classico per tutti gli operatori militari, della sicurezza e del soccorso, ma ha interessanti spunti per tutti quanti abbiamo un lavoro stressante o comunque rischioso.
Qual è il personaggio letterario che rappresenta la tua clientela? Enrico V di Shakespeare: «We few, we happy few, we band of brothers...».
A chi vorresti vendere un libro? E quale libro? A ogni persona che varca la nostra soglia, il libro che in quel momento soddisfa il suo interesse o la sua curiosità.
Qual è la domanda più strana che ti è stata fatta? «Buongiorno, mio padre da piccolo leggeva un libro con la copertina gialla sulla guerra. Ce l'ha?».
Qual è la tua libreria preferita nel mondo? E in Italia? Nel mondo, quella che mi ha colpito di più è Leakey's Bookshop, a Inverness (Scozia), una libreria ricavata da una chiesa, ogni cappella ha una tematica particolare. In Italia vado con piacere alla libreria Monti in Città, a Milano, oppure a Isola Libri, Il Domani o Libreria Claudiana, tutte a Milano.
Usciti dalla tua libreria bisogna andare assolutamente... dove? A casa a leggere! Oppure a prendere un caffè da Marchesi in corso Magenta per tuffarsi nella Milano che non c'è più...
Cosa trovo da te che non trovo altrove? Tutto quello che le altre librerie non hanno (per pregiudizio, per difficoltà di reperimento o

semplicemente per disinteresse) o che non tengono più, considerandolo «scaduto» dopo un mese sugli scaffali. Da noi un libro che riteniamo di valore viene sempre riassortito e «diamo la caccia» a piccoli editori o autori che si autopubblicano (con attenzione alla qualità del testo, ovviamente). Dal 2013 è socio fondatore dell'Associazione LIM - Librerie Indipendenti Milano.

Il Mio Libro (la Scatola Lilla)

Via Sannio 18, 20137 Milano - 02 39843651
www.lascatolalilla.it - FB La Scatola Lilla di Cristina Di Canio - IG @scatolalilla

Lo staff dei librai Lavoro da sola.
La tua storia in 280 caratteri Ho deciso di provare a fare il lavoro che tanto mi faceva sognare da bambina. Ho visto un piccolo negozio nel quartiere in cui sono nata e cresciuta e ho pensato fosse il posto perfetto ad abitare storie.
Che libreria sei, in una sola parola? Senza confini.
Qual è il libro che identifica la tua libreria? «Vangelo Yankee» di Nicolò Gianelli.
Qual è il personaggio letterario che rappresenta la tua clientela? Non vi è un solo personaggio. Ho diversi Don Chisciotte, Edmond Dantés e poi personaggi surreali come nei migliori romanzi di Boris Vian.
A chi vorresti vendere un libro? E quale libro? A un nuovo lettore. Il libro della vita.
Qual è la domanda più strana che ti è stata fatta? «Hai del filo da pesca?».
Qual è la tua libreria preferita nel mondo? E in Italia? Non ne ho una preferita. Le librerie che amo sono quelle che trasmettono da subito una forte personalità. Ogni libreria è speciale a modo suo.
Usciti dalla tua libreria bisogna andare assolutamente... dove? Proprio accanto, alla brasserie belga Le Vent du nord.
Cosa trovo da te che non trovo altrove? Il disordine creativo.

Libreria 6 rosso

Via Alfredo Albertini 6, 20154 Milano - 02 34593751
www.6rosso.com - info@6rosso.it
FB Libreria 6 Rosso - TW @libreria6rosso

Lo staff dei librai Sara, Carlo e Andrea.
La tua storia in 280 caratteri 6 Rosso nasce nel 2010 dalla passione di Sabina e Carlo. È una piccola libreria di quartiere, in cui ciascun titolo rispecchia il gusto e l'istinto di chi la vive, differenziandosi dalle grandi catene di settore e offrendo un punto di incontro nel vivace quartiere di Paolo Sarpi.
Che libreria sei, in una sola parola? Peculiare.
Qual è il libro che identifica la tua libreria? «L'arte della gioia» di Goliarda Sapienza.
Qual è il personaggio letterario che rappresenta la tua clientela? Zeno Cosini, protagonista della «Coscienza di Zeno» di Italo Svevo.
A chi vorresti vendere un libro? E quale libro? Ai gemelli di George e Amal Clooney, «Il Gruffalò» di Julia Donaldson e Axel Scheffler.
Qual è la domanda più strana che ti è stata fatta? «Vorrei la Bibbia ma non mi ricordo l'autore, saprebbe dirmi chi è?».
Qual è la tua libreria preferita nel mondo? E in Italia? La Gallimard di Parigi.
Usciti dalla tua libreria bisogna andare assolutamente... dove? L'Arco della Pace e il Parco Sempione.
Cosa trovo da te che non trovo altrove? Un libraio, non un bottegaio.

Libreria Città Possibile

Via Frua 11, 20146 Milano - 02 48561520
www.libreriacittapossibile.it - info@libreriacittapossibile.it
FB Jaca Book - TW @jacabook

Lo staff dei librai La libraia è Elisa Del Chierico, appassionata filosofa capace di guidare e coinvolgere i lettori nell'amplissimo catalogo della libreria.
La tua storia in 280 caratteri Libreria della storica casa editrice in-

dipendente Jaca Book, nata nel 1965. Aperta nel 2013, con oltre 5000 titoli a scaffale, è uno spazio tra biblioteca e piazza che accoglie lettori, grandi e piccoli, e anima incontri anche con il Circolo Autori-Lettori di cui è sede.
Che libreria sei, in una sola parola? Editoriale.
Qual è il libro che identifica la tua libreria? Il libro di interventi e articoli dello scrittore, operaio, cantautore, cittadino e giornalista Ivan Della Mea, «La città possibile», che ci ricorda come una «città», perché diventi possibile, ossia, umana, civile, democratica e vivibile debba innanzitutto contenere la gioia di chi ci vive dentro.
Qual è il personaggio letterario che rappresenta la tua clientela? I camionisti del capolavoro teatrale «La strada» del nostro autore e Nobel Wole Soyinka, alla ricerca della parola, verità e rinascita.
A chi vorresti vendere un libro? E quale libro? A Donald Trump venderei «La Raza. Messicani negli Usa» di Stan Steiner, il grande storico della frontiera e delle minoranze americane.
Qual è la domanda più strana che ti è stata fatta? Non esistono domande strane in una libreria!
Qual è la tua libreria preferita nel mondo? E in Italia? Nel mondo, la Pages Bookstore di Istanbul, una libreria per i rifugiati siriani aperta nel 2015 da una coppia scappata dalla guerra; è uno dei pochi posti in città in cui trovare libri in arabo. In Italia, la Libreria Idrusa, di Alessano, in Salento, la più a sud-est d'Italia, fortemente impegnata nella promozione della lettura in un territorio d'arte e cultura millenarie, ma tra i meno «leggenti» d'Italia.
Usciti dalla tua libreria bisogna andare assolutamente... dove? A visitare il Cenacolo di Leonardo, salendo per quattro fermate su un vecchio tram di Milano. Tutto questo non prima di aver fatto incetta delle praline al cioccolato di Elli, storica elegante pasticceria accanto al Teatro Nazionale.
Cosa trovo da te che non trovo altrove? Le nostre prime edizioni rare e talvolta introvabili nello «Spazio Oltre», l'angolo della libreria dedicato alle sezioni storiche del catalogo.

Libreria Centofiori

Piazzale Dateo 5, 20129 Milano - 02 36577757
FB Libreria Centofiori - IG @libreriacentofiori

Lo staff dei librai In questo momento siamo in tre: Vittorio, socio della libreria e in precedenza libraio Feltrinelli, Veronica, in Centofiori da più di dieci anni, e Ilaria, approdata qui dopo diverse esperienze nel mondo del libro.
La tua storia in 280 caratteri Centofiori è una libreria indipendente nata nel 1975. Da allora ha visto succedersi varie gestioni, l'ultima nel 2018 con rinnovo totale dei locali. Questi cambiamenti hanno rafforzato l'anima della libreria, rendendola un luogo d'incontro ricco, aperto a tutti i generi e sempre innovativo.
Che libreria sei, in una sola parola? Di quartiere.
Qual è il libro che identifica la tua libreria? «Acqua di mare» di Charles Simmons, recentemente ripubblicato. Siamo legati a questo libro fin dalla sua prima uscita, tanto da averne riportato una citazione su una parete della libreria.
Qual è il personaggio letterario che rappresenta la tua clientela? Truman Capote, che da un trafiletto di cronaca ha creato un libro: i nostri clienti colgono gli spunti quotidiani per incuriosirsi e approfondire.
A chi vorresti vendere un libro? E quale libro? Ci piacerebbe vendere tanti libri ad alcuni dei nostri politici attuali. In particolare potremmo consigliare «La frontiera» di Alessandro Leogrande, che è la testimonianza forte di un autore che non ha avuto paura di aprire il suo sguardo al mondo.
Qual è la domanda più strana che ti è stata fatta? Potrà sembrare strano, ma è capitato che ci chiedessero: «A voi piace leggere?».
Qual è la tua libreria preferita nel mondo? E in Italia? The Last Bookstore di Los Angeles, uno splendido labirinto di libri da cui non vorresti mai uscire. In Italia abbiamo un debole per L'amico ritrovato di Genova, anche per la grande amicizia che ci lega ai suoi librai.
Usciti dalla tua libreria bisogna andare assolutamente... dove? A gustare il gelato della gelateria Giova, sul lato opposto della piazza. A quel punto ci si potrà sedere nel parco al centro di piazzale Dateo,

su una bella panchina all'ombra, per leggere e rinfrescarsi. Cosa volere di più?
Cosa trovo da te che non trovo altrove? La continua voglia di confrontarsi, scambiando due chiacchiere sui temi più disparati (ci piace in particolar modo parlare di musica e di viaggi, compiuti o solo sognati). E anche simpatia, sorrisi e moltissimi consigli!

Libreria Claudiana di Milano

Via F. Sforza 12/a, 20122 Milano - 02 76021518 - 02 76393523
www.claudiana.it - libreria.milano@claudiana.it
FB Libreria Claudiana Milano
Lo staff dei librai Samuele, Rebeca e Martina.
La tua storia in 280 *caratteri* Aperta nel 1968, è una libreria specializzata in cultura religiosa, attenta ai problemi del mondo contemporaneo. L'approccio rigorosamente non confessionale ma plurale, laico e interculturale è evidente nella scelta dell'assortimento e negli argomenti degli incontri che organizza.
Che libreria sei, in una sola parola? Specializzata.
Qual è il libro che identifica la tua libreria? È difficile dopo cinquant'anni sceglierne uno solo, perciò ne scegliamo uno recente: «La Bibbia ha (quasi) sempre ragione», Gioele Dix. Nella convinzione che l'analfabetismo culturale e religioso porti spesso all'analfabetismo democratico, riteniamo che un approccio laico e spiritoso, ma profondo e convinto, a un testo come la Bibbia sia ciò che rimane più impresso, che stimoli di più e che meglio ci rappresenti in questi anni.
Qual è il personaggio letterario che rappresenta la tua clientela? Oskar di «Molto forte, incredibilmente vicino»: un ragazzino intraprendente e curioso, come i nostri clienti quando si perdono tra gli scaffali.
A chi vorresti vendere un libro? E quale libro? Più che vendere, vorremmo regalare a tutti gli studenti il libro «Le leggi fondamentali della stupidità umana» di Cipolla, ovvero la matematica che spiega, e tenta di migliorare, l'umanità. Con un po' di umorismo incorporato.

Qual è la domanda più strana che ti è stata fatta? Una Bibbia autografata.
Qual è la tua libreria preferita nel mondo? E in Italia? Nel mondo, citiamo la City Lights Bookstore di San Francisco, due piani di meraviglie e persino una stanza della poesia. In Italia, a Milano in particolare, ci piace girare in una delle tante librerie della LIM (Librerie Indipendenti di Milano), perché ognuna di esse ha da proporti un qualcosa di particolare, una «piccola bellezza».
Usciti dalla tua libreria bisogna andare assolutamente... dove? A leggere nei vicinissimi e accoglienti giardini della Guastalla.
Cosa trovo da te che non trovo altrove? Un luogo d'incontro, di confronto e di dialogo, un presidio culturale (per fortuna non l'unico). Come ci ha dipinti un cliente (e amico) storico: «Questa libreria è come un lounge bar dei film americani anni Cinquanta: ci può entrare gente nuova, sempre diversa... ma io avrei sempre il tavolino in fondo a sinistra!».

Libreria Cultora Milano

Via Alfonso Lamarmora 24, 20122 Milano - 02 45374719
www.cultora.it/librerie - FB Libreria Cultora Milano
IG @cultora.it
Lo staff dei librai Francesco Giubilei, socio amministratore; Laura Busnelli, socia e libraia; Matteo Facchini, libraio; Francesco Zamboni, libraio.
La tua storia in 280 caratteri La Libreria Cultora Milano nasce dall'omonimo quotidiano online di informazione culturale «Cultora» e riprende il format della Libreria Cultora Roma. Ha aperto nel giugno 2017 ed è una libreria di quartiere specializzata in editoria indipendente, nonché spazio eventi gratuito.
Che libreria sei, in una sola parola? Generalista.
Qual è il libro che identifica la tua libreria? «Esame di coscienza di un letterato», Renato Serra.
Qual è il personaggio letterario che rappresenta la tua clientela? Bastiano Baldassarre Bucci, il protagonista di «La storia infinita»

di Michael Ende: sua la meraviglia negli occhi dei nostri giovani clienti.
A chi vorresti vendere un libro? E quale libro? Vorrei vendere il primo romanzo della nostra libraia Laura Busnelli, «Al di là della paura», a J. K. Rowling.
Qual è la domanda più strana che ti è stata fatta? Un cliente, entrando: «È una libreria?».
Qual è la tua libreria preferita nel mondo? E in Italia? Nel mondo: Daunt Books di Marylebone a Londra. In Italia: Libreria Acqua Alta a Venezia.
Usciti dalla tua libreria bisogna andare assolutamente... dove? Alla sinagoga centrale, il principale luogo di culto della comunità ebraica di Milano. È situata in via Guastalla 19, a quattrocento metri circa dalla libreria.
Cosa trovo da te che non trovo altrove? Un vasto assortimento di piccoli e medi editori indipendenti: la voce di chi, senza essere necessariamente pop, ha molto da raccontare.

Libreria del Convegno

Via Lomellina 35, 20133 Milano - 02 743556
www.libreriadelconvegno.com
FB Libreria Del Convegno - IG @libreriadelconvegno
Lo staff dei librai Giacomo e Francesca.
La tua storia in 280 caratteri Libreria indipendente, luogo di incontro e di scambio, presidio culturale e comunità di lettori. La libreria nasce nel 1978 a Milano, in via Lomellina 35 dove tuttora si trova. Ospita incontri e gruppi di lettura per adulti e bambini.
Che libreria sei, in una sola parola? Di quartiere.
Qual è il libro che identifica la tua libreria? «Luce d'estate ed è subito notte» di Jón Kalman Stefánsson; libro cardine del nostro primo Letti di notte, grande amore di entrambi i librai e buon esempio di quanto «a volte nei posti piccoli - che sia un paesino islandese o una libreria - la vita diventa più grande».
Qual è il personaggio letterario che rappresenta la tua clientela? Le cre-

ature di Harry Potter: saggi come Centauri, amabili come Puffskein. Si spera portatori di soldi come Lepricani. E spesso rari come Unicorni!
A chi vorresti vendere un libro? E quale libro? Uno dei graphic novel di Liv Strömquist: «Il frutto della conoscenza» e «I sentimenti del principe Carlo». A una qualsiasi ragazza. Anzi, a una qualsiasi donna. Anzi, a chiunque.
Qual è la domanda più strana che ti è stata fatta? Un signore una volta ci ha chiesto se potevamo tenergli il cane, un barboncino. L'ha legato a una lampada ed è tornato ore dopo. Ci è un po' dispiaciuto; iniziavamo ad affezionarci.
Qual è la tua libreria preferita nel mondo? E in Italia? In Italia ne avevamo una, la libreria Utopia di viale Moscova, a Milano. Nel mondo ci siamo recentemente presi una cotta per la Golden Hare Books a Edimburgo.
Usciti dalla tua libreria bisogna andare assolutamente... dove? Alla Cooperativa La Liberazione per un bicchiere di vino.
Cosa trovo da te che non trovo altrove? I 45 volumi dell'opera completa di Lenin edita da Editori Riuniti nel 1955. Purtroppo non è in vendita. In alternativa abbiamo una vasta collezione di paperelle di gomma.

Libreria delle donne

Via Pietro Calvi 29, 20129 Milano - 02 70006265
info@libreriadelledonne.it - www.libreriadelledonne.it
FB Libreria delle donne di Milano - IG @libreria-delle-donne-di-milano - TW @libdonmi - YT libdonmi
Lo staff delle libraie Circa quaranta socie del Circolo cooperativo Sibilla Aleramo, impegnate nelle varie attività.
La tua storia in 280 caratteri Dal 1975 promuoviamo la libera circolazione del sapere femminile e la pratica di relazione. Vendiamo libri, siamo autrici di pubblicazioni, centro d'incontro e discussione di moltissime donne e alcuni uomini e riferimento internazionale per la politica della differenza sessuale.

Che libreria sei, in una sola parola? Femminista.
Qual è il libro che identifica la tua libreria? «Non credere di avere dei diritti. La generazione della libertà femminile nell'idea e nelle vicende di un gruppo di donne», di cui siamo le autrici.
Qual è il personaggio letterario che rappresenta la tua clientela? Anne Elliot, la protagonista del romanzo «Persuasione» di Jane Austen.
A chi vorresti vendere un libro? E quale libro? Ad Angela Merkel, «La politica del desiderio» di Lia Cigarini.
Qual è la domanda più strana che ti è stata fatta? «Voglio un libro ma non ricordo il titolo, né l'autrice, né l'editore... nemmeno l'argomento». E trovarlo.
Qual è la tua libreria preferita nel mondo? E in Italia? La Llibreria Pròleg di Barcellona (Spagna). Lìbrati, la libreria delle donne di Padova.
Usciti dalla tua libreria bisogna andare assolutamente... dove? A farsi un prosecchino, in uno dei tanti bar milanesi.
Cosa trovo da te che non trovo altrove? Tutti i libri di Carla Lonzi.

Libreria del Mondo Offeso

Piazza San Simpliciano 7, 20121 Milano - 02 36520797
www.libreriadelmondooffeso.it - FB Libreria Del Mondo Offeso - TW @LibreriaMondoOffeso
Lo staff dei librai Laura Ligresti e Marco Bocciarelli, moglie e marito...
La tua storia in 280 caratteri Nata nel 2008 in corso Garibaldi, con l'obiettivo di essere un luogo dove... è vietato calpestare i sogni! Dopo cinque anni traslochiamo, aprendo la caffetteria bistrot. Dal 2016 torniamo nel quartiere nativo. Col tempo abbiamo ampliato l'assortimento mantenendo però l'identità.
Che libreria sei, in una sola parola? «Storica», «di quartiere» e «militante».
Qual è il libro che identifica la tua libreria? «Conversazione in Sicilia» di Elio Vittorini. Il mondo offeso di cui il nome della libreria è

il «mondo offeso» di Elio Vittorini in «Conversazione in Sicilia», a cui è dedicato un intero capitolo.
Qual è il personaggio letterario che rappresenta la tua clientela? Cidrolin da «I fiori blu» di Italo Calvino. Onirico, calmo, curioso, attento, combattivo, ironico, critico. Sognatore ma con i piedi per terra!
A chi vorresti vendere un libro? E quale libro? Vorrei vendere e regalare i libri al mondo intero... Se la domanda è riferita a qualcuno in particolare, vorrei vendere i libri a me più affini agli ignoranti e ai politici. Inizierei con «L'oca al passo» di Tabucchi, proseguirei con «Un canto clandestino saliva dall'abisso» di Mimmo Sammartino, poi «Appunti per un naufragio» di Davide Enia.
Qual è la domanda più strana che ti è stata fatta? «Avrei bisogno di libri per arredare casa». No comment!
Qual è la tua libreria preferita nel mondo? E in Italia? Nel mondo Word On The Water - The London Bookbarge a Londra. In Italia beh, sono innamorata della mia... ma mi sono innamorata anche della Libreria Namasté di Tortona. Amo molto tutte le librerie e rispettivi librai indipendenti fuori da Milano città, li trovo più affini al mio approccio «passionale» e non modaiolo. Ma a Milano mi trovo vicina alle librerie Linea di Confine, Linea d'Ombra, Del Convegno e Trittico.
Usciti dalla tua libreria bisogna andare assolutamente... dove? A visitare la basilica di San Simpliciano, che domina in tutto il suo splendore la piazza, e in via San Marco alle chiuse dei Naviglio di Leonardo Da Vinci.
Cosa trovo da te che non trovo altrove? Beh, molte persone mi fanno i complimenti proprio per la scelta dei titoli in assortimento che normalmente non trovano in altre librerie. E mi dicono che è casa. Mi definirei una libreria «storica», ovvero novecentesca... in quanto ogni libro è scelto titolo per titolo e nelle nostre specializzazioni abbiamo profondità nell'assortimento oltre a leggere i libri e consigliarli; «di quartiere» in quanto lavoriamo sul territorio e «militante» nel senso che non ci pieghiamo alle regole del mercato di massa ma facciamo delle scelte di assortimento con una linea e un'identità ben precisa. Questo non esclude però il servizio al

cliente e quindi l'ordine su richiesta di titoli non presenti in assortimento.

Libreria Internazionale Ulrico Hoepli

Via Hoepli 5, 20121 Milano
www.hoepli.it - FB Hoepli.it - La Grande Libreria Online
IG @libreria_hoepli - TW @Hoepli_1870 - YT Hoepli

Lo staff dei librai Quaranta librai specializzati.
La tua storia in 280 caratteri Acquistata per corrispondenza nel 1870 da un giovane svizzero, è diventata un palazzo di cinque piani interamente dedicato ai libri.
Che libreria sei in una sola parola? Storica, ma sempre attuale.
Qual è il libro che identifica la tua libreria? Il «Manuale dell'ingegnere» di Giuseppe Colombo.
Qual è il personaggio letterario che rappresenta la tua clientela? Faust, con la sua sete di conoscenza.
A chi vorresti vendere un libro? E quale libro? A un giovane lettore di quindici anni. «L'estate che sciolse ogni cosa» di Tiffany McDaniel.
Qual è la domanda più strana che ti è stata fatta? «Vorrei avere informazioni su un autore che scrive di vari argomenti... si chiama AA.VV.».
Qual è la tua libreria preferita nel mondo? E in Italia? El Ateneo Grand Splendid di Buenos Aires. Libreria Rinascita ad Ascoli Piceno.
Usciti dalla tua libreria bisogna andare assolutamente... dove? Da Luini a mangiare un panzerotto.
Cosa trovo da te che non trovo altrove? «Se non ce l'ha Hoepli, allora non ce l'ha nessuno».

Libreria Malavasi

Largo Schuster 1, 20122 Milano - 02 804607
www.libreriamalavasi.com

Lo staff dei librai Maurizio Malavasi, Sandra Malavasi, Sergio Malavasi, Nicola Malavasi.

La tua storia in 280 caratteri Fondata nel 1939 da Paride Malavasi, nel 1975 il testimone viene raccolto dai figli. A oggi, si colloca tra le migliori librerie antiquarie del paese. Nel 1995 ha avviato, sempre in posizione pionieristica, un'attività su Internet per il libro antico: il sito Maremagnum.com.
Che libreria sei, in una sola parola? Storica.
Qual è il libro che identifica la tua libreria? La libreria ha anche svolto nel passato un'attività editoriale: il titolo più significativo è «Giuseppe e Carlo Francesco Maggiolini. L'officina del Neoclassicismo» di Giuseppe Beretti. Prefazione di Alvar Gonzàlez-Palacios. Pubblicato nel 1994.
Qual è il personaggio letterario che rappresenta la tua clientela? Il protagonista del romanzo di Umberto Eco «La misteriosa fiamma della regina Loana», che poi è Eco stesso, nostro affezionato cliente/amico.
A chi vorresti vendere un libro? E quale libro? Vorrei poter vendere ancora a Umberto, una collezione completa del «Corriere dei Piccoli».
Qual è la domanda più strana che ti è stata fatta? «Ma li avete letti tutti i libri qui dentro?».
Qual è la tua libreria preferita nel mondo? E in Italia? La libreria In-Libris di Vienna, in Italia la nostra.
Usciti dalla tua libreria bisogna andare assolutamente... dove? Se la giornata è particolarmente limpida, occorre assolutamente salire in cima al Duomo di Milano, a poche centinaia di metri dalla nostra libreria, e vedere tutto l'arco alpino nel suo splendore.
Cosa trovo da te che non trovo altrove? La gentilezza di una volta.

Libreria Parole&Pagine

Corso di Porta Nuova fronte civico 32, 20121 Milano
02 65560781 - FB Libreria Parole&Pagine
Lo staff dei librai Alessandra Papetti (titolare fondatrice), Massimo Tangaro, Veronica Leati.
La tua storia in 280 caratteri Libreria indipendente nata nel 2009

dal sogno della titolare Alessandra, ex pubblicitaria. Ogni titolo presente in libreria è scelto con cura per soddisfare le nostre passioni e incontrare quelle dei nostri lettori affezionati e non.
Che libreria sei, in una sola parola? Di quartiere.
Qual è il libro che identifica la tua libreria? «L'anulare» di Yōko Ogawa, in un mondo digitale salvare l'«esemplare (libreria)» è fondamentale.
Qual è il personaggio letterario che rappresenta la tua clientela? Mendel di Stefan Zweig.
A chi vorresti vendere un libro? E quale libro? A Margherita Hack, l'«Oroscopo di Paolo Fox». Con la sua grande ironia sarebbe andata subito a contare le stelline del suo segno.
Qual è la domanda più strana che ti è stata fatta? «C'è il libro che dice quanti gatti ci sono in Italia?».
Qual è la tua libreria preferita nel mondo? E in Italia? Daunt Books a Londra, Libreria MarcoPolo a Venezia.
Usciti dalla tua libreria bisogna andare assolutamente... dove? Ai giardini di via Palestro in qualsiasi stagione.
Cosa trovo da te che non trovo altrove? Dopo aver chiacchierato un po' con noi, ci dicono che riusciamo sempre a trovare il libro giusto. Abbiamo un catalogo molto profondo che cerchiamo di tenere vivo.

Libreria Popolare

Via A. Tadino 18, 20124 Milano - 02 29513268 - 02 36601185
info@libreriapopolare.it - FB Libreria Popolare di Via Tadino - IG @libreriapopolare

Lo staff dei librai Michaela Molinari, Antonio La Gamma e Guido Duiella.
La tua storia in 280 caratteri Nata come libreria della «nuova Corsia dei Servi» nel 1974 da M. Cuminetti, L. Pigni Maccia, C. De Piaz, D. M. Turoldo insieme alla Cisl Milano, oggi fa parte del circuito Librerie Indipendenti Milano ed è sede del gruppo carcere Mario Cuminetti e dell'associazione Fiorella Ghilardotti.
Che libreria sei, in una sola parola? Storica.

Qual è il libro che identifica la tua libreria? «Seminare nuovi occhi nella terra» di Mario Cuminetti.
Qual è il personaggio letterario che rappresenta la tua clientela? Ulisse. I clienti entrano in libreria inconsapevoli di cosa aspettarsi, ma curiosi di trovare in un angolo il libro giusto al momento giusto.
A chi vorresti vendere un libro? E quale libro? Ágota Kristóf, «La trilogia della città di K.» a chi crede che si nasca buoni o cattivi.
Qual è la domanda più strana che ti è stata fatta? «Tra tutti i libri che avete, quale mi sconsiglieresti con assoluta certezza?».
Qual è la tua libreria preferita nel mondo? E in Italia? Sono rimasto folgorato dalla Atlantis Books di Santorini, davvero originale. In Italia mi piace molto la Libreria dell'Arco di Matera.
Usciti dalla tua libreria bisogna andare assolutamente... dove? A sedersi su una panchina nei giardini di Porta Venezia.
Cosa trovo da te che non trovo altrove? Spero che tu possa trovare ciò che troveresti in una qualsiasi altra vera libreria indipendente: una selezione accurata dei libri proposti, con particolare attenzione all'editoria indipendente di qualità, accoglienza e disponibilità, dialogo, servizi bibliografici, proposte e iniziative per promuovere e condividere la lettura, rispetto per il tuo tempo e per i tuoi soldi: mettiamo tutto il nostro impegno e la nostra professionalità per non farti leggere libri inutili e buttar via i tuoi soldi.

Libreria Verso

Corso di Porta Ticinese 40, 20123 Milano - 02 8375648
www.libreriaverso.com - FB verso libri
IG @versolibri - TW @versolibri
Lo staff dei librai Davide, Antonio, Luigi, Cristina, Marta.
La tua storia in 280 caratteri Libreria-laboratorio, offre itinerari di lettura e uno spazio di aggregazione intorno al libro. Una stanza è riservata ai libri per l'infanzia. Gli eventi sono il cuore pulsante di Verso: presentazioni, incontri, letture, cicli sui mestieri del libro, corsi e contaminazioni culturali.
Che libreria sei, in una sola parola? Di proposta.

Qual è il libro che identifica la tua libreria? «Un'odissea. Un padre, un figlio e un'epopea» di Daniel Mendelsohn.
Qual è il personaggio letterario che rappresenta la tua clientela? Dottor Pangloss da «Candido» (Voltaire), che crede di vivere nel migliori dei mondi possibili. Grazie ai nostri clienti lo crediamo anche noi.
A chi vorresti vendere un libro? E quale libro? «L'isola del tesoro» a Peter Pan.
Qual è la domanda più strana che ti è stata fatta? «Vendete mutande? DVD sporchi?».
Qual è la tua libreria preferita nel mondo? E in Italia? Libreria Hoepli, in Italia. Shakespeare & Co. a Parigi.
Usciti dalla tua libreria bisogna andare assolutamente... dove? A Sant'Eustorgio, passando per il Parco delle Basiliche.
Cosa trovo da te che non trovo altrove? Romanzi da riscoprire e un appuntamento tutti i giorni all'ora dell'aperitivo.

LibriSottoCasa

Milano Sud - 339 7840144 - FB Librisottocasa
Lo staff dei librai Luca Ambrogio Santini (titolare).
La tua storia in 280 caratteri Costretto nel 2013, dalla crisi economica e di lettura e dalla spietata concorrenza online, a chiudere la mia libreria, inventai una libreria itinerante in bici. Consegno a casa, organizzo banchetti, concerti, feste di piazza; vado in scuole, biblioteche, associazioni del territorio.
Che libreria sei, in una sola parola? Itinerante.
Qual è il libro che identifica la tua libreria? «Il Parnaso ambulante», di Christopher Morley. Mr. Mifflin «predica l'amore per i libri e l'amore per gli esseri umani».
Qual è il personaggio letterario che rappresenta la tua clientela? Mina («Skellig», Almond). Un'anticonformista, amante della natura, vive su un albero e osservando da lì il mondo si stupisce della sua bellezza.
A chi vorresti vendere un libro? E quale libro? A Jeff Bezos, «Una ricetta miracolosa» di Gaëtan Dorémus (è sulla solidarietà tra vicini di casa).

Qual è la domanda più strana che ti è stata fatta? Telefonata dalla provincia di Ascoli Piceno: «Verrebbe a consegnare anche qui?».
Qual è la tua libreria preferita nel mondo? E in Italia? The Shop Around the Corner di New York (è quella del film «C'è posta per te»). In Italia Bibliolibrò di Ostia.
Usciti dalla tua libreria bisogna andare assolutamente... dove? È la mia libreria che si sposta verso il cliente.
Cosa trovo da te che non trovo altrove? Come in tutte le librerie indipendenti trovi competenza, passione, servizio. Inoltre LibriSottoCasa è specializzata in mobilità sostenibile e in tutti quei libri per bambini in cui compare la bicicletta. E c'è pure il «kamishibai»: il teatrino in bici.

Magazzino Musica - MaMu

Via Francesco Soave 3, 20135 Milano - 331 6041290
www.magazzinomusica.it - FB Magazzino Musica
IG @magazzino_musica

Lo staff dei librai Laura Ferrari, Nicola Kitharatzis, Silvia Bertolino.
La tua storia in 280 caratteri Ho sempre sognato di fare la libraia, ma l'ho presa larga: sono partita per il cyberspazio, agli albori di Internet. Un piede però era rimasto a terra e ha seguito un sentiero di carta che si apriva varchi tra le redazioni. Una casa dedicata alla musica è diventata la mia libreria.
Che libreria sei, in una sola parola? Musicale.
Qual è il libro che identifica la tua libreria? Federico Maria Sardelli, «L'affare Vivaldi».
Qual è il personaggio letterario che rappresenta la tua clientela? Johannes Elias Alder («Le voci del mondo»). Non sa leggere una nota, ma sente musica e voci del mondo come nessun altro nel suo villaggio.
A chi vorresti vendere un libro? E quale libro? Vorrei vendere «Lo spartito del mondo» (Giovanni Bietti) a chi teme le diversità.
Qual è la domanda più strana che ti è stata fatta? «Ma tutti questi libri... sono in vendita?».

Qual è la tua libreria preferita nel mondo? E in Italia? LX Factory di Lisbona. In Italia... la LIM (l'Associazione Librerie Indipendenti di Milano).
Usciti dalla tua libreria bisogna andare assolutamente... dove? A un concerto.
Cosa trovo da te che non trovo altrove? Il ferro dell'anima. Fuor di metafora, è lo strumento usato dai nostri liutai per recuperare l'anima caduta agli strumenti ad arco.

Oasi del Piccolo Lettore

Via Giuseppe Gabetti 15/C, 20147 Milano - 320 2928810
www.oasidelpiccololettore.it - FB Oasi del piccolo lettore
IG @oasidelpiccololettore_libreria - TW @piccolo_lettore
Lo staff dei librai Siamo tre soci: Patrizia che ha studiato letteratura, Alessandro che ha fatto tanti lavori diversi ma sempre con un libro da leggere tra le mani, Gaia che studia pedagogia e si occupa delle attività per i bambini.
La tua storia in 280 caratteri Spazio di incontri, letture, laboratori per bambini e genitori. Nata nel 2015 come progetto itinerante, da 2 anni è parte del complesso di housing sociale Cenni di Cambiamento. Non potevamo scegliere sede migliore: «per crescere un bambino serve un intero villaggio».
Che libreria sei, in una sola parola? Per bambini.
Qual è il libro che identifica la tua libreria? «Il pentolino di Antonino», di Isabelle Carrier. Antonino trascina sempre dietro di sé il suo pentolino, non si sa bene perché. Un giorno gli è caduto sulla testa e da allora Antonino non è più come tutti gli altri... deve faticare molto di più per farcela. Un libro su disabilità e inclusione, in grado di rovesciare i punti di vista e mostrarci anche le cose più scontate da una nuova prospettiva.
Qual è il personaggio letterario che rappresenta la tua clientela? Ha amici immaginari, parla con le sedie e i cuscini, quando piove è felice perché può saltare nelle pozzanghere... senza dubbio la Pimpa!
A chi vorresti vendere un libro? E quale libro? A chi ha perso la capa-

cità di provare empatia per il dolore degli altri e pensa a chi deve arrivare «prima» di qualcuno invece di pensare a chi arriva sempre «ultimo». A questa persona regalerei «La città in fondo al mare» di Spartaco Ripa e Mauro Grimaldi.
Qual è la domanda più strana che ti è stata fatta? «Sto cercando un libro: non ricordo titolo, autore, editore, nemmeno il colore della copertina. Ricordo solo che c'era dentro il vento, sa dirmi che libro è?» (era «Come? Cosa?» di Orecchio Acerbo).
Qual è la tua libreria preferita nel mondo? E in Italia? Nel mondo è una libreria indipendente e militante di Madrid, Traficantes de sueños. In Italia quella grande libreria a cielo aperto che è Port'Alba, una strada di minuscole librerie e bancarelle di libri a Napoli.
Usciti dalla tua libreria bisogna andare assolutamente... dove? A Mare Culturale Urbano, i nostri vicini di casa: una cascina del 1600 che è centro internazionale per le arti, luogo di ritrovo e ristoro.
Cosa trovo da te che non trovo altrove? BookCatering, il catering dei libri. Curiamo bookshop temporanei e «su misura» per festival, eventi e feste private. Abbiamo anche vinto un progetto di Innovazione Culturale di Fondazione Cariplo con questa idea e curiamo ogni anno decine di catering. Tutte le info sono sul sito www.bookcatering.it.

SpazioB**K

Via Porro Lambertenghi 20, 20159 Milano - 02 87063126
info@spaziobk.com - www.spaziobk.com
FB Spazio bk - IG @spaziobk
Lo staff dei librai Socie fondatrici: Chiara Bottani e Diletta Colombo.
La tua storia in 280 caratteri SpazioB**K ha aperto nel quartiere Isola nel 2012 dall'incontro tra Chiara, bibliotecaria e sarta di formazione, e Diletta, libraia. Per mettere insieme, a partire dai libri, il «guardare» e il «fare» e mischiarli nella doppia anima di libreria e laboratorio.
Che libreria sei, in una sola parola? Libreria-laboratorio indipendente e specializzata.

Qual è il libro che identifica la tua libreria? «Le cose in-misurabili», Ayumi Kudo. Autoproduzione 2012.
Qual è il personaggio letterario che rappresenta la tua clientela? «Guizzino» di Leo Lionni: artefice di un grande pesce, fatto di tanti pesciolini, per spaventare i predatori e salvare la libertà di tutti.
A chi vorresti vendere un libro? E quale libro? A Sergio Tofano vorremmo vendere «Animali sbagliati» di Franco Matticchio.
Qual è la domanda più strana che ti è stata fatta? Più che strana, ricorrente: «Ma che libreria siete? Non capisco!».
Qual è la tua libreria preferita nel mondo? E in Italia? Una? Impossibile. It's a book a Lisbona, libreria del Centre Cultural Suisse di Parigi, libreria del Moma Psi a New York. In Italia Marco Polo di Venezia.
Usciti dalla tua libreria bisogna andare assolutamente... dove? Da Volume Dischi e Libri, che finalmente dall'estate ha aperto di fianco a noi!
Cosa trovo da te che non trovo altrove? Libri illustrati con sguardo trasversale per adulti e bambini, nuovi e usati, italiani e stranieri con una selezione di proposte di narrativa e saggistica a «costellazione»; incontri di ricerca legati al «guardare» e al «fare»; consulenze bibliografiche approfondite e vendita di libri in particolare illustrati e internazionali; organizzazione di fiere e mercati con un'offerta editoriale tematica e sperimentale; progettazione e organizzazione di incontri, mostre e corsi di formazione a partire dai libri illustrati. In laboratorio un programma annuale di corsi di formazione di tecniche artigianali, tra analogico e digitale, didattica e progettazione di libri.

Tempo Ritrovato Libri

Corso Garibaldi 17, 20121 Milano
info@temporitrovatolibri.it - www.temporitrovatolibri.it
FB Tempo Ritrovato Libri - IG @temporitrovatolibri
Lo staff dei librai Deborah, Luca, Bianca Allodi e Giuliano Stefanelli.
La tua storia in 280 caratteri La libreria nasce nell'attuale sede di

Corso Garibaldi 17, nell'ottobre del 2017. Precedentemente, aveva visto la luce, come caffè-libreria (Bistrò del Tempo Ritrovato), nel settembre del 2007 in via Vincenzo Foppa.
Che libreria sei, in una sola parola? Di proposta.
Qual è il libro che identifica la tua libreria? «La quarta parete» di Sorj Chalandon.
Qual è il personaggio letterario che rappresenta la tua clientela? Don Chisciotte. Perché i nostri lettori sono «malati» di letteratura.
A chi vorresti vendere un libro? E quale libro? A un adolescente che non si è ancora innamorato della lettura. Il libro è: «Arabia Felix» di Thorkild Hansen.
Qual è la domanda più strana che ti è stata fatta? «Vendete biglietti per la metropolitana?».
Qual è la tua libreria preferita nel mondo? E in Italia? Nel mondo La Central (Barcellona). In Italia Tomo Libreria Caffè (Roma).
Usciti dalla tua libreria bisogna andare assolutamente... dove? Biblioteca Braidense.
Cosa trovo da te che non trovo altrove? La costante e continua ricerca di nuovi editori, autori e libri è ciò che contraddistingue la nostra libreria. Siamo soddisfatti quando riusciamo a far conoscere, ai nostri clienti, delle case editrici delle quali non avevano mai sentito parlare.

MONTICHIARI

Libreria Mirtillo

Corso Martiri della Libertà 23, 25018 Montichiari BS
030 5242905 - 338 2042368 - www.libreriamirtillo.it
FB Libreria Mirtillo Montichiari - IG @libreriamirtillo
Lo staff dei librai Lo staff dei librai è composto da... me! Sono Paola, ho due bimbi, amo il fantasy e la buona narrativa, mi piace cambiare spesso colore di capelli, ospitare autori nella mia libreria ma anche portare i miei libri in altri contesti.
La tua storia in 280 caratteri Ho deciso di aprire la mia libreria,

dopo anni di lontananza dagli scaffali, per tornare a fare il lavoro che più amo, che mi rende felice e che può dare tanto anche alla mia comunità, portando autori e lettori, grandi e piccoli, a incontrarsi in questo luogo magico.

Che libreria sei, in una sola parola? Coraggiosa.

Qual è il libro che identifica la tua libreria? «Il più folle e divertente libro illustrato del mondo di Otto» di Tom Schamp.

Qual è il personaggio letterario che rappresenta la tua clientela? «La Compagnia dell'Anello» di Tolkien... perché ogni mio cliente è unico, ma lo scopo comune è portare a casa un libro che migliori il loro mondo.

A chi vorresti vendere un libro? E quale libro? La sfida più ardua è vendere «il libro giusto» a un collega libraio.

Qual è la domanda più strana che ti è stata fatta? «Signora, non è che vende anche il pane?» (il fornaio a fianco era in ferie...).

Qual è la tua libreria preferita nel mondo? E in Italia? La mia libreria estera preferita (per ora) è Shakespeare & Co. a Parigi, mentre in Italia, oltre alla Libreria Mirtillo ovviamente, la Scatola Lilla di Cristina Di Canio a Milano.

Usciti dalla tua libreria bisogna andare assolutamente... dove? Usciti dalla Libreria Mirtillo bisogna assolutamente visitare il Museo Lechi, ospitato nelle sale di Palazzo Tabarino, che espone la prestigiosa quadreria dei conti Lechi. Poi concedersi una passeggiata nel parco del Castello Bonoris e la visita di questo splendido maniero, uno degli esempi architettonici di stile neogotico più importanti della Lombardia.

Cosa trovo da te che non trovo altrove? Nella mia libreria c'è lo spazio per sederci in poltrona insieme a parlare di libri e di storie, di autori e di attori, si possono provare i giochi educativi e soprattutto c'è il mio sorriso!

MONZA

Libri & Libri

Via Italia 22, 20900 Monza - 039 2300657
www.librilibrimonza.it - FB Libri e Libri Monza

Lo staff dei librai Silvana Sada: amministratore. Roberto Arlati: responsabile della libreria. Librai: Franco Arcaini, Raissa Bonfanti, Marta Cairoli, Lara Colombo, Michele Colombo, Francesca Fredella, Luca Fumagalli, Grazia Galli e Alessandra Vanoli.
La tua storia in 280 caratteri Libreria indipendente dal 1990, fin dalla nascita si è distinta per la volontà di portare avanti un progetto culturale che non scendesse a patti con lo spauracchio di internet e della grande distribuzione, stabilendo un rapporto costante di fiducia e scambio con la clientela.
Che libreria sei, in una sola parola? Indipendente.
Qual è il libro che identifica la tua libreria? «Io speriamo che me la cavo» di Marcello d'Orta: fu un grande successo che tenne a battesimo la libreria, ed è la speranza che ci accompagna ogni giorno!
Qual è il personaggio letterario che rappresenta la tua clientela? Vitangelo Moscarda, protagonista del romanzo di Pirandello «Uno, nessuno e centomila»: eterogenea, con interessi diversificati.
A chi vorresti vendere un libro? E quale libro? A un non-lettore accanito, e gli proporremmo «Come un romanzo» di Daniel Pennac.
Qual è la domanda più strana che ti è stata fatta? «Avete un libro di cui non ricordo l'autore dal titolo "Poesie"?».
Qual è la tua libreria preferita nel mondo? E in Italia? Nel mondo la Shakespeare & Co. a Parigi e in Italia naturalmente la nostra!
Usciti dalla tua libreria bisogna andare assolutamente... dove? Usciti di qui bisogna concedersi assolutamente una pausa di relax e lettura nel parco di Monza, il più grande parco recintato d'Europa.
Cosa trovo da te che non trovo altrove? Da noi si può trovare un ambiente familiare e accogliente con librai che amano profondamente il loro lavoro e creano con i clienti un rapporto prima di tutto umano.

MORTARA

Libreria Le mille e una pagina

Corso Garibaldi 7, 27036 Mortara PV - 0384 298493
info@lemilleeunapagina.com - www.lemilleeunapagina.com
FB Letteraria - Le mille e una pagina / Le Mille E Una Pagina
IG @milleeunapagina - TW @lalladafna

Lo staff dei librai Laura Fedigatti e Alberta Maffi.

La tua storia in 280 caratteri Nel 2008 a Mortara si sono create le condizioni per aprire una nuova libreria. Noi, appassionate lettrici e in cerca di un nuovo progetto di vita, abbiamo deciso di lanciarci in questa avventura e realizzare un sogno nel cassetto.

Che libreria sei, in una sola parola? Creativa.

Qual è il libro che identifica la tua libreria? Non c'è un solo libro, potremmo dire che il nostro libro ideale ha un po' della magia fiabesca di «Harry Potter», l'avventura, l'amicizia e la complicità rappresentate da «Qualcuno con cui correre» e «La collina dei conigli», il fascino colto dei romanzi di Siri Hustvedt e di Antonia Byatt, la raffinatezza gotica di «La pietra della luna» del poeta e traduttore Silvio Raffo.

Qual è il personaggio letterario che rappresenta la tua clientela? Helene Hanff, protagonista del libro autobiografico «84, Charing Cross Road», perché per lei i libri erano una ragione di vita.

A chi vorresti vendere un libro? E quale libro? «La sovrana lettrice» di Alan Bennett alla regina Elisabetta II, due nostri grandi miti (e sperando che Sua Maestà diventi cliente di Le mille e una pagina...).

Qual è la domanda più strana che ti è stata fatta? «Avete "Che uomo sei"?». In realtà il cliente voleva «Se questo è un uomo».

Qual è la tua libreria preferita nel mondo? E in Italia? Nel mondo Shakespeare & Co. a Parigi, per un amante dei libri è un luogo dal fascino unico; in Italia, la Libreria Acqua Alta di Venezia, perché si trova nella città più bella del mondo e per la sua originalità.

Usciti dalla tua libreria bisogna andare assolutamente... dove? In un

locale di degustazione del salame d'oca, specialità gastronomica di Mortara.
Cosa trovo da te che non trovo altrove? Familiarità, il libro giusto per tutti i gusti e tanti articoli in stoffa e legno fatti a mano da noi che non si trovano da altre parti, come il portalibro, il nostro evergreen.

PAVIA

Libreria Il Delfino

Piazza Cavagneria 10, 27100 Pavia - 0382 309788
libreriaildelfino@gmail.com - libridelfini.blogspot.com
FB Libreria Il Delfino
Lo staff dei librai Andrea Grisi, Andrea Bordone, Guido Affini.
La tua storia in 280 caratteri La libreria apre nel 1992 in piazza della Vittoria, in una sede di soli 24 mq. Diventa presto una seconda casa per molti lettori. Nel 2012 trasloca, facendo la «Marcia dei delfini»: un evento nel quale trecento amici hanno spostato i libri nella nuova sede passandoseli di mano in mano.
Che libreria sei, in una sola parola? Identitaria.
Qual è il libro che identifica la tua libreria? «Eureka street» di Robert McLiam Wilson.
Qual è il personaggio letterario che rappresenta la tua clientela? Don Chisciotte.
A chi vorresti vendere un libro? E quale libro? A Umberto Eco, il libro che mi consiglia.
Qual è la domanda più strana che ti è stata fatta? Poco dopo l'apertura, ci chiesero se avessimo cartoni per le torte, o libri utilizzabili a tale lo scopo.
Qual è la tua libreria preferita nel mondo? E in Italia? Nel mondo, le librerie indipendenti francesi; in Italia, la libreria che riesce a tenere aperto.
Usciti dalla tua libreria bisogna andare assolutamente... dove? Alla basilica di San Michele Maggiore.

Cosa trovo da te che non trovo altrove? Qualcuno sempre disponibile a consigliare, confrontarsi, a recuperare velocemente anche libri desueti, poco conosciuti, a trovare volumi dimenticati, fornire bibliografie, approfondimenti... Da noi il libraio cerca di diventare un sarto che consiglia letture su misura, cucite addosso ai clienti.

SARONNO

Libraccio Saronno

Corso Italia 119, 21047 Saronno VA - 02 9623962
FB Libraccio (Saronno)

Lo staff dei librai Lo staff del Libraccio di Saronno è formato attualmente da: Michele, Clarissa, Chiara, Manuela e Jacopo.

La tua storia in 280 caratteri Arriva nel dicembre 2014, poco prima di Natale, raccogliendo il testimone dalla storica Libreria Bono: spazi accoglienti, a cui abbiamo aggiunto un tocco di freschezza mantenendo la familiarità. Libri nuovi, usati, remainder, varia, scolastica, cd, dvd, cartoleria, gadget, idee regalo.

Che libreria sei, in una sola parola? Storica (nonostante la nostra giovane età).

Qual è il libro che identifica la tua libreria? Il libro che potrebbe identificarci è «Via dalla pazza folla» di Thomas Hardy, perché quando varchi la soglia ed entri da noi lasci fuori tutta la follia e la frenesia del mondo per entrare in un'oasi dove puoi scegliere in quale libro perderti (o ritrovarti).

Qual è il personaggio letterario che rappresenta la tua clientela? Allan Karlsson («Il centenario che saltò dalla finestra e scomparve», Jonas Jonasson): clienti affezionati, vivaci e frizzanti come lui.

A chi vorresti vendere un libro? E quale libro? Ci piacerebbe vendere un mandala antistress da colorare al mitico Stephen King!

Qual è la domanda più strana che ti è stata fatta? «Dov'è il caffè che ho ordinato dieci minuti fa?».

Qual è la tua libreria preferita nel mondo? E in Italia? La nostra li-

breria italiana preferita è la Libreria Modernissima a Ravenna, nel mondo Barter Books ad Alnwick nel Regno Unito (Keep calm and carry on - reading!).
Usciti dalla tua libreria bisogna andare assolutamente... dove? Usciti dalla libreria bisogna assolutamente passeggiare per Corso Italia con i suoi negozi e caffè dove assaggiare il famoso Amaretto di Saronno (che oggi è conosciuto nel mondo semplicemente come Disaronno). Poi visitare il Museo della Ceramica e il Santuario della Beata Vergine dei Miracoli eretto nel 1498: santuario mariano che divenne meta importante di devozione e che si arricchì di formidabili tesori d'arte tra gli altri di Bernardino Luini, Gaudenzio Ferrari, Cesare Magni, Andrea da Milano. E ricordatevi di portare a casa qualche Amaretto e i famosi Biscotti rotti di Saronno!
Cosa trovo da te che non trovo altrove? Da noi e da nessun altro trovate... Noi! Il nostro intento è quello di offrire un buon servizio al cliente, che da noi deve sempre sentirsi come a casa propria, accolto come un caro amico che torna a trovarci di tanto in tanto.

Mondadori Bookstore Saronno

Via Portici 12, 21047 Saronno VA - 02 49797408
FB Mondadori Bookstore (Saronno) - IG @mondadorisaronno
Lo staff dei librai Costanza Bonomo, Elisa Bini, Stefano Natrella, Giulia Legati.
La tua storia in 280 caratteri Oltre trecento editori, ampio assortimento di titoli e generi. Ogni sabato firmacopie con un autore, con il massimo scambio di opinioni in libertà. Particolare attenzione ai bambini con uno spazio dedicato e un vasto assortimento di libri ed eventi durante tutto l'anno.
Che libreria sei, in una sola parola? Orientata al dialogo.
Qual è il libro che identifica la tua libreria? «Quelli che meritano di essere uccisi» di Peter Swanson.
Qual è il personaggio letterario che rappresenta la tua clientela? Palomar di Calvino: anche i nostri clienti cercano nei titoli che gli capitano sotto gli occhi storie parallele vissute nelle proprie vite.

A chi vorresti vendere un libro? E quale libro? A un ragazzo che non abbia mai letto un libro: «La storia infinita» di Michael Ende.
Qual è la domanda più strana che ti è stata fatta? «Buongiorno, vorrei regalare un bel libro per mia nipote. Lei ha sette anni ma mi piacerebbe prenderle qualcosa che le vada bene almeno fino a quando avrà tredici, quattordici anni...».
Qual è la tua libreria preferita nel mondo? E in Italia? Barnes & Noble e Hoepli.
Usciti dalla tua libreria bisogna andare assolutamente... dove? A casa a leggere.
Cosa trovo da te che non trovo altrove? Librai che propongono testi collegando settori, per la maggior parte tra narrativa e saggistica. Le diverse preparazioni dello staff consentono consigli e risposte esaurienti a tutti i clienti.

SUZZARA

Spazio «Libri scelti per voi» da Librerie.coop

Ipercoop Suzzara
Via F. Mitterand 9, 46029 Suzzara MN - 0376 538408
libreria.suzzara@Librerie.coop.it
Lo staff dei librai Giulia.
La tua storia in 280 caratteri Il corner di Suzzara nasce nell'aprile 2019 come isola alternativa all'interno dell'ipermercato, luogo d'incontro per lettori curiosi e avventurieri di ogni età. In quanto unica libreria della zona è dotata di un catalogo diversificato e offre una scelta versatile ai clienti.
Che libreria sei, in una sola parola? Di quartiere.
Qual è il libro che identifica la tua libreria? «La scacchiera sospesa» di Bebo Rebuzzi.
Qual è il personaggio letterario che rappresenta la tua clientela? Miss Marple di Agatha Christie, perché malgrado le dimensioni ristrette del villaggio possiede un animo eterogeneo e instancabilmente curioso.

A chi vorresti vendere un libro? E quale libro? A un giovane lettore o lettrice che ha paura di mostrarsi per quello che è davvero e non si sente sicuro di sé. «Smile» di Raina Telgemeier.
Qual è la domanda più strana che ti è stata fatta? Prendendo in mano il libro di Greta Thunberg: «Ma lei che ne pensa di questa ragazzina svedese? Secondo lei ci si può fidare?».
Qual è la tua libreria preferita nel mondo? E in Italia? Hartliebs Bücher a Vienna. Fahrenheit 451 a Roma.
Usciti dalla tua libreria bisogna andare assolutamente... dove? In esplorazione nella vasta area culturale dell'Oltrepò mantovano, cominciando proprio dal centro di Suzzara, la cittadina più popolosa del Ducato dei Gonzaga.
Cosa trovo da te che non trovo altrove? Un'area a sé stante nella quale trovare rifugio, un piacevole angolo completo di ampio assortimento e di proposte attuali.

VARESE

Mondadori Bookstore Varese

Via Morosini 10, 21100 Varese - 0332 285985
FB Mondadori Bookstore (Varese via Morosini)
Lo staff dei librai Sette anime: Carlo, Andrea, Marco, Valerio, Sonia, Alessia, Erika.
La tua storia in 280 caratteri Aperta nel 2004, mantiene oltre ventimila referenze a catalogo, uno spazio cd e dvd, un'area kids e giochi, dei prodotti tecnologici da cassa, Ereader Kobo, giftbox e giftcard. È un'area club Mondolibri.
Che libreria sei, in una sola parola? Editoriale.
Qual è il libro che identifica la tua libreria? «Oceano mare» di Baricco.
Qual è il personaggio letterario che rappresenta la tua clientela? L'ospite della Locanda Almayer in «Oceano mare», il pittore Plasson alla ricerca degli occhi del mare.

A chi vorresti vendere un libro? E quale libro? A Giuseppe Conte, «Chi me l'ha fatta in testa?» di Werner Holzwarth.
Qual è la domanda più strana che ti è stata fatta? «Scusi, mi dà un libro qualsiasi da 16€, devo spendere la 18app».
Qual è la tua libreria preferita nel mondo? E in Italia? Coop Ambasciatori a Bologna.
Usciti dalla tua libreria bisogna andare assolutamente... dove? A visitare i giardini estensi in centro.
Cosa trovo da te che non trovo altrove? Il sorriso gratis.

VIGEVANO

Le Notti Bianche

Via del Popolo 8, Vigevano PV - 0381 452293
FB Le Notti Bianche - IG @lenottibianche_libreria
Lo staff dei librai Ludovica Giuliani.
La tua storia in 280 caratteri Inizio la mia esperienza di libraia a 20 anni, durante gli studi universitari, 8 anni dopo nel 2014 decido di imbarcarmi in questa avventura e aprire Le Notti Bianche. Una piccola e attivissima libreria indipendente con gruppi di lettura, presentazioni e tanti editori indipendenti.
Che libreria sei, in una sola parola? Coinvolgente.
Qual è il libro che identifica la tua libreria? Sarebbe facile dire «Le notti bianche» di Dostoevskij, ma c'è anche una buona dose di magia di Harry Potter, un pizzico di umorismo inglese alla Alan Bennett, un po' dello sguardo di Virginia Woolf, una buona dose dell'America di Jennifer Egan e Paul Auster.
Qual è il personaggio letterario che rappresenta la tua clientela? Il pirata Long John Silver di Björn Larsson: avventuroso, sagace, ironico ed esigente, con tanta voglia di vivere!
A chi vorresti vendere un libro? E quale libro? Vorrei vendere «Affari di famiglia» di Francesco Muzzopappa ad Amy Sherman-Palladino, sperando che ne tragga una serie tv.

Qual è la domanda più strana che ti è stata fatta? Una davvero spiazzante: «Mi scusi, ma questo posto come funziona?».
Qual è la tua libreria preferita nel mondo? E in Italia? Nel mondo la libreria The Last Bookstore di Los Angeles, ricavata in una vecchia banca. Immensa e indipendente, con una meravigliosa selezione di prime edizioni autografate e una sala nel caveau. In Italia la Libreria MarcoPolo a Venezia, unica, piena di carattere e determinazione come i suoi librai.
Usciti dalla tua libreria bisogna andare assolutamente... dove? A leggere un libro sdraiati sul prato del meraviglioso cortile del Castello Sforzesco, a due passi dalla libreria.
Cosa trovo da te che non trovo altrove? I gruppi di lettura. I nostri gruppi sono tanti, diversi tra loro e molto partecipati, con lettori giovani ed entusiasti!

VIMODRONE

Libreria Librambini

Viale Martesana 95, 20090 Vimodrone MI - 02 25007282
info@librambini.com - www.librambini.com
FB Libreria Librambini - IG @librambini
Lo staff dei librai Karin, Silvia e Chiara.
La tua storia in 280 caratteri Librambini è una libreria indipendente per bambini e ragazzi, aperta nel 2011. Organizza iniziative di promozione della lettura e in generale della cultura: letture, laboratori, corsi di musica e inglese, yoga per bambini, incontri di formazione e aggiornamento per educatori e insegnanti.
Che libreria sei, in una sola parola? Per bambini.
Qual è il libro che identifica la tua libreria? «Nel paese dei mostri selvaggi» di Maurice Sendak.
Qual è il personaggio letterario che rappresenta la tua clientela? «Signorina Si-salvi-chi-può»: divertente, ironica e irriverente, ribalta i luoghi comuni e gioca sapientemente con i sogni pestiferi dei bambini.

A chi vorresti vendere un libro? E quale libro? Agli adulti di tutta Italia, «Una ricetta miracolosa» di Gaëtan Dorémus.
Qual è la domanda più strana che ti è stata fatta? «Avete il libro "La cosa giusta" di Marco Ferrari?».
Qual è la tua libreria preferita nel mondo? E in Italia? Nel mondo Libreria Acqua alta a Venezia e in Italia Viale dei Ciliegi 17 a Rimini.
Usciti dalla tua libreria bisogna andare assolutamente... dove? Al parco della Martesana dietro la libreria a leggere il libro appena acquistato, all'ombra di un albero gigante.
Cosa trovo da te che non trovo altrove? Sorrisi, competenza, qualità e selezione.

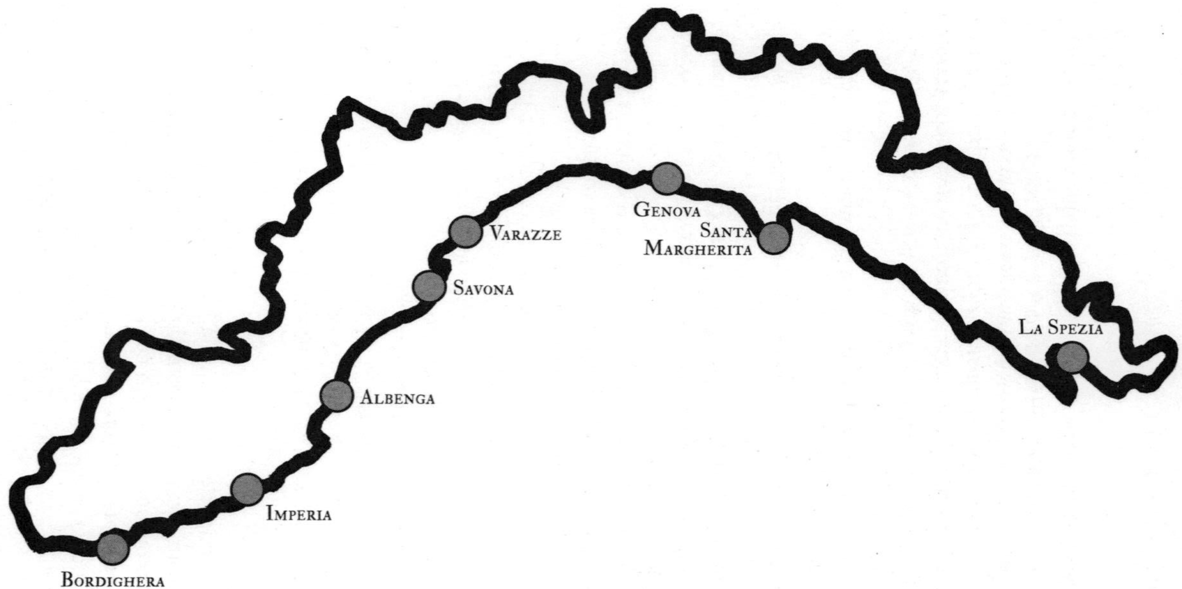
Genova
Varazze
Santa
Margherita
Savona
La Spezia
Albenga
Imperia
Bordighera

Liguria

ALBENGA
Libreria San Michele

BORDIGHERA
Libreria Amico Libro

GENOVA
Book Morning | Libreria degli Indipendenti
Econegozio La Formica
Globo Libri
La locanda delle favole - Libri belli e merende buone
Libraccio Piazza Raffaele Rossetti
Libraccio Via Cairoli
Librerie.coop Genova Porto Antico
Libreria falsoDemetrio
Libreria Libro Più

IMPERIA
Assolibro
L'Armadilla

LA SPEZIA
Giunti al Punto La Spezia
Libreria Liberi Tutti
Libreria Ricci

SANTA MARGHERITA LIGURE
La Libreria di Santa

SAVONA
*la*Feltrinelli point Savona
Librerie.coop Savona
Libreria G.B. Moneta
Libreria Ubik

VARAZZE
Start! Libreria per giovani lettori

ALBENGA

Libreria San Michele

Via Episcopio 1, 17031 Albenga SV - 0182 559254
info@libriliguria.it - www.libriliguria.it
FB Libreria San Michele - IG @libreria_san_michele_

Lo staff dei librai Barbara Bascheri e Marco Goldberg.

La tua storia in 280 caratteri La San Michele è una libreria storica aperta nel 1946 e ricavata negli ambienti del palazzo Vescovile di Albenga. Libreria di varia a tutto tondo, è specializzata in editoria ligure. Nel tempo è diventata punto di riferimento anche per le numerose iniziative culturali.

Che libreria sei, in una sola parola? Storica.

Qual è il libro che identifica la tua libreria? «Albenga romana e medioevale» di Nino Lamboglia.

Qual è il personaggio letterario che rappresenta la tua clientela? Il commissario Bartolomeo Rebaudengo (Cristina Rava). Indaga sul territorio, compra libri e dà appuntamenti presso la libreria San Michele.

A chi vorresti vendere un libro? E quale libro? A chiunque non l'abbia mai letto, «Viaggio al termine della notte» di Louis Ferdinand Céline.

Qual è la domanda più strana che ti è stata fatta? «Avete i cugini Karamazov?».

Qual è la tua libreria preferita nel mondo? E in Italia? Le piccole

librerie indipendenti inglesi. In Italia la libreria Sovilla di Cortina d'Ampezzo (BL).
Usciti dalla tua libreria bisogna andare assolutamente... dove? In un luogo calmo e accogliente dove iniziare a sfogliare il libro appena acquistato.
Cosa trovo da te che non trovo altrove? L'atmosfera e il profumo di una vera libreria con librai che leggono e sanno consigliare

BORDIGHERA

Libreria Amico Libro

Via V. Emanuele II 30, 18012 Bordighera IM - 0184 261244
FB Libreria AmicoLibro - Bordighera
Lo staff dei librai Corrado Ramella, Doriana Valesini.
La tua storia in 280 caratteri Era il 1996. Gennaio. Dopo qualche settimana di «rimessa a posto» dei locali, finalmente apriamo. Non festeggiamo, niente aperitivo, niente cocktail. Le spese erano già state notevoli... Fu un'apertura spartana, divisi tra il timore della nuova attività e il futuro incerto.
Che libreria sei, in una sola parola? Di quartiere e di confine.
Qual è il libro che identifica la tua libreria? «L'angelo di Avrigue» di Francesco Biamonti.
Qual è il personaggio letterario che rappresenta la tua clientela? Ogni umano ha la sua parte d'ombra. Il cliente non fa eccezione, per questo il Dr. Jekyll e Mr. Hyde esprime chi ci frequenta.
A chi vorresti vendere un libro? E quale libro? Molti sono i libri che vorremmo venissero conosciuti, ma.... meglio cittadini consapevoli che pseudo eruditi. La Costituzione non dovrebbe mancare in nessuna biblioteca familiare.
Qual è la domanda più strana che ti è stata fatta? «Vendete lampadine?» oppure «Vorrei il libro con la copertina azzurra, c'è un disegno sopra, una figura... non conosco né autore né casa editrice... l'hanno presentato l'altra sera in televisione / l'ho sentito alla radio

ma non ho fatto in tempo a scrivere nulla / c'era sul giornale ma l'ho buttato»... che stress!

Qual è la tua libreria preferita nel mondo? E in Italia? La libreria Le Bluet di Banon, nei luoghi di Jean Giono e, per l'Italia, la Libreria Antiquaria Umberto Saba di Trieste e la Libreria Segnavia di Brossasco - Valle Varaita - Cuneo.

Usciti dalla tua libreria bisogna andare assolutamente... dove? Usciti dalla libreria si va dove si deve andare, ma si guarderà il mondo intorno con occhi diversi. Non è tanto importante dove si va ma come si guarda ciò che si incontra. Il mondo delle parole, se vere e profonde, ha una funzione quasi alchemica, trasforma, e il lettore/trice non sarà più quello di prima. Uscendo dalla nostra libreria il lettore/trice andrà a scoprire le bellezze di un'altra Liguria, non quella della costa, ma quella dell'interno, descritta da autori come Francesco Biamonti, Nico Orengo e Marino Magliani.

Cosa trovo da te che non trovo altrove? Un'attenzione alle piccole case, alla bellezza dei non-bestseller e una competenza che data oltre vent'anni di applicazione quotidiana.

GENOVA

Book Morning | Libreria degli Indipendenti

Via della Maddalena 56r-58r, 16123 Genova - 010 0943744
bookmorning.it - FB Book Morning - Libreria e Servizi Editoriali - IG @book_morning - TW @book_morning

Lo staff dei librai Valentina Beronio e Samantha Giribone.

La tua storia in 280 caratteri Sugli scaffali solo libri di editori indipendenti, suddivisi per zone geografiche di provenienza degli autori per intraprendere un viaggio grande come il mondo con le parole; sulle poltroncine ospiti nazionali e internazionali; attorno al tavolo corsi, servizi editoriali e workshop.

Che libreria sei, in una sola parola? Indipendente.

Qual è il libro che identifica la tua libreria? «Feel free» di Zadie Smith.

Qual è il personaggio letterario che rappresenta la tua clientela? Alex di «Il contrario della nostalgia» di Sara Taylor: in costante ricerca di sé si apre al mondo e alle sue contaminazioni, senza etichette.
A chi vorresti vendere un libro? E quale libro? A Franco Battiato, «La custodia dei cieli profondi» di Raffaele Riba.
Qual è la domanda più strana che ti è stata fatta? Cliente arriva in cassa, porge i libri che ha accuratamente scelto e chiede: «Posso utilizzare per lo sconto la mia tessera fedeltà Feltrinelli?».
Qual è la tua libreria preferita nel mondo? E in Italia? Pied à terre di Amsterdam, una delle più grandi librerie di viaggio d'Europa: con le sue decine e decine di mappamondi luminosi a decorare l'ambiente e un delizioso piccolo caffè, è unica e imperdibile. In Italia La confraternita dell'uva, di Bologna, per la sua selezione di editori e di titoli, per gli eventi sempre interessanti e per aver coniugato sapientemente due cose che stanno benissimo insieme: i libri e il vino. E per l'omaggio a Fante, ovviamente.
Usciti dalla tua libreria bisogna andare assolutamente... dove? Siamo nel cuore del centro storico di Genova: il consiglio non può che essere di perdersi nei vicoli, scoprire scorci, curiosare nelle botteghe, lasciarsi affascinare dai palazzi storici e guardare ritagli di cielo fra i tetti della città vecchia.
Cosa trovo da te che non trovo altrove? La bibliodiversità.

Econegozio La Formica

Via Trebisonda 16r, 16129 Genova - 010 9820865
info@econegoziolaformica.it - www.econegoziolaformica.it
FB Econegozio La Formica - IG @econegozio_la_formica
Lo staff dei librai Manuela, Filippo, Carlotta e Beppi.
La tua storia in 280 caratteri Dal 2009 il nostro motto è: «Piccole scelte per salvare il mondo». Abbiamo costruito una selezionata bibliografia per bambini e ragazzi che si nutre anche di collaborazioni e di un continuo confronto con soggetti del settore, come la Rivista Andersen e Nati per Leggere Liguria.
Che libreria sei, in una sola parola? Sognatrice, per bambini e ragazzi.

Qual è il libro che identifica la tua libreria? «Favole al telefono» di Gianni Rodari è un riferimento e racchiude tanti aspetti a cui teniamo molto. È un libro da leggere e rileggere a tutte le età. Il maestro Rodari, ad esempio, riesce a cogliere le ingiustizie del mondo senza paura né pudore di raccontarle ai bambini. Con la forza liberante della sua fantasia poi fa viaggiare, divertire, pensare e certamente crescere il lettore.
Qual è il personaggio letterario che rappresenta la tua clientela? Giovannino Perdigiorno di Rodari, sogna e ti fa sognare. Con ironia e sguardo bambino mette a nudo le storture del mondo dei grandi.
A chi vorresti vendere un libro? E quale libro? Mi piace vendere un libro a chi sottovaluta la potenza di leggere con i bambini nei primissimi anni di vita. Suggerirei ad esempio una favola classica nella versione del bravissimo illustratore genovese Attilio Cassinelli.
Qual è la domanda più strana che ti è stata fatta? Proponendo un libro per bambini molto piccoli capita che l'adulto mi chieda: «Ma deve leggerglielo qualcuno?». In realtà rispondere seriamente a questa domanda apparentemente anche un po' sciocca permette di esplorare aspetti molto profondi della lettura con i piccoli. È veramente appagante poter raccontare i bellissimi frutti che la lettura insieme ai figli può regalare a partire dalla bellezza di un tempo di qualità condiviso fino ad arrivare ai benefici che può dare allo sviluppo neurologico del bambino.
Qual è la tua libreria preferita nel mondo? E in Italia? Qui a Genova sono molto legata alla libreria L'amico ritrovato: gode della competenza di ottimi librai che rendono palpabile al cliente il valore aggiunto di frequentare una libreria indipendente.
Usciti dalla tua libreria bisogna andare assolutamente... dove? Un pranzo da Pomdeter, agri-bistrot biologico a pochi passi da noi, e poi con una passeggiata sul lungomare si finisce nel magico borgo di Boccadasse dove sfogliare un libro al suono della risacca.
Cosa trovo da te che non trovo altrove? Una selezione senza compromessi. Anche un po' spinti dal piccolo spazio, ogni titolo è soppesato. Inoltre, grazie al fatto che la libreria è integrata in un econegozio, possiamo compiere scelte in libertà caratterizzandoci per

quel che c'è e anche quello che non c'è. I racconti delle esperienze che viviamo con i nostri figli o con i bimbi che passano in negozio leggendo i libri che consigliamo sono poi un elemento di grande arricchimento.

Globo Libri

Via Giovanni Trossarelli 3 rosso, 16165 Genova
010 8352713 - 329 2347882 - 328 2799334
www.globolibri.it - FB Globo Libri - IG @globo_libri
Pinterest Globo Libri

Lo staff dei librai Arnaldo Ageno e Serena Nicora.
La tua storia in 280 caratteri Globo Libri nasce nel 2005 come grossista e libreria online di libri stranieri. Tra i clienti: biblioteche, università, scuole, librerie, aziende, privati. Nel 2019 la scelta di aprire un punto vendita per i libri italiani, con particolare attenzione ai bambini e ai ragazzi.
Che libreria sei, in una sola parola? Di quartiere.
Qual è il libro che identifica la tua libreria? «Il maestro e Margherita» di Michail Bulgakov.
Qual è il personaggio letterario che rappresenta la tua clientela? Jack Torrance di «Shining» (Stephen King).
A chi vorresti vendere un libro? E quale libro? A un extraterrestre, «Mi sono perso a Genova» di Maurizio Maggiani.
Qual è la domanda più strana che ti è stata fatta? «Scusate, ma questa è una libreria?».
Qual è la tua libreria preferita nel mondo? E in Italia? Nel mondo Stanfords di Londra, in Italia Libreria Acqua Alta di Venezia.
Usciti dalla tua libreria bisogna andare assolutamente... dove? In riva al mare a leggere il libro comprato da noi, anche se fa freddo!
Cosa trovo da te che non trovo altrove? La nostra passione per i libri.

La locanda delle favole - Libri belli e merende buone

Vico del Ferro 5-7, 16124 Genova - 329 2395654
www.lalocandadellefavole.it - FB La locanda delle favole
IG @Lalocandadellefavole

Lo staff dei librai Stefania Righetto, Roberta Bagnoli.
La tua storia in 280 caratteri Nasce a settembre 2018 dalla passione di Roberta e Stefania per la letteratura per l'infanzia e dalla voglia di creare un luogo accogliente e di aggregazione nel cuore del centro storico di Genova. In locanda alloggiano tante storie da leggere, da condividere e da gustare.
Che libreria sei, in una sola parola? Per bambini e ragazzi.
Qual è il libro che identifica la tua libreria? «Una zuppa di sasso» di Anaïs Vaugelade, perché accoglienza, condivisione, curiosità e fiducia verso il prossimo sono gli ingredienti speciali della nostra libreria.
Qual è il personaggio letterario che rappresenta la tua clientela? I nostri clienti sono tante Dory fantasmagorica (Abby Hanlon) che portano in libreria il loro mondo fatto di realtà e fantasia.
A chi vorresti vendere un libro? E quale libro? Vorremmo vendere un libro ai genitori di Dolores Umbridge, professoressa di Difesa contro le arti oscure alla Scuola di magia e stregoneria di Hogwarts. Il libro è «Si può dire senza voce» (Armando Quintero, Marco Somà), perché crescendo con un libro che parla di coccole e amore non sarebbe diventata così cattiva.
Qual è la domanda più strana che ti è stata fatta? Cliente: «Buongiorno, avete il libro "Il pavee e la ragazza" di Siobhan Dowd?». Libraie: «Certo, eccolo». Cliente: «Ah benissimo, grazie, potete prestarmelo? Lo leggo e ve lo riporto». Libraie: «...». Ovviamente è stato indirizzato alla biblioteca De Amicis, bellissima biblioteca cittadina per ragazzi...
Qual è la tua libreria preferita nel mondo? E in Italia? Shakespeare & Co. di Parigi. Pel di carota - Libreria per ragazzi di Padova.
Usciti dalla tua libreria bisogna andare assolutamente... dove? Usciti dalla libreria sarà bellissimo perdersi tra i vicoli del centro storico genovese accompagnati dalle note di Fabrizio De André.

Cosa trovo da te che non trovo altrove? Un assortimento di libri selezionati con cura e passione, tanti sorrisi e... la possibilità di leggere un libro gustando un pranzo o una buona e sana merenda.

Libraccio

Piazza Raffaele Rossetti 2r, 16129 Genova - 010 532503
www.libraccio.it - genova@libraccio.it
Lo staff dei librai Quarta Massimo, Di Santi Michela, Verdese Roberto, Zanini Marco, Cesareo Andrea, Sciortino Sabrina, Bottino Claudio, Caselli Alexio, Pulvirenti Giuseppina.
La tua storia in 280 caratteri Nata per la compravendita di testi scolastici, successivamente si è sviluppata anche come libreria di varia nuova e usata. Questo ci permette di soddisfare la clientela che cerca la novità, il catalogo, il fuori catalogo e la rarità. Con un occhio anche alla convenienza.
Che libreria sei, in una sola parola? Di riferimento.
Qual è il libro che identifica la tua libreria? «Una vita da libraio» di Shaun Bythell.
Qual è il personaggio letterario che rappresenta la tua clientela? Mary Poppins perché con il nostro catalogo nuovo e usato sorprendiamo i nostri clienti come faceva Mary Poppins con gli oggetti nella sua borsa.
A chi vorresti vendere un libro? E quale libro? A tutti coloro che pensano che leggere un libro sia una perdita di tempo o che sia troppo faticoso, «Fahrenheit 451» di Ray Bradbury.
Qual è la domanda più strana che ti è stata fatta? «Vendete libri?».
Qual è la tua libreria preferita nel mondo? E in Italia? Strand Bookstore a New York, Libreria All'Arco a Reggio Emilia.
Usciti dalla tua libreria bisogna andare assolutamente... dove? A Boccadasse, in riva al mare in compagnia di un buon libro e un pezzo di focaccia.
Cosa trovo da te che non trovo altrove? Tanti libri usati e fuori catalogo. Allegria e competenza.

Libraccio

Via Cairoli 6r, 16124 Genova - 010 2543371

www.libraccio.it - genovacairoli@libraccio.it

Lo staff dei librai Bidoshi Amela, Gennati Elisabetta, Pepe Antonio, Verdese Claudia.

La tua storia in 280 caratteri Il Libraccio nasce nel 1979 per la compravendita di testi scolastici usati. Oggi è la più grande catena di librerie indipendenti di nuovi, usati e remainders. La nostra sede apre nel 2018 nei locali della libreria Beuf, la libreria più antica d'Italia.

Che libreria sei, in una sola parola? Storica.

Qual è il libro che identifica la tua libreria? «La Superba» di Pfeijffer Ilja Leonard.

Qual è il personaggio letterario che rappresenta la tua clientela? Marcel, capitano di lungo corso, «venditore ambulante di sogni» (B. Larsson), per i numerosi clienti stranieri della nostra libreria.

A chi vorresti vendere un libro? E quale libro? A quei ragazzi che hanno abbandonato la lettura per dedicare tutto il tempo libero agli smartphone... non sanno cosa si perdono. Il titolo del libro che gli venderei non è importante, basta invogliarli a entrare in questo magico mondo.

Qual è la domanda più strana che ti è stata fatta? «Avete "Sequestro un uomo" di Primo Levi?». «Il libro è nuovo o incominciato?».

Qual è la tua libreria preferita nel mondo? E in Italia? Shakespeare & Co. di Parigi. Libreria Acqua Alta di Venezia.

Usciti dalla tua libreria bisogna andare assolutamente... dove? Nel centro storico più grande d'Europa, e al Porto Antico, ridisegnato da Renzo Piano nel 1992, dove c'è l'Acquario e dove la città si affaccia sul mare, magari al tramonto con un buon libro, focaccia e un bicchiere di vino bianco.

Cosa trovo da te che non trovo altrove? Tantissimi libri usati e fuori catalogo e soprattutto librai che amano il proprio lavoro.

Librerie.coop Genova Porto Antico

Edificio Millo, Calata Cattaneo 1, 16128 Genova
010 255334 - libreria.genovaporto@Librerie.coop.it
www.Librerie.coop.it - FB Librerie.coop (Porto Antico)
Lo staff dei librai Silvia, Daniela, Davide, Marco, Priscilla, Silvia.
La tua storia in 280 caratteri La libreria apre a maggio 2015 nell'area Expo disegnata da Renzo Piano: ingresso alla città che si apre alle sue spalle tra vicoli e aspre salite. La storia della libreria è di accoglienza e comunicazione per raccontare attraverso i libri quello che vediamo e immaginiamo.
Che libreria sei, in una sola parola? Internazionale.
Qual è il libro che identifica la tua libreria? «Moby Dick» di Herman Melville.
Qual è il personaggio letterario che rappresenta la tua clientela? Alice di Lewis Carroll.
A chi vorresti vendere un libro? E quale libro? A Johannes Gutenberg, «Sei proprio il mio typo. La vita segreta delle font» di Simon Garfield.
Qual è la domanda più strana che ti è stata fatta? «Salve, cercavo un atlante dei fondali dei mari. Cioè il mondo ma senza acqua per vedere cosa c'è sotto».
Qual è la tua libreria preferita nel mondo? E in Italia? City Lights di San Francisco e Libreria Hoepli di Milano.
Usciti dalla tua libreria bisogna andare assolutamente... dove? All'Acquario.
Cosa trovo da te che non trovo altrove? Genova.

Libreria falsoDemetrio

Via San Bernardo 67R, 16123 Genova - 010 3029685
FB falsoDemetrio Libreria - IG @falsodemetrio_libri
Lo staff dei librai Ilaria Crotti.
La tua storia in 280 caratteri Libreria indipendente del centro storico di Genova, aperta nel 2011 con il progetto di dare spazio e asilo a titoli - e proposte editoriali - alternativi alla stretta logica di mercato.

Che libreria sei, in una sola parola? Rifugio.
Qual è il libro che identifica la tua libreria? «Il rumore sottile della prosa» di Giorgio Manganelli. Da solo, il titolo esprime tutto quello che potrei dire.
Qual è il personaggio letterario che rappresenta la tua clientela? Darrell Standing, da Jack London. Molti possiedono un immaginario particolare; i racconti che ascolto aprono mondi lontani e labirintici.
A chi vorresti vendere un libro? E quale libro? Vorrei vendere al falso zar Demetrio il libro dei falsiDemetrii («I falsi Demetrii: episodio di storia russa») di Prosper Mérimée, tradotto da Landolfi.
*Qual è la domanda pi*ù strana che ti è stata fatta? Ogni tanto mi chiedono se leggo, non me ne capacito.
Qual è la tua libreria preferita nel mondo? E in Italia? In Italia amo molto la Libreria Acqua Alta di Venezia, ma prima di fare una classifica vorrei andare a visitare quella di Giometti & Antonello a Macerata. Per quanto riguarda il mondo intero non saprei, a oggi ne ho viste poche con i miei occhi - non saprei decidere.
Usciti dalla tua libreria bisogna andare assolutamente... dove? A mangiare un piatto di gnocchi al pesto accompagnato da un gotto di vino rosso (da chi? lo dirò a voce a chi verrà a trovarmi).
Cosa trovo da te che non trovo altrove? Scaffali in legno fatti a mano (da me), cannoni in legno fatti a mano (da mio padre), due topolini che leggono, una rana che fa surf reggendo un libro, una colonna secolare in pietra, pavimento in cementine di inizio secolo, un cavalletto tedesco degli anni Quaranta, due walkie talkie di Star Wars nascosti in mezzo ai libri insieme ad alcune ciotole raku.

Libreria Libro Più

Via Paolo Anfossi 228r, 16164 Genova - 010 3021527
www.librerialibropiu.it - FB Libro Più
IG @librerialibropiu - YT Libreria Libro più
Lo staff dei librai La libraia e cuore pulsante è Battistina Dellepiane, a cui poi si associano suo marito, che cura una rivendita di

antiquariato, e Laura Casale, in veste di lettrice, addetta alla comunicazione online, ai consigli e all'organizzazione eventi.
La tua storia in 280 caratteri La libreria nasce a metà anni '90 nel quartiere di Pontedecimo, nella periferia di Genova, e dopo un cambio di gestione, due sedi e un'alluvione, si trova nell'attuale posizione nel cuore del borgo, oggi è in uno spazio di 200mq con spazio per bambini, sala eventi e molto altro.
Che libreria sei, in una sola parola? Una libreria di quartiere, decisamente!
Qual è il libro che identifica la tua libreria? Il «Don Chisciotte», perché mi sento spesso a lottare contro i mulini a vento... mi sento una romantica contro un mondo che è cambiato.
Qual è il personaggio letterario che rappresenta la tua clientela? Matilde di Roald Dahl e Guglielmo di Umberto Eco. Bibliofili di tutte le età che cercano nei libri la verità.
A chi vorresti vendere un libro? E quale libro? A tutti gli italiani che non leggono... il libro che potrebbe farli innamorare.
Qual è la domanda più strana che ti è stata fatta? Se vendo sedie e se sono una biblioteca...
Qual è la tua libreria preferita nel mondo? E in Italia? Andiamo sul classico: la Shakespeare & Co. a Parigi. E in Italia piango la Libreria dei Sette di Orvieto, dove ho seguito anche dei corsi... un luogo magico.
Usciti dalla tua libreria bisogna andare assolutamente... dove? A scoprire la Val Polcevera, che è il mio territorio di riferimento. Una zona considerata periferia ma che nasconde arte, storia e cultura.
Cosa trovo da te che non trovo altrove? La pazza personalità di chi ci lavora e del locale in sé, in cui si sale e scende e si trovano sempre delle cose inaspettate. Oltre al nostro accogliente salottino dove ci si può davvero sentire a casa, mentre ci si siede in una delle nostre poltrone e si può leggere in santa pace.

IMPERIA

Assolibro

Via Bonfante 42, 18100 Imperia - 0183 449902
FB Assolibro - Librialmare

Lo staff dei librai Antonio il titolare, Daniela la responsabile.

La tua storia in 280 caratteri Correva l'anno 2009, laureata in Scienze naturali e Guida escursionistica da pochi giorni, entrai in questa libreria aperta solo da un mese e ordinai il libro: «La Natura dà lavoro»... una settimana dopo lavoravo lì!

Che libreria sei, in una sola parola? Varia.

Qual è il libro che identifica la tua libreria? Non c'è un libro in particolare che identifica la libreria, trovandovi testi idonei a diverse tipologie di cliente.

Qual è il personaggio letterario che rappresenta la tua clientela? Montalbano.

A chi vorresti vendere un libro? E quale libro? I libri di Bill Bryson, tutti, a chiunque.

Qual è la domanda più strana che ti è stata fatta? «Scusi, io vivo in Piemonte, ma se regalo questo libro poi può cambiarlo ovunque in Italia?».

Qual è la tua libreria preferita nel mondo? E in Italia? Mi incuriosisce molto Morioka Shoten, la libreria giapponese che mette in vendita un libro a settimana.

Usciti dalla tua libreria bisogna andare assolutamente... dove? In riva al mare, a leggere i libri appena acquistati!

Cosa trovo da te che non trovo altrove? Un'attenzione particolare verso i clienti di cui conosciamo i gusti, nel proporre libri di loro interesse.

L'Armadilla

Via XX Settembre 36, 18100 Porto Maurizio Imperia
334 8510688 - armadillalibreria@gmail.com
FB L'Armadilla - IG @libreriarmadilla

Lo staff dei librai Come spesso mi diverto a rispondere: siamo Io&-Me. Gestisco la mia libreria da sola, giorno dopo giorno, idea dopo idea.

La tua storia in 280 caratteri L'Armadilla è il frutto di tanti anni passati a lavorare con i libri, da dipendente, sognando un posto tutto mio. Sognavo un posto che sapesse davvero di me, della mia essenza, del mio carattere, delle mie idee. Da sogno a realtà, nonostante tutto, con inesauribile coraggio.

Che libreria sei, in una sola parola? Resistente.

Qual è il libro che identifica la tua libreria? Il libro che identifica la mia libreria è: «La libreria dell'armadillo» di Alberto Schiavone. All'interno di questo libro ho trovato quella che per me è la migliore definizione di libraio. Il libraio protagonista paragona l'armadillo, antico animale coriaceo e testardo, a se stesso. Al suo essere libraio. E questo credo anch'io, di noi librai. Ci considero piccoli ostinati corazzati, «scorza dura ma sostanza dentro», usando le parole di Schiavone.

Qual è il personaggio letterario che rappresenta la tua clientela? Pippi Calzelunghe. Come lei, la mia clientela è simpatica, colorata, energica, entusiasta, curiosa, impavida, agile e pronta all'avventura!

A chi vorresti vendere un libro? E quale libro? Vorrei vendere un libro a Giuseppe, quel furfante, che non ha fatto in tempo a vedere la mia libreria. Vorrei vendergli «Il cappotto» di Gogol, per sentire il suo parere, la sua opinione e ancora una volta la sua voce.

Qual è la domanda più strana che ti è stata fatta? «Salve! Ma se comprassi un libro su internet, che è bello scontato, potrei poi farmelo consegnare qui da lei? Eh??».

Qual è la tua libreria preferita nel mondo? E in Italia? Vorrei rispondere a questa domanda dopo aver visitato ogni libreria d'Italia e del mondo intero, ma visto che ciò non è possibile per ora

posso dirvi che la Livraria Lello e Irmão di Porto, in Portogallo, mi ha rubato un pezzo di cuore. Il suo legno, le sue vetrate, la sua imponente scala e i suoi tavoloni pesanti. Libri ovunque, libri di ogni genere, libri persino a forma di baccalà (l'ho comprato, ho le prove!). In Italia, invece, un altro pezzo del mio cuore se l'è aggiudicato Bookowski, a Genova. I suoi tappeti, il suo divano fatto di bancali e libri, la sua parete di un rosso importante. Anche lì libri ovunque, vecchi e nuovi, libri che a volte vengon venduti al chilo (non scherzo, lo fanno davvero. Ed è bellissimo!). Qui ho trovato «Randagio è l'eroe» di Arpino... lo cercavo da così tanto tempo!
Usciti dalla tua libreria bisogna andare assolutamente... dove? Nel posto che si sceglie o nel posto che ispira il libro che si ha con sé. Chi ama leggere ha sempre un libro con sé, un libro che vorrebbe leggere «lì» nel proprio tempo libero, oppure un libro che vorrebbe lasciarsi leggere esattamente «lì». «Lì» è il posto che decidono libro o lettore. O libro e lettore, insieme.
Cosa trovo da te che non trovo altrove? Da me trovi una scala in legno che porta a un soppalco pieno di libri e foglie verdi di piante che ti guardano e scendono giù, fino alla mia scrivania sempre in disordine. Barchette di carta, mongolfiere appese qua e là e due poltrone comode. Trovi libri di ogni genere e per ogni tasca, trovi parole, immagini, persone che passano anche solo per salutare o per offrire il caffè (o il vino, a seconda dell'ora!). Trovi serietà, competenza e professionalità, ma anche sorrisi, risate e leggerezza. Trovi un riparo o una boccata d'aria, un posto silenzioso o risate di bambini. Trovi ME, che passo nella mia piccola libreria almeno dieci ore al giorno, sei giorni su sette (sette su sette, se è necessario) credendoci sempre di più. Me, che ho fatto dei libri la mia vita, quella vita che da sempre amo, quella vita di cui, soprattutto, sono piena e mai stanca. Da me trovi «un mondo in un guscio di noce», dico spesso così.

LA SPEZIA

Giunti al Punto La Spezia

Corso Cavour 108, La Spezia - 0187 21934
FB Giunti al Punto La Spezia - laspezia@giunti.it

Lo staff dei librai Manola, Cristina e Giada.

La tua storia in 280 caratteri La nostra è una libreria storica presente dal 1991, poi Demetra dal 1997, per arrivare ad abbracciare la filosofia GAP nel 2004. Dalla forte identità, è un punto di riferimento per gli spezzini del centro ma non solo, e la prima libreria della città con orario continuato.

Che libreria sei, in una sola parola? Rinomata.

Qual è il libro che identifica la tua libreria? «Il piccolo principe», perché è un libro adatto a tutte le età, è una fiaba o semplicemente una storia che affronta temi profondissimi velati da un tempo indefinito che si perde tra le pagine, dove tutto è possibile, dove si ritrova se stessi, dove si respira amicizia, amore e passione... un luogo che non si dimentica e dove è impossibile non tornare.

Qual è il personaggio letterario che rappresenta la tua clientela? Elizabeth Bennet, di «Orgoglio e pregiudizio». Bella, ironica, intelligente, tenace, a volte cinica ma al tempo stesso sensibile e premurosa.

A chi vorresti vendere un libro? E quale libro? «La treccia» di Laetitia Colombani a Michelle Obama. È una lettura che ci ha conquistate per la sua forza, tutta al femminile, e la sua intensità.

Qual è la domanda più strana che ti è stata fatta? «Signora cerco il libro "Sequestro di un uomo"».

Qual è la tua libreria preferita nel mondo? E in Italia? El Ateneo Grand Splendid di Buenos Aires e Libreria Acqua Alta di Venezia.

Usciti dalla tua libreria bisogna andare assolutamente... dove? Usciti dalla nostra libreria con almeno un libro tra le mani bisogna assolutamente andare a sedersi su una panchina in riva al mare. Quello è il luogo giusto per immergersi nella lettura e cominciare un nuovo viaggio, accompagnati dal profumo del mare e dal suono delle

onde. Il mare è, insieme a un bel libro, il nostro porto sicuro, la nostra ancora.
Cosa trovo da te che non trovo altrove? Noi librai GAP ci distinguiamo per passione, carisma, preparazione e disponibilità. Siamo librai per voi e lettori come voi.

Libreria Liberi Tutti

Via Tommaseo 49, 19121 La Spezia - 0187 020576
FB Libreria LIBeRI TUTTI - IG @libreria_liberi_tutti
Lo staff dei librai Gaia Fabbri, titolare; Diana Baraldini, libraia, madre di libraia e nonna fantastica.
La tua storia in 280 *caratteri* Milanese, ho sempre frequentato il mondo dell'editoria. A Milano lavoravo in una piccola casa editrice. Nel 2012 ho deciso di cambiare vita e ho frequentato la Scuola Librai. Da lì la decisione di venire a vivere al mare per realizzare il mio sogno e aprire la libreria nel 2014.
Che libreria sei, in una sola parola? Resistente.
Qual è il libro che identifica la tua libreria? Probabilmente «Sofia si veste sempre di nero» di Paolo Cognetti. È il libro del mio cuore, chiunque frequenti un po' la libreria prima o poi lo ha letto!
Qual è il personaggio letterario che rappresenta la tua clientela? Il Lettore di: «Se una notte d'inverno un viaggiatore», che guarda ai libri con curiosità e passione e cerca un nuovo modo di vedere la realtà.
A chi vorresti vendere un libro? E quale libro? Vorrei vendere a chiunque non lo possieda già «Il deserto dei Tartari» di Buzzati, secondo me dovrebbero renderne obbligatoria la lettura!
Qual è la domanda più strana che ti è stata fatta? «Vendete anche i ceri per i cimiteri?».
Qual è la tua libreria preferita nel mondo? E in Italia? Nel mondo, pur avendola vista solo in foto, la libreria El Ateneo Grand Splendid di Buenos Aires, è una delle cose che prima o poi voglio assolutamente vedere! In Italia forse la più suggestiva è la Libreria Acqua Alta di Venezia.

Usciti dalla tua libreria bisogna andare assolutamente... dove? In piazza Verdi, a vedere gli archi di Daniel Buren.
Cosa trovo da te che non trovo altrove? Sicuramente la principale caratteristica della libreria è l'indipendenza, scelgo personalmente ogni titolo che entra in libreria, consiglio solo libri che mi sono piaciuti e non so vendere i libri che non ho amato (sì, sono un pessimo venditore).

Libreria Ricci

Via Chiodo 107, 19121 La Spezia
www.libreriaricci.it
Lo staff dei librai Lucrezia Ricci, Federica Antoniotti.
La tua storia in 280 caratteri Nata nel 1965 con i genitori di Lucrezia, da lei gestita con il marito Giuliano Nevari, attenta figura culturale, dal 1993 al 2015 (anno della sua scomparsa), ha rappresentato un ritrovo per appassionati di narrativa, saggistica, viaggi. Lucrezia prosegue l'attività con Federica.
Che libreria sei, in una sola parola? Storica
Qual è il libro che identifica la tua libreria? «La trilogia della città di K» di Agota Kristof.
Qual è il personaggio letterario che rappresenta la tua clientela? Ambroise Fleury de «Gli aquiloni» di Romain Gary: la curiosità, resistenza, sapienza e soprattutto lo humour riflettono l'atmosfera della libreria.
A chi vorresti vendere un libro? E quale libro? A William Stoner «L'arte di farsi rispettare» di Schopenhauer.
Qual è la domanda più strana che ti è stata fatta? Ahahah! Si potrebbe scrivere un libro! Banalmente: «I sentieri dell'uomo ragno».
Qual è la tua libreria preferita nel mondo? E in Italia? Livraria Lello e Irmão di Porto, Portogallo. In Italia la Libreria Il viaggiatore immaginario ad Arezzo, dei nostri carissimi amici Giampiero e Marina. Abbiamo riaperto lo stesso giorno nel 1993!
Usciti dalla tua libreria bisogna andare assolutamente... dove? A scalare sulle Alpi Apuane.

Cosa trovo da te che non trovo altrove? Sicuramente grande memoria storica, ahimè! Un cliente presente dice qualità, competenza, generosità e amore per il proprio lavoro.

SANTA MARGHERITA LIGURE

La Libreria di Santa

Via Cavour 13, 16038 Santa Margherita L. GE - 0185 282602
FB La Libreria di Santa - IG @lalibreriadisanta
Lo staff dei librai Guido Carota, Livia Botteghi, Diego Mecca.
La tua storia in 280 caratteri Aperta a S. Margherita Ligure nel maggio del 1996 grazie alla caparbia ingenuità di Guido Carota nel volere avviare una libreria indipendente nel cuore della Perla del Tigullio. Uno spazio libero e informale aperto ai lettori di ogni età.
Che libreria sei, in una sola parola? Presente.
Qual è il libro che identifica la tua libreria? «Le città invisibili» di Italo Calvino.
Qual è il personaggio letterario che rappresenta la tua clientela? Bilbo Baggins (Tolkien): nella sua normalità vive una straordinaria avventura (come possono fare i nostri clienti con un libro consigliato da noi).
A chi vorresti vendere un libro? E quale libro? A tutte quelle bambine a cui hanno detto che la scienza è «roba da maschi», un libro di esperimenti scientifici da fare in casa.
Qual è la domanda più strana che ti è stata fatta? «Dove sono i libri subacquei?».
Qual è la tua libreria preferita nel mondo? E in Italia? Ler Devagar a Lisbona, e la libreria per ragazzi Giannino Stoppani nel centro di Bologna.
Usciti dalla tua libreria bisogna andare assolutamente... dove? Nello splendido giardino di Villa Durazzo con vista sul mare del Tigullio.
Cosa trovo da te che non trovo altrove? Accoglienza, disponibilità, competenza e l'atmosfera inconfondibile di Santa Margherita Ligure.

SAVONA

*la*Feltrinelli point Savona

Via Astengo 9r, 17100 Savona - 019 823895
www.lafeltrinellipointsavona.it
FB La Feltrinelli Point Savona

Lo staff dei librai Alessandra, Donatella, Maria Elena e Paolo.

La tua storia in 280 caratteri La libreria, con sede nella centralissima via Astengo, sull'affaccio di piazza Sisto IV, nasce nel 2011, da una costola della più antica libreria di Savona, la libreria Moneta, e rappresenta il proseguimento della lunga esperienza della famiglia Schiavi nel settore librario.

Che libreria sei, in una sola parola? Storica.

Qual è il libro che identifica la tua libreria? «Il libro dell'inquietudine» di Fernando Pessoa: la libreria è il luogo dell'inquietudine intellettuale, cioè della ricerca di quello che ancora non si sa di non conoscere.

Qual è il personaggio letterario che rappresenta la tua clientela? Guy Montag, il protagonista di «Fahrenheit 451», perché comprano libri con la stessa passione con cui lui li salva.

A chi vorresti vendere un libro? E quale libro? A Giuseppe Levi, padre di Natalia Ginzburg, venderei «Gli asparagi e l'immortalità dell'anima» di Achille Campanile per provocarlo con un libro pieno di «sempiezze».

Qual è la domanda più strana che ti è stata fatta? La raccolta delle opere di Socrate.

Qual è la tua libreria preferita nel mondo? E in Italia? El Ateneo Grand Splendid a Buenos Aires e Bookàbar a Roma.

Usciti dalla tua libreria bisogna andare assolutamente... dove? Nella vicina piazza Mameli alle sei del pomeriggio consiglio di fermarsi per ascoltare i ventuno rintocchi della campana del Monumento ai caduti.

Cosa trovo da te che non trovo altrove? L'eccezione alla tipica accoglienza ligure.

Librerie.coop Savona

Centro commerciale il Gabbiano
Corso Ricci 211/r, 17100 Savona - 019 805635
libreria.savona@librerie.coop.it - FB Librerie.coop (Savona)

Lo staff dei librai Federica, Valeria, Simonetta, Simona ed Enrica.
La tua storia in 280 caratteri Aperti dal 2012, da noi non si trovano scaffalature in legno e non si respira l'aria di Hogwarts, ma i libri sono il miglior arredo. Abbiamo lavorato tanto sul territorio e grazie a questo siamo diventati punti di riferimento per molti, in particolare nel campo dei più piccoli.
Che libreria sei, in una sola parola? Familiare.
Qual è il libro che identifica la tua libreria? «L'incredibile storia di Lavinia» di Bianca Pitzorno, perché anche noi, come lei, non salviamo la vita alle persone ma la rallegriamo.
Qual è il personaggio letterario che rappresenta la tua clientela? Pippi Calzelunghe: curiosi e, a volte, casinisti.
A chi vorresti vendere un libro? E quale libro? Il nostro sogno è far scoprire il mondo degli albi illustrati a più persone possibile. A tutti o per lo meno a tutti quelli capaci di stupirsi davanti all'unione di arte e letteratura in un oggetto tanto semplice quanto prezioso. Che libro? C'è l'imbarazzo della scelta, ma se proprio dobbiamo semplificare ci siamo emozionate quando abbiamo venduto «Mamma» di Helène Delforge appena arrivato in libreria.
Qual è la domanda più strana che ti è stata fatta? «Avete il "Diario" di Anna Frank? Ma finisce male?».
Qual è la tua libreria preferita nel mondo? E in Italia? È difficile, sono infinite e in ognuna si respira un aria diversa. A Porto, in Portogallo, c'è una libreria molto bella, Livraria Lello e Irmão, merita una visita! In Italia La Seggiolina Blu a Trento.
Usciti dalla tua libreria bisogna andare assolutamente... dove? A mangiare un'ottima farinata in riva al mare!
Cosa trovo da te che non trovo altrove? Non siamo le uniche, questo è certo, ma il nostro cavallo di battaglia è la gentilezza e la disponibilità. Nell'era di Amazon perdere la clientela è un attimo, ma se si viene accolti da visi sorridenti e personale pronto a trovare il libro

di cui non si ricorda né titolo né autore allora è molto probabile che le persone abbiano un bel ricordo di noi e ritornino.

Libreria G.B. Moneta

Via Venezia 16, 17100 Savona
www.libreriamoneta.it - FB Libreria Moneta
Lo staff dei librai Paolo Schiavi, Enrica Casarino, Silvia Rovigi.
La tua storia in 280 caratteri Nasce nel 1865, e porta il nome del suo fondatore Antonio Moneta. Di origini milanesi, inaugurò a Savona, al numero 8 di via Paleocapa, un'agenzia giornalistica con grande assortimento di romanzi. In breve tempo divenne un punto di riferimento culturale e commerciale della città.
Che libreria sei, in una sola parola? Per gli studenti.
Qual è il libro che identifica la tua libreria? «Manuale dell'ingegnere» di Giuseppe Colombo: lo abbiamo a catalogo dall'uscita della prima edizione nel 1877.
Qual è il personaggio letterario che rappresenta la tua clientela? Socrate: sanno di non sapere, si rivolgono a noi per manuali che colmino le loro lacune negli ambiti umanistici, scientifici e professionali.
A chi vorresti vendere un libro? E quale libro? A Cicerone, un manuale di storia della letteratura latina per farlo felice con la testimonianza della imperitura gloria letteraria raggiunta.
Qual è la domanda più strana che ti è stata fatta? Un manuale per l'imbalsamazione umana, precisando: aggiornato mi raccomando.
Qual è la tua libreria preferita nel mondo? E in Italia? The Bookshop di Wigtown in Scozia e Libreria Acqua Alta di Venezia.
Usciti dalla tua libreria bisogna andare assolutamente... dove? Da Ezio a gustare le sue sublimi pizzette gourmet.
Cosa trovo da te che non trovo altrove? Un dizionario di Armeno.

Libreria Ubik

Corso Italia 116r, 17100 Savona
019 8386659 - www.ubiklibri.it - FB Libreria Ubik Savona
IG @ubiksavona

Lo staff dei librai Stefano Milano, Flavia Calleri, Giacomo Checcucci.

La tua storia in 280 caratteri Nata 12 anni fa, ora è un baluardo della cultura in provincia. Assortimento ampio e di qualità, tanti incontri a sfondo sociale, ma soprattutto battaglie per i diritti dei cittadini.

Che libreria sei, in una sola parola? Militante, o meglio libreria avamposto.

Qual è il libro che identifica la tua libreria? «Le otto montagne» di Paolo Cognetti.

Qual è il personaggio letterario che rappresenta la tua clientela? Pantagruel di Rabelais: incline alla risata più che al pianto, è un personaggio tollerante, libero, che coltiva una cultura universale sempre circondato da compagni di viaggio unici e positivi.

A chi vorresti vendere un libro? E quale libro? A Matteo Salvini, «La memoria rende liberi» di Segre e Mentana.

Qual è la domanda più strana che ti è stata fatta? Vorrei il libro «Centomila anni di solitudine».

Qual è la tua libreria preferita nel mondo? E in Italia? La Shakespeare & Co. a Parigi, una casa per lettori, o come la definiva «un'utopia socialista mascherata da libreria». In Italia la libreria Acqua Alta di Venezia, la libreria «galleggiante».

Usciti dalla tua libreria bisogna andare assolutamente... dove? A vedere il bellissimo «Cenacolo» dipinto nel '500 da un celebre allievo di Leonardo, e presente nel Seminario Vescovile di Savona.

Cosa trovo da te che non trovo altrove? Tanto, tanto impegno civile. La Ubik di Savona è stato il centro della lotta per far sequestrare la centrale a carbone di Savona (unico caso al mondo), per combattere speculazioni edilizie e 'ndrangheta (presente nel territorio, il titolare è stato anche minacciato). La libreria è famosa anche per essere stata oggetto della frase dei forconi «vi brucio i libri!» che nel 2013 ha fatto il giro del paese, ma anche per la Rassegna «Parole ubikate in mare», il principale festival letterario estivo della Liguria, dove peraltro, a seguito di una sentenza del Tribunale, è stata condannata (con la motivazione che gli applausi degli spettatori, misurati da un perito, «superavano i livelli di legge»!). Le librerie possono essere gli ultimi avamposti a presidiare un territorio, a colmare un vuoto politico sociale, a rappresentare i cittadini. I quali sanno poi come esserne riconoscenti: comprando libri e crescendo. E noi insieme a loro.

VARAZZE

Start! Libreria per giovani lettori

Via Rossello 7, 17019 Varazze SV - 019 2217579
info@libreriastart.it - FB Libreria Start

Lo staff dei librai Purtroppo o per fortuna solo io, Valeria!
La tua storia in 280 caratteri Affascinata dal mestiere con «C'è posta per te», lavoravo nel settore contabile ma mi attirava sempre meno. Sempre più mi assorbiva l'organizzazione del nostro festival letterario per bimbi e dei laboratori. Dopo corsi, letture e un po' di coraggio eccomi qui nella mia libreria.
Che libreria sei, in una sola parola? Libreria per bambini.
Qual è il libro che identifica la tua libreria? «Annie. Il vento in tasca» di Roberta Balestrucci Fancellu: un po' perché la copertina assomiglia al mio logo, un po' perché non bisogna mai smettere di credere nei propri sogni come la protagonista.
Qual è il personaggio letterario che rappresenta la tua clientela? Bastian («La storia infinita») o Lotta Combinaguai: bambini sognatori, intraprendenti, fantasiosi e ingegnosi, vogliono scoprire e scoprirsi.
A chi vorresti vendere un libro? E quale libro? Vorrei vendere un libro a un non lettore, un libro che gli piaccia e che lo faccia ritornare.
Qual è la domanda più strana che ti è stata fatta? Un mese circa dopo

l'apertura, venne una signora in cerca di un libro per il nipote. Dopo avergliene fatti vedere diversi mi chiese: «Fate degli sconti?». Risposta: «... Eh no, ho appena aperto...». Lei disse: «Beh, allora torno più avanti».

Qual è la tua libreria preferita nel mondo? E in Italia? Le librerie mi piacciono tutte, sia italiane sia straniere, sono posti straordinari in cui rimanere e perdersi.

Usciti dalla tua libreria bisogna andare assolutamente... dove? Bisogna assolutamente andare in riva al mare sulla spiaggia, magari al crepuscolo, e leggere un libro ascoltando il rumore leggero e lieve dell'infrangersi delle onde.

Cosa trovo da te che non trovo altrove? Una bellissima casetta di legno a misura di bambino in cui rintanarsi, oltre a una fantastica selezione di libri e giocattoli!

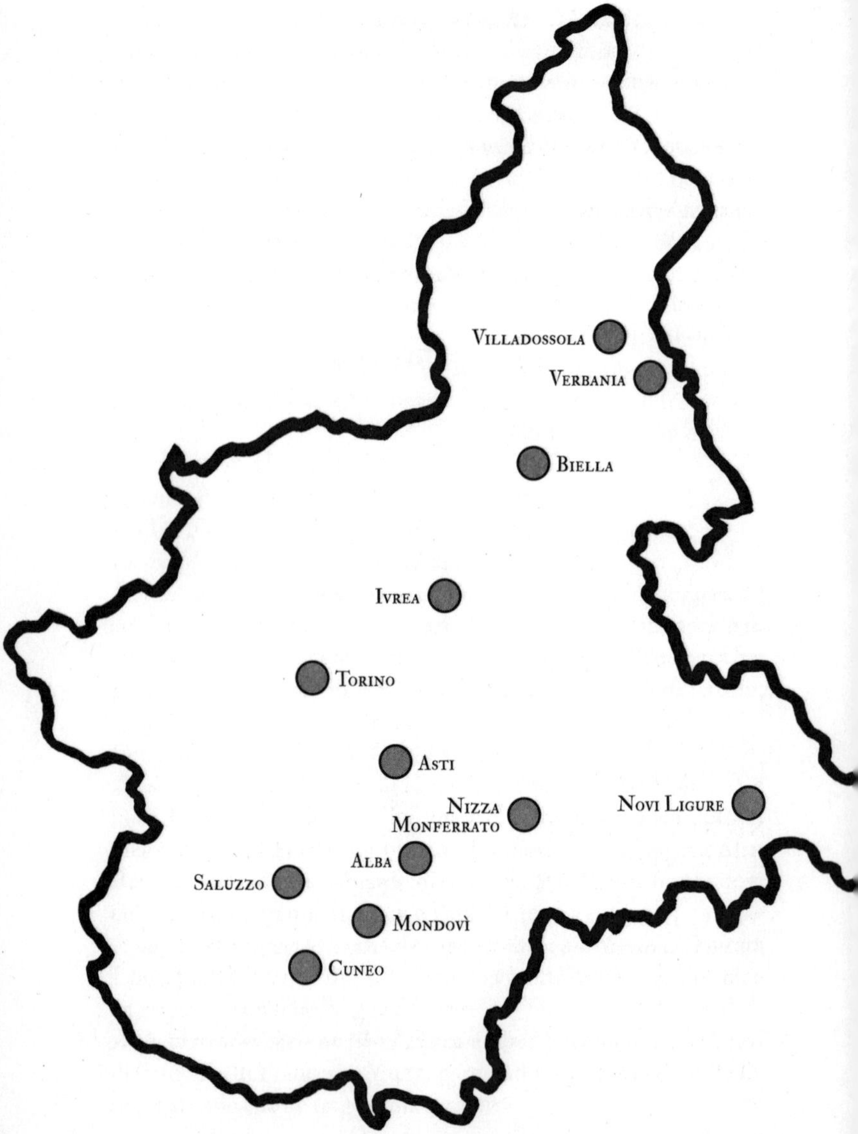
Villadossola
Verbania
Biella
Ivrea
Torino
Asti
Nizza
Monferrato
Novi Ligure
Alba
Saluzzo
Mondovì
Cuneo

Piemonte

ALBA
Cooperativa Libraria La Torre
Libreria Milton

ASTI
Libreria Alberi d'acqua

BIELLA
*la*Feltrinelli Libri e Musica Biella
Libreria Vittorio Giovannacci

CUNEO
Libreria dell'Acciuga

IVREA
La Galleria del Libro
Libreria Didattica Più

MONDOVÌ
Libreria Lettera_22
Librerie.coop Mondovì

NIZZA MONFERRATO
Il salotto di Bea

NOVI LIGURE
Buone Letture Libreria Cartoleria
La Bottega del Sanconiglio

SALUZZO
Libreria Le Corti

TORINO
Binaria Centro Commensale
Bufò Libreria Giochi e Family Store
Giunti al Punto Torino 4
I libri di Eppi
Il Ponte sulla Dora
La libreria del Golem
La piola libreria di Catia
Libreria Bodoni/Spazio B
Libreria Claudiana
Libreria dei Ragazzi
Libreria Diorama Kids
Libreria Donostia
*la*Feltrinelli Express
Libreria Internazionale Luxemburg
Libreria L'Angolo Manzoni
Libreria Maramay
Libreria OOLP
Libreria Therese
Libreria Trebisonda
nb:notabene

VERBANIA
Libreria Libraccio
Mondadori Bookstore Verbania

VILLADOSSOLA
Libreria La Pagina

ALBA

Cooperativa Libraria La Torre

Via Vittorio Emanuele 19/g, 12051 Alba CN - 0173 33658
FB Libreria La Torre - IG @cooplibrarialatorre

Lo staff dei librai Marco Brighetti e Anna Masoero.

La tua storia in 280 caratteri La Torre nasce nel 1976. Non si tratta di una semplice impresa commerciale: la vendita dei libri sostiene iniziative nei più diversi ambiti socio-culturali. I locali ospitano numerose associazioni cittadine. I soci possono leggere e valutare le pubblicazioni senza acquistarle.

Che libreria sei, in una parola? Militante.

Qual è il libro che identifica la tua libreria? «Il mondo dei vinti» di Nuto Revelli.

Qual è il personaggio letterario che rappresenta la tua clientela? Beppe Fenoglio. Alba gli ha dato i natali e il suo mito aleggia in ogni angolo della città, e noi non perdiamo occasione per celebrarne la memoria.

A chi vorresti vendere un libro? E quale libro? A un giovane, «Il sentiero dei nidi di ragno» di Italo Calvino.

Qual è la domanda più strana che ti è stata fatta? «Avete la *Christmas Card* di Charles Dickens?».

Qual è la tua libreria preferita nel mondo? E in Italia? Shakespeare & Co. a Parigi e Scattisparsi a Ravenna.

Usciti dalla tua libreria bisogna andare assolutamente... dove? Al Centro Studi Beppe Fenoglio, Piazza Rossetti 2.

Cosa trovo da te che non trovo altrove? Ampia scelta di saggi d'impegno politico e sociale.

Libreria Milton

Via Pertinace 9/c, 12051 Alba CN - 0173 293444
www.libreriamilton.it - FB Libreria Milton
IG @libreriamilton
Lo staff dei librai Carlo Borgogno e Serena Aimasso.
La tua storia in 280 caratteri Nasce nel 2005 dal bisogno di creare un posto che susciti il bisogno di tornare e trascorrere del tempo al suo interno. Il nome viene da «Una questione privata» di Fenoglio. Nel cortile ospita presentazioni di libri, concerti, reading, mostre e gruppi di lettura.
Che libreria sei, in una sola parola? Di quartiere.
Qual è il libro che identifica la tua libreria? «Una questione privata» di Beppe Fenoglio. Quella del libro è una passione, per cui oltre all'aspetto commerciale e di lavoro questo mestiere è per noi anche una vera e propria «questione privata».
Qual è il personaggio letterario che rappresenta la tua clientela? Ulisse, perché i nostri clienti non sono in modo alcuno fatti per viver come bruti, ma seguono con estrema tenacia virtute e canoscenza.
A chi vorresti vendere un libro? E quale libro? Al Papa, «L'origine della specie» di Charles Darwin.
Qual è la domanda più strana che ti è stata fatta? «Avete tutto a catalogo?». Risposta: «No, ci affidiamo e vi invitiamo ad affidarvi alla serendipità». «Avete l'ultimo libro di Bruno Vespa?». Risposta: «No, ma se vuole glielo possiamo ordinare». «Ma con i libri si riesce a tirare avanti?». Risposta: «Pare di sì, di sicuro non ci manca da leggere e per noi è già tanta roba». La più stramba in assoluto comunque è sempre: «Ma li avete letti tutti?». :-) :-)
Qual è la tua libreria preferita nel mondo? E in Italia? Nel mondo Strand Bookstore 828 Broadway, 12th Street New York. In Italia Libreria Volare a Pinerolo e Libreria del Corso della nostra amica Teresa Stefanetti a Trapani.

Usciti dalla tua libreria bisogna andare assolutamente... dove? Al Bistrot Dei Sognatori, per nutrire anche il corpo di cibi genuini e conoscere persone interessanti e curiose.
Cosa trovo da te che non trovo altrove? Il disordine e la voglia di condividere con i visitatori il tempo, i libri, i viaggi, le esperienze e il piacere della lettura. Libri sepolti dall'oblio del tempo che si trovano al fianco dell'ultima uscita. Un cortiletto interno nel quale abbandonarsi al silenzi e alla lettura. Come dice la scritta che ormai da dieci anni campeggia sulla porta: «L'uscita è libera, l'entrata è liberatoria». È un po' il nostro obiettivo: creare un luogo quasi più mentale che fisico, dove potersi perdere nella lettura, nella ricerca, nella consultazione, lasciandosi trasportare dalla curiosità e dal desiderio di conoscere.

ASTI

Libreria Alberi d'acqua
Via Rossini 1, 14100 Asti - 0141 556270
FB Libreria Alberi d'Acqua
Lo staff dei librai Beppe Gnesotto e Francesca Di Renzo.
La tua storia in 280 caratteri Libreria indipendente nata nel 1999, propone un'ampia e accurata scelta di titoli e dà spazio anche a piccoli editori di qualità. Luogo di incontro per presentazioni con gli autori, laboratori di lettura e scrittura creativa per i piccoli, un vivace gruppo di lettura per adulti.
Che libreria sei, in una sola parola? Indipendente.
Qual è il libro che identifica la tua libreria? «Crossing the Water»: raccolta di poesie di Sylvia Plath alla quale si ispira il nome della libreria.
Qual è il personaggio letterario che rappresenta la tua clientela? Pippi Calzelunghe: imprevedibile, simpatica, bizzarra, libera, curiosa.
A chi vorresti vendere un libro? E quale libro? A un caro amico... «Otto montagne» di Paolo Cognetti.

Qual è la domanda più strana che ti è stata fatta? «Se, dopo averlo letto, il libro non mi è piaciuto, potrei cambiarlo con un altro?».
Qual è la tua libreria preferita nel mondo? E in Italia? Nel mondo: Shakespeare & Co. di Parigi. In Italia: La Libreria Volante di Lecco.
Usciti dalla tua libreria bisogna andare assolutamente... dove? Su una comoda poltrona a leggere il libro acquistato!
Cosa trovo da te che non trovo altrove? Siamo concreti ma anche un po' sognatori... per soddisfare le esigenze dei lettori appassionati e di tutti gli amanti dei libri.

BIELLA

*la*Feltrinelli Libri e Musica Biella

Via Italia 36, 13900 Biella - 02 91947777
Lo staff dei librai Lo staff è composto da cinque librai: Anna, Daniela, Isabella, Silvia e Silvano.
La tua storia in 280 caratteri Abbiamo inaugurato la nostra libreria nel 2006. In pochi anni siamo riusciti a diventare un punto di riferimento importante per i biellesi. Leggere libri è sempre stata la nostra passione, saperli consigliare il nostro mestiere.
Che libreria sei, in una sola parola? Di catena.
Qual è il libro che identifica la tua libreria? «Lessico famigliare» di Natalia Ginzburg. Sarà che siamo lo stesso staff da ormai una decina d'anni, ma noi qui ci sentiamo di fatto una famiglia, anzi, una famiglia «allargata» che ha sviluppato negli anni un proprio alfabeto e che quotidianamente integra nelle sue dinamiche familiari i tanti lettori che si affidano a noi per chiederci suggerimenti e consigli, spesso non solo di natura letteraria.
Qual è il personaggio letterario che rappresenta la tua clientela? Linus. I libri per i nostri clienti sono come la rassicurante coperta del personaggio dei Peanuts.
A chi vorresti vendere un libro? E quale libro? Al professor Alessan-

dro Barbero, che spesso è venuto a presentare i suoi libri da noi ed è anche un nostro gradito cliente vorremmo regalare, più che vendere, «I fiori blu» di Raymond Queneau. Ci piacerebbe fargli leggere un libro in cui la storia non esiste, un racconto colto e insieme spassoso dove un personaggio del Medioevo e uno del presente alternano le loro vicende, sognandosi reciprocamente.
Qual è la domanda più strana che ti è stata fatta? «Dov'è la sezione di ufologia?».
Qual è la tua libreria preferita nel mondo? E in Italia? Nel mondo la libreria El Ateneo Grand Splendid di Buenos Aires; in Italia Libreria Acqua Alta a Venezia.
Usciti dalla tua libreria bisogna andare assolutamente... dove? A cinque minuti di auto da qui si trova la collina della Burcina, un parco botanico ricco di piante rare. Il profumo delle essenze e la tavolozza di colori della splendida «conca dei rododendri» potranno solo amplificare la piacevolezza dell'esperienza di lettura.
Cosa trovo da te che non trovo altrove? Visi sorridenti, curiosità e tanti libri che non sapevate di desiderare.

Libreria Vittorio Giovannacci

Via Italia 14, 13900 Biella - 015 2522313
Lo staff dei librai Vilma Giovannacci, la titolare storica della libreria insieme al marito Emanuele Giovannacci (deceduto dieci anni fa lasciando un gran vuoto) e mamma di Davide ed Elisa; Davide Giovannacci (figlio maggiore di Vilma ed Emanuele); Elisa Giovannacci (figlia minore di Vilma ed Emanuele); Federico Bertuzzi (marito di Elisa Giovannacci); Cristiana Massa (dipendente).
La tua storia in 280 caratteri La libreria nasce nel 1903 a Biella grazie a Giulio Giovannacci, discendente da librai di Montereggio in Lunigiana, «il paese dei librai», dal quale intraprendenti librai partivano per portare lungo la via Francigena libri e cultura. Oggi è arrivata alla quarta generazione di librai.
Che libreria sei, in una sola parola? Storica.

Qual è il libro che identifica la tua libreria? «Il nome della rosa» di Umberto Eco.
Qual è il personaggio letterario che rappresenta la tua clientela? Marco Polo perché ama esplorare e non si stanca di imparare. Cosa c'è di più entusiasmante che farlo attraverso i libri e i consigli del libraio?
A chi vorresti vendere un libro? E quale libro? A Edward Rochester di «Jane Eyre», «Poesie d'amore» di Prévert.
Qual è la domanda più strana che ti è stata fatta? Un libro di composizioni floreali per le casse e le corone funebri.
Qual è la tua libreria preferita nel mondo? E in Italia? Shakespeare & Co. a Parigi e Libreria All'Arco a Reggio Emilia.
Usciti dalla tua libreria bisogna andare assolutamente... dove? A Biella Piazzo.
Cosa trovo da te che non trovo altrove? Pareti alte più di tre metri piene zeppe di libri vecchi e nuovi e passione passione passione.

CUNEO

Libreria dell'Acciuga

Via Dronero 1, 12100 Cuneo - 349 0665974
www.libreriadellacciuga.it - FB Libreria dell'Acciuga
IG @libreriadellacciuga - TW @LibreriaAcciuga
Lo staff dei librai Nella libreria è presente un solo libraio, Nello.
La tua storia in 280 caratteri La libreria apre nel 2016 nel centro storico di Cuneo, il nome evoca la tradizione degli acciugai della Val Maira. Da subito abbiamo ospitato incontri letterari e iniziative culturali per promuovere il confronto delle idee.
Che libreria sei, in una sola parola? Indipendente.
Qual è il libro che identifica la tua libreria? «Il salto dell'acciuga» di Nico Orengo.
Qual è il personaggio letterario che rappresenta la tua clientela? La clientela femminile Elizabeth Bennet di «Orgoglio e pregiudizio», quella maschile Hant'a di «Una solitudine troppo rumorosa».

A chi vorresti vendere un libro? E quale libro? Mi piacerebbe vendere un libro ad Antonio Gramsci, glielo farei scegliere liberamente.
Qual è la domanda più strana che ti è stata fatta? Nella nostra via ci sono molti ristoranti e ci hanno telefonato per chiederci: «Siamo in due, è possibile prenotare un tavolo?».
Qual è la tua libreria preferita nel mondo? E in Italia? Nel mondo ci affascina la Shakespeare & Co. di Parigi. In Italia ci piace la dimensione molto simile alla nostra della Livres et Musique di Champoluc (AO).
Usciti dalla tua libreria bisogna andare assolutamente... dove? Bisogna passeggiare sotto i portici di via Roma e gustarsi un buon caffè in Piazza Galimberti, prima di partire per una gita in una delle tante vallate vicine a Cuneo.
Cosa trovo da te che non trovo altrove? Un'atmosfera familiare e mediterranea, con una scelta di libri e oggettistica di qualità selezionata con cura.

IVREA

La Galleria del Libro

Via Palestro 70, 10010 Ivrea TO - 0125 641212
FB La Galleria del Libro - IG @lagalleriadellibroivrea
Lo staff dei librai Alessandro, Elisa, Gianmario, Roberta, Simonetta.
La tua storia in 280 caratteri Libreria indipendente del centro storico di Ivrea, luogo di incontro di appassionate lettrici e appassionati lettori di tutte le età. Clienti abituali e di passaggio si susseguono per cercare il libro giusto e il consiglio migliore. Promotrice del festival «La Grande Invasione».
Che libreria sei, in una sola parola? Accogliente.
Qual è il libro che identifica la tua libreria? «La vita davanti a sé», Romain Gary.
Qual è il personaggio letterario che rappresenta la tua clientela? Holden Caulfield.

A chi vorresti vendere un libro? E quale libro? A qualcuno che non legge. «Il giovane Holden».
Qual è la domanda più strana che ti è stata fatta? «Vorrei l'"Apologia di Socrate" scritta da Socrate».
Qual è la tua libreria preferita nel mondo? E in Italia? Shakespeare & Co., Parigi. Libreria Verso, Milano.
Usciti dalla tua libreria bisogna andare assolutamente... dove? Al Lago Sirio, a leggere!
Cosa trovo da te che non trovo altrove? I gusti di lettura diversi dello staff, come in gelateria.

Libreria Didattica Più

Via Elio Guarnotta, 33, 10015 Ivrea TO - 0125 40105
www.libreriadidatticapiuivrea.com
FB Libreria Per Ragazzi Didattica Più Snc
Lo staff dei librai La titolare Dina e la libraia Valeria.
La tua storia in 280 caratteri La libreria nasce nel 1977 dal desiderio di far conoscere ai bambini il magico mondo delle parole e delle illustrazioni. Consapevoli del fatto che lettori non si nasce ma si diventa, operiamo con passione per far diventare i piccoli grandi lettori entusiasti.
Che libreria sei, in una sola parola? Soprattutto per ragazzi, maestre e genitori.
Qual è il libro che identifica la tua libreria? «Il Libro Cuore di Valentina» di Angelo Petrosino... siamo citate alla pagina 97.
Qual è il personaggio letterario che rappresenta la tua clientela? Peter Pan, perché chi entra da noi è un eterno bambino.
A chi vorresti vendere un libro? E quale libro? Mi piacerebbe vendere a tutte le neomamme «I Prelibri» di Bruno Munari.
Qual è la domanda più strana che ti è stata fatta? La richiesta di un libro che emanasse, di pagina in pagina, i profumi delle sensazioni e dei luoghi narrati.
Qual è la tua libreria preferita nel mondo? E in Italia? Poplar Kid's Republic, Pechino, Cina. E Libreria Acqua Alta, Venezia.
Usciti dalla tua libreria bisogna andare assolutamente... dove? A visi-

tare il nostro patrimonio olivettiano, sparso per la città, fatto di edifici, musei e macchine da scrivere, entrato a far parte del Patrimonio Unesco; e ad assaggiare una fetta dell'esclusiva Torta 900 alla pasticceria Balla.
Cosa trovo da te che non trovo altrove? L'opera d'arte letteraria «Stella Ribbbella» di Eugenio Pacchioli stampata da noi. Una raccolta di quattro fiabe scritte e illustrate dal nostro artista locale uniche e numerate, solo cento copie al mondo! Oltre naturalmente a esperienza, cortesia e disponibilità a consigliare il libro giusto!

MONDOVÌ

Libreria Lettera_22

Corso Statuto 35, 12084 Mondovì CN - 0174 46974
lettera22libreriamondovi.blogspot.com
FB Lettera_22 - IG @libriletterA22
Lo staff dei librai Vittoria e Giampiero.
La tua storia in 280 caratteri Lavoriamo insieme dalle ore 17 del 17 febbraio 2017 e viviamo insieme da 14 anni. Amiamo i libri, gli animali e le cose belle.
Che libreria sei, in una sola parola? Eclettica.
Qual è il libro che identifica la tua libreria? «Il maestro e Margherita» di Michail Bulgakov.
Qual è il personaggio letterario che rappresenta la tua clientela? Godot. Non c'è bisogno di dire altro...
A chi vorresti vendere un libro? E quale libro? A tutti. Il libro giusto.
Qual è la domanda più strana che ti è stata fatta? Un classico: «Cerco un libro di cui non ricordo né titolo, né autore, né editore, però ha la copertina rossa...».
Qual è la tua libreria preferita nel mondo? E in Italia? Libreria preferita nel mondo: difficile sceglierne solo una. Libreria preferita in Italia: idem come sopra.

Usciti dalla tua libreria bisogna andare assolutamente... dove? Fare un giro nel centro storico di Mondovì Breo, salire con la funicolare a Mondovì Piazza e leggere un bel libro al Belvedere.
Cosa trovo da te che non trovo altrove? La voglia di ascoltarti e un ambiente accogliente per tutti (questo è ciò che speriamo...).

Librerie.coop Mondovì

Shopping Center & Retail Park
Piazza Cerea 15, 12084 Mondovì CN - 0174 330836
libreria.mondovi@librerie.coop.it - FB Librerie.coopMondovi
Lo staff dei librai Agnese, Francesca, Francesco, Anna, Ivana, Francesco.
La tua storia in 280 caratteri Apriamo nel 2007 e negli anni siamo diventati la libreria di riferimento di diversi festival. La nostra storia è la storia del nostro gruppo: lavoriamo insieme da dieci anni, e l'esperienza e la passione per i libri ci legano in una sinergia che continua a crescere.
Che libreria sei, in una sola parola? Amica.
Qual è il libro che identifica la tua libreria? «Uomini e topi» di John Steinbeck.
Qual è il personaggio letterario che rappresenta la tua clientela? Gli abitanti dei paesi e delle cascine nelle Langhe ne «Il partigiano Johnny» di Fenoglio.
A chi vorresti vendere un libro? E quale libro? «Cattedrale» di Raymond Carver a Sylvia Beach, la mitica libraia di Shakespeare & Co.
Qual è la domanda più strana che ti è stata fatta? «Vendete bastoni da rabdomante?». Ma anche: «Avete "L'Iliade" di Barocco?». «Avete "Se questo è un uomo"? Dev'essere il primo della saga, perché sul messaggio c'è scritto Primo...». «Avete "In ansia" di Terzani?». «Questo libro fotografico su "Star Wars"... secondo lei va bene per un dentista?».
Qual è la tua libreria preferita nel mondo? E in Italia? In Italia la Libreria Acqua Alta a Venezia. All'estero la Livraria Lello e Irmão a Porto, in Portogallo.

Usciti dalla tua libreria bisogna andare assolutamente... dove? A fare una passeggiata tra i filari delle Langhe e fermarsi in una cantina per gustare un buon bicchiere di Barolo.
Cosa trovo da te che non trovo altrove? Sei librai affiatati con competenze e interessi diversi tra loro, che si faranno in quattro per te.

NIZZA MONFERRATO

Il salotto di Bea

Via Carlo Alberto 38, 14049 Nizza Monf. AT - 348 2710380
ilsalottodibea@gmail.com - FB Il Salotto di Bea
IG @il_salotto_di_bea
Lo staff dei librai Pero Maria Beatrice, Valeria Monti.
La tua storia in 280 caratteri Un luogo di aggregazione, dove poter organizzare letture animate per bambini, gruppi di lettura, mostre di illustratori locali, presentazioni di libri. Il motto della mia libreria è «Più che di macchine abbiamo bisogno di umanità» (Charlie Chaplin).
Che libreria sei, in una sola parola? Indipendente.
Qual è il libro che identifica la tua libreria? «I colori delle emozioni» di Anna Llenas.
Qual è il personaggio letterario che rappresenta la tua clientela? Il Gruffalò.
A chi vorresti vendere un libro? E quale libro? Ad Alessandro Baricco. «Bar Sport» di Benni.
Qual è la domanda più strana che ti è stata fatta? «Quindi, ha aperto una libreria per vendere libri?». Oppure: «Appena ho finito di leggerlo glielo riporto e mi dà indietro i soldi, esatto?».
Qual è la tua libreria preferita nel mondo? E in Italia? Tutte le librerie di Cecil Court, Londra. In Italia, la mia! No, scherzi a parte, una libreria nella zona dell'Accademia a Venezia dove ho trovato un'edizione introvabile del Musti, «Storia Greca».

Usciti dalla tua libreria bisogna andare assolutamente... dove? A fare una passeggiata sulle nostre colline.
Cosa trovo da te che non trovo altrove? L'accoglienza e la gioia di vivere.

NOVI LIGURE

Buone Letture Libreria Cartoleria

Via Pietro Isola 14, 15067 Novi Ligure AL - 0143 2308
335 6088437 - libreria@buoneletture.191.it
Lo staff dei librai Andrea Chiapuzzo e Alessandra Chiapuzzo, titolari; Daniela Ottria e Serena Carrara, dipendenti.
La tua storia in 280 caratteri Un «dono» di papà ad Andrea e Alessandra.
Che libreria sei, in una parola? Storica.
Qual è il libro che identifica la tua libreria? «Elogio della follia» di Erasmo da Rotterdam.
Qual è il personaggio letterario che rappresenta la tua clientela? Dr. Jekyll e Mr. Hyde.
A chi vorresti vendere un libro? E quale libro? A Matteo Salvini, «Il dittatore» di G. Pansa.
Qual è la domanda più strana che ti è stata fatta? La domanda più strana? «... Avete anche libri?».
Qual è la tua libreria preferita nel mondo? E in Italia? Nel mondo, TASCHEN Store a Parigi. In Italia, Libreria Buona Stampa a Courmayeur.
Usciti dalla tua libreria bisogna andare assolutamente... dove? A casa. Con il libro appena acquistato.
Cosa trovo da te che non trovo altrove? La nostra mascotte, il cane Peter, uscito da un cartone animato.

La Bottega del Sanconiglio

Piazza XXVII Aprile 2, 15067 Novi Ligure AL - 0143 341074
www.labottegadelsanconiglio.it - FB La Bottega del Sanconiglio - IG @labottegadelsanconiglio
Lo staff dei librai Giada e Alberto Miglietta.
La tua storia in 280 caratteri Aperti dall'ottobre 2018, spinti dalla passione per i libri per bambini per realizzare una rete di eventi rivolti a loro. Libreria indipendente in una piccola realtà di provincia, bambini e adulti ci hanno accolto con entusiasmo. Ci piace pensare che libri e bambini salveranno il mondo.
Che libreria sei, in una sola parola? Per bambini.
Qual è il libro che identifica la tua libreria? «Il Gruffalò» di Julia Donaldson.
Qual è il personaggio letterario che rappresenta la tua clientela? Il piccolo principe.
A chi vorresti vendere un libro? E quale libro? Ci piace l'idea di vendere libri a maestre, che racconteranno storie a tanti bambini, come ad esempio «Favole al telefono» di Gianni Rodari.
Qual è la domanda più strana che ti è stata fatta? Una signora mi ha chiesto se poteva togliersi le scarpe, perché si sentiva come a casa.
Qual è la tua libreria preferita nel mondo? E in Italia? Kid's Republic Book Store (Pechino, Cina). Libreria Giannino Stoppani (Bologna).
Usciti dalla tua libreria bisogna andare assolutamente... dove? Bisogna andare a fare una passeggiata per il centro storico di Novi Ligure.
Cosa trovo da te che non trovo altrove? Un'atmosfera rilassata e quasi casalinga dove farsi conquistare da storie e giochi in un tempo lento.

SALUZZO

Libreria Le Corti

Via della Resistenza 4, 12037 Saluzzo CN - 0175 41022
libreria.lecorti@gmail.com
Lo staff dei librai Il sottoscritto, Federico.

La tua storia in 280 caratteri Laureato in lettere con una smodata passione per i libri apro la mia libreria nel 2006; poi, per non farmi mancare niente, nel 2013 lancio anche una mia piccola casa editrice che porta il mio nome. Vivo tra i libri insomma.
Che libreria sei, in una parola? Indipendente.
Qual è il libro che identifica la tua libreria? Un qualsiasi libro di Jón Kalman Stefánsson.
Qual è il personaggio letterario che rappresenta la tua clientela? Bárður («Paradiso e Inferno», Stefánsson) perché è un poeta, un sognatore ed è innamorato dei libri e delle parole.
A chi vorresti vendere un libro? E quale libro? A quella ragazza che ogni giorno vedi leggere sul tram e che dentro di sé nasconde tutto un mondo fatto di battaglie, incertezze, sogni e speranze. Vorrei consigliarle un libro fatto apposta per lei, che sappia parlarle. Un libro speciale, ogni volta diverso.
Qual è la domanda più strana che ti è stata fatta? «Vendete caffettiere?».
Qual è la tua libreria preferita nel mondo? E in Italia? La mia libreria preferita è quella dove quando entro mi sento come a casa e sono preso dalla voglia di curiosare tra gli scaffali. Per fortuna ce ne sono tante.
Usciti dalla tua libreria bisogna andare assolutamente... dove? In qualche giardino di Saluzzo vecchia a leggere il libro appena comprato!
Cosa trovo da te che non trovo altrove? I libri della mia casa editrice, Federico Tozzi editore in Saluzzo.

TORINO

Binaria Centro Commensale

Via Sestriere 34, 10141 Torino - 011 537777
FB Binaria - centro commensale - www.binariagruppoabele.org
IG @binariagruppoabele - TW @BCommensale

Lo staff dei librai Massimo, Valeria, Filippo, Edoardo, Valentina, Kasem e Mauro.
La tua storia in 280 caratteri Binaria non è un semplice esercizio commerciale, ma un luogo d'incontro e di discussione aperto a tutti, il cui obiettivo è favorire l'accesso al libro come strumento di conoscenza.
Che libreria sei, in una sola parola? Commensale.
Qual è il libro che identifica la tua libreria? «La vita agra» di Luciano Bianciardi: impegnato, bello, indimenticabile.
Qual è il personaggio letterario che rappresenta la tua clientela? Orlando furioso. I nostri clienti sono sempre di fretta, frustrati se va bene, altrimenti incazzati neri. Quando escono hanno ritrovato il sorriso.
A chi vorresti vendere un libro? E quale libro? A un razzista, vorremmo vendere: «Lettera a un razzista del terzo millennio» di don Luigi Ciotti.
Qual è la domanda più strana che ti è stata fatta? «Ma qui si possono comprare i libri?».
Qual è la tua libreria preferita nel mondo? E in Italia? Faulkner House Books di New Orleans e Il Pensiero Meridiano di Tropea.
Usciti dalla tua libreria bisogna andare assolutamente... dove? A trovare il nostro concorrente preferito: Rinaldo della Libreria Donostia.
Cosa trovo da te che non trovo altrove? Una fabbrica che si reinventa divenendo polo culturale, spazio di incontro e confronto, inserendosi nella sfida della deindustrializzazione che coinvolge l'intera città di Torino.

Bufò Libreria Giochi e Family Store

Via Monginevro 187/A, 10141 Torino - 011 2644603
www.libreriabufo.it - FB Bufò: Libreria per giovani menti
IG @libreriabufo

Lo staff dei librai Io, Marta, e un piccolo alieno che non ama farsi vedere troppo!
La tua storia in 280 caratteri Ho fatto esperienza in una storica libreria di quartiere della mia città. Mi sono innamorata dei libri

per bambini seguendo un master a Roma... e diventando mamma! Bufò è nata nel 2014 a Ciriè, un comune vicino Torino, e si è poi trasferita nella grande città nell'aprile del 2016.
Che libreria sei, in una sola parola? Per bambini e ragazzi.
Qual è il libro che identifica la tua libreria? «Le favole al telefono» di Gianni Rodari. Pare siano anche il libro preferito dell'alieno Bufò.
Qual è il personaggio letterario che rappresenta la tua clientela? «Piccolo blu e piccolo giallo» di Leo Lionni, due piccoli punti colorati che nell'incontro si arricchiscono reciprocamente.
A chi vorresti vendere un libro? E quale libro? Ogni adolescente che riesco a conquistare con una storia per me è una grande vittoria personale. Se non lo avesse già letto a scuola, consiglierei un libro senza tempo come «Il buio oltre la siepe» di Harper Lee. Mi augurerei che il lettore riuscisse a cogliere la grande forza di un classico e capire perché, nel flusso di beni e notizie usa e getta, alcune storie sono destinate a durare per sempre.
Qual è la domanda più strana che ti è stata fatta? «Vorrei un libro che spieghi a mio figlio la vita di Gesù, ma che non finisca troppo male».
Qual è la tua libreria preferita nel mondo? E in Italia? Sono entrata una volta nella libreria Bertrand di Lisbona e sono rimasta impressionata non solo dalla vastità dell'assortimento, ma anche dal pregio della struttura architettonica che la ospita. In Italia merita una menzione speciale la Libreria Palazzo Roberti a Bassano del Grappa. Anche in questo caso uno strabiliante mix di proposte e cornice storica dell'edificio.
Usciti dalla tua libreria bisogna andare assolutamente... dove? A uno sportello del bancomat per riempire di nuovo il portafoglio! Scherzi a parte, consiglio una cena semplice in una tipica osteria piemontese. A pochi minuti di macchina dalla libreria consiglio Il Cantinone S. Paolo mentre per chi si vuole spostare verso il centro una tappa obbligata è La Gaia Scienza.
Cosa trovo da te che non trovo altrove? Io credo che il fascino di ogni libreria sia dato dal libraio stesso. Il modo in cui allestisco lo spazio, come racconto le proposte a scaffale, il dialogo quotidiano sui social che fanno sentire vicino il mio modo di pensare, le piccole

attenzioni dedicate al cliente bambino, la presenza di aziende di nicchia e ricercate, la disponibilità all'ascolto di ogni richiesta, i tanti eventi organizzati: sono queste, penso, le variabili che rendono unica Bufò e spingono le persone a ritornare per i loro acquisti.

Giunti al Punto Torino 4

Centro Commerciale Parco Dora
Via Treviso 16/M, 10144 Torino - 011 4338504
torino4@giunti.it

Lo staff dei librai Delia, Eulalia, Maria Grazia, Alessandra.
La tua storia in 280 caratteri La libreria nasce nel 2003 nel centro commerciale Parco Dora. Ampia e luminosa, in armonia con la struttura moderna di cui fa parte. Sorge come «Libreria del Centro» e 2 anni dopo viene inglobata da Giunti al Punto. Dal 2006 è un luogo di scambio, uno scrigno che racchiude un mondo.
Che libreria sei, in una sola parola? Di quartiere.
Qual è il libro che identifica la tua libreria? «La storia infinita» di Michael Ende perché rispecchia l'ideale romantico, l'utopistica ambizione e il fine della nostra libreria.
Qual è il personaggio letterario che rappresenta la tua clientela? I clienti del «Libraio magico» di Yoshitake: grazie a noi trovano il libro giusto; oppure quello sbagliato, di cui però hanno davvero bisogno.
A chi vorresti vendere un libro? E quale libro? Vorremmo vendere «Jane Eyre» di Charlotte Brontë a chi viaggia per lavoro, a chi trascorre tanto tempo lontano dai suoi affetti: leggendo quel libro vorremmo che si ritrovasse, che si sorprendesse a credere in sé stesso, perseguendo i propri obiettivi, tenendo salde le sue radici ma guardando al futuro con speranza, ottimismo e lungimiranza.
Qual è la domanda più strana che ti è stata fatta? «Ma i libri qui si possono prendere in prestito?» da parte di una ragazza che evidentemente aveva confuso la nostra libreria con una biblioteca.
Qual è la tua libreria preferita nel mondo? E in Italia? «The Last Bookstore» di Los Angeles nel mondo, mentre in Italia la Libreria Acqua Alta di Venezia.

Usciti dalla tua libreria bisogna andare assolutamente... dove? Se il sole permette, una passeggiata al Valentino, il parco della città di Torino adagiato lungo i fianchi del Po, dove leggere un bel libro seduti sull'erba, cogliendo una margherita da essiccare tra le pagine e gustando la lettura e un gelato (attenti a non macchiare le pagine!). Se il cielo è coperto e minaccia pioggia, invece, andate da Bardotto: potrete sorseggiare un ottimo cappuccino e, con una deliziosa fetta di cheesecake, immergervi nella lettura del vostro libro circondati da altri libri.
Cosa trovo da te che non trovo altrove? Simpatia, sorrisi, un ambiente tranquillo in cui sfogliare le pagine del libro del cuore, o criticare e indignarti per quello che proprio non ti è piaciuto: trovi noi, persone come te, che amano i libri e che non hanno ancora smesso di chiedersi da dove arrivi l'ispirazione alla base di ogni storia...

I libri di Eppi

Via Giuseppe Piazzi 7bis, 10129 Torino - 011 19701369
www.ilibridieppi.com - FB I libri di Eppi
Lo staff dei librai In libreria trovate me, Paola, detta Eppi perché sono felice.
La tua storia in 280 caratteri Da piccola sognavo di fare la libraia arrampicandomi sugli scaffali di mio fratello. A vent'anni lavoravo in una libreria che poi è diventata mia. Oggi ho una libreria nuova, intima e accogliente nel mio quartiere: piccola e meravigliosa bottega dei sogni destinati a realizzarsi.
Che libreria sei, in una parola? Felice.
Qual è il libro che identifica la tua libreria? «Stoner» di John Williams (una storia semplice raccontata con incredibile maestria).
Qual è il personaggio letterario che rappresenta la tua clientela? Il Cappellaio Matto. Personaggio bizzarro che rappresenta la molteplicità umana e racchiude in sé tutti i clienti possibili.
A chi vorresti vendere un libro? E quale libro? A mio nonno. «Il figlio del figlio» di Marco Balzano.
Qual è la domanda più strana che ti è stata fatta? Mi hanno chiesto

una copia della Bibbia autografata. Ma autografata da chi non l'ho mai saputo...
Qual è la tua libreria preferita nel mondo? E in Italia? Nel mondo è la libreria Pro qm thematische Buchhandlung a Berlino. In Italia, non potendo dire «LA MIA» è L'Armadilla a Imperia.
Usciti dalla tua libreria bisogna andare assolutamente... dove? A spasso per il quartiere perché, come succede in libreria, con la voglia di scoprire si finisce per ritrovare se stessi.
Cosa trovo da te che non trovo altrove? Sincerità e una tisana.

Il Ponte sulla Dora

Via Pisa 46, 10153 Torino - 011 19923177
www.ilpontesulladora.it - FB Libreria Il Ponte sulla Dora
IG @pontesulladora

Lo staff dei librai Rocco Pinto, Marco Email e Mattia Mortarini.
La tua storia in 280 caratteri Il 30 novembre 2012, alle ore sei del mattino, nasceva in via Pisa 46 a Torino la libreria «Il Ponte sulla Dora». Il nome è stato scelto dai lettori che sono il cuore della nostra bottega. Il motto della libreria è: «Libri, lettori, idee in movimento».
Che libreria sei, in una sola parola? Di quartiere.
Qual è il libro che identifica la tua libreria? «Il ponte sulla Drina» di Ivo Andrić.
Qual è il personaggio letterario che rappresenta la tua clientela? Contrera, dai polizieschi di Frascella: tutto e il «contrera» di tutto. Quando meno te lo aspetti ti spiazza con comportamenti geniali... o venali.
A chi vorresti vendere un libro? E quale libro? Giovanni Tizian e Stefano Vergine: «Il libro nero della Lega», a un elettore della Lega che non legge.
Qual è la domanda più strana che ti è stata fatta? «Avete un libro su Padre Pio? Perché l'ultimo che ho letto l'ho comprato vent'anni fa e l'ho già finito».
Qual è la tua libreria preferita nel mondo? E in Italia? Ler Devagar di Lisbona e Libreria dell'Arco di Matera.
Usciti dalla tua libreria bisogna andare assolutamente... dove? La

Perla di Torino per assaggiare i tartufi di cioccolato e i tourinot di Gobino.
Cosa trovo da te che non trovo altrove? I lampadari a forma di libro «unici al mondo», il colore tortora delle pareti che è lo stesso dello studio di Pellizza da Volpedo, i tavoli con le rotelle che scompaiono e riappaiono e un magnifico zerbino in marmo e pietra di Luserna... da noi trovate anche tanta poesia, davveramente!

La libreria del Golem

Via Gioacchino Rossini 21/c, 10124 Torino - 011 19503630
FB La libreria del Golem - IG @lalibreriadelgolem
Lo staff dei librai Mattia Garavaglia.
La tua storia in 280 caratteri La libreria nasce a inizio 2017; oltre ad abitare in via Rossini, la libreria partecipa a market in tutta Torino. Star ferma non è nella sua natura, da ciò lo slogan «Indipendenti, in movimento e in costante ricerca. A volte anche simpatici». Sull'ultimo punto non garantiamo.
Che libreria sei, in una sola parola? Indipendente.
Qual è il libro che identifica la tua libreria? Claudio Romo, «Tavola Smeraldina».
Qual è il personaggio letterario che rappresenta la tua clientela? Firmino di Savage: curioso, attento, sensibile e aperto a nuove influenze. Non si arrabbino i clienti se vengono paragonati a un topo.
A chi vorresti vendere un libro? E quale libro? A mio padre, «Beautiful music» di Michael Zadoorian.
Qual è la domanda più strana che ti è stata fatta? «Hai dei libri stupendi, ti posso abbracciare?».
Qual è la tua libreria preferita nel mondo? E in Italia? Word On The Water, Londra. In Italia le defunte bancarelle di Corso Siccardi, Torino.
Usciti dalla tua libreria bisogna andare assolutamente... dove? In bicicletta ai Giardini Reali.
Cosa trovo da te che non trovo altrove? Molto disordine creativo (si giustifica così, no?).

La piola libreria di Catia

Via Bibiana 31, 10147 Torino - 349 5890676
www.lapiolalibreria.com - FB La piola libreria di Catia
TW @PiolalibreriaCatia

Lo staff dei librai Ci sono solo io... Catia Bruzzo, ma...
La tua storia in 280 caratteri Dal dicembre 2012, una sfida della cultura nella periferia dove sono nata. Libri e caffè come motivo di aggregazione per stare insieme in modo semplice e sincero, come nelle piole di una volta. Cerchiamo di rendere il nostro negozio piacevole, rilassante ma anche stimolante.
Che libreria sei, in una sola parola? Di quartiere (Borgo Vittoria).
Qual è il libro che identifica la tua libreria? «La piola racconta. Libri e scrittori a spasso per Borgo Vittoria», AA.VV. Abbiamo chiesto agli amici scrittori che erano passati in libreria a presentare i loro libri di regalarci un racconto ambientato proprio nel nostro negozio...
Qual è il personaggio letterario che rappresenta la tua clientela? La professoressa Camilla Baudino, dai gialli di Margherita Oggero: arguta, curiosa, generosa, sempre in movimento, come le nostre clienti/amiche.
A chi vorresti vendere un libro? E quale libro? A chi non crede più nella solidarietà, nell'amicizia e nella collaborazione vorremmo regalare la nostra antologia «La piola racconta».
Qual è la domanda più strana che ti è stata fatta? «Scusi, vende libri?» dopo aver visto la macchina per fare il caffè, le bottiglie esposte, nonostante la vetrina piena zeppa di libri! Oppure il contrario, dopo aver visto i libri esposti: «Scusi, ma il caffè lo fa?»...
Qual è la tua libreria preferita nel mondo? E in Italia? Piola libri a Bruxelles, aperta da italiani nel centro dell'Europa. In Italia, a parte tutte quelle degli amici colleghi piemontesi... mi spiace, ma nessuna mi piace più della nostra: un posto intimo e accogliente dove si vede il cuore in gioco e ci si sente a casa (lo dicono i clienti).
Usciti dalla tua libreria bisogna andare assolutamente... dove? A vedere il santuario di Nostra Signora della Salute, in via Vibò 26, vanto di Borgo Vittoria: bella chiesa con una cupola svettante sulle case circostanti, visibile anche dal centro della città, ben illumina-

ta esternamente e che contiene anche le spoglie di San Leonardo Murialdo.
Cosa trovo da te che non trovo altrove? Oltre ai libri legati al nostro territorio e di piccole e medie case editrici, mostre di artisti piemontesi, un sorriso, voglia di accogliere e aiutare il cliente a scegliere un libro adatto e un festival: «Libri in piola e non solo», ad aprile con quattro giorni di libri, musica, fotografie, pittura e teatro.

Libreria Bodoni/Spazio B

Via Carlo Alberto 41/g, 10123 Torino - 011 5834491
FB Libreria Bodoni/Spazio B - IG @libreriabodoni
Lo staff dei librai Alberto Prola, Luigi Colucci, Massimo Minuti, Paola Capone.
La tua storia in 280 caratteri Editoria indipendente, narrativa, saggistica, bambin* e ragazz*, riviste, letteratura in lingua e di viaggio, libri illustrati, Asia, universo LGBTQI. Incontri/reading/mostre/laboratori, lavoro sul territorio. Partecipazione e condivisione, scambio e confronto.
Che libreria sei, in una sola parola? Trasversale.
Qual è il libro che identifica la tua libreria? «La favolosa storia delle verdure» di Evelyne Bloch-Dano (il nostro long-seller).
Qual è il personaggio letterario che rappresenta la tua clientela? Cosimo Piovasco di Rondò da «Il barone rampante» di Italo Calvino. Perché? La risposta verrà rivelata solo a chi verrà a trovarci in libreria!
A chi vorresti vendere un libro? E quale libro? Ci piacerebbe vendere a Van Gogh un volume illustrato con tutti i suoi dipinti per mostrargli il valore del suo talento e quanto sia diventato famoso.
Qual è la domanda più strana che ti è stata fatta? Un cliente ci ha chiesto un manuale sulle malattie del cuoio capelluto.
Qual è la tua libreria preferita nel mondo? E in Italia? In realtà non è solo una libreria ma un intero quartiere, ricchissimo di librerie: Jinbōchō a Tokyo. Invece in Italia amiamo la Todo Modo di Firenze.
Usciti dalla tua libreria bisogna andare assolutamente... dove? Torino offre molti scorci bellissimi e potremmo citarne veramente molti.

Siamo indecisi tra due: una passeggiata sul lungo Po al tramonto o percorrere i portici del centro.
Cosa trovo da te che non trovo altrove? Beh, trovi noi del #teambodoni e poi, ci auguriamo, cura e competenza!

Libreria Claudiana

Via Principe Tommaso 1, 10125 Torino - 011 6692458
www.claudiana.it - FB Libreria Claudiana Torino
IG @libreriaclaudiana
Lo staff dei librai Marco Loggia e Sara Platone.
La tua storia in 280 caratteri Nata nel 1960 come punto di distribuzione della Casa Editrice Claudiana 1855, si trova nel quartiere multiculturale e interreligioso San Salvario. Specializzata in teologia, ebraismo e religioni, propone anche attualità, filosofia, narrativa e letture per i più piccoli.
Che libreria sei, in una parola? Militante.
Qual è il libro che identifica la tua libreria? «L'ignoto ignoto. Le librerie e il piacere di non trovare quello che cercavi» di Mark Forsyth.
Qual è il personaggio letterario che rappresenta la tua clientela? Sherlock Holmes, per la sua curiosità e capacità di osservazione critica.
A chi vorresti vendere un libro? E quale libro? Vorremmo vendere a Martin Lutero: «1517. Storia mondiale di un anno» di Heinz Schilling.
Qual è la domanda più strana che ti è stata fatta? «Gesù era ebreo?».
Qual è la tua libreria preferita nel mondo? E in Italia? Nel mondo Tropismes, Bruxelles. In Italia W. Meister & Co., San Daniele del Friuli.
Usciti dalla tua libreria bisogna andare assolutamente... dove? Sulla terrazza della Caffetteria Eria, per una consumazione guardando la sinagoga.
Cosa trovo da te che non trovo altrove? Un approccio laico alle religioni.

Libreria dei Ragazzi

Via Stampatori 21, 10122 Torino - 011 547977
FB libreria dei ragazzi di torino
IG @libreriadeiragazziditorino

Lo staff dei librai Anna Parola, Maria Grazia Gatti, Daniela Barbato, Dina Basso.

La tua storia in 280 caratteri Nasciamo nel 1974, diventando la seconda libreria specializzata in editoria per l'infanzia in Italia. Collaboriamo con molte realtà del territorio - scuole, biblioteche, il Salone del Libro di Torino - e promuoviamo la lettura con corsi di formazione e incontri per i più piccoli.

Che libreria sei, in una sola parola? Per bambini (ma permetteteci, anche storica!).

Qual è il libro che identifica la tua libreria? «La mamma ha fatto l'uovo» di Babette Cole: un albo antiretorico, irriverente e dalla parte dei più piccoli. Una coppia di genitori sente il bisogno di spiegare ai propri figli come si facciano i bambini, ma utilizza strambi giri di parole su uova, impasti e fiori sbocciati: saranno quindi i bambini stessi a raccontare, con semplicità, com'è che si fa... Ovviamente spiazzando gli adulti!

Qual è il personaggio letterario che rappresenta la tua clientela? «Zagazoo» (Blake). Arriva in un pacco e ogni giorno si trasforma: rappresenta per noi il potere creativo e sovversivo dell'infanzia lettrice.

A chi vorresti vendere un libro? E quale libro? A un giovane genitore che da piccolo sceglieva i libri da noi, ma che negli anni ha perso il gusto per la lettura. Gli proporremmo «Pericle e il tesoro» di Attilio Cassinelli: ritrovando le illustrazioni della sua infanzia, speriamo ritrovi con il proprio piccolo il piacere di abbandonarsi alle storie - e che diventi un «patrimonio di famiglia».

Qual è la domanda più strana che ti è stata fatta? Un libro sui dinosauri, ma non illustrato: con le foto dei dinosauri vivi!

Qual è la tua libreria preferita nel mondo? E in Italia? Chantelivre a Parigi: come noi è una storica libreria specializzata in letteratura per l'infanzia (e siamo nati nello stesso anno!). In Italia amiamo

andare a trovare gli amici del Treno di Bogotà a Vittorio Veneto: sia per la loro selezione, sia perché Vera Salton sta portando avanti un'interessantissima riflessione sull'immaginario infantile nella letteratura per ragazzi.
Usciti dalla tua libreria bisogna andare assolutamente... dove? In pochi passi si arriva al MUSLI, il Museo della Scuola e del Libro per l'Infanzia, un luogo unico per scoprire cos'era la scuola tra Ottocento e Novecento e ammirare edizioni antiche di testi per l'infanzia ormai introvabili e meravigliosi pop-up d'epoca.
Cosa trovo da te che non trovo altrove? Ci caratterizza di certo la capacità di rispondere alle domande degli adulti che, per vari motivi, fanno del libro anche uno strumento di relazione o di didattica: insegnanti, pedagogisti, psicologi, non ultimo genitori. Ma i nostri interlocutori d'elezione rimangono i bambini: è per loro che pensiamo la nostra selezione e, in quarantacinque anni di storia, siamo felici di aver cresciuto generazioni di lettori.

Libreria Diorama Kids

Via Crevacuore 14, 10146 Torino - 011 19707135
FB Libreria Diorama Kids' - IG @libreriadioramakids
Lo staff dei librai Filomena.
La tua storia in 280 caratteri Nasciamo nel 2008 a Rivoli (TO) come libreria generalista. Dopo 3 anni decidiamo di spostare la nostra libreria a Torino, nel quartiere Parella, il borgo dove viviamo da quasi 20 anni, e di specializzarci in libri per bambini e giochi didattici e creativi.
Che libreria sei, in una parola? Per bambini.
Qual è il libro che identifica la tua libreria? «Il Trattamento Ridarelli» di Roddy Doyle.
Qual è il personaggio letterario che rappresenta la tua clientela? «La Nonna Gangster» (D. Walliams). Per sapere perché dovete leggerlo, sarà un'esperienza esilarante (spoiler: non è perché sono dei... gangster!).
A chi vorresti vendere un libro? E quale libro? A me bambina. Tutta la saga di Harry Potter.

Qual è la domanda più strana che ti è stata fatta? «Ha un tubo di silicone, ché la ferramenta all'angolo è chiusa?».
Qual è la tua libreria preferita nel mondo? E in Italia? The Gutter Bookshop, Dalkey, Dublino. Libreria Max 88, Tempio Pausania.
Usciti dalla tua libreria bisogna andare assolutamente... dove? Al Parco della Tesoriera, a cinque minuti di cammino dalla libreria.
Cosa trovo da te che non trovo altrove? La cura nella selezione e la sensazione di trovarsi tra amici che sanno qual è il libro giusto per te.

Libreria Donostia

Via Monginevro 85/A, 10141 Torino - www.libreriadonostia.it
FB Libreria Donostia di Vernero Rinaldo
Lo staff dei librai Rinaldo Vernero, finisce lì.
La tua storia in 280 caratteri Nel 1973 i miei rilevarono la libreria Piotti, al 68 della stessa via. Nel 1980 vi entrai e nel 1993 divenni titolare cambiando il nome in libreria Donostia (il nome basco della città di San Sebastián, un luogo a me caro). Nel 2007 il definitivo trasferimento nell'attuale sede.
Che libreria sei, in una parola? Di quartiere.
Qual è il libro che identifica la tua libreria? Da quand'è uscito direi «Patria», di Fernando Aramburu, anche lui di Donostia.
Qual è il personaggio letterario che rappresenta la tua clientela? Fortunatamente ho una clientela eterogenea, ma mi piace pensare che molti di loro coltivino utopie come Don Chisciotte.
A chi vorresti vendere un libro? E quale libro? Vorrei vendere un libro a Charlize Theron. Un libro qualsiasi.
Qual è la domanda più strana che ti è stata fatta? La domanda più strana risale a una trentina d'anni fa, quando mi chiesero un libro sui dinosauri ma non coi disegni, con le foto dei dinosauri.
Qual è la tua libreria preferita nel mondo? E in Italia? Livraria Lello e Irmão di Porto. In Italia cito Comunardi a Torino, che è condotta con spirito resistente da un amico.
Usciti dalla tua libreria bisogna andare assolutamente... dove? Al bar di fianco per continuare la chiacchierata.

Cosa trovo da te che non trovo altrove? Non che non esista altrove, ma credo la cortesia. E diversi libri di storia locale.

*LA*FELTRINELLI EXPRESS

VIA NIZZA 2, 10125 TORINO - 02 91947777

Lo staff dei librai Siamo uno staff di 20 persone. Un gruppo estremamente eterogeneo con molti interessi e passioni individuali.

La storia della libreria in 280 caratteri La libreria apre nel 2010 all'interno della stazione di Torino Porta Nuova. Siamo una piccola cellula all'interno di un organismo, un microcosmo che non può prescindere dal tessuto nel quale si è sviluppato. È una libreria per viaggiatori, ma anche un riferimento per il quartiere.

Che libreria sei, in una sola parola? Giovane.

Qual è il libro che identifica la tua libreria? Penso che il libro più adatto a identificarci non possa che essere una raccolta di racconti, in particolare ho pensato a «Puoi stare zitta per favore?» di Raymond Carver. I racconti di Carver hanno una capacità di descrivere quello che accade con una lucidità e una sincerità sconcertante. Leggendo i suoi racconti ho sempre avuto la sensazione di trovarmi in quel bar, su quel tavolo e che il mio sguardo fosse attirato dallo stesso dettaglio che poi diventava protagonista della storia. La nostra libreria è, di fatto, un punto di passaggio, uno di quei luoghi in cui un narratore potrebbe trovare molto materiale per la sua immaginazione.

Qual è il personaggio letterario che rappresenta la tua clientela? Penso alla Fortezza Bastiani («Il deserto dei Tartari», Buzzati), un presidio al nulla, qualcosa di cui prendersi cura.

A chi vorresti vendere un libro? E quale libro? Ho pensato a un politico, uno qualsiasi. Al quale venderei «Libertà dal conosciuto» di Krishnamurti perché credo che sia un libro fondamentale per i tempi nei quali viviamo. Tempi in cui associamo troppo spesso i nostri interessi personali ai bisogni della collettività. Immaginare che tutto questo debba portare unicamente a un traguardo personale e non a migliorare la vita di tutti è un principio che non può essere considerato una semplice utopia.

Qual è la domanda più strana che ti è stata fatta? «Mi scusi dov'è la cassa?». «In fondo a sinistra, dove c'è la parete rossa». «Ah dove c'è la barca?». E senza darmi il tempo di approfondire si dirige alla cassa.
Qual è la tua libreria preferita nel mondo? E in Italia? La mia libreria preferita nel mondo, che ho anche visitato, è senza dubbio la Livraria Lello e Irmão di Porto. Per quanto riguarda l'Italia, nella mia vita sono sempre stato un assiduo frequentatore delle bancarelle di libri usati. Sono un grande collezionista di fumetti degli anni Settanta, di libri d'arte e medicina tradizionale cinese. Il gusto della ricerca, del parlare con i proprietari sono due elementi fondamentali per me. Si tratta di posti quasi segreti nei quali so di trovare sempre qualcosa che andrà ad aggiungere un tassello della mia personale conoscenza.
Usciti dalla tua libreria bisogna andare assolutamente... dove? Non molto lontano dalla nostra libreria, nei pressi di piazza Madama, c'è la caffetteria Orso. Oltre alle qualità di caffè molto particolari, dopo aver bevuto il vostro caffè preferito, vi consiglio di osservare i residui della miscela nella vostra tazzina e di confrontarli con il poster appeso nella sala. Ogni residuo ha il suo significato e il suo messaggio, un'esperienza che vale la pena provare.
Cosa trovo da te che non trovo altrove? Non voglio essere presuntuoso, ma siamo NOI. Credo che sia una regola che vale in ogni luogo. Siamo tutte persone con una propria storia e un proprio modo di vedere le cose. I libri, i film e la musica che trovate da noi sono il mezzo attraverso il quale possiamo esprimere chi siamo, questo è il senso del nostro lavoro, consigliare, usando la nostra memoria per leggere le richieste di chi abbiamo di fronte. Credo molto in tutto questo, è un piacere e, allo stesso tempo, una responsabilità.

Libreria Internazionale Luxemburg

Via Cesare Battisti 7, 10123 Torino - 011 5613896
www.librerialuxemburg.wordpress.com
FB Libreria Luxemburg - IG @librerialuxemburg
TW @librerialuxemburgtorino

Lo staff dei librai Francesca, Cecilia, Aminta, Tonino, Gigi, Marco e Stefano.
La tua storia in 280 caratteri Tutto inizia nel 1872, quando in piazza Carignano viene aperta una filiale della libreria Le Beuf. Francesco Casanova la rileverà per pubblicare Verga e De Amicis. Nel 1974 Angelo Pezzana fonda la Libreria Internazionale Luxemburg, ora gestita da Antonio Pittarelli e Luigi Raiola.
Che libreria sei, in una sola parola? Internazionale.
Qual è il libro che identifica la tua libreria? «Il libraio inverosimile» di Giovanni Papini.
Qual è il personaggio letterario che rappresenta la tua clientela? Walter Benjamin in «Tutto il ferro della Torre Eiffel» di Michele Mari, perché come lui i nostri lettori sono mossi dal fuoco della curiosità.
A chi vorresti vendere un libro? E quale libro? Il libro che il cliente appena entrato non sa ancora di volere.
Qual è la domanda più strana che ti è stata fatta? «Buongiorno, dove trovo la sezione dedicata ai libri sugli acquari?».
Qual è la tua libreria preferita nel mondo? E in Italia? Galignani nel mondo.
Usciti dalla tua libreria bisogna andare assolutamente... dove? Al Museo Egizio.
Cosa trovo da te che non trovo altrove? Siamo l'unica libreria internazionale a Torino, con un piano dedicato alle letterature in lingua originale (inglese, francese, tedesco, spagnolo, portoghese e russo) e un ricco assortimento di riviste e periodici provenienti da tutto il mondo. Consigliamo da sempre i capolavori della letteratura ebraica e le storie dei diritti LGBTQ.

Libreria L'Angolo Manzoni

Via Cernaia 36/d, 10122 Torino - 011 540260
FB Angolo Manzoni Libreria
IG @angolomanzoni_via_cernaia_36
Lo staff dei librai Nicola Roggero, Roberto Novaresio.

La tua storia in 280 caratteri Libreria indipendente, specializzata in arte, fotografia, letteratura, architettura e remainder. Libreria di proposta, impegnata a coniugare la buona lettura, il consiglio e il libro in offerta e fuori catalogo. Orgogliosamente parte del Consorzio Librerie Torinesi Indipendenti.
Che libreria sei, in una sola parola? Indipendente.
Qual è il libro che identifica la tua libreria? «Helmut Newton Complete Works XL».
Qual è il personaggio letterario che rappresenta la tua clientela? Maqroll il Gabbiere di Álvaro Mutis.
A chi vorresti vendere un libro? E quale libro? A un neonato, i «Libri della Giungla» di Kipling.
Qual è la domanda più strana che ti è stata fatta? Se abbiamo i libri di Bruno Vespa.
Qual è la tua libreria preferita nel mondo? E in Italia? La Livraria Lello e Irmão di Porto e Libreria Acqua Alta a Venezia.
Usciti dalla tua libreria bisogna andare assolutamente... dove? In un'altra.
Cosa trovo da te che non trovo altrove? Le Nostre scelte.

Libreria Maramay

Via Cercenasco, 9, 10135 Torino - 011 6193827
www.libreriamaramay.com - FB Libreria Maramay
IG @libreriamaramay
Lo staff dei librai Mara Maggiora (titolare e unica persona dello staff).
La tua storia in 280 caratteri Maramay nasce nel 2011 in un quartiere periferico di Torino: una libreria specializzata in editoria per l'infanzia e per ragazzi, dove trovare pubblicazioni di qualità e dove è promossa la bibliodiversità: libri scelti uno a uno per stimolare la curiosità dei lettori più giovani.
Che libreria sei, in una sola parola? Per bambini.
Qual è il libro che identifica la tua libreria? «La strega Rossella» di Julia Donaldson e Axel Scheffler (perché la libraia è un po' streghetta e questo albo illustrato è un esempio calzante di quello che per me è un buon libro: la perfetta fusione di un testo ritmato e di illustrazio-

ni di carattere, ben riconoscibili in tutta la produzione degli autori del mitico «Gruffalò». Una storia ben scritta, ideale per le letture a voce alta, senza tempo e sempre apprezzata dai piccoli lettori).
Qual è il personaggio letterario che rappresenta la tua clientela? Sandrino di Richard Scarry. Con la sua curiosità per il mondo, le mille piccole avventure che vive ogni giorno, somiglia ai bimbi di Maramay.
A chi vorresti vendere un libro? E quale libro? Vorrei vendere un libro a chi sostiene di non amare la lettura, e vendergli quel titolo che lo farà ricredere.
Qual è la domanda più strana che ti è stata fatta? Mi viene spesso chiesto se la poltrona che arreda la libreria è in vendita. Ma quello è un pezzo unico, in parte artigianale!
Qual è la tua libreria preferita nel mondo? E in Italia? Quella che più rispecchia il mio ideale romantico di libreria è la Shakespeare & Co. a Parigi. In Italia le mie librerie preferite sono tutte quelle dalla forte identità, che si rispecchi nella scelta dell'arredamento, dei titoli a scaffale o delle iniziative svolte.
Usciti dalla tua libreria bisogna andare assolutamente... dove? Bisogna andare nel giardino di fronte alla libreria per un giro sull'altalena e per dare da mangiare ai tanti scoiattoli che vi abitano!
Cosa trovo da te che non trovo altrove? Trovi piccole case editrici di qualità che non si trovano ovunque; trovi la mia completa disponibilità nel consigliarti il titolo che fa per te e nell'offrirti un servizio personalizzato; trovi il contatto umano.

Libreria OOLP

Via Maria Vittoria 36, 10123 Torino - 011 8122782
www.libreriaoolp.it - www.facebook.com/libreriaoolp
Lo staff dei librai Giovanna Martini, Elena Vellano.
La tua storia in 280 caratteri Acronimo di Out Of London Press, nasce a Torino nel 1977 e da sempre è specializzata in arte e giardino. Importiamo libri dall'estero e curiamo quotidianamente la ricerca bibliografica. Partecipiamo a manifestazioni di settore per far conoscere la libreria fuori dalle sue mura.

Che libreria sei, in una sola parola? Libreria d'arte.
Qual è il libro che identifica la tua libreria? «La storia dell'arte» di Gombrich.
Qual è il personaggio letterario che rappresenta la tua clientela? Vivian Maier. Fotografa dilettante. La sua capacità artistica è stata scoperta da altri, lei fotografava per puro piacere.
A chi vorresti vendere un libro? E quale libro? Il titolo è «De Alexandris» di Heissenbuttel, lo vorremmo vendere a Gian Enzo Sperone.
Qual è la domanda più strana che ti è stata fatta? «Posso organizzare il mio matrimonio nella vostra libreria?» (e effettivamente si sposarono qui da noi!).
Qual è la tua libreria preferita nel mondo? E in Italia? Il bookshop della Tate Modern (Londra) e... Ultima Spiaggia a Camogli.
Usciti dalla tua libreria bisogna andare assolutamente... dove? A vedere la mostra del catalogo appena acquistato, ovunque sia nel mondo.
Cosa trovo da te che non trovo altrove? La monografia in due volumi su Aubrey Beardsley, il catalogo della Whitney Biennial 2019, tutta la collana «Piccola filosofia di viaggio».

Libreria Therese

Corso Belgio 49 bis\a, 10153 Torino - 011 882631
www.libreriatherese.it - FB Libreria Therese
IG @libreriatherese
Lo staff dei librai Davide Ferraris, Sara Lanfranco, Bianca Vallino.
La tua storia in 280 caratteri La libreria Therese nasce nel 2007 a Torino, quartiere Vanchiglietta, e la sua vocazione è raccontare storie. Tra i suoi scaffali trovano casa editori indipendenti e non, novità e libri dimenticati, favole per bambini, poesie, audiolibri e molto altro.
Che libreria sei, in una sola parola? Indipendente.
Qual è il libro che identifica la tua libreria? Cambia almeno una volta al mese.
Qual è il personaggio letterario che rappresenta la tua clientela? Lo scegliamo dal cinema, Dottor Zelig, è mutevole.

A chi vorresti vendere un libro? E quale libro? A un adolescente che non legge. Il libro giusto per lui in quel momento (sperando d'azzeccarlo...).
Qual è la domanda più strana che ti è stata fatta? «Ma questa è una libreria?».
Qual è la tua libreria preferita nel mondo? E in Italia? Strand Bookstore nel mondo, Altroquando in Italia.
Usciti dalla tua libreria bisogna andare assolutamente... dove? Al cinema Fratelli Marx, accanto a noi.
Cosa trovo da te che non trovo altrove? Una comunità, come in molte altre librerie, un po' somiglia alle loro e po' è unica.

Libreria Trebisonda

Via Sant'Anselmo 22, 10125 Torino - 011 7900088
www.trebisondalibri.com - FB Libreria Trebisonda
IG @libreriatrebisonda
Lo staff dei librai La titolare, Malvina Cagna.
La tua storia in 280 caratteri La Trebisonda nasce nel 2011, dal sogno di creare una Libreria del buon romanzo torinese e dar vita a un luogo in cui proporre incontri sui libri e su temi di attualità. Il nome dell'antico porto turco richiama la sua collocazione, San Salvario, quartiere di approdi e di scambi.
Che libreria sei, in una sola parola? Indipendente.
Qual è il libro che identifica la tua libreria? A una classica domanda, la mia classica risposta: «Don Chisciotte della Mancia» di Cervantes.
Qual è il personaggio letterario che rappresenta la tua clientela? Impossibile indicarne uno solo, pardòn.
A chi vorresti vendere un libro? E quale libro? «Inciampi» di Gian Marco Griffi a Roberto Calasso. A patto che lo legga.
Qual è la domanda più strana che ti è stata fatta? Sono tantissime in verità, eccone una: «Ciao, quello che ha scritto "L'insostenibile leggerezza dell'essere" è lo stesso che ha scritto "La solitudine dei numeri primi?"».
Qual è la tua libreria preferita nel mondo? E in Italia? Forse la

Shakespeare & Co., col suo labirinto di stanze, le poltrone, le scrivanie, i letti e i divani, tutto in formato mignon; e, se esistesse ancora, La Maison des Amis des Livres di Adrienne Monnier, amica strettissima di Sylvia Beach. In Italia non saprei: ne ho in mente diverse, più per le figure delle libraie e dei librai che per gli ambienti in sé.
Usciti dalla tua libreria bisogna andare assolutamente... dove? San Salvario, il quartiere in cui si trova la Trebisonda, ha un sacco di attrattive. Con un bel libro in mano si può fare un giro al Valentino, il parco più bello di Torino, che costeggia romanticamente il Po; sdraiarsi su un prato a leggere, dar da mangiare agli scoiattoli, guardare i germani reali che si lasciano portare dalla corrente. Oppure scegliere un bistrot per prendersi un tè o bere un bicchiere di vino. O ancora, raggiungere Porta Nuova in cinque minuti e prendere un treno. Il libro sta bene ovunque.
Cosa trovo da te che non trovo altrove? Non saprei. Otto vetrine enormi e bellissime? La polena in cartapesta che legge il «Quijote»? Il più vasto assortimento di piccoli e medi editori? Il SalottinOFF (il Salone Internazionale del Libro Off alla Trebisonda) che ogni anno mette insieme un programma talmente fenomenale di autori italiani e stranieri che potrebbe essere un festival a sé stante? Non aver mai venduto un libro di Moccia? Il divano arancione? Una retrospettiva su Bianciardi nel 2014, quando nessuno ne (ri)parlava ancora? L'essere stata un set cinematografico? Due coccodrilli appesi al soffitto? Iniziative come Giralibro, I Boreali a Torino, Editori senza Frontiere e mille altre?

NB:NotaBene

Via Luigi Des Ambrois 2/e, 10123 Torino - 393 8593005
www.nbnotabene.it - FB nb:notabene - IG @nb_notabene_libreria
Lo staff dei librai Elisabetta Gaudio.
La tua storia in 280 caratteri Specializzati in illustrazione, grafica, design, architettura e cultura urbana. Ci piacciono la micro press,

gli oggetti editoriali insoliti e lo stationary raffinato. Abbiamo un «twist» per i libri d'ispirazione, il contatto con la natura, l'empowerment femminile e la crescita personale.
Che libreria sei, in una sola parola? Per spiriti creativi.
Qual è il libro che identifica la tua libreria? «Fantasia», Bruno Munari.
Qual è il personaggio letterario che rappresenta la tua clientela? Il giovane Holden. Dubbi, un cuore poetico. Mai fermo. Quintessenza della giovinezza, che non è una questione anagrafica. Eleganza che innamora.
A chi vorresti vendere un libro? E quale libro? Vorrei vendere a una bambina «Ninnananna di stoffa» di Amy Novesky e Isabelle Arsenault, il libro sull'infanzia di Louise Bourgeois, per incoraggiarla a fare tesoro della sua vita così com'è, e a portare con fiducia la sua visione nel mondo.
Qual è la domanda più strana che ti è stata fatta? «Ma voi... vendete libri?».
Qual è la tua libreria preferita nel mondo? E in Italia? Libreria SPAZIO Corsivo, Schliemannstr. 29, 10437 Berlino. Libreria Bruno, Dorsoduro 2729, calle lunga San Barnaba, 30123 Venezia.
Usciti dalla tua libreria bisogna andare assolutamente... dove? Tre luoghi vicinissimi a noi e molto interessanti: Palm and Parrots, meravigliosi vestiti boho chic in via Maria Vittoria 28G. Camera, centro italiano per la fotografia, via delle Rosine 18. Mara dei Boschi Caffetteria, caffè e gelati molto hipster in piazza Carlo Emanuele II 21.
Cosa trovo da te che non trovo altrove? Libri di Micropress, serigrafie dei migliori illustratori e illustratrici piemontesi, stationary raffinato e oggetti editoriali curiosi e inaspettati.

VERBANIA

Libreria Libraccio

Corso Goffredo Mameli 55, 28921 Verbania - 0323 401027
FB Libraccio (Verbania)

Lo staff dei librai Nino, Emanuela, Paola, Michele, Beatrice, Emanuela T., Martina, Letizia, Christopher e Alberto.
La tua storia in 280 caratteri Libraccio approda sulle rive del Lago Maggiore nel 2014 rilevando la libreria Margaroli di Verbania, presente sul territorio dagli anni '60, e quella più recente aperta presso il parco Laghi di Gravellona Toce, ampliandone l'assortimento con l'introduzione di libri usati e remainders.
Che libreria sei, in una sola parola? Storica.
Qual è il libro che identifica la tua libreria? «Una parentesi luminosa» di Marella Caracciolo Chia, che racconta l'amore tra Umberto Boccioni e Vittoria Colonna, che nella primavera del 1916 si incontravano segretamente in una villa sull'Isolino di San Giovanni, la più piccola delle Isole Borromee, veri e propri gioielli del Lago Maggiore.
Qual è il personaggio letterario che rappresenta la tua clientela? «Uno, nessuno, centomila», cioè la quantità dei frequentatori a seconda del periodo dell'anno e delle variazioni atmosferiche.
A chi vorresti vendere un libro? E quale libro? A Jon Snow consiglieremmo: «Ho servito il re d'Inghilterra» di Hrabal per consolarlo nel suo esilio oltre la barriera.
Qual è la domanda più strana che ti è stata fatta? Vince la classifica: «Voi vendete libri?», ma non possiamo non segnalare al secondo posto: «Fate incisioni su targhette di metallo?».
Qual è la tua libreria preferita nel mondo? E in Italia? Nel mondo è la Livraria Lello e Irmão di Porto; in Italia ha una location bellissima la Libreria Palazzo Roberti di Bassano del Grappa.
Usciti dalla tua libreria bisogna andare assolutamente... dove? Usciti dalla libreria bisogna dirigersi verso la «Gelateria d'altri tempi» e con un ottimo gelato passeggiare verso i giardini di Villa Taranto, magari sostando alla Biblioteca Civica, che ha sede in un palazzo storico immerso in un parco secolare.
Cosa trovo da te che non trovo altrove? La filosofia delle Librerie Libraccio è «usato ma non vecchio»; cerchiamo anche di ridare vita e di rimettere in circolo i libri che normalmente verrebbero buttati o mandati al macero, acquistandoli dai privati, e vendiamo, sempre a metà prezzo, i libri che le case editrici decidono di eliminare

dal loro catalogo (i cosiddetti remainders). Organizziamo eventi e presentazioni, anche collaborando con enti e associazioni del territorio. Negli ultimi anni abbiamo ampliato la nostra offerta anche nel campo dei gadgets e della cartotecnica, per offrire un'esperienza sempre più a 360° gradi.

Mondadori Bookstore Verbania

Via San Vittore 76, 28921 Intra Verbania - 0323 403533
FB Mondadori Bookstore (Verbania)
IG @mondadoribookstoreverbania

Lo staff dei librai Matteo Fusetti (titolare), Veronica Fusetti (titolare), Margherita Perelli (libraia dipendente), Eleonora Pellizzoni (libraia dipendente).

La tua storia in 280 *caratteri* Dall'8 dicembre 2017, una nuova realtà nel panorama culturale verbanese. Mia sorella e io abbiamo un'esperienza ventennale con un altro Mondadori Bookstore ad Angera, provincia di Varese. Grazie a Mondadori abbiamo avuto la possibilità di questa nuova e appassionante avventura.

Che libreria sei, in una sola parola? Generalista.

Qual è il libro che identifica la tua libreria? «Il libro della giungla» di Rudyard Kipling.

Qual è il personaggio letterario che rappresenta la tua clientela? Tom Sawyer, perché racchiude in un'unica persona tantissime sfaccettature caratteriali ma, soprattutto, è un personaggio divertente.

A chi vorresti vendere un libro? E quale libro? Ai calciatori, «Coach Wooden and Me» di Kareem Abdul-Jabbar.

Qual è la domanda più strana che ti è stata fatta? «Mi serve un libro del quale non mi ricordo né titolo né autore, ma ha la copertina colorata. Le viene in mente qualcosa?».

Qual è la tua libreria preferita nel mondo? E in Italia? Nel mondo El Ateneo Grand Splendid di Buenos Aires, in Italia Mondadori Bookstore Angera.

Usciti dalla tua libreria bisogna andare assolutamente... dove? A visitare la basilica di San Vittore giusto a venti metri dalla libreria.

Cosa trovo da te che non trovo altrove? Le mie libraie. Gentilissime, simpatiche e competenti.

VILLADOSSOLA

Libreria La Pagina

Via Sempione, 22 28844 Villadossola VB - 0324511110
la-pagina@libero.it - www.librerialapagina.com
FB La Pagina Libreria

Lo staff dei librai Renato (socio fondatore da quasi 40 anni), Lara (new entry specializzata in libri per bambini e ragazzi) e Samuele (il grafico e l'esperto di edicola).

La tua storia in 280 caratteri La Pagina nasce nel 1982. In 37 anni di attività ha pubblicato una ventina di libri sulla storia della comunità in cui è inserita. Offre servizio edicola, stampa e cartoleria. Ampio spazio è dedicato ai libri per bambini e ragazzi. Dal 2014 si è trasferita in una sede più ampia.

Che libreria sei, in una sola parola? Locale.

Qual è il libro che identifica la tua libreria? «Delitti del Calvario» di Alessandro Chiello.

Qual è il personaggio letterario che rappresenta la tua clientela? Il vicequestore Rocco Schiavone, quale simbolo di un genere, il giallo-noir italiano, molto amato dalla nostra clientela.

A chi vorresti vendere un libro? E quale libro? A Camilleri vorremmo vendere il libro «Misteriosi omicidi sulle sponde dell'Ovesca» di Alessandro Chiello.

Qual è la domanda più strana che ti è stata fatta? Posso ordinare una copia di «Sequestro un uomo» di Levi?

Qual è la tua libreria preferita nel mondo? E in Italia? Escludendo le librerie di catena, ci sono tantissime piccole ma bellissime realtà, sparse nella nostra penisola e nel mondo che meriterebbero una menzione.

Usciti dalla tua libreria bisogna andare assolutamente... dove? A vi-

sitare la chiesa di San Bartolomeo, monumento romanico del X secolo.
Cosa trovo da te che non trovo altrove? Una vasta gamma di volumi legati all'Ossola, le sue valli e l'intera provincia del VCO. Alcuni decisamente introvabili.

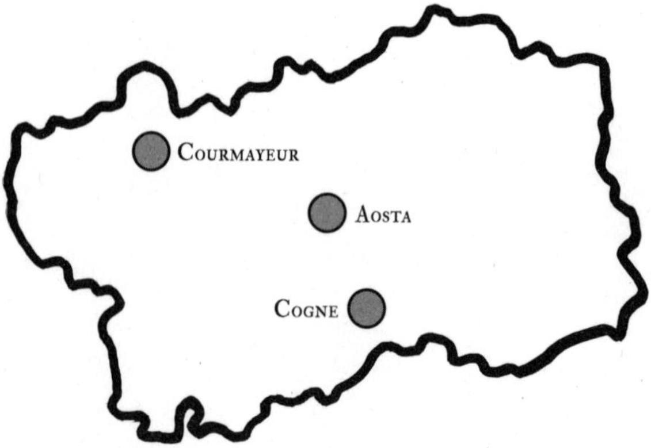
Courmayeur
Aosta
Cogne

Val d'Aosta

AOSTA
À la Page - Livres et Café
Libreria Omnibus

COGNE
Montagne di Carta - Caffè, Libreria, Sala da Tè

COURMAYEUR
Libreria Buona Stampa

AOSTA

À la Page - Livres et Café

Via Porte Pretoriane 14, 11100 Aosta - 0165 548851
info@alapage.vda.it - www.alapage.vda.it
FB libreria à la page - IG @libreriaalapage

Lo staff dei librai Lo staff della libreria è costituito da tre donne: le sorelle Clara e Carlotta e la mamma Manuela.
La tua storia in 280 caratteri Nata nel 2009 da un sogno della mamma, trasmesso anche a noi. Nel 2013 ci siamo trasferite nella via principale cercando di potenziare le nostre caratteristiche: caffetteria, presentazioni di libri, esposizioni di pittori locali e oggetti caratteristici dell'artigianato valdostano.
Che libreria sei, in una sola parola? Al femminile.
Qual è il libro che identifica la tua libreria? Ci identifichiamo in una poesia di La Fontaine, «La cigale et la fourmi». Il personaggio è la formica.
Qual è il personaggio letterario che rappresenta la tua clientela? Tiziano Terzani. Un uomo alla ricerca continua di esperienze e di novità, cosa che ogni lettore appassionato può fare attraverso i libri.
A chi vorresti vendere un libro? E quale libro? Vorremmo vendere a Renzo Piano il volume su «Aosta romana» di Francesco Corni.
Qual è la domanda più strana che ti è stata fatta? La richiesta più

strana che ci hanno fatto è stata un paio di guanti con il gommino sull'indice per girare le pagine del libro in inverno.
Qual è la tua libreria preferita nel mondo? E in Italia? La libreria più bella che abbiamo visto viaggiando è la Livraria Lello e Irmão di Porto, invece in Italia la Libreria Rinascita ad Ascoli Piceno.
Usciti dalla tua libreria bisogna andare assolutamente... dove? Quando si esce dalla libreria non si può non prendere un aperitivo o un'insalata da Fleurs Folie in via Sant'Anselmo.
Cosa trovo da te che non trovo altrove? Da noi potete trovare il bar, la possibilità di fermarsi a consultare e sfogliare i libri senza l'obbligo di acquisto. Cordialità e disponibilità.

Libreria Omnibus

Via Trottechien 2, 11100 Aosta - 0165 45920
info@corpo12.it - FB Libreria Omnibus
Lo staff dei librai Gestita dalla titolare Maria Mazzenga.
La tua storia in 280 caratteri Nata nel 1937 in una famiglia operaia, a 27 anni ho rinunciato al posto fisso e con mio marito ho aperto la libreria: una scelta dettata dall'amore per la cultura. Quando mio marito è morto ho continuato da sola e la libreria da «tradizionale» è diventata «alternativa».
Che libreria sei, in una sola parola? Alternativa!
Qual è il libro che identifica la tua libreria? Yogananda Paramahansa, «L'eterna ricerca dell'uomo».
Qual è il personaggio letterario che rappresenta la tua clientela? Rudolf Steiner.
A chi vorresti vendere un libro? E quale libro? Vorrei che Matteo Salvini leggesse «Filosofia della libertà» di Rudolf Steiner.
Qual è la domanda più strana che ti è stata fatta? «Come fai a essere una libraia così vitale a 82 anni?».
Qual è la tua libreria preferita nel mondo? E in Italia? Nella parte di mondo che ho visitato è la libreria antroposofica di Dornach in Svizzera. In Italia, scusate, ma la libreria che preferisco è la mia.
Usciti dalla tua libreria bisogna andare assolutamente... dove? Usciti

dalla mia libreria viene spontaneo isolarsi per leggere. Invito sempre i miei clienti a tornare per parlare insieme del libro che hanno scelto e letto.
Cosa trovo da te che non trovo altrove? Non so cosa si trovi altrove, da me si trovano ascolto e dialogo.

COGNE

Montagne di Carta - Caffè, Libreria, Sala da Tè

Rue Dottor Grappein 56, 11012 Cogne AO - 348 1213285
FB Montagne di Carta - IG @montagnedicarta

Lo staff dei librai Libreria e sala da tè a gestione famigliare, composta da madre e figli, che collaborano nella selezione dei libri e dei prodotti da offrire.
La tua storia in 280 caratteri Siamo una piccola libreria con sala da tè, nel cuore delle Alpi, a Cogne, alle porte del Parco Nazionale Gran Paradiso, in Valle d'Aosta. Un caldo luogo di montagna, dove perdersi fra guide, volumi fotografici, libri per bambini e un'accurata selezione di romanzi e libri locali.
Che libreria sei, in una sola parola? Di montagna.
Qual è il libro che identifica la tua libreria? «Cogne. La sua storia, i suoi monumenti», di Mauro Caniggia.
Qual è il personaggio letterario che rappresenta la tua clientela? Mario Rigoni Stern, poiché nei suoi racconti ritroviamo storie di resistenza e descrizioni di luoghi naturali, simili al nostro territorio.
A chi vorresti vendere un libro? E quale libro? Vorrei vendere ai nostri governanti il libro «La Repubblica dei mandarini. Viaggio nell›Italia della burocrazia, delle tasse e delle leggi inutili», di Paolo Bracalini, per far loro capire alcune delle difficoltà che affrontano le piccole imprese.
Qual è la domanda più strana che ti è stata fatta? Domanda: «Ce l'ha quel libro con delle montagne in copertina? Però non mi ricordo

né il titolo, né l'autore...». E chiesto in una libreria di montagna, potete capire quanti libri così ci siano.
Qual è la tua libreria preferita nel mondo? E in Italia? La libreria Shakespeare & Co. di Parigi e la Libreria Acqua Alta di Venezia.
Usciti dalla tua libreria bisogna andare assolutamente... dove? Sicuramente bisogna «perdersi» tra gli innumerevoli sentieri del nostro territorio, per ammirare la fauna, la flora e le bellezze naturalistiche del Parco Nazionale del Gran Paradiso.
Cosa trovo da te che non trovo altrove? Una piccola sala da tè, dove poter sfogliare antichi libri di montagna, degustare ricercati infusi, assaggiare liquori locali o scaldarsi con cioccolate calde e caffè alla cannella; il tutto in una calda atmosfera alpina, che spazia tra l'arredo vintage e il più classico locale di montagna, con una continua ricerca di oggetti antichi alpini, che fanno da cornice.

COURMAYEUR

Libreria Buona Stampa
Via Roma 4, 11013 Courmayeur AO
FB Libreria Buona Stampa
Lo staff dei librai È composto da me, Ivana Franzoso Crespi, che sono la titolare, e da due commesse.
La tua storia in 280 caratteri Dopo una lunga esperienza nel settore, proprio quest'anno festeggio i «primi» trent'anni della mia attività. Non è una semplice libreria, bensì un «salotto» della cultura dove scoprire le ultime novità, guide e volumi di montagna e i grandi classici.
Che libreria sei, in una sola parola? Di montagna.
Qual è il libro che identifica la tua libreria? Sicuramente la mia guida di Courmayeur che si intitola «Courmayeur e dintorni». Parla della storia di Courmayeur e delle varie passeggiate storiche che si possono fare nel paese.
Qual è il personaggio letterario che rappresenta la tua clientela? Ed-

mond Dantès di Alexandre Dumas grazie alla sua impavida voglia di evasione e scoperta.
A chi vorresti vendere un libro? E quale libro? Mi piacerebbe vendere un libro a una persona che non ha la passione di leggere e con quest'ultimo riuscire a fargliela nascere. Magari un bel libro come «La sovrana lettrice» di Bennett.
Qual è la domanda più strana che ti è stata fatta? «Cosa vende, lei?».
Qual è la tua libreria preferita nel mondo? E in Italia? Nel mondo sicuramente Hay-On-Wye, un paesino che praticamente è una libreria a cielo aperto. E in Italia la Libreria Palazzo Roberti a Bassano del Grappa.
Usciti dalla tua libreria bisogna andare assolutamente... dove? A prendere un buon aperitivo al Caffè della Posta da Biagio e poi a fare un bel giro sulla Sky Way Monte Bianco.
Cosa trovo da te che non trovo altrove? Molti libri di montagna e libri stranieri, consigli per ogni lettore e soprattutto disponibilità e passione per i libri.

La libreria ideale dei lettori

Questo elenco è stato compilato in base alle risposte che i «lettori forti» di ogni parte d'Italia che siamo riusciti a coinvolgere in questo gioco serissimo hanno dato alla domanda: «Qual è secondo te il libro che non dovrebbe mai mancare in una libreria?», inviandoci le risposte via mail o attraverso i social network. L'elenco è in ordine alfabetico di titolo. Per ogni risposta è indicato il nome e cognome (o il nickname scelto) di chi ha risposto alla domanda, l'autore del libro e il titolo. Il complesso delle risposte, a nostro parere, costituisce una sorta di «Biblioteca ideale» che può anche diventare una utile traccia per i librai.

Marvi Santamaria, Alessandra De Angelis, _danish_khaleesi_, Rachele Prioreschi: George Orwell, 1984

Pamela Manzo: Roberto Bolaño, 2666

Rosalba Mauri: Michela Murgia, *Accabadora*

Arturo de Luca: Marcel Proust, *Alla ricerca del tempo perduto*

Roberto R. Corsi: Philip Larkin, *Alte finestre*

Panzylu_, Bruno Casini, Eva Massari: Pier Vittorio Tondelli, *Altri libertini*

Enrico Agostini: James Ellroy, *American tabloid*

Jessica Dipa, Dirama71, Amalia Di Renzo: Lev Tolstoj, *Anna Karenina*

Gianmario Pilo: Edgar Lee Masters, *Antologia di Spoon River*

Nicoletta Bonfiglioli, Rosaria Rizza: Agatha Christie, *Assassinio sull'Orient Express*

Ben Galese: Judith Schalansky, *Atlante delle isole remote. Cinquanta isole dove non sono mai stata e mai andrò*

Barbara Antonelli: Jamaica Kincaid, *Autobiografia di mia madre*

Susanna Franchi: Elias Canetti, *Auto da fé*

Antonio Vena: Simon Sellars, *Ballardismo applicato*

Filippo Portinari: Stig Dagerman, *Bambino bruciato*

Carla Gambale: Umberto Eco, *Baudolino*

Giuliano Sensi: Alfred Döblin, *Berlin Alexanderplatz*

Filippo Taddia: Voltaire, *Candido, o l'ottimismo*

Massimo Luconi: Dino Campana, *Canti orfici*

Tiziana Arnone: Peter Handke, *Canto alla durata*

Massimo Fieramosca, Francesca Paladini: Charles Dickens, *Canto di Natale*

Alessandro Bertini: Jean-Claude Izzo, *Casino totale*

Luciana Abate - LucianaLuAba, Fragolosa, Alessandro Nesci: José Saramago, *Cecità*

Roberto Mosca, Dolores Lupo, Mariagiovanna Mar,

Giuseppe Quattrocchi di Gatsby Books: Gabriel García Márquez, *Cent'anni di solitudine*

Manuela Fiorini: Colette, *Chéri*

Cristiano Bertocco: John Fante, *Chiedi alla polvere*

Désirée Biadigo - desyreads, BiblioRosy: Emily Brontë, *Cime tempestose*

Anna Fineschi: Truman Capote, *Colazione da Tiffany*

Martina Sacchi: Joseph Heller, *Comma 22*

Mattia Rovere: Yukio Mishima, *Confessioni di una maschera*

Matteo Francini: Mario Vargas Llosa, *Conversazione nella Cattedrale*

Gianna Ferri: Carlo Levi, *Cristo si è fermato a Eboli*

Alessandro Costagli: Joseph Conrad, *Cuore di tenebra*

MARCO VICHI: Alba De Céspedes, *Dalla parte di lei*

PASSILUNGHIENONDISTESI, ELEONORA CALORIO, CARLO BORGOGNO: Fëdor Dostoevskij, *Delitto e castigo*

ELEONORA BENETTI, CARLOTTA ALAURA: Anne Frank, *Diario*

VIOLA GRAZIOSI: Etty Hillesum, *Diario*

NINO BELLUCCI: Georges Bernanos, *Diario di un curato di campagna*

JOSEPHB: Bernard Friot, *Dieci lezioni sulla poesia, l'amore e la vita*

GIUSY MATTERA: Ernest Hemingway, *Di là dal fiume e tra gli alberi*

CHIARA DI DOMENICO: Gustave Flaubert, *Dizionario dei luoghi comuni*

RICCARDO R, GIUSI RUSSO: Miguel De Cervantes, *Don Chisciotte della Mancia*

NOEMI GENOVESE: Jorge Amado, *Dona Flor e i suoi due mariti*

VALENTINA ANDREA SALA DI BOOKTIPY: Bram Stoker, *Dracula*

CLAUDIAEMME: Andrea de Carlo, *Due di due*

VALERIA O.: Hans Fallada, *E adesso pover'uomo?*

CRISTINA PARODI: Massimo Angelini, *Ecologia della parola*

VANNI BRONDI: Raymond Queneau, *Esercizi di stile*

BRIGITTA E JARO DI ADRENALIBRI: Ian McEwan, *Espiazione*

EVA DEI: Robert McLiam Wilson, *Eureka street*

TORTAMAGICA, GIORGIA LUDI: Ray Bradbury, *Fahrenheit 451*

SILVIA LOMBARDINI: Italo Calvino, *Fiabe italiane*

Margherita Diana: Ernest Hemingway, *Fiesta*

Vincenza: James Joyce, *Finnegan's Wake*

Sergio Giannì: Edwin Abbott Abbott, *Flatlandia*

TuttoVolume Libri con Gabrio: Patrick McGrath, *Follia*

Nicola Brandirali, Giulia Muscatelli: Mary Shelley, *Frankenstein*

Alda Nivola, Giovanni De Marchi: Jerome D. Salinger, *Franny e Zooey*

Valeria Locati, Una Psicologa in Città, Franziska Peltenburg-Brechneff: John Steinbeck, *Furore*

Laura Veronesi: James Joyce, *Gente di Dublino*

Gianandrea: François Rabelais, *Gargantua e Pantagruele*

Giulia Rebola: Alberto Moravia, *Gli indifferenti*

Alberto Scaccioni: Gianni Rodari, *Grammatica della fantasia*

Manumomelibri, Marcella Lussi: Lev Tolstoj, *Guerra e pace*

Sirgabrylob, Davide Carbone: Douglas Adams, *Guida galattica per autostoppisti*

Viviana Pirroni: Paolo Montaldo, *H&J*

Silvia - Leggere ti salva: Ferdinando Imposimato, *I 55 giorni che hanno cambiato l'Italia*

Marco Marchi, Clarissa Neri: Thomas Mann, *I Buddenbrook*

Elettra Marrone: Charles Baudelaire, *I fiori del male*

Amy_labiskotta: Fëdor Dostoevskij, *I fratelli Karamazov*

Silvia Pagano: Simone de Beauvoir, *I mandarini*

Serafina, Lucia Felli: Victor Hugo, *I miserabili*

Luisa di Tolla, Anna Paola: Alessandro Manzoni, *I promessi sposi*

Avia, Cecilia Melani, Michela Belcore: Italo Calvino, *Il barone rampante*

Serena Di Battista - Follow The Books, Irene Canino di ire_chan: Harper Lee, *Il buio oltre la siepe*

Mimma De Renzo, ElettricoAndy: Donna Tartt, *Il cardellino*

Laura Montanari: Italo Calvino, *Il cavaliere inesistente*

Costanza Maccianti: Bernard Malamud, *Il commesso*

Lelio Vinci: Leonardo Sciascia, *Il consiglio d'Egitto*

Sebastiàn Lector Sombrero, Ada Puxeddu, Ingrid Borroni, Chiara Signore: Alexandre Dumas, *Il conte di Montecristo*

Dianella Medda: Dino Buzzati, *Il deserto dei tartari*

Antonella Granata: Giovanni Pascoli, *Il fanciullino*

Debora Tammè: Richard Bach, *Il gabbiano Jonathan Livingston*

Mario Curia, Chiara Miccadei: Giuseppe Tomasi di Lampedusa, *Il Gattopardo*

Elena Giorgi di Lettricegeniale: Giorgio Bassani, *Il giardino dei Finzi-Contini*

Miriam Mucci - Mimmy: Frances Hodgson Burnett, *Il giardino segreto*

Paola Lorenzini, Nilla Turri: Salvatore Satta, *Il giorno del giudizio*

Barbara Beneyton, Chiara Ruggiero, Arianna Casaburi, Giulio Orecchio, Mauro Bo: Jerome D. Salinger, *Il giovane Holden*

Giada Falcone - Il libretto: Jules Verne, *Il giro del mondo in* 80 *giorni*

Eleonora Stella, Gaetano Pagano: Francis Scott Fitzgerald, *Il grande Gatsby*

Alessandro Rabbiosi: Peter Hopkirk, *Il Grande Gioco*

Alessandro Raveggi: Alain Fournier, *Il grande Meaulnes*

Antonella Maffione : Jamie Ford, *Il gusto proibito dello zenzero*

Marina di Interno Storie: Morten Strøksnes, *Il libro del mare*

Isabella_circologiovanilettori: Elizabeth Jane Howard, *Il lungo sguardo*

Mascia Avanzo, Simone Fabbri: Michail Bulgakov, *Il maestro e Margherita*

Giovanna Cederna: Giuseppe Berto, *Il male oscuro*

Gabriella Lipari: Magda Szabó, *Il momento*

Filippo - Il covo del lettore, Anna Ferretti: Umberto Eco, *Il nome della rosa*

Cristina Masi: H.G. Wells, *Il paese dei ciechi*

Elena Elena Blu: Andrea Iris D'Atri, *Il pane e le rose. Femminismo e lotta di classe*

Tamara Busti, Pasquina Fracassi, Chiara Gambardella: Antoine de Saint-Exupéry, *Il piccolo principe*

Laura Dalmasso, Pietro Adrianopoli: Patrick Süskind, *Il profumo*

Giuseppe Girimonti Greco: Erich Auerbach, *Mimesis. Il realismo nella letteratura occidentale*

Claudio Repek: Oscar Wilde, *Il ritratto di Dorian Gray*

Federica Cicognani: Giorgio Manganelli, *Il rumore sottile della prosa*

Federica Failli: Friedrich Glauser, *Il sergente Studer*

Sara Camaiora: Italo Calvino, *Il sentiero dei nidi di ragno*

Andrea Tamburini, Klaus, Francesca Delogu: J. R. R. Tolkien, *Il signore degli anelli*

Luigi D. Nunziante: William Golding, *Il signore delle mosche*

Francesca Coco: Rossella Milone, *Il silenzio del lottatore*

Stefano Leone, Federica Cucci: José Saramago, *Il vangelo secondo Gesù Cristo*

Stefano Vanni: Ernest Hemingway, *Il vecchio e il mare*

Roberta Ruggieri: Jenny Diski, *In gratitudine*

Claudia Leporatti, Marco Messina: David Foster Wallace, *Infinite Jest*

Ofelia: Rejean Ducharme, *Inghiottita*

Valentina Goglio, Federica Restivo, Libri e Biblioteche, L'Officina del Libro, Ilaria Matteucci: Charlotte Brontë, *Jane Eyre*

Francesco Desii: Jim Carroll, *Jim entra nel campo di basket*

Lea Pieri: Henri-Pierre Roché, *Jules e Jim*

Stefania Gori, Libreria Bastogi: *La Bibbia*

Antonella Ruggieri: Renata Viganò, *L'Agnese va a morire*

Federica Antonacci: Ágota Kristóf, *L'analfabeta*

Caterina Pizzimenti: Isabel Allende, *La casa degli spiriti*

Cristiana Gagli: Cesare Pavese, *La casa in collina*

Diego Zappaterra: Ildefonso Falcones, *La cattedrale del mare*

Cesare G: William Saroyan, *La commedia umana*

Tiziano Vettori, Gaia Ulmi, Kalimera51, Federica Santamaria: Dante Alighieri, *La Divina Commedia*

Emanuela Terranova: Colin Dexter, *La fanciulla è morta*

Renata Ciavattini: George Orwell, *La fattoria degli animali*

Cristina Bertolini: Robert Louis Stevenson, *La freccia nera*

Tommaso Gurrieri, Ruggero Davidoff: Joseph Roth, *La leggenda del santo bevitore*

Cosimo Melani: Joseph Conrad, *La linea d'ombra*

Giorgia Strati: Elias Canetti, *La lingua salvata*

Antonietta Hutter: Joseph Roth, *La marcia di Radetzky*

Marco Paoletti: Antonia Arslan, *La masseria delle allodole*

Irene Benassi: Gerald Durrell, *La mia famiglia e altri animali*

Chiara De Vita: Gabriel García Márquez, *L'amore ai tempi del colera*

Paola Poeti: Lev Tolstoj, *La morte di Ivan Ilic'*

Matteo Fumagalli: Jean-Paul Sartre, *La nausea*

Paolo Dal Molin: Luigi Nono, *La nostalgia del futuro*

Demetrio Guerra: Curzio Malaparte, *La pelle*

Filippo Capitano Achab: Albert Camus, *La peste*

Meby Fortuna Zelalem: James Redfield, *La profezia di Celestino*

Irene Vincenzi: Carlo Cassola, *La ragazza di Bube*

Ilaria Silvestrini: Goliarda Sapienza, *L'arte della gioia*

Marika Masarin: Abate Dinouart, *L'arte di tacere*

Michela Sfondrini, Laura Ghirlandetti: Virginia Woolf, *La signora Dalloway*

Sergio Falcone, Susanna Franchi, Aldostefano Marino, Moira Pilloni: Elisa Morante, *La storia*

Arnaldo Melloni: Emilio Salgari, *La tigre della Malesia*

Sara M.: Italo Calvino, *La trilogia dei nostri antenati*

Antonio Danise: Gabriel García Márquez, *L'autunno del patriarca*

Vanessa di Libriamo_: Claire Douglas, *La vacanza*

Giorgia Manuela Duro - L'arminuta: Paolo Maurensig, *La variante di Lüneburg*

Luca Pantarotto, Sara Voltan: Mordecai Richler, *La versione di Barney*

Pilade Cantini, Silvia Bacci: Luciano Bianciardi, *La vita agra*

Romano Vola, Gianna Roversi, Franco Ruggini, Raffaele Spallone: Romain Gary, *La vita davanti a sé*

Paolo Maestrelli: Milan Kundera, *La vita è altrove*

Guglielmo Maggioni : Georges Perec, *La vita, istruzioni per l'uso*

Monica Salvi: Ernesto Che Guevara, *Latinoamericana. I diari della motocicletta*

Gianni Serantini: Cesare Pavese, *Lavorare stanca*

Marta Murari: José Saramago, *La zattera di pietra*

Flavien Lesueur: Mario Vargas Llosa, *La zia Giulia e lo scribacchino*

Lorenzo Magni: Collodi, *Le avventure di Pinocchio*

Adele Falli: Sandor Márai, *Le braci*

Olga Quirici: Italo Calvino, *Le città invisibili*

Enrico Sborgi: Chinua Achebe, *Le cose crollano*

ANNA MARZETTI: Marion Zimmer Bradley, *Le nebbie di Avalon*

FABIO VOLLER: Andrea Pazienza, *Le straordinarie avventure di Pentothal*

MARZIA DI UNLIBROEUNATAZZADITE: Azar Nafisi, *Leggere Lolita a Teheran*

CRISTINA BOGANI: Natalia Ginzburg, *Lessico famigliare*

GRETA SALVETTI: Mario Pistacchio e Laura Toffanello, *L'estate del cane bambino*

GAIA BONI: *Lettere di condannati a morte della resistenza europea*

DINO_G: Guido Piovene, *Lettere di una novizia*

GUIDO VITIELLO: Giuseppe Rensi, *Lettere spirituali*

MICAELA FRULLI: Paul Auster, *Leviatano*

CAMILLA DI ZELDA WAS A WRITER: Italo Calvino, *Lezioni americane*

CHIARA IDA BLASUTTA, MARCO VINCENZI: Fëdor Dostoevskij, *L'idiota*

MARCO DI RECENSIREILMONDO: Martin Amis, *L'informazione*

CALLIWEN, FRANCESCA DE GREGORIO, GINO FERDÙ: Milan Kundera, *L'insostenibile leggerezza dell'essere*

VALENTINA SANTI: Aldous Huxley, *L'isola*

TERESA MARTINI: Robert Louis Stevenson, *L'isola del tesoro*

CLAUDIA VIBERTI: Elsa Morante, *L'isola di Arturo*

VALERIA ONDA, H_ LOVECRAFT, SEXANDLOVE, NICOLETTA LAMORGESE: Vladimir Nabokov, *Lolita*

MARTA LILLIÙ: Walter Benjamin, *L'opera d'arte nell'epoca della sua riproducibilità tecnica*

MARCO TOCCAFONDI: Vasco Pratolini, *Lo scialo*

Laura Laurenzi: Robert Louis Stevenson, *Lo strano caso del dottor Jeckyll e del signor Hyde*

Giovanni Ora: Albert Camus, *Lo straniero*

Malcom Pagani: Gianfranco Calligarich, *L'ultima estate in città*

Maria Pia Secciani: Victor Hugo, *L'uomo che ride*

Sara Cantoni: William Shakespeare, *Macbeth*

Carlo Borgogno: Jack London, *Martin Eden*

Giulia di Piovono Giuggiole: Sarah Cohen-Scali, *Max*

Giliola Galvagni, Teresa D'Aniello, Elisabetta Elly Cesarini, Simona Tarasconi: Marguerite Yourcenar, *Memorie di Adriano*

Francesca Maccani, Benedetto Scurto, Renata Figlioni, Jacopo Milani: William Faulkner, *Mentre morivo*

Lisa Graziani : Chimamanda Ngozi Adichie, *Metà di un sole giallo*

Francesca Cappellini: Khaled Hosseini, *Mille splendidi soli*

Robbie Ro: Marko Leino, *Miracolo in una notte d'inverno*

Gabriele Fredianelli: Herman Melville, *Moby Dick*

Cristina Lopresti: Robert Edsel, *Monuments men: missione Italia*

Elena Grossi: Gianni Celati, *Narratori delle pianure*

Paper Cup Books: Maurice Sendak, *Nel paese dei mostri selvaggi*

Chiara Beretta Mazzotta: Janne Teller, *Niente*

Yumephy: Alessandro Baricco, *Novecento*

Giulia Bazzi, Gérard Thomas, Elena Levi: Jerome D. Salinger, *Nove racconti*

Eleonora Drago: Jonathan Safran Foer, *Ogni cosa è illuminata*

Serena Failli: George Orwell, *Omaggio alla Catalogna*

Alessio Riccitelli, Gianluca Maestri: Heinrich Böll, *Opinioni di un clown*

Silvia Presenti: Fosco Maraini, *Ore giapponesi*

Mattia Tortelli: Simona Vinci, *Parla, mia paura*

Cristina Colombo Bolla: Philip Roth, *Pastorale americana*

Duccio Testa: Ernest Hemingway, *Per chi suona la campana*

Cristina Catanese: Massimo Cuomo, *Piccola osteria senza parole*

Alessandra Zanin: Louise May Alcott, *Piccole donne*

André, Francesca Pitto: Astrid Lindgren, *Pippi Calzelunghe*

Luca_D: Pier Paolo Pasolini, *Poesia in forma di rosa*

Rocco Bochicchio: Luther Blissett, *Q*

Sabrina Dell'Anese, Fabio Gallazzi: *Qohélet*

Antonio Urru: Antonio Gramsci, *Quaderni dal carcere*

Vivian: Alba De Cespedes, *Quaderno proibito*

Sara Galletti Manfroni: Anton Čechov, *Racconti*

Pietro Pinotti: Nikolaj Gogol', *Racconti di Pietroburgo*

Danilo Rea: Richard Wright, *Ragazzo negro*

Giulia De Filippo di Lavyrtuosa: Richard Yates, *Revolutionary Road*

Marco Cantoni: Don DeLillo, *Rumore bianco*

Giuggiola Pandora: Jonathan Safran Foer, *Se niente importa*

Giulia Amaducci, Olivia Stride, Nathan Serafini: Primo Levi, *Se questo è un uomo*

Chiara Emiliozzi: Italo Calvino, *Se una notte d'inverno un viaggiatore*

Letizia Luciano, Elena Azeglio, Cristina - Nettuno Venere: Gregory David Roberts, *Shantaram*

Babette.lu: Herman Hesse, *Siddharta*

Marco Maulucci: Platone, *Simposio*

Elena Baraldi - Elba_book, Diego Fornero: Antonio Tabucchi, *Sostiene Pereira*

Michele Pellini, Franco_K: Malcolm Lowry, *Sotto il vulcano*

Luca Puglisi, Irene Ricci - Irys Glade, Giulia Ciarapica: John Edward Williams, *Stoner*

Elisa Beth: Giovanni Verga, *Storia di una capinera*

Gianni Savia: Julio Cortázar, *Storie di cronopios e di famas*

Dino Dini: Charles Bukowski, *Storie di ordinaria follia*

Pier Luigi Menchini: Jack Kerouac, *Sulla strada*

Federica Pedroni di Microcosmi: Leonard Michaels, *Sylvia*

Tommaso Pea: Francis Scott Fitzgerald, *Tenera è la notte*

Arturo Lonati: Mark Twain, *Tom Sawyer*

Alessandro Licitra: Jerome K. Jerome, *Tre uomini in barca*

Raffaella Martinelli, Lorenzo Grana, Laura Lodico, Federica Guglietta: Ágota Kristóf, *Trilogia della città di K.*

Francesca Ciuffi: Cormac McCarthy, *Trilogia della frontiera*

Adele Falli: Henry Miller, *Tropico del cancro*

Manlio Monfardini: Dante Alighieri, *Tutte le opere*

Riccardo Goretti: José Saramago, *Tutti i nomi*

Biagio Beccaccini: Franz Kafka, *tutto*

Mario Bertelloni: Giovannino Guareschi, *Tutto don Camillo*

Manolo Trinci: *una buona grammatica italiana*

Francesca Crescentini @tegamini, Petunia Ollister: David Foster Wallace, *Una cosa divertente che non farò mai più*

Paola Favalli: Sibilla Aleramo, *Una donna*

Alberto Schiavone: Bohumil Hrabal, *Una solitudine troppo rumorosa*

Gioia: Oriana Fallaci, *Un cappello pieno di ciliegie*

Mario Stella Richter: Paola Cosmacini, *Un legame sottile*

Silvia Nalon: *un libro di poesia*

Jacopo Lupo: Stephen Spender, *Un mondo nel mondo*

Valentina Lo Iacono: Luigi Pirandello, *Uno, nessuno e centomila*

Viviana Gottardo: Jella Lepman, *Un ponte di libri*

Vanessa Leone, Donatella Piva, Gabriele Ametrano: Oriana Fallaci, *Un uomo*

Pieradeglispiriti: Christopher Isherwood, *Un uomo solo*

Stefania Tusini: Elio Vittorini, *Uomini e no*

Claudio Betti: *Vangelo*

Jessica: Margaret Mitchell, *Via col vento*

Lorenzo Mechi: Louis-Ferdinand Céline, *Viaggio al termine della notte*

Susanna Nirenstein: Vasilj Grossman, *Vita e destino*

AURELIE BUFFIN: Angela Davis, *Women Race and Class*

CECILIA MARASCO: Edward Bulwer-Lytton, *Zanoni*

La classifica dei lettori

Con 5 segnalazioni

Jerome D. Salinger, *Il giovane Holden*
Charlotte Brontë, *Jane Eyre*

Con 4 segnalazioni

George Orwell, 1984
Gabriel García Marquez, *Cent'anni di solitudine*
Alexandre Dumas, *Il Conte di Montecristo*
Dane Alighieri, *La Divina Commedia*
Elsa Morante, *La storia*
Romain Gary, *La vita davanti a sé*
Vladimir Nabokov, *Lolita*
Marguerite Yourcenar, *Memorie di Adriano*
William Faulkner, *Mentre morivo*
Ágota Kristóf, *Trilogia della città di K.*

Con 3 segnalazioni

Lev Tolstoj, *Anna Karenina*
José Saramago, *Cecità*
Fëdor Dostoevskij, *Delitto e castigo*
John Steinbeck, *Furore*
Antoine de Saint-Éxupery, *Il piccolo principe*
Milan Kundera, *L'insostenibile leggerezza dell'essere*
Jerome D. Salinger, *Nove racconti*
Primo Levi, *Se questo è un uomo*
Gregory David Roberts, *Shantaram*
John Edward Williams, *Stoner*
Oriana Fallaci, *Un uomo*

Con 2 segnalazioni

Pier Vittorio Tondelli, *Altri libertini*
Agatha Christie, *Assassinio sull'Orient Express*
Charles Dickens, *Canto di Natale*
Emily Brontë, *Cime tempestose*

Anne Frank, *Diario*
Miguel De Cervantes, *Don Chisciotte della Mancia*
Ray Bradbury, *Fahrenheit 451*
Jerome D. Salinger, *Franny e Zooey*
Mary Shelley, *Frankenstein*
Lev Tolstoj, *Guerra e pace*
Thomas Mann, *I Buddenbrook*
Victor Hugo, *I Miserabili*
Alessandro Manzoni, *I promessi sposi*
Italo Calvino, *Il barone rampante*
Harper Lee, *Il buio oltre la siepe*
Donna Tartt, *Il cardellino*
Giuseppe Tomasi di Lampedusa, *Il Gattopardo*
Salvatore Satta, *Il giorno del giudizio*
Francis Scott Fitzgerald, *Il grande Gatsby*
Michail Bulgakov, *Il maestro e Margherita*
Umberto Eco, *Il nome della rosa*
Patrick Süskind, *Il profumo*
John Ronald Reuel Tolkien, *Il signore degli anelli*
José Saramago, *Il vangelo secondo Gesù Cristo*
David Foster Wallace, *Infinite Jest*
La Bibbia
Joseph Roth, *La leggenda del Santo Bevitore*
Virginia Woolf, *La signora Dalloway*
Paolo Maurensig, *La variante di Lüneburg*
Mordechai Richler, *La versione di Barney*
Luciano Bianciardi, *La vita agra*
Fëdor Dostoevskij, *L'idiota*
Heinrich Böll, *Opinioni di un clown*
Astrid Lindgren, *Pippi Calzelunghe*
Qohélet
Antonio Tabucchi, *Sostiene Pereira*
Malcolm Lowry, *Sotto il vulcano*
David Foster Wallace, *Una cosa divertente che non farò mai più*

Con una segnalazione

Roberto Bolaño, *2666*
Michela Murgia, *Accabadora*
Marcel Proust, *Alla ricerca del tempo perduto*
Philip Larkin, *Alte finestre*
James Ellroy, *American tabloid*
Edgar Lee Masters, *Antologia di Spoon River*

Judith Schalansky, *Atlante delle isole remote. Cinquanta isole dove non sono mai stata e mai andrò*
Jamaica Kincaid, *Autobiografia di mia madre*
Elias Canetti, *Auto da fé*
Simon Sellars, *Ballardismo applicato*
Stig Dagerman, *Bambino bruciato*
Umberto Eco, *Baudolino*
Alfred Döblin, *Berlin Alexanderplatz*
Voltaire, *Candido, o l'ottimismo*
Dino Campana, *Canti orfici*
Peter Handke, *Canto alla durata*
Jean-Claude Izzo, *Casino totale*
Colette, *Chéri*
John Fante, *Chiedi alla polvere*
Truman Capote, *Colazione da Tiffany*
Joseph Heller, *Comma 22*
Yukio Mishima, *Confessioni di una maschera*
Mario Vargas Llosa, *Conversazione nella Cattedrale*
Carlo Levi, *Cristo si è fermato a Eboli*
Joseph Conrad, *Cuore di tenebra*
Alba De Céspedes, *Dalla parte di lei*
Etty Hillesum, *Diario*
Georges Bernanos, *Diario di un curato di campagna*
Bernard Friot, *Dieci lezioni sulla poesia, l'amore e la vita*
Ernest Hemingway, *Di là dal fiume e tra gli alberi*
Gustave Flaubert, *Dizionario dei luoghi comuni*
Jorge Amado, *Dona Flor e i suoi due mariti*
Bram Stoker, *Dracula*
Andrea de Carlo, *Due di due*
Hans Fallada, *E adesso pover'uomo?*
Massimo Angelini, *Ecologia della parola*
Raymond Queneau, *Esercizi di stile*
Ian McEwan, *Espiazione*
Robert McLiam Wilson, *Eureka street*
Italo Calvino, *Fiabe italiane*
Ernest Hemingway, *Fiesta*
James Joyce, *Finnegan's Wake*
Edwin A. Abbott, *Flatlandia*
Patrick McGrath, *Follia*
James Joyce, *Gente di Dublino*
François Rabelais, *Gargantua e Pantagruele*
Gianni Rodari, *Grammatica della fantasia*
Lev Tolstoj, *Guerra e pace*
Douglas Adams, *Guida galattica per autostoppisti*

Paolo Montaldo, *H&J*
Ferdinando Imposimato, *I 55 giorni che hanno cambiato l'Italia*
Thomas Mann, *I Buddenbrook*
Charles Baudelaire, *I fiori del male*
Fëdor Dostoevskij, *I fratelli Karamazov*
Simone de Beauvoir, *I mandarini*
Italo Calvino, *Il cavaliere inesistente*
Bernard Malamud, *Il commesso*
Leonardo Sciascia, *Il consiglio d'Egitto*
Dino Buzzati, *Il deserto dei tartari*
Giovanni Pascoli, *Il fanciullino*
Richard Bach, *Il gabbiano Jonathan Livingston*
Giorgio Bassani, *Il giardino dei Finzi-Contini*
Frances Hodgson Burnett, *Il giardino segreto*
Jules Verne, *Il giro del mondo in 80 giorni*
Peter Hopkirk, *Il Grande Gioco*
Alain Fournier, *Il grande Meaulnes*
Jamie Ford, *Il gusto proibito dello zenzero*
Morten Strøksnes, *Il libro del mare*
Elizabeth Jane Howard, *Il lungo sguardo*
Berto, *Il male oscuro*
Magda Szabó, *Il momento*
Herbert G. Wells, *Il paese dei ciechi*
Iris D'Atri, *Il pane e le rose. Femminismo e lotta di classe*
Erich Auerbach, *Mimesis. Il realismo nella letteratura occidentale*
Oscar Wilde, *Il ritratto di Dorian Gray*
Giorgio Manganelli, *Il rumore sottile della prosa*
Friedrich Glauser, *Il sergente Studer*
Italo Calvino, *Il sentiero dei nidi di ragno*
William Golding, *Il signore delle mosche*
Rossella Milone, *Il silenzio del lottatore*
Ernest Hemingway, *Il vecchio e il mare*
Jenny Diski, *In gratitudine*
Rejean Ducharme, *Inghiottita*
Jim Carroll, *Jim entra nel campo di basket*
Henri-Pierre Roché, *Jules e Jim*
Renata Viganò, *L'Agnese va a morire*
Ágota Kristóf, *L'analfabeta*
Isabel Allende, *La casa degli spiriti*

Cesare Pavese, *La casa in collina*
Ildefonso Falcones, *La cattedrale del mare*
William Saroyan, *La commedia umana*
Colin Dexter, *La fanciulla è morta*
George Orwell, *La fattoria degli animali*
Robert Louis Stevenson, *La freccia nera*
Joseph Conrad, *La linea d'ombra*
Elias Canetti, *La lingua salvata*
Joseph Roth, *La marcia di Radetzky*
Antonia Arslan, *La masseria delle allodole*
Gerald Durrell, *La mia famiglia e altri animali*
Gabriel García Márquez, *L'amore ai tempi del colera*
Lev Tolstoj, *La morte di Ivan Ilic'*
Jean-Paul Sartre, *La nausea*
Luigi Nono, *La nostalgia del futuro. Scritti scelti* 1948-1986
Curzio Malaparte, *La pelle*
Albert Camus, *La peste*
James Redfield, *La profezia di Celestino*
Carlo Cassola, *La ragazza di Bube*
Goliarda Sapienza, *L'arte della gioia*
Abate Dinouart, *L'arte di tacere*
Emilio Salgari, *La tigre della Malesia*
Italo Calvino, *La trilogia dei nostri antenati*
Gabriel García Márquez, *L'autunno del patriarca*
Claire Douglas, *La vacanza*
Milan Kundera, *La vita è altrove*
Georges Perec, *La vita, istruzioni per l'uso*
Che Guevara, *Latinoamericana. I diari della motocicletta*
Cesare Pavese, *Lavorare stanca*
José Saramago, *La zattera di pietra*
Mario Vargas Llosa, *La zia Giulia e lo scribacchino*
Collodi, *Le avventure di Pinocchio*
Sandor Márai, *Le braci*
Italo Calvino, *Le città invisibili*
Chinua Achebe, *Le cose crollano*
Marion Zimmer Bradley, *Le nebbie di Avalon*
Andrea Pazienza, *Le straordinarie avventure di Pentothal*

Azar Nafisi, *Leggere Lolita a Teheran*
Natalia Ginzburg, *Lessico famigliare*
Mario Pistacchio e Laura Toffanello, *L'estate del cane bambino*
Lettere di condannati a morte della resistenza europea
Guido Piovene, *Lettere di una novizia*
Giuseppe Rensi, *Lettere spirituali*
Paul Auster, *Leviatano*
Italo Calvino, *Lezioni americane*
Martin Amis, *L'informazione*
Aldous Huxley, *L'isola*
Robert Louis Stevenson, *L'isola del tesoro*
Elsa Morante, *L'isola di Arturo*
Walter Benjamin, *L'opera d'arte nell'epoca della sua riproducibilità tecnica*
Vasco Pratolini, *Lo scialo*
Robert Louis Stevenson, *Lo strano caso del dottor Jeckyll e del signor Hyde*
Albert Camus, *Lo straniero*
Gianfranco Calligarich, *L'ultima estate in città*
Victor Hugo, *L'uomo che ride*
William Shakespeare, *Macbeth*
Jack London, *Martin Eden*
Sarah Cohen-Scali, *Max*
Chimamanda Ngozi Adichie, *Metà di un sole giallo*
Khaled Hosseini, *Mille splendidi soli*
Marko Leino, *Miracolo in una notte d'inverno*
Herman Melville, *Moby Dick*
Robert Edsel, *Monuments men: missione Italia*
Gianni Celati, *Narratori delle pianure*
Maurice Sendak, *Nel paese dei mostri selvaggi*
Janne Teller, *Niente*
Alessandro Baricco, *Novecento*
Jonathan Safran Foer, *Ogni cosa è illuminata*
George Orwell, *Omaggio alla Catalogna*
Fosco Maraini, *Ore giapponesi*
Simona Vinci, *Parla, mia paura*
Philip Roth, *Pastorale americana*
Ernest Hemingway, *Per chi suona la campana*
Massimo Cuomo, *Piccola osteria senza parole*
Louise May Alcott, *Piccole donne*
Pier Paolo Pasolini, *Poesia in forma di rosa*
Luther Blissett, *Q*
Antonio Gramsci, *Quaderni dal carcere*

Alba De Cespedes, *Quaderno proibito*
Anton Čechov, *Racconti*
Nikolaj Gogol', *Racconti di Pietroburgo*
Richard Wright, *Ragazzo negro*
Richard Yates, *Revolutionary Road*
Don DeLillo, *Rumore bianco*
Jonathan Safran Foer, *Se niente importa*
Italo Calvino, *Se una notte d'inverno un viaggiatore*
Herman Hesse, *Siddharta*
Platone, *Simposio*
Giovanni Verga, *Storia di una capinera*
Julio Cortázar, *Storie di cronopios e di famas*
Charles Bukowski, *Storie di ordinaria follia*
Jack Kerouac, *Sulla strada*
Leonard Michaels, *Sylvia*
Francis Scott Fitzgerald, *Tenera è la notte*
Mark Twain, *Tom Sawyer*
Jerome K. Jerome, *Tre uomini in barca*
Cormac McCarthy, *Trilogia della frontiera*
Henry Miller, *Tropico del cancro*
José Saramago, *Tutti i nomi*
Franz Kafka, *tutto*
Giovannino Guareschi, *Tutto don Camillo*
Sibilla Aleramo, *Una donna*
Bohumil Hrabal, *Una solitudine troppo rumorosa*
Oriana Fallaci, *Un cappello pieno di ciliegie*
Paola Cosmacini, *Un legame sottile*
Stephen Spender, *Un mondo nel mondo*
Luigi Pirandello, *Uno, nessuno e centomila*
Jella Lepman, *Un ponte di libri*
Christopher Isherwood, *Un uomo solo*
Elio Vittorini, *Uomini e no Vangelo*
Margaret Mitchell, *Via col vento*
Louis-Ferdinand Céline, *Viaggio al termine della notte*
Vasilj Grossman, *Vita e destino*
Angela Davis, *Women Race and Class*
Edward Bulwer-Lytton, *Zanoni*

Edizioni Clichy

Volumi pubblicati

Collana *Gare du Nord*

Pierric Bailly, *L'amore ha tre dimensioni*
Pierric Bailly, *L'uomo dei boschi* (2a edizione)
Violaine Bérot, *Le parole mai dette*
Philippe Besson, *Una buona ragione per uccidersi*
Olivier Bleys, *Discorso di un albero sulla fragilità degli uomini* (2a edizione)
Olivier Bleys, *Noi, i vivi*
Frédéric Boyer, *Occhi neri*
Fanny Chiarello, *Il caso Carlotta Delmont*
Claro, *CosmoZ*
Jean Cocteau, *Disegni*
Jean Cocteau, *Il Potomak*
Isabelle Coudrier, *Mille anni di giovinezza* (2a edizione)
Didier Decoin, *Un'inglese in bicicletta* (2a edizione)
Émilie De Turckeim, *La scomparsa dell'ombelico*
Jennie Dorny, *Cupido ha perso la testa*
Marguerite Duras, *I miei luoghi*
Éric Faye, *Il generale Solitudine*
Lydia Flem, *Panico*
Jean-Louis Fournier, *Poeta e contadino*
Philippe Fusaro, *Amare stanca*
Alain Guiraudie, *Qui comincia la notte*
Françoise Hardy, *L'amore folle* (2a edizione)
Yannick Haenel, *Le volpi pallide*

Yannick Haenel, *Cerco l'Italia*
Célia Houdart, *Carrara*
Cécile Huguenin, *Alzheimer mon amour*
Régis Jauffret, *Dark Paris Blues*
Régis Jauffret, *Cannibali*
Régis Jauffret, *Il banchiere* (2a edizione)
Régis Jauffret, *Microficitions*
Michel Layaz, *Due sorelle*
Michel Layaz, *La Dimora* (2a edizione)
Linda Lê, *Come un'onda improvvisa*
Linda Lê, *Lettera a un figlio che non avrò* (2a edizione)
Mathieu Lindon, *Una vita pornografica*
Héléna Marienské, *Libere*
Héléna Marienské, *Astenersi astemi*
Cyrille Martinez, *Giovani, artisti e disoccupati*
Stéphane Michaka, *Forbici*
Jean d'Ormesson, *La conversazione*
Jean d'Ormesson, *Un giorno me ne andrò senza aver detto tutto* (2a edizione)
Jean d'Ormesson, *Che cosa strana è il mondo* (3a edizione)
Jean d'Ormesson, *Il mio canto di speranza*
Jean d'Ormesson, *Una preghiera infinita*
Martin Page, *L'apicoltura secondo Samuel Beckett*
Martin Page, *L'arte di rinascere*
Stéphanie Polack, *Come un fratello*
Thomas B. Reverdy, *Era una città*
Alice Roland, *A Occhio Nudo*
Olivier Rolin, *Tigre di carta* (3a edizione)
Françoise Sagan, *Musiche di scena*
Françoise Sagan, *Can che dorme*
Joann Sfar, *Lui era mio padre* (2a edizione)
Joann Sfar, *Persone che potresti conoscere*
Dominique Sigaud, *Il caso Franz Stangl*
Shumona Sinha, *Calcutta*
Shumona Sinha, *A morte i poveri!* (2a edizione)

Paul Vacca, *Fulmine Tom*
Antoine Volodine, *Scrittori*
Antoine Volodine, *Lisbona ultima frontiera*
Manuela Draeger (Antoine Volodine), *Undici sogni neri*
Frédéric Werst, *Il mondo dei Wardi. I e II secolo*

Collana *Rive Gauche*

Leopoldine Core, *Mentre li guardi*
Ariel Dorfman, *I fantasmi di Darwin*
Lawrence Ferlinghetti, *Little Boy* (2a edizione)
Dani Shapiro, *Clessidra*
Nadja Spiegelman, *Dovrei proteggerti da tutto questo* (3a edizione)
Melanie Thernstrom, *Harvard. Inchiesta su un delitto*
John Updike, *Scene da un matrimonio* (2a edizione)
Jacqueline Woodson, *Figlie di Brooklyn* (2a edizione)
Jacqueline Woodson, *Autobiografia di una foto di famiglia*

Collana *Père Lachaise*

Guillaume Apollinaire, *Memorie di un giovane libertino*
Madeleine Bavent, *La strega*
Georg Büchner, *Lettere*
Lewis Carroll, *La caccia allo Snark* (2a edizione)
Joseph Conrad, *Racconti dell'inquietudine*
Daniel Defoe, *I peggiori criminali del nostro tempo* (2a edizione)
Daniel Defoe, *Racconti di fantasmi*
Charles Dickens, *Guardie e ladri. Racconti polizieschi* (3a edizione)
Alfred Döblin, *Amleto. La lunga notte sta per finire* (2a edizione)
Alexandre Dumas, *I Medici*
Alexandre Dumas, *Tre Maestri*
Alexandre Duval, *Shakespeare in Love*
Louise Fèvre-Desprez, *Un campanile*

Maksim Gor'kij, *Bassifondi*
Antonio Gramsci, *Fiabe* (6a edizione)
Julien Green, *La fine di un mondo. Giugno* 1940
Thomas Hardy, *L'Amata* (2a edizione)
E. T. A. Hoffmann, *Lo Schiaccianoci* (2a edizione)
Joris Karl Huysmans, *Nella corrente*
Ramon del Valle Inclán, *Il tiranno Banderas*
Karl Kraus, *La terza notte di Valpurga* (3a edizione)
Lautréamont, *Maldoror e tutte le poesie*
T. E. Lawrence, *Uomini nel deserto*
Jack London, *La figlia delle nevi*
Errico Malatesta, *L'anarchia* (3a edizione)
Herman Melville, *Viaggi e balene. Scritti inediti* (2a edizione)
Herman Melville, *Omoo*
Ottiero Ottieri, *I venditori di Milano*
Francis Picabia, *Caravanserraglio*
Du Plaisir, *La duchessa d'Estramène*
Antonia Pozzi, *Guardami: sono nuda* (8a edizione)
Marcel Proust, *Racconti* (2a edizione)
Henri-Pierre Roché, *Don Juan*
Arthur Schnitzler, *Novelle*
Robert Louis Stevenson, *Una vecchia canzone*
Robert Louis Stevenson, *Otto anni di guai*
Jonathan Swift - Benjamin Franklin, *Contro l'astrologia*
Lev Tolstoj, *Iván lo scemo*
Ivan Turgenev, *Acque di primavera*
Bartolomeo Vanzetti, *Non piangete la mia morte*
Lorenzo Viani, *Le chiavi nel pozzo*
T. C. Worsley, *Compagni di viaggio*
Émile Zola, *Una pagina d'amore* (2a edizione)
Émile Zola, *La preda*
Stefan Zweig, *Estasi di libertà* (5a edizione)